匈牙利财政发展史

从奥匈帝国时期至今

East of Europe, West of Asia:
Historical Development of Hungarian
Public Finances from the Age of Dualism to the Present

［匈牙利］伦特奈尔·乔巴（LENTNER CSABA） 著
［匈牙利］高宝石（SIMON ADRIENN） 唐永森 译

中国社会科学出版社

图字:01-2022-2853 号
图书在版编目（CIP）数据

匈牙利财政发展史：从奥匈帝国时期至今/（匈）伦特奈尔·乔巴著；
（匈）高宝石等译.—北京：中国社会科学出版社,2022.11
书名原文：East of Europe, West of Asia: Historical Development of Hungarian Public Finances from the Age of Dualism to the Present
ISBN 978-7-5227-0688-7

Ⅰ.①匈… Ⅱ.①伦…②高… Ⅲ.①财政史—研究—匈牙利 Ⅳ.①F815.159

中国版本图书馆 CIP 数据核字（2022）第 144563 号

Copyright © L'Harmattan Publishing House 2019
Copyright © Prof. Dr. Lentner Csaba 2019
A könyv a Pallas Athéné Domus Meriti Alapítvány támogatásával jelent meg. Sponsored by the Pallas Athéné Domus Meriti Foundation of the Hungarian National Bank.

出 版 人	赵剑英
责任编辑	王　衡
责任校对	王　森
责任印制	王　超

出　　版	中国社会科学出版社
社　　址	北京鼓楼西大街甲 158 号
邮　　编	100720
网　　址	http://www.csspw.cn
发 行 部	010-84083685
门 市 部	010-84029450
经　　销	新华书店及其他书店
印　　刷	北京明恒达印务有限公司
装　　订	廊坊市广阳区广增装订厂
版　　次	2022 年 11 月第 1 版
印　　次	2022 年 11 月第 1 次印刷
开　　本	710×1000　1/16
印　　张	23.5
插　　页	2
字　　数	312 千字
定　　价	98.00 元

凡购买中国社会科学出版社图书，如有质量问题请与本社营销中心联系调换
电话：010-84083683
版权所有　侵权必究

我将这本书献给我的父亲伦特奈尔·洛约什（Lentner Lajos，1934—2019），母亲伦特奈尔·洛约什妮·保罗格·埃泰考（Lentner Lajosné Balogh Etelka，1942—）。他们亲身经历了在这本书中提到的一百五十多年事件的一半事件。还献给我的孩子们：乔纳德（Csanád，1997—）、范妮（Fanni，2009—）、卡塔琳（Katalin，1983—）、金高（Kinga，1971—）以及萨博尔齐（Szabolcs，1991—），以便从历史中吸取教训。

目 录

第一章 本书的主题和历史背景 ································· 1
  1 匈牙利的财政历史背景和框架 ································ 1
  2 本书内容的结构和理论基础 ································· 6

第二章 双元帝国时期国家控制的经济（1867—1918年） ········ 16
  1 1867年奥匈折中方案及其前情 ····························· 17
    1.1 匈牙利改革时代为资本主义发展做准备 ················ 17
    1.2 1848—1849年革命和独立战争时期政府的
        经济举措——独立经济政策的开端 ···················· 22
    1.3 独立战争后，奥匈折中方案前的新专制时代——
        奥匈折中方案后经济管理模式的"彩排" ················ 28

2　1867年奥匈折中方案的经济特征和影响 …… 30
2.1　迫使达成奥匈折中方案的直接经济和政治利益 …… 30
2.2　国家条约、经济政策框架、预算流程 …… 33
2.3　工业发展的法治背景和成果 …… 42
2.4　双元帝国时期的货币和贷款政策以及中央银行的运行 …… 50

第三章　两次世界大战之间的经济政策——拜特伦总理的整顿措施 …… 57
1　武装斗争瓦解后的政治整顿 …… 58
2　经济整顿 …… 62
3　独立发行货币的银行的作用以及金融领域的发展 …… 75
4　1938年"杰尔军备集结方案"对经济的影响 …… 82

第四章　中央计划经济体制下的公共财政和经济管理 …… 88
1　第二次世界大战后的经济管理（1944—1947年） …… 89
2　计划经济体制的结构和监管环境 …… 94
2.1　从社会主义工业政策到新经济体制的道路 …… 94
2.2　农业：从第一次暴力集体化浪潮到1956年事件 …… 104
3　1955—1956年的监管改革和1968年的新经济机制 …… 108
3.1　1968年改革的背景之一：1955—1956年的经济举措 …… 108
3.2　新经济体制 …… 111
3.3　新经济体制的益处：农业发展 …… 121
4　社会主义计划经济的银行体制 …… 126
5　计划经济体制的挫折 …… 138
5.1　1968年改革后的时期 …… 138
5.2　经济和生活水平衰落 …… 141

第五章　市场经济转变期的经济形势 …………………………… 150
1　体制更替的缘由、体制改革法、体制改革的"机遇" ……… 151
1.1　市场经济的"重启" …………………………………… 151
1.2　关于加入欧盟 …………………………………………… 158
2　私有化主旨、规则和结果 ……………………………………… 164
2.1　工业领域 ………………………………………………… 164
2.2　农业领域 ………………………………………………… 174
3　2013年央行体制改革前市场经济转变时期的银行系统 ……… 182
3.1　重新恢复二级银行体制 ………………………………… 182
3.2　2000年后 ………………………………………………… 187
4　国家财政：预算、国债、2008年国际金融危机 ……………… 193
4.1　"衰退的花朵" …………………………………………… 193
4.2　危机之后又遇危机，整改之后还是整改 ……………… 198

第六章　2010年以后国家积极的经济管理政策和体系要素 ……… 209
1　2010年后的主要治理步骤和法律依据 ………………………… 210
1.1　强制轨道 ………………………………………………… 210
1.2　2010年后经济治理方针和所用法律——《基本法》
　　　《稳定法》等根本大法以及其他公共财政有关的法律 … 212
2　财政政策领域的变化 …………………………………………… 219
2.1　税收结构的变化 ………………………………………… 219
2.2　财政预算、国债和国民财富 …………………………… 224
2.3　匈牙利和欧盟的金融关系 ……………………………… 229
3　央行政策的变化：货币政策转变 ……………………………… 232
3.1　2008年国际金融危机后世界主要央行政策的新趋势 … 232
3.2　匈牙利央行的货币政策转向 …………………………… 234
3.3　货币政策转变和信贷的恢复 …………………………… 236
3.4　货币政策转变和减少外部脆弱性 ……………………… 241

4 到了时代边界吗？近十年匈牙利积极行动的经济成就
　（2010—2019年） ································· 248
　　4.1 成功管理危机的匈牙利模式（2010—2019年） ········ 250
　　4.2 匈牙利模式的相关政策 ······················· 254
　　4.3 匈牙利模式及其可持续性 ······················ 260

第七章　理论和方法学上的总结 ···························· 271
　1 国家运作的传统经济原理、一般要求、最佳方式以及
　　与国家干预的关系 ································· 272
　　1.1 从亚当·斯密到约翰·凯恩斯 ······················ 272
　　1.2 匈牙利双元帝国时代的状况和国民经济的建设 ········· 277
　2 财政预算纪律和"优良税收制度"的重要性 ················ 285
　　2.1 双元帝国时代采用的依旧是标准的公共财政框架 ······· 285
　　2.2 税收历史的一些独特细节 ······················ 291
　　2.3 回顾双元帝国初期良好的国家运作和税收体制 ········· 294
　　2.4 论守序建设性税收的亚当·斯密派和新、旧派系维度 ····· 298
　3 危机后的新央行政策以及制度思维的复兴 ················ 311
　　3.1 迫使变革的危机 ···························· 311
　　3.2 制度化思维的复兴和央行作用的增值 ··············· 315

第八章　结语 ··· 326
　1 潜藏的问题和挑战 ································· 326
　2 "上坡超车"的经济政策——新冠疫情危机后的新开端 ······· 334

附　录 ··· 346

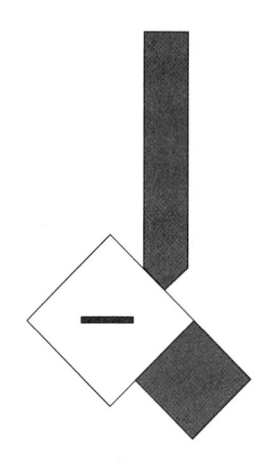

第一章
本书的主题和历史背景*

1 匈牙利的财政历史背景和框架

与西欧国家和民族的财政历史文献相比,匈牙利的财政历史概要无疑会显得更短一点,内容更少一点。不过当我们重点研究近一百五十年匈牙利的财政发展史时,我们能看到的是在密集的重大事件中迅速变化的一个时段,其中包含危机、改革、更新和跌宕起伏的一系列事件以及与其相关的各种经济理论的混合拼盘。

在放弃所谓的"二次征服定居论"[①]的前提下,匈牙利民族部落联盟约在9世纪后半叶出现在喀尔巴阡盆地及其地区。此时,欧洲西

---

* 本书匈牙利语和英语版使用了大量的文献,以期尽可能全面地展示匈牙利百年来的财政发展史。中文版在编辑过程中尽可能保留原始文献,部分文献在原版中就已经缺失,请读者谅解。——编者注

① 拉斯洛·久洛:《二次征服定居论》,匈牙利Magvető出版社1978年版,第214页(László Gyula:A "kettős honfoglalás")。

半部的各民族已成立了国家，并建立了行政管理制度和军队。这时候具有相当于发达国家体制的西罗马帝国已经陷落四百多年了。[①] 而埃及、希腊、中国和波斯在数千年前就有了发达的行政管理制度。匈牙利部落联盟在征服领土、开始定居后，在伊什特万国王（Szent István）的统治下正式成立了国家。"我国开国国王圣伊什特万以接受基督教和建设基督教国家制度来确保匈牙利民族有机会生存数百年。贯彻基督教精神的国家作为西欧文化的维护者和欧洲大陆意愿的传承者，在近一千年里，为维护西方结构特性和长期持续发展作出了重大贡献。"[②]

"从征服领土、开始定居以来一直到 18 世纪初，匈牙利仅仅是以传统小农户为主的国家，其所有的产出、工业、贸易、税收制度和公共财政实际上都基于农业和相似的行业"[③]，考茨·久洛（Kautz Gyula）写道。"在匈牙利经济中，中世纪实际上持续到了 18 世纪；而我国财政的自然经济性质，包括一切短板，比如没有一丝活力的工业体制、落后的资本和信贷业务、贸易的被动性、纳税能力的欠缺等问题基本上都一直延续到了 19 世纪。所以对比我国与其他国家时，我们必须承认，除了匈牙利一些短暂的光辉（生产力富有成效，而且经济向前迈出几次较大一步的）时期，很少有国民经济发展得像匈牙利如此缓慢的国家了。"[④] 匈牙利欠发达的经济使其在过去的几个世纪里被排除在主要潮流和实力中心之外，导致匈牙利的经济管理和在其基础上发展的科学质量受到了

---

① 值得一提的是，接着罗马帝国陷落的是新野蛮状态，而罗马帝国的遗产是拜占庭继承的。

② 马泰·贾博尔：《圣皇冠—思想—释义》，麦泽伊·鲍尔璐编《埃克哈特·费伦茨纪念特刊》，匈牙利 Gondolat 出版社 2004 年版，第 295 页（Máthé Gábor: Szent Korona – Eszme – Parafrázis. *Eckhart Ferenc Emlékkönyv.* Szerk. Mezey Barna）。

③ 考茨·久洛：《国民经济思想发展史及其对匈牙利公共状态的影响》，匈牙利 Heckenast Gusztáv 出版社 1868 年版，第 13 页（Kautz Gyula: *A nemzetgazdasági eszmék fejlődési története és befolyása a közviszonyokra Magyarországon*）。

④ 同上书，第 15 页。

挫折。我认为，有必要将这个长达8个世纪的时期进行划分。

从匈牙利王国建立开始到19世纪下半叶，匈牙利王国各方面的状况一直有着许多变化和矛盾。匈牙利王国能在建立后5个半世纪①的时间里保持地区大国的实力，在与奥斯曼帝国的战争中也获得过胜利；但最终于1526年莫哈奇（Mohács）战役失败之后，国家基本上不再存在了，分裂为三部分，缺乏主权国家地位和独立经济体的特征，这个状况一直持续了一百五十多年。国家的西北部地区由哈布斯堡王朝统治，以维也纳和布拉迪斯拉发为中心治理，但是仍然维持了其保持封建等级制的宪法秩序。② 国家的中部成为奥斯曼帝国占领的行政单位；而深受土耳其影响的第三部分，即特兰西瓦尼亚公国，则走向了发展成为独立国家的坎坷道路。原有国家体制的瓦解和来自占领者方面的巨大压力导致匈牙利经济的大幅衰落，甚至连作为独立国家的基础都无法完全保证。

由于匈牙利王国建立得较晚，且发展滞后，使得匈牙利的行政管理受到较大的影响。从拜占庭帝国的皇帝"智者"利奥六世的回忆录中可以知道，向喀尔巴阡盆地缓缓推进的，生活在部落里的匈牙利人极为重视收取"贡品"和贵金属，而且他们优秀的军事体制已经发展出了一定的金融和公共财政制度作为其辅助的功能。"财政是由一个独立的高级官员管理的，国库有一定的收入，而且军事税、献金、君王和国家

---

① 其鼎盛时期可能是在马加什（Mátyás）国王在位时（1458—1490年——译者注）。当时欧洲黄金储备的1/3以及白银储备的近一半产自匈牙利。国家军队装备精良，行政管理不错。喀尔巴阡盆地与当前英国的经济利用率相媲美。虽然与土耳其作战，但是其牲畜出口量还是显著的，在兹里尼（Zrínyi）家族发挥重要领先作用时（16—17世纪——译者注），其粮食和葡萄酒出口量也相当大。也就是说，考茨·久罗认为的，在匈牙利王国建立后统一的（近九百年不变的）落后状态实际上并不是连续和全面表征为喀尔巴阡盆地。

② 有关匈牙利王国的特殊地位及其在政治意义上分裂为三个部分，但是在文化上或多或少是统一的国家情况，参见帕尔费·盖佐《16世纪的历史》，Pannonica出版社2000年版，第276页（Pálffy Géza：*A tizenhatodik század története*），当时的匈牙利同时存在于两个世界帝国的框架内。

之间的收入和财产都有明确的分别……从此让人断定，他们明白正规国家所需要的金融和利益分配体制。"①

匈牙利王国建立后的5个半世纪②，在国家拥有独立主权的条件下，匈牙利实现了当时被认为先进的经济管理体系，使得其国家运转相对有效，国防实力增强，经济得以发展。后来，匈牙利因为土耳其的占领被分割成三个部分长达一百五十年之久，在结束了土耳其统治之后，匈牙利又从1686年开始受到哈布斯堡王朝的控制，这些都不利于确立其独立自主的国家地位。为了摆脱控制，1703—1711年拉克茨（Rákóczi）率领匈牙利群众发动独立和自由战争，但最终失败。19世纪前叶，匈牙利的改革促进了贸易、信贷和工业的发展，被称为"智力运动"。之后为了追求独立，摆脱奥地利的控制并进一步贯彻经济改革，匈牙利在1848—1849年发动了新一轮的革命和独立战争，并导致该独立战争的失败和之后几十年间的一系列事件，最后以"奥匈折中方案"的签署告一段落，并让匈牙利的经济发展和公共财政得到了实质的进步。

第一次世界大战瓦解了奥地利—匈牙利双元君主制帝国这一奥匈帝国时期相对成功的经济体制。随后开始的霍尔蒂（Horthy）时代最重要的政治目标是补偿军事、经济、领土和社会等方面的损失。但这一时期同样相对成功的稳定经济的成果在第二次世界大战中被彻底破坏。在随后两年的过渡期中，被迫与苏联影响区域的政治和经济一体化，其计划经济体制决定了匈牙利的经济管理和政策。

---

① 考茨·久洛：《国民经济思想发展史及其对匈牙利公共状态的影响》，匈牙利Heckenast Gusztáv 出版社1968年版，第20—21页。
② 关于当时的、相对快速现代化的经济和财务管理，参见德拉什科齐·伊什特万《从建国至16世纪》，亨瓦利·亚诺什编《从建国至20世纪中叶的匈牙利经济史》，匈牙利Aula出版社1996年版，第3—80页（Draskóczi István: A honfoglalástól a 16. századig. *Magyarország gazdaságtörténete a honfoglalástól a 20. század közepéig.* Szerk. Honvári János）。

40 年来，由于使用了多种多样的经济政策手段，但效率越来越低的计划经济体制以及伴随着的国家和政党的领导理念的分歧，改变各方面约束的意图体现在 1956 年事件和 1967—1968 年开始的新经济体制中。第二次世界大战之后，匈牙利希望缓解（特别是在工业领域）强烈军备集结目的的唯意志论的争论，因此，匈牙利的计划经济体系与其他社会主义国家相比（尤其是考虑到在农业中使用的初级企业形式，如庭院农业、农业合作社和国有企业员工享有的农业用地）更加"以市场为导向"。改革的失败，制度内部资源的逐渐枯竭，国家背上的债务以及与其相伴的经济政策的脆弱性，一方面造成了其对西方信贷的依赖；另一方面让匈牙利"允许"国内企业精神在市场化的条件下得以实现。因此，匈牙利并没有对其过渡状态进行基于内部（内生）因素的进一步发展，而是展现了一种原始的、新自由主义市场经济体系的轮廓。

从 20 世纪 80 年代后期开始"强化"的进程的特点是国家调控的力度减少，以及通过法律手段在服务和制造业创造私有制，以取代国有和合作社所有制。虽然匈牙利形成了市场经济，但并不是通过数十年来不断开展市场业务来寻求突破，也没有采用充分利用国内资源的方法，而是通过引进西方资本来促进其发展。匈牙利市场经济过渡期的各种弱点，如低效率、公共财政制度超支、税收负担结构不均衡等一系列问题导致公共财政的债务趋势进一步恶化，甚至导致其在 2008 年国际金融危机期间不可持续。匈牙利国内经济的影响，调控的力度减弱，而且其中央预算和地方政府赤字加剧，普通家庭的过度举债等，均会导致其国家体制无法正常运行。

从 2010 年开始，在通过社会赋权和法律条款加强的新政治和经济进程中，匈牙利采用了一种能够积极影响国家经济的模式。预算纪律、缴税纪律和金融机构运行的监管都得到了加强。由于上述原因，以及出于新型的税收法规，其中央预算的困难得以缓解，债务占 GDP 的比重降低了，创造了经济增长的条件；而且在其中央预算"自我整顿"之后，其地方政府、社会保障体系和外币负债家庭户也实施了其国家协调的金融巩固和职能集中化的改组。匈牙利国家行政管理，其中包括经济管理的特点是集中化管理，并去除相互重复的公共服务职能，以求提高效率。而从2013年开始，中央银行也通过其货币政策对此一系列改革提供了支持。

2 本书内容的结构和理论基础

本书的研究是五个时代[①]相连的，在某些方面采纳完全不同方法和经济资源管理。其中的共性是具有比19世纪之前三百年更加明显的国家地位，其法律框架（有时是相对的）是合法的；都旨在实现其经济发展和赶上西欧的标准。因此，对于每个时代的经济管理体制而言，出发点都是要实现更现代化的国家和经济水平。在奥匈帝国时期，玛利阿希·贝拉（Máriássy Béla）针对本书研究的五个时代发表了迄今为止被视为标准的看法："国家地位的基本条件是国家独立、财富、人身和财产安全得到保障，以及知识分子达到一定比例。只有财政有条不紊的国家才能具备这四个条件；因为没有国家援助就不可能进行生产，没有丰富而有价值的生产就不可能实现财富繁荣。确保独立性、人身和财产安全，比例较高的知识分子都需要高成本。这些成本只有产量较大，附加值较高的，其公民收入在日常开支外有盈余的国家才能实现，因为国家公民在实际需求外还有盈余的话，可以在不伤害到自身利益的情况下为国家财政做出贡献。"[②] 玛利阿希期望独立的、具有成功经济和政策体

　　[①] 本书中提到的任何历史时期指的都是匈牙利历史的有关阶段。对历史时期的评价反映了笔者的看法。——译者注

　　[②] 玛利阿希·贝拉：《关于我国财政》，布达佩斯，由作者出版，1874年，第1页（Máriássy Béla：Pénzügyeinkről）。

制的国家，能够通过其法定代表机构对其他"受创的"、欠发达的经济体提供援助。也就是说，通过组织合理的预算程序来支持经济界，干预市场运作，（按亚当·斯密经典的例子）直到经济不需要它，市场环境（重新）得以繁荣为止。①

由于匈牙利的"建国延迟""发展延迟"和"受阻挠"（土耳其战争、哈布斯堡王朝压迫、苏联利益影响、市场经济转型无能为力的、经济政策低效等），在每个所研究的时代都"被迫地"处于追赶其他更发达的经济体的状态。其中主要是国家发挥了催化作用，也就是说，新的自由市场经济转型的时期除外，国家"组织"和建造的市场和计划经济结构的轮廓得以展现。在新的自由市场经济体系中发挥主要角色的仍然是国家，然而，在这个体系中，国家反而拆解国家资产，"阻止"国家的监控。也可以预先确定，在建立独立国家的过程中，不同于准备和实施时间充裕的其他国家那样，匈牙利经济管理层试图在后台（较快地）实现（"强迫"）其经济的发展和国家运作的完善。显而易见的是，多次经济追赶尝试失败以及这些失败的积累，导致匈牙利的立法和监管环境变得非常活跃。② 本书研究的五个时代中，由于失败，使历届政府对经济管控力度变得越来越强，因为其目标始终是达到发达国家的水平，而且也希望改善由失败的尝试造成的环境。因此，立法者们在修改规范经济行为的法规上做了大量的工作。

---

① 自由国家（"守夜人"）职能的经典概念，参见亚当·斯密《国富论》（1776年），统治18世纪英国全球帝国的政治实体在确保"成功"的殖民化、廉价的劳动力和原材料以及提供无限的、"无障碍的"市场后，必然退到二线。换句话说，在建设"市场"制度之后，从本质上讲，市场参与者地自治以及最大化利润的渴望影响了经济的演变。就目前而言，不谈论亚当·斯密的1759年著作《道德情感理论》（*The Theory of Moral Sentiments*），该书阐述的是人本性道德情感的理论。

② 在2010年后的活跃过渡时期，批量立法和大量系列举措中尤为明显。

本书旨在体现在以下几方面：第一，对五个时代经济管理的主要特征、国家权力影响经济的举措进行描述及对比，分析其经济管理的效率和有效性。第二，研究财政政策（政府）和中央银行运作的相互作用。第三，探讨和系统化整理各个时代的主要公共治理学和国家财政理论。第四，探索和系统化整理国家对经济从业者的各种影响。为撰写本书时所作的研究，探索和评估了匈牙利近一个半世纪以来，为了实现独立国家结构或者为获得独立结构的过程中，以及在发展、追赶和现代化过程中对经济造成影响的制度。在以时滞和拖延为特征的匈牙利环境下，甄别国家在经济政策中的作用、效率和质量。

综上，本书研究经济管理的历史、经济数据和经济局面的有效性，通过系统化梳理这些经济进程对政治产生的影响来创造新的学术价值。但是，必须补充一点，由于本书篇幅的限制，本书不是全面的研究，而是专注于主要的经济流程和思维浪潮的要点上。①

本书研究包含五个时代：一是1867年奥匈折中方案后形成的长达半个世纪的奥匈帝国政治、经济体制；二是两次世界大战之间的重建工作，主要是匈牙利意图收回其旧有领土的国家的经济政策；三是在匈牙利国家和政党强力影响下的计划经济体制的经济局面；四是自20世纪80年代以来近三十年的市场经济转型②；五是2010年后的匈牙利国家积极干预的新时期。本书主要对以上这五个历史时代中匈牙利国家政策的作用和监管体制进行研究。其中前四个能以国家的积极干预来形容，而第五个是以国家资产和监管的分解为特征。匈牙利原来的和当前的公共

---

① 在我大学研究员生涯中，我数十年来研究本书中提到的五个时代的国家财政发展情况。我发表的大部分论文在由匈牙利科学院管理的"匈牙利科学文库"网站上可以浏览。本书需要与事先发表的论文一起进行阅读，而且与这些论文一起可以给出更全面的认识。

② 由于新市场体系的形成是在匈牙利共产主义国家政权时期形成的，也就是说，新市场体系是在共产主义国家政权时期形成的，甚至在其默许和支持下开始的，所以无法划清各个阶段的界限。

财政不同于发达的英美市场的经济体制，正如匈牙利和苏联的计划经济也不同。也就是说，除了地理上的"中间位置"，在公共财政领域也可以观察到匈牙利的一种中间派的做法，这也体现在本书的书名①上。

就本书的"种类"而言，它属于政治学领域。在过去的十年中，我通过多次论文尝试解释公共治理学内匈牙利国家财政的主题、概念，将其各个时期的地位置于历史和国际背景下。② 2008 年国际金融危机后，匈牙利国家的作用提高，监管活动力度加大③，公共财政机构对经济从业者更积极地施加影响④，以上这些在匈牙利也形成了"描述性"法学和商业导向的"公共经济学"之间一个深入研究国家运作的跨学

---

① 本书英文书名为 East of Europe, West of Asia: Historical Development of Hungarian Public Finances from the Age of Dualism to the Present，中文版书名略有修改。——编者注

② 伦特奈尔·乔巴：《公共财政和政府财政》，匈牙利行政和教材出版社 2013 年版，第 341 页（Lentner Csaba: Közpénzügyek és államháztartástan）；阐述了匈牙利国民经济的经济学、分类学和法学基础——使用中央银行非正统手段。参见伦特奈尔·乔巴编《税务金融和政府财政》，匈牙利行政和教材出版社 2015 年版，第 31—76 页（Adózási pénzügytan és államháztartási gazdálkodás）；《公共财政管理》，匈牙利 Dialóg Campus 出版社 2017 年版，第 262 页（Közpénzügyi menedzsment）；《政府和行政任务的经济和公共财政基础》，匈牙利 Dialóg Campus 出版社 2017 年版，第 47 页（Kormányzati és közigazgatási feladatok közgazdasági és közpénzügyi megalapozása）；《公共财政模式转变——略述历史和科学》，《米什科尔茨法学评论》2017 年第 12 卷第 2 专刊，第 328—337 页（Állampénzügyi modellváltásunkról - történeti és tudományos vázlat. Miskolci Jogi Szemle）。

③ 在"常态"市场经济条件下，国家的运作发挥着时弱时强的影响。参见豪尔毛蒂·奥迪拉《关于国家对经济的影响的法律手段（资本主义国家的做法）》，匈牙利科学院第九处通告第 1—2 号，1981 年，第 85—127 页（主要领域为"不间断的计划工作"、支持政策）[Harmathy Attila: A gazdaság állami befolyásolásának jogi eszközeiről（a kapitalista országok gyakorlata）]；凯奇凯什·拉斯洛：《国家的经济活动和豁免；解决豁免问题的整体观念》，匈牙利科学院第九处通告第 1—2 号，1981 年，第 179—213 页（Kecskés László: Az állam gazdasági tevékenysége és az immunitás. Az immunitás – problémák átfogó szemléletéért）；欧盟几十年后限制补助（从而加强市场竞争）的法规浮出水面。参见伦特奈尔·乔巴《国家支持政策的主要手段和限制》，伊姆莱·密克罗什等编《行政资格考试——经济管理》，匈牙利行政大学 2015 年版，第 64—74 页（Az állami támogatáspolitika főeszközei és korlátai. Közigazgatási szakvizsga – gazdasági igazgatás）。

④ 盖伦·玛尔通、霍苏·霍腾齐雅编：《危机时期的国家的作用——马扎里·佐尔坦纪念特刊》，Complex - Wolters Kluwer 集团 2010 年版，第 231 页（Gellén Márton - Hosszú Hortenzia: Államszerep válság idején - Magyary Zoltán emlékkötet）。在该纪念特刊中，特别推荐勒林茨·洛约什《马扎里·佐尔坦在匈牙利行政管理学中的地位》，第 39—45 页（Ifrincz Lajos: Magyary Zoltán helye a magyar közigazgatástudományban）。

科学术领域的好机会。① 该环境成立的基础是在奥匈帝国时期②和两次世界大战之间的时期③建立的。

"行政科学指的是由马扎里·佐尔坦（Magyary Zoltán）定义的行政管理研究学派，没有必要将法学的观点也加在里面。虽然早前接受该观点时有些犹豫，但是我们现在可以毫无保留地说，马扎里是匈牙利行政学的经典人物。"④ 根据麦泽伊·鲍尔瑙（Mezey Barna）的解释："行政管理是国家为了满足国家政权和满足公共任务范畴内的公共需求而开展的行政管理工作，也是社会运作中最复杂的环节。"⑤ 我认为，这种"复杂环节"包括国家财政系统的财政监管、税收管理和监督，公共财政系统

---

① 道马什·安德拉什（Tamás András）论述公共治理科学（政治学）发展史时表示，公共治理科学（政治学）并不是纯粹的法学，而且来历显然是（重商主义）财政学（cameralistics）和财政学（finance）。同时他认为，行政管理科学并不能解释为一种法学，因为由法律规定的事务，不能仅仅成为法学所研究的课题。参见道马什·安德拉什《公共行政学在科学中的地位和作用》，《Pro Publico Bono 匈牙利行政管理》2013 年第 2 卷，第 28—34 页（A közigazgatás – tudomány helye és szerepe a tudományokon belül. Pro Publico Bono Magyar Közigazgatás）。道马什·安德拉什和勒林茨·洛约什甚至持论说，即使公共行政学（政治学）主要由法学家执业，还是不能归纳到法学。

② 玛利什卡·维尔莫什：《财政学，特别提到一些主要国家的公共财政》，派特利克·盖佐 1871 年版，第 500 页（Mariska Vilmos：*Pénzügytan. Különös tekintettel a nevezetesebb államok államháztartására*）；弗尔戴什·贝拉：《国民经济学和财政学手册》，齐洛希·莎姆尔印刷厂 1885 年版，第 420 页（Földes Béla：*A nemzetgazdaság – és pénzügytan kézikönyve*）；基什·盖佐：《议会预算法的性质和局限性》，普利采尔出版社 1905 年版，第 144 页（Kiss Géza：*A parlamenti költségvetési jog természete és határai*）。

③ 从行政、法学和政治学角度研究财政的主要作品有：马扎里·佐尔坦：《匈牙利国家预算法》，Stúdium 出版社 1923 年版，第 224 页（Magyary Zoltán：*A magyar állam költségvetési joga*）；瓦尔瑙伊·埃尔诺：《补充论述宪法上的金融法问题》，1996 年第 47 卷第 1—18 期，第 187—196 页（Várnay Ernő：*Adalékok alkotmányos pénzügyi jogi kérdésekhez. Acta Universitatis Szegediensis：Acta juridica etpolitica*）。

④ 勒林茨·洛约什：《马扎里·佐尔坦在匈牙利行政管理学中的地位》，盖伦·玛尔通、霍苏·霍腾齐雅编《危机时期的国家的作用——马扎里·佐尔坦纪念特刊》，Complex – Wolters Kluwer 集团 2010 年版，第 39—48 页。特别值得注意的是马扎里·佐尔坦为认可这个科学领域的奋斗。

⑤ 麦泽伊·鲍尔瑙：《国有化和自主权——19 世纪下半叶的集权化和自治政府》，施特劳斯·彼得、佐卡尔·彼得·克利斯蒂安编《1848—1998 年的匈牙利自治情况》，布达佩斯罗兰大学 2004 年版，第 18 页（Mezey Barna：*Államosítás és autonómia. Centralizáció és önkormányzatiság a XIX. század második felében, Autonómiák Magyarországon 1848 – 1998. Szerk. Strausz Péter – Zachar Péter Krisztián*）。

的监控，以及中央银行内部的货币政策、监管和监督，因为这些公共机构负责满足公共需求，为其支付的金钱保值。换句话说，保证公民获取公共需求的代价保值，是政府机构的职责。有很多历史例子证明，在危机时期，国家成为巩固和重组的落实者，稳定的创造者，但是在随后的国家运作方面，可能重估干预的理念，并且可能降低其强度。我们现在处于危机爆发后的十多年。

乔巴·拉斯洛（Csaba László）在危机的顶峰时期制定的"多元方法论主义"①中存在意义的主张至今仍然有效。其对本书的讨论方式也起到了指导和启发的作用。正如他写道，经济学理念十多年前开始更新，与此同时"可以观察到方法论变得更加多元化，其中包括历史，制度和比较经济学观点的振兴，而单方面侧重于数学模型的解决方案则开始不受到重视"②。我们在这种方法的框架下，研究匈牙利经济和公共财政的发展及相关的法律、法规才最合适。③ 科学领域的重新部署不可能否认已证实的理论，使用新方法的唯一目的应该是增加科学的深度，作为主流之一的数理经济学④，以及历史和制度⑤框架内解释国家运作的理论都"成熟"了，而且好像都越来越受到关注。因此，本书的目的是

---

① 乔巴·拉斯洛：《过渡期的经济学——从部分学术领域吸取的教训》，《匈牙利科学院就职演说》2013 年，第 27 页（Csaba László：Átmenet és közgazdaságtan. Módszertani tanulságok egy résztrerület műveléséből. /Székfoglaló előadások a Magyar Tudományos Akadémián）。

② 同上书，第 5 页。

③ 自 2011 年以来，我作为匈牙利行政大学公共财政课程的创办者，很高兴看到关于国家运作的法律和经济方面的联合研究。

④ 佐洛伊·埃尔诺：《以诺伊曼模型为借口谈经济学的方法论和数理经济学》，匈牙利《经济学评论》1999 年第 44 卷第 7—8 期，第 600—628 页（Zalai Ernő：A közgazdaságtan metodológiájáról és a matematikai közgazdaságtanról – a Neumann – modell ürügyén. *Közgazdasági Szemle*）；乔巴·拉斯洛：《经济学中的方法论和重要事实：当代经济学与社会科学》，匈牙利科学院 2013 年版，第 43 页（*Módszertan és relevancia a közgazdaságtanban. A mai közgazdaságtan és a társadalomtudományok*）。

⑤ 罗纳德·H. 科斯：《企业、市场与法律》：匈牙利国家教材出版社 2004 年版，第 311 页；科斯：《新制度经济学》，德国《制度与理论经济学》1984 年第 140 卷第 1 期，第 229—231 页（The New Institutional Economics. *Zeitschrift für die gesamte Staatswissenschaft*）；Rodrik, Dane (2015)：*Economics Rules：The Rights and Wrongs of the Dismal Science*. W. W Norton, New York, p. 240。

从历史和国际角度来讨论国家经济的运作以及相关的重要法律、法规，按时间排序一个半世纪的事件，并且从历届理论得出结论。随着经济学（布雷顿森林体系）金本位的衰落脱颖而出的教条，比如数学可预测性各种所谓稳定的曲线[①]，因为近来发生的危机而逐渐失去了信任[②]，这导致新方法泛滥[③]，或者旧方法被重新"发明"[④]，也就是说，学术界较频繁地重新思考相关的学术理论。[⑤]

欧尔莫什·玛丽亚（Ormos Mária）认为，造成经济危机的原因和因素是可以追溯的。因为市场参与者可以规避市场法律，而且政治界、知识分子、当代"算命者"和外部冲动也都可以对其施加影响；与此同时，

[①] 基于数学的领域的主要学术著作有：Myles D. Gareth（1995）：*Public Economics*. Cambridge Economics University Press, p. 546; Móczár, József, Tsukui, Jinkichi（1992）: Balanced and Unbalanced Growth Paths in a Decomposable Economy: Contributions to the Theory of Multiple Turnpikes. *Economic Systems Research*, No. 3, pp. 211-222; 莫察尔·约瑟夫：《现代科学的几个章节：随机和动态非平衡理论、自然科学方法》，匈牙利科学院出版社2008年版，第602页（Móczár József: *Fejezetek a modern közgazdaságtudományból. Stochasztikus és dinamikus nemegyensúlyi elméletek, természettudományos közelítések*）。

[②] Botos Katalin（2015）: Burdensome Legacy: Political and Economic Changes through the Glasses of a Financial Policy Maker. *Public Financial Quarterly*, Vol. 60, No. 3, pp. 392-403.

[③] 摆脱天主教教会精神光环的经济学著作，参见 Dembinski, Paul H.（2017）: *Ethics and Responsibility in Finance*. Routledge Focus, p. 79; 鲍利茨·莎洛塔·劳拉：《三维经济——能否在道德伦理范式中经营？》，凯洛斯出版社2016年版，第314页（Baritz Sarolta Laura OP: *Három dimenziós gazdaság. Lehet-e gazdálkodni erényetikai paradigmában*. Kairosz); Foo, Martin（2017）: Ethics at the New Frontiers of Finance. In: *Finance and Common Good: Financial Ethics Review*, Ed. Paul Dembinski. Observatoire de la Finance, Vol. 44-45, pp. 50-63。

[④] 比如说，亚当·斯密有点被遗忘的书《道德情感理论》（1759年）以及以人为本，即将经济与人联系起来，并强调人的负责任的商业活动，早于恩斯特·舒马赫（Ernst Schumacher）两个世纪的安东尼奥·杰诺韦西（Antonio Genovesi）的教义复兴；参见匈牙利文再版《论商业或民间经济：精选摘录》，Kairosz出版社2016年版，第298页；安东尼奥的学说"适应于"当代，参见路易吉诺·布鲁尼、斯德望·扎马尼《公民经济——效率、公平、繁荣》，哈尔马丹出版社2013年版，第203页（Bruni, Luigino-Zamagni, Stefano: *Civil gazdaság-hatékonyság, méltányosság, jóllét*）。

[⑤] 乔巴·拉斯洛：《制度经济学和主流》，匈牙利《经济评论》2018年第65期1月，第1—23页（Az intézményi gazdaságtan és a főáram）；莫察尔·约瑟夫：《雅诺什·科尔奈和新古典与制度经济学》，匈牙利《经济学评论》2018年第65期，第229—239页（Kornai János és a neoklasszikus versus intézményi közgazdaságtan）；沃伦蒂尼·保尔：《科斯概念的另一个角度——专注于公共服务》，匈牙利《经济学评论》2018年第65期4月，第346—381页（Valentiny Pál: Coase-kép másképp: középpontban a közszolgáltatások）。

这些参与者和因素的共同作用也可以缓解危机。因此，找到解决方案不仅仅是国家的"任务"，需要广泛合作才能纠正搅局的机制。"只有在解决方案的公式中不但考虑国家应当负责的财政和金融事项，还考虑到其他元素，如社会（福利）、政治和精神元素，才能在可预见的未来内有望找到解决危机的办法，而且这个解决方法才能相对持久。"①

在计划经济瓦解后，匈牙利中央银行政策［主要以较快速度缩减支持实体经济的再融资功能，以及限制（协助）国债融资业务］已经偏离政府财政政策太远，因此货币政策实际上被移出了经济政策（经济管理、公共财政）领域，被限制在宏观经济领域和社会环境中，最终在零售、公司和财政领域都形成了不可持续的债务轨迹。我们可以引用被称为"匈牙利资本主义摇篮"的奥匈帝国时期的"精神元素"来驳回以上提到的错误观念。

奥匈帝国初期是国家控制的"新"资本主义时期，该时期其国家财政尤为活跃，可以作为单独的研究领域来研究该时期如何对待公共治理科学（行政）及国家财政系统。② 19世纪中叶，考尔沃什·阿戈什通（Karvassy Ágoston）③ 详细论述了属于公共治理科学范围内的金融工具，

---

① 欧尔莫什·玛丽亚：《危机和解决方案》，《19—21世纪的金融、经济和政治：过去和当前的危机》，拉布·维拉格编《危机和解决方案特刊》，Pro Pannonia 出版社基金会 2009 年版，第 19 页（Ormos Mária：Válságok és megoldások. Válságos idők tegnap és ma. Pénz, gazdaság és politika a 19 – 21. században. Szerk. Rab Virág）。

② 当然，双元君主制时代也有当时的科学辩论。参见埃克斯奈尔·科尔内尔《匈牙利金融法》，Athenaeum 出版社 1901 年版，第 512 页（Exner Kornél：Magyar pénzügyi jog），埃克斯奈尔描述了金融法的渊源（第 10—12 页），说明了其从属关系问题，比如金融归属于法学的强度。他这个看法源于当代（多所大学）结业考试中将金融与行政法相联系；也就是说，除了克卢日—纳波卡大学除外，行政法的考官也是金融法的考官。因此，无论是过去还是现在，这个领域属于哪个科学，都取决于其实力和影响力。再说，当时将与国家运作相关的经济和法律学术领域称为在狭义上的"金融学""金融法学"（玛利什卡·维尔莫什），而在扩展意义上叫作"预算法"［蒂豪尼·洛约什（Tihanyi Lajos）］，"金融法"（埃克斯奈尔·科尔内尔）、"金融科学"（考尔沃什·阿戈什通）、"国家经济学"（考茨·久洛）等。关键是，这个科学领域"同时"和"联合"研究国家运作的经济和法律两个层面。

③ 考尔沃什·阿戈什通：《系统地研究政治科学—第二册—包括国家经济和金融科学》扩展再版，1847 年出版于匈牙利杰尔市，第 142—172 页（A politikai tudományok rendszeresen elő adva. Második kötet. Magában foglaló statusgazdászati és fináciai tudományt）。

即货币、银行和信贷。① 他认为当时金融学研究遭到了"遗弃",他给出的该学术定义如下:"最合理收集、管理和使用国家达到目标所需要金钱的理论的合称。"② 而中央银行致力于通过再融资—再贴现政策,直接或间接"缓解"了国债负担的任务,实现了服务于国家的目标。由于机构的特点,工具不同于财政政策,但是其最终目标与政府相同,都是为了帮助国家提高运作效率,改善社会生活质量。因此,在公共治理科学内,在国家财政体系中联合管理财政和货币发行领域③是合理的。特别是在危机爆发后的时期被证明,中央银行独立于政府的激励(刺激)措施可以为经济和财政提供明确的支持,尤其是在从危机中复苏④和2008年国际金融危机后,以及从先前的发展水平推进时(如从市场经济过渡到一种活跃的、实现危机管理的政府模型)。在没有制衡制度,也就是说,在没有宪法有效地控制政府的财政政策的条件下(如在匈牙利市场经济的过渡时期),偏向于完全独立于政府的并且仅在其反通胀货币政策下运作的中央银行是不合适的,因为中央银行的作风严谨(抑制中央银行支持财政政策的手段⑤),无法有效抑制国家政府几乎毫无限制和纪律的、超支的"有罪行为"。将比匈牙利原有国家财政体系发达得多的,通过长期发展形成的中央银行体制引入匈牙利,并将其作

---

① 对银行事务的归类有同样看法的是弗尔戴什·贝拉(Föloles Béla),他在《国民经济学和财政学手册》一书中表示,货币体系和银行业是国民经济(也就是说,经济政策)的组成部分。当代关于金融学的、思想类似的文献包括百特(Baxter)、派瑞(Parieu)、莱昂(León Say)、勒罗伊·博利厄(Leroy Beaulieu)、霍夫曼(Hoffmann)、尼贝尼乌斯(Nebenius)、福克(Hock)、斯坦(Stein)等。

② 考尔沃什·阿戈什通:《系统地研究政治科学—第二册—包括国家经济和金融科学》扩展再版,1847年出版于匈牙利杰尔市,第37—38页。

③ 关于公共财政机构两个领域的相互依存和新型运作,参见 Lentner Csaba (2017): New Concepts in Public Finance After the 2007 – 2008 Crisis. *Economics and Working Capital*. 1 – 4, pp. 2 – 8。

④ 例如,在拜特伦(Bethlen)伯爵任政府首脑时期的巩固(1921—1931年)。——译者注

⑤ 比如说,在政治制度转变后的二十年,以市场为基础融资、因财政异常而激增的公共债务,并没有显著遏制匈牙利几届政府的超支。

为参考基础加以采用是不合适的，同时也不能"容忍"中央银行对危机事件"隔岸观火"的态度。尽管中央银行统一管理国库的账户，并且在必要时可以依靠政府的均等准备金，其注册资金的所有者还是国家（注册资金占资产总额的1%左右）[1]，但它不会产生公款（就如《公共财政法》规定，尽管中央银行在法律上是独立的，但是其在国家的经济运作中起到关键作用，所以它是国家财政系统的制度性行动主体）。

因此，在当前的匈牙利条件下，不可能将公共财政系统勉强归属于经济学或法学，最好将由于金融危机而迅速变化的国民经济放在公共治理科学（注意到西方文化）的多年基础上进行研究。这样也许在经济学和法学之间的跨学科领域中，公共治理科学的具体领域可以"壮大"，其中也包括国家运作的法律、经济、社会和政治等要素，但始终与法学和经济学保持紧密联系，因为各领域之间的，形成协同效应的合作不会消失。因此，公共治理科学是专注于国家运作的科学领域，而公共财政则涵盖了公共治理科学内国家运作中同财政（包括税收、监管、补贴、国有企业等）和货币监管（微观和宏观审慎、银行监管[2]）相关的要素。

本书基于这种思想构思而成，概述了匈牙利公共财政机构运作了一个半世纪的历史和"重叠的先例"，希望能够全面介绍匈牙利不断变化的状况，以及涉及的国际环境及其对科学的"烙印"。

伦特奈尔·乔巴

2019年7月于匈牙利布达佩斯

---

[1] 2017年，匈牙利国家银行（MNB）的总资产达93077.52亿福林，而注册资产达100亿福林。

[2] 从2013年开始，像许多国家那样，银行运营的行政、监管和立法权都被移交给中央银行了。

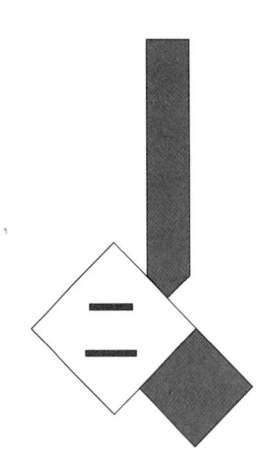

第二章
双元帝国时期国家控制的经济
（1867—1918 年）

匈牙利的独立主权在 1526 年被剥夺之后，与土耳其发生了多次战争，在随后的长达几百年的哈布斯堡王朝统治期间，匈牙利都未能形成独立的公共财政体系。从 19 世纪初开始，"匈牙利改革时代"取得了各种成就，并在 1848—1849 年革命和独立战争时期开始制定相关政策、举措，然而未能得到彻底落实。在随后数十年的新专制制度期间，匈牙利在帝国框架内逐渐推行了税收革新政策，而以上这些政策改革的成果最终在 1867 年订立奥匈折中方案之后得以完善，并且成为独立后的匈牙利经济管理机构的基础。双元帝国时期的匈牙利国家运作给我们的启示，是如何能从过时的、落后的经济局面和非独立的公共财政中发展出一种极为独立和有效的公共财政体系，并向我们展示这个过程需要考虑到什么样的经济层面和行政层面的问题，通过哪个行政手段可以从迟缓的发展过渡到国家稳定运作的阶段。

第二章 双元帝国时期国家控制的经济（1867—1918 年）

1 1867 年奥匈折中方案及其前情

1.1 匈牙利改革时代为资本主义发展做准备

由于发展滞后，在 1820 年出现了旨在改善匈牙利经济和国家状况的各种爆发性思想。毫无疑问，当代精神领袖当中塞切尼·伊什特万（Széchenyi István）是最主要的。[①] 他的思想对国家在几十年后也产生了决定性作用。塞切尼"解决了匈牙利很多问题，但同时也提出了更多问题"[②]。阻碍发展的因素是"贫困、资本不足和农奴（农民）的复杂问题，关于禁止转让土地遗产的法律、土地归属权[③]、公平课税制度、海关和相关的外贸问题，'工业保护联合会'[④] 相关工业问题以及贸易和信贷问题"[⑤]。塞切尼探索的是潜力的局限性，所寻求的是解决方案。"匈牙利土地肥沃广袤，以至于无利可图的部分土地也能使其他国家富裕……"[⑥] 他认为，遏制当时经济发展的最大问题是缺乏信

[①] 不能忽视拜泽维齐·盖尔盖（Berzeviczy Gergely）、戴热费·埃米尔（Dessewfy Emil）等人的毕生之作。科尔陶伊·维尔吉尔（Koltai Virgil）详细介绍了当代最主要的思想家和科学期刊《塞切尼伯爵的经济思想》（"塞切尼伯爵之前的经济学文献"章节），布达佩斯，兰佩尔·罗伯特皇家书店 1903 年版，第 5—22 页 [Széchenyi István gróf közgazdasági eszméi（Közgazdasági irodalom Széchenyi előtt）]；考茨·久洛：《国民经济思想发展史及其对匈牙利公共状态的影响》，匈牙利 Heckenast Gusztáv 出版社 1868 年版，第 137—470 页（《关于独立思想发展的起始》章节）。

[②] 博尔贝·米海伊：《书评》，《社会科学》1941 年第 5 期，第 581 页（Borbély Mihály: Könyvismertetések. Társadalomtudomány），被引用的作品埃贝尔·安道尔《塞切尼的经济政策》没有注明出版年份，富兰克林公司出版；埃贝尔·安道尔《塞切尼教我们的是什么？供给年轻人》1941 年版 [Éber Antal: Széchenyi gazdaságpolitikája. Franklin Társulat；Éber Antal: Mire tanít Széchenyi?（Az ifjúság számára）]。

[③] 当没有法定继承人或遗产申请人时，封地的所有权转归领主。——译者注

[④] 1884 年为了保护国内工业而成立的联合会。——译者注

[⑤] 博尔贝·米海伊：《书评》，《社会科学》1941 年第 5 期，第 580 页。

[⑥] 塞切尼·伊什特万：《信贷—世界—发展阶段》，匈牙利 Quattrocento 出版社 2013 年版，第 16 页（Széchenyi István：Hitel – Világ – Stádium）。

贷资本。塞切尼写道："……我认为，缺乏信贷也是所有道德败坏和精神贬低的主要原因之一。"①"缺乏信贷的原因是没有人能在自然情况下改善自己的土地。"② 但是，由于种种阻碍因素，发挥经济催化作用的信贷，及其机构体系和发放方式都无法建立。由于法律禁止转让祖先留下的土地遗产，因此贵族的土地无法进行交易；同时信贷渠道发展落后等因素阻碍了资本和资金收入的形成，有支付能力的匈牙利人对此需求不活跃。"大部分人都忘记关注国内消费，其实这是各国经济的基石。英国自己消费其工厂产品的3/4，而只有1/4产品进行所谓的世界贸易。因此，在华丽房子里生活的，吃上好食物的，穿着漂亮衣服等的人越多，内部消费越大，我就会认为国家越富裕。而且，越多的人渴望，并且可以获得生活各种财富，那么为了生产而付出的工作和努力就会越多。"③塞切尼认为，匈牙利的崛起取决于贸易自由，而为此必须废除行会体制和关于禁止转让祖先土地遗产的法律。在国内消费和工业兴旺后，增进福利、国内消费和公民自由的目标都有望实现。"因此，目标是更多的消费、更大的福利、人的自由与尊严。在大多数情况下，这些仍然只不过是目标，但与此同时，我们当时的工具都开始为自身服务，失去了更高的目标。"④

我们来看塞切尼在其时代做出的贡献。⑤ "18 世纪末和 19 世纪初出版的经济学作品的大多认为，匈牙利经济的崛起取决于市场上的商

---

① 塞切尼·伊什特万：《信贷—世界—发展阶段》，匈牙利 Quattrocento 出版社 2013 年版，第 20 页。
② 同上书，第 79 页。
③ 同上书，第 128 页。
④ 博尔贝·米海伊：《书评》，《社会科学》1941 年第 5 期，第 581 页。
⑤ 塞切尼不仅对经济，还对与其有着密切关系的法律事项也发表了意见。参见霍尔瓦特·奥迪拉《法学现代化的起始：塞切尼·伊什特万私法改革理念》，科瓦奇·卡尔曼编《匈牙利的立法和执法的一些问题》1986 年第 15 卷，第 133—147 页（Horváth Attila：A jog modernizációjának kezdetei. Széchenyi István magánjogi reformkoncepciója. *A jogalkotás és a jogalkalmazás egyes kérdései Magyarországon. Jogtörténeti értekezések*）。

第二章 双元帝国时期国家控制的经济（1867—1918年）

机，由于内部市场欠发达，应该特别关注外贸的发展。"[1] 而塞切尼认为"国家在根本上落后的原因是当前的封建制度造成的，这个制度无论是在生产、贸易还是在金融领域，在各方面都阻碍了经济活动"[2]，他认为问题在于落后，不可持续的行政体制，"问题在于我们的制度，这就是我对这件事的看法"[3]。在19世纪前上半叶仍然普遍存在的封建制度有着"让农业枷锁缠身的作用"[4] 以及"扼杀工业中的勤奋"[5] 的行会体制，这些都会导致国家落后，阻碍其在公民发展的道路上起步。以上种种，自然无法建立符合当时水平的信贷业务。"塞切尼将旨在更新匈牙利民族的改革方案制订在解决信贷问题上。信贷是他整个改革体系的基础，又是他在作品中讨论最多，也是给他带来最大麻烦的问题。"[6]

马贾什·安道尔（Mátyás Antal）总结塞切尼不满的想法写道："由于我们金融局势的不确定性，外国资本不敢来匈牙利，在国内只有高利贷资本才可以生存，而现代贷款资本无法生存。"[7] 这位改革者一方面是为了搭桥；另一方面是为了建立现代化的金融机构，而提议建立中央银行。"因此，金钱是我们最需要的，而且今天所做的工作，在将来应该产生更多的金钱。如果我们建立一家组织良好的中央银行，可以起到像外来资本一样的效果，但是利率只有5%，最多6%，而且不需要担

---

[1] 马贾什·安道尔：《塞切尼关于匈牙利经济崛起的条件和障碍的解释》，匈牙利《经济学评论》1991年第38卷第9期，第825—837页（Mátyás Antal: Széchenyi fejtegetései Magyarország gazdasági felemelkedésének feltételeiről és akadályairól）。
[2] 同上。
[3] 塞切尼·伊什特万：《信贷》，1833年版，第53页。
[4] 马贾什·安道尔：《塞切尼关于匈牙利经济崛起的条件和障碍的解释》，匈牙利《经济学评论》1991年第38卷第9期，第827页。
[5] 同上书，第830页。
[6] 泰希·奥利弗：《塞切尼对匈牙利信贷发展的影响》，匈牙利《信贷》1943年第8卷第7期，第397页（Téchy Olivér: Széchenyi hatása a magyar hiteljog fejlődésére. Hitel）。
[7] 马贾什·安道尔：《塞切尼关于匈牙利经济崛起的条件和障碍的解释》，匈牙利《经济学评论》1991年第38卷第9期，第828页。

心信贷被终止，我们聪明地按9%或者10%的利润再放贷，慢慢地可以还清债务，并且这样产生的利润还可以留在我们的口袋里。怎么不清楚，欠我们自己的钱，远不如欠陌生人的钱危险？"[1] 塞切尼的构想包括建立一个根据国家利益组织的独立金融机构，其贷款业务的加强以及内部清算的设想用以避免资本外流。在这些领域，当前的匈牙利在技术上落后于发达的西方国家。"塞切尼认为信贷是一种调动和增加经济和财富的手段，并且通过信贷可以振兴经济生活。"[2] 缺乏这个"财务管理条件，会引起成千上万的问题，而这些问题对工业、农业和贸易都产生了不利影响，使迅速发展成为不可能"[3]。

塞切尼认为，从封建制度向新经济时代过渡的关键问题中，缺乏信贷只是冰山的一角，实质问题是在尚未建立提供信贷的机构和抵押担保体制，以及在信贷相关法律环境中存在着重重障碍的情况下，建立信贷是不切实际的想法。他的构思主要基于刺激匈牙利农业发展。"塞切尼认为，他所倡导的贷款构想将促进匈牙利农业的发展，并因此使整个国家焕然一新。"[4] "无论他对现有的陈旧的封建条件提出多么严厉的批评，自身作为地主的他不能像中产阶级批评家那样明确抨击封建制度"[5]，在没有成熟的中产阶级条件下，他认为，应该委托贵族实行变革。塞切尼呼吁扩大公平课税的范围。在他看来，"中产阶级生产方式需要先进的基础设施、现代化的道路、运河和妥善治理的河流，而塞切

---

[1] 塞切尼·伊什特万：《信贷—世界—发展阶段》，匈牙利 Quattrocento 出版社 2013 年版，第 140 页。
[2] 胡斯蒂·埃尔诺：《塞切尼·伊什特万关于形成匈牙利现代化的信贷机制的概念》，伦特奈尔·乔巴编《我们的科学价值》，2001 年，第 15 页（Huszti Ernő: Széchenyi István gondolatai a modern magyar hitelélet kialakításara. Tudományos értékeink.）。
[3] 同上书，第 16 页。
[4] 泰希·奥利弗：《塞切尼对匈牙利信贷发展的影响》，匈牙利《信贷》1943 年第 8 卷第 7 期，第 399 页。
[5] 马贾什·安道尔：《塞切尼关于匈牙利经济崛起的条件和障碍的解释》，匈牙利《经济学评论》1991 年第 38 卷第 9 期，第 836 页。

尼强调指出，其成本不能仅转嫁给农奴，贵族也理应尽自己的一份力量"①。经济学家们在亲身事迹中（如建造桥梁、设立匈牙利科学院②、发展农业③、金融业④和交通⑤等）看到，公共捐款制度只是部分解决方案。因此，塞切尼这一构思的最重要的内容是创造信贷制度的条件，加强纳税制度中课税的公平性质，扩大公众捐款范围，而落实其构思的理应是贵族阶级。封建制度（当时）最主要受益者是贵族阶级，不过在这个需要改革的时代，贵族正好缺乏对利益的认识。科尔陶伊·维尔吉尔（Koltai Virgil）写道："在这种情况下，唤醒民族意识是塞切尼选择的正确方法。他不仅主张思想，而且还创立了机构。但这还表明，如果我们想生活，我们就必须要在旧世界中死去，

---

① 马贾什·安道尔：《塞切尼关于匈牙利经济崛起的条件和障碍的解释》，匈牙利《经济学评论》1991 年第 38 卷第 9 期，第 830 页。

② 塞切尼·伊什特万：《关于匈牙利科学院》，Trattner - Károlyi 出版社 1842 年版，第 56 页（A magyar akadémia körül）。

③ 塞切尼·伊什特万：《关于养马》，1828 年（Lovakrul）；雷伟斯·拉斯洛：《塞切尼的封地政策》，《社会科学》1941 年第 21 卷，第 504—537 页（Révész László: Széchenyi földbirtokpolitikája）。

④ 霍尔瓦特·奥迪拉：《塞切尼·伊什特万现代化方案的贷款法律影响》，《塞切尼·伊什特万诞生 200 年纪念特刊》，第 115—128 页（Széchenyi István modernizációs programjának hiteljogi vonatkozásai. Széchenyi emlékkönyv gróf Széchenyi István születésének 200 éves évfordulója alkalmából）；班菲·道马什编：《匈牙利货币理论——金融历史文献的几个章节》，大学系出版社 2001 年版，第 156 页（Bánfi Tamás. szerk.: Fejezetek a magyarpénzelmélet - pénzügytörténeti irodalomból. Egyetemi tankönyv）；泰希·奥利弗：《塞切尼对匈牙利信贷发展的影响》，匈牙利《信贷》1943 年第 8 卷第 7 期，第 71—86 页。

⑤ 采赖·贝拉：《塞切尼的交通政策及其对交通发展的影响》，《交通公报》1975 年第 35 卷，第 1014—1018 页（Czére Béla: Széchenyi közlekedéspolitikája és hatása a közlekedés fejlődésére. Közlekedési Közlöny）；胡迪·约瑟夫：《塞切尼与巴拉顿湖上的汽船交通》，《Comitatus 地方政府评论》2000 年第 11 卷，第 66—69 页（Hudi József: Széchenyi és a balatoni gőzhajózás. Comitatus Önkormányzati Szemle）；塞切尼·伊什特万：《关于匈牙利的交通问题：解决匈牙利交通的提案》，1987 年再版，第 134 页（A magyar közlekedés ügyről l. Javaslat a magyar közlekedési ügy rendezésérül）；格拉菲·伊姆赖：《一个法案的动议：塞切尼·伊什特万关于发展交通的设想以及蒂萨河航运的历史》，《民族学公报》1994 年第 76 卷，第 5—22 页（Gráfik Imre: Egy törvényjavaslat motivációi. Széchenyi István közlekedésfejlesztési elképzelései és a tiszai hajózás múltja. Néprajzi Értesítő）；泰希·奥利弗：《塞切尼对匈牙利信贷发展的影响》，匈牙利《信贷》1943 年第 8 卷第 7 期，第 46—70 页。

并在人类继承的伟大思想和感情中重生。"①

从 19 世纪 40 年代起，人们不再追求经济发展，反而增强了对政治独立的公开意愿。1848 年春天，这些过程最终引发了宪政革命；几个星期后，又引发了独立战争，以及反对奥地利皇朝的武装革命。新的意识形态在 1848 年第十五号法律和第十六号法律中得到了实际体现（这是所谓的"四月法律"）。第十五号法律规定，废除关于禁止转让祖先留下的土地遗产的法律；第十六号法律规定，建立信贷机构。这两部法律条款在匈牙利领域等级议会最后一次会议上（1847—1848 年）通过，并由奥地利皇帝兼匈牙利国王费迪南德五世（V. Ferdinánd）于 1848 年 4 月 11 日御批。

1.2　1848—1849 年革命和独立战争时期政府的经济举措——独立经济政策的开端

鉴评历史先例，1848 年 4 月通过的一系列法律可以被视为结束"匈牙利改革时代"的分水岭。这一系列法律条款在哈布斯堡帝国创造了新的、旨在发展其匈牙利部分的公法形势。根据"四月法律"，匈牙利从一个封建国家转变成议会制、君主立宪制国家，其封建制度基本上被根除了，但是没有建立中央银行。

"四月法律"的导火线是巴黎大革命的爆发。1848 年 3 月 3 日，科舒特·洛约什（Kossuth Lajos）②在议会下院的会议上提交了建议书提案。其中包括农奴的解放，实行公平课税制度和建立独立政府

---

① 科尔陶伊·维尔吉尔：《塞切尼伯爵的经济思想》，布达佩斯，兰佩尔·罗伯特皇家宫廷书店 1903 年版，第 35 页。
② 科舒特的一举一动不仅充满了"革命热情"，而且在"匈牙利改革时代"主张了国内工业的发展。他的名言是"没有工业的国家像个单臂的巨人"。由于奥地利皇帝没有支持地方主义者的观念，所以科舒特组织了匈牙利的"工业保护联合会"来支持国内工商业，这是一种典型的反对自由贸易主义的工具。"从更高的角度"，人为地开辟匈牙利经济的发展。弗里德里希·李斯特（Friedrich List）对科舒特的举措产生了重大影响。

第二章　双元帝国时期国家控制的经济（1867—1918 年）

等提议。1848 年 3 月 13 日和 15 日，在维也纳和佩斯先后爆发的革命加速了其政治和经济变革。其中想要迅速大幅改革的激进派在政治纲领十二条的第 6 条中提出的公平分担税收负担、第 7 条中提出的农奴服劳役制度以及第 9 条（没列入"四月法律"的）中提出的国家中央银行的设立，都发挥了刺激作用。塞切尼称赞率先作出变化的科舒特的这句话很好地表达了这个过程的精髓："我的朋友，我们经历了奇迹……第一幕进行得很完美！我充满了最美好的希望……我的政策虽然是坚定的，但是很缓慢。科舒特孤注一掷了，直到目前，他为国家赢得了我的政策在 20 年内都无法实现的成就。"[①]

废除封建国家法律制度的法律，实行公平课税（第八号法律），废除农奴服劳役制度（第九号法律），解决共同使用土地争端的法规（第九号法律），废除地主法庭制度（第十一号法律），废除什一税（第十一号法律）和废除禁止转让祖先留下的土地遗产的法律（第十五号法律）都有助于促进整个经济的发展。并为第三号法律（建立负责任的匈牙利政府部门和规范执法权部门的运作）提供了管理框架。

根据第八号法律，取消了贵族的免税待遇。因此，国家一方面获得了（主要只是原则上的）新收入来源；另一方面贵族的一项核心特权因此被废除，这样减小了社会各阶层的差距。第八号法律规定，从 1848 年 11 月开始，根据公平课税原则征收新税。议会通过这项法律还废除了《金玺诏书》[②] 以及与其相关的法规和条款。"经研究 19 世纪的税收可以确定，现代税收制度的三项基本原则（普遍性、平等性和相称

[①] 摘自塞切尼·伊什特万 3 月 17 日写的信。发表于扎沃德斯基·盖座《历史》第三册，匈牙利国家教材出版社 2004 年版，第 133 页（Závodszky Géza: Történelem III.）。

[②] 《金玺诏书》是匈牙利国王安德拉什二世于 1222 年发布的，首次确立匈牙利贵族权利的文件。——译者注

性）是包贾尼（Batthyány Lajos）①在税法中确立的。"②通过实施公平课税，"匈牙利和其相连地区的所有居民都无差别地、均等地和成比例地缴纳税费"③。

废除领主的工资（第九号法律条款）意味着立即废除领主的服务，同时废除绅士座位制度。这项法律许诺给有关地主提供国家赔偿，以及在产生赔偿决定之前，针对债权人提供临时保护。过渡时期得到了在第十四号法律基础上设立的信贷机构支持的信贷机构承诺在处理贵族领地理赔之前提供临时贷款。④ 第十五号法律规定，废除自1351年施行的禁止转让祖先留下的土地遗产的法律。这样，非贵族血统的人也可以获得土地的所有权，此外还可以出售贵族领地，贵族也可以借贷，从而可以抵押土地。封建法庭制度是在第十一号法律中废除的。借此，地主法庭由法官和州级机关来取代。这些法律条款动摇了封建社会和经济秩序的基础。

在本质上看，由费迪南德五世批准的"四月法律"，可以认为是一次宪政革命。1848年3月15日的佩斯革命事件一方面对其发挥了刺激作用；另一方面（就未来的实际维持而言）为其提供了政治背景。后者是其迫切需要的，因为随着维也纳革命的失败和欧洲革命情绪的低落，奥地利皇帝为了恢复原状也采取了拖延的措施，甚至克罗地亚总督耶拉契奇（Jellasics）率领的军队对抗匈牙利政府，从而引发了独立战争。战争使在"宪政革命"范围内通过的法律以及其所带来的变化陷

---

① 包贾尼，1848年匈牙利革命期间首届代议制政府首相。——译者注
② 伊隆卡·玛丽亚：《19世纪下半叶的现代税收制度：匈牙利1849—1880年的税收制度》，匈牙利BDO出版社2013年版，第40—41页（Ilonka Mária：*Modern adózás a 19. század második felében. A magyar adózás története* 1849 – től 1880 – ig）。
③ 1848年关于公平课税的第八号法律，参见https：//net.jogtar.hu/index.php？a = 3&param = 5276。
④ 1848年关于信贷机构的第十四号法律，参见https：//net.jogtar.hu/index.php？a = 3&param = 5282。

第二章 双元帝国时期国家控制的经济（1867—1918年）

入了更大的困境，特别是财务保障成了非常棘手的事项，当时的经济政策也为战事提供资金支持服务。"匈牙利自卫斗争并不是个人利益浮出水面的结果，而是在这个注定被经济剥削的国家中，蔓延在整个经济和行政体制的腐败而造成的后果。"① 由于战争事件而使废除封建制度的法律（公平课税、理赔、建立信贷机构等）难以实现，因此国家的实际税收大大低于计划税收。

在匈牙利，最早是1848年有关成立独立负责人政府的第三号法律条款，确定议会有权规定年度预算。该法律"第37条规定：政府应当每年向下议院提交国家收入和需求清单以及回顾过去的财务收支报表以便议会对其进行检查和审批"②。科舒特"在1848年春上任根据第三号法律条款设立的第一个负责匈牙利财政部的部长，被赋予了一项艰巨的任务"③。

匈牙利新政府的最重要任务是保障经济基础，将其放在两个支柱上，即制定预算和建立独立发行货币的机构。④ 因为战事，1848年和1849年，编制预算、创造融资条件、确保预算收入并且为此拨正经济管理机构和创造匈牙利本国货币变得至关重要。奥匈皇帝虽然签署批准了"四月法律"但是并没有兴趣执行⑤，因为执行的话，匈牙利就会变

---

① 福劳戈·米克绍：《科舒特纸币的时代——独立战争的金融》，Nyugat 出版社1900年版，第2页（Faragó Miksa: *A Kossuth - bankók kora. A szabadságharc pénzügyei*），前言是由毛达劳希—贝克·久洛男爵（Báró Madarassy - Beck Gyula）写的。
② 参见 https://library.hungaricana.hu/hu/collection/allami_koltsegvetes/。
③ 科维尔·乔治：《匈牙利国家财政系统的历史》，匈牙利《财政评论》1992年第10—11期，第753页（Kövér György: A magyar állampénzügyek történetéből. *Pénzügyi Szemle*）。
④ 科舒特本来要将国库、国家银行和税务机关的功能归入一个政府部门的机制。
⑤ 例如缺乏独立的货币体系造成这样的日常问题，1848年3月19日，约瑟夫节集市之所以失败，是因为商人没有零钱，进城的乡下人无法采购。原因是革命气氛导致纸币贬值，因此那些已将纸币换成有价值的银币的人不愿意将银币让出。而批发商因不确定性无法获得贷款，所以远离了集市。由于帝国中央银行是发行货币的机构，所以皇帝抓住了机会，没有发送足够的零钱。所以科舒特因此（等其他原因）要创造独立本国货币。鲍加尼（Batthyány）政府要借债，但与此同时，没有放弃创立独立的匈牙利货币。不过奥地利政府没有放贷，要以纸币的6%—8%贬值获得白银以稳固金融体系，而因此白银也开始从匈牙利外流。

成独立的经济体。从国防角度看，建立独立的金融体系变得迫在眉睫。匈牙利既没有独立的货币，又没有金融管理体系可以继承。自哈布斯堡王朝统治开始以来，金融一直是由奥地利国库下属的匈牙利财政局调度的。尽管通过皇帝批准的"四月法律"同意引进一种现代税制的法律基础，但是鲍贾尼（Batthyány）政府在1848年春季仍然面临着资金短缺和缺乏财政管理系统的问题。科舒特在1848年7月18日向议会提交了名为"关于国家1848年下半年和1849年的财政和预算计划"的详细报告。这个提案分别包括用于1848年4月11日至6月30日、1848年下半年的预算，以及用于1849年的更为宽松的预算提案。提案是按资产负债表形式制定的，包括了赤字数额和筹资方式。此外，还提供了各个政府部门的预算拨款，并且对主要项目进行了包括计算方式的说明和详细解释。科舒特提出了几项关于征税的法案，如"关于我国之前免税商品类半年税、特所得税和特果酒税"。还决定开出一笔（"最多为1600万帕戈福林"①）贷款，附加税和"直接"税，以满足国家半年的公共需求。②建立匈牙利国家的独立金融管理机构，创造货币，甚至"为了缓解和终止换零钱困难而采取措施"③，与"匈牙利商业银行领导层开展谈判"④，都是为了能发行货币（其担保是人民的牺牲精神），以信贷弥合赤字⑤，在当时是涉及面极广的艰巨任务。

除了制定和通过独立预算，金融自主权的另一个要点是独立发行货币。因此科舒特与佩斯匈牙利商业银行（Pesti Magyar Kereskedelmi

---

① 当时的货币叫作 pengő forint。——译者注
② 金融举措的详细情况，参见福劳戈·米克绍《科舒特纸币的时代——独立战争的金融》，Nyugat 出版社1900年版；科舒特·菲兰茨编：《科舒特·洛约什的文件》12册，Atheneum 股份公司1906年版（Kossuth Ferenc. *Kossuth Lajos iratai*. XII.）。
③ 福劳戈·米克绍：《科舒特纸币的时代——独立战争的金融》，Nyugat 出版社1900年版，第22—46页。
④ 同上书，第48—76页。
⑤ 同上书，第114—152页。

Bank）开展谈判。最初，他打算以认购应收贷款票据来实现新纸币的贵金属担保。科舒特在 1848 年 5 月 23 日呼吁人民认购 3 月、6 月、9 月和 12 月到期的，50 福林和 100 福林面值的，利息为 5% 的国库票据。这些票据后来还作为纸币开始流通，但是没有达到发行时期望的收入，仅收到了计划数额的 1/3。[①]

1848 年 6 月 17 日，匈牙利政府与佩斯匈牙利商业银行签订了货币发行合同。根据这个合同，财政部每年将存入 500 万福林的黄金和白银作为担保，并且因此这家银行计划发行 1250 万福林的纸币。财政部只能筹集一部分担保（相当于约 180 万福林的纸币），所以货币是按这个比例发行的。[②] 不过签订合同的意义更大，因为通过签订这项合同，佩斯匈牙利商业银行成为发行银行，以此建立了匈牙利独立中央银行。福林曾在中世纪的匈牙利王国被使用，而且很成功。后来，在奥匈帝国也成了受认可的货币。因此，匈牙利政府决定给新独立货币起一个与历史先例有关的名称，希望加强市场对新货币的信心，因为福林的经济背景还是相当脆弱的。尽管受到皇室的抗议，匈牙利政府还是在匈牙利控制区发行了独立的匈牙利货币（又称"科舒特货币"），并一直使用到独立战争结束。索取制定预算的权利（《预算法》通过）之后，出现了独立本国货币意味着独立国家的成立。

为了发行更多货币，科舒特在 1848 年 7 月 11 日的议会中，要求通过资助 20 万新兵和 4200 万匈牙利福林的贷款。议员们通过喊"我们同意，我们同意"而投了赞成票。由于不利的经济和政治条件，科舒特只能依靠国家的自我牺牲能力，"除了自己的力量，国家不能信任其他。

[①] 计息国库票据，参见福劳戈·米克绍《科舒特纸币的时代——独立战争的金融》，Nyugat 出版社 1900 年版，第 48—76 页。

[②] 菲尔迪·约瑟夫妮、海泰尼·伊什特万、龚多什·尤蒂特：《财政部（1848—1998 年）》，匈牙利财政部 1998 年版，第 35 页（Földi Józsefné – Hetényi István – Gondos Judit: *Pénzügyminisztérium* 1848 – 1998）。

因此需要将我们的军事力量提升至20万人，而此军备需要4200万福林"①——科舒特在1848年7月初开的议会中这样恳求议员。匈牙利中央银行在1848年8月13日发行科舒特货币，这样就形成了独立国家对发行货币的垄断。尽管匈牙利在一年半内建立了预算和金融管理体系，但是匈牙利军队在独立战争末期被奥地利皇室和沙皇帝国优势的兵力击溃，这实际上是背后的经济力量造成的。

1.3 独立战争后，奥匈折中方案前的新专制时代——奥匈折中方案后经济管理模式的"彩排"

在镇压独立战争后，根据奥匈帝国皇帝弗朗兹·约瑟夫的法令，重新实施了鲍贾尼政府的税法，也就是说，地主必须缴税。皇帝成立了征收国家税的制度化框架，即税务局。② 1849年后，奥匈帝国金融管理机构的首要任务是处理因战争支出而增加的国债。为了弥补赤字而广泛发行了计息国债。税收制度在整个奥匈帝国地区都被统一化，同时不断地提高了税率和税收监管的力度。该时期实施了个别直接税项，如土地税、户税、收入税以及在一定意义上补充收入税的所得税。课税基础基于收入评估。除了直接税，还在盐、糖和酒精价格中加入消费税。税收制度还包括了各种特许权税，此外，国家从烟草消费中也获得了显著的收入。奥匈帝国皇帝弗朗茨·约瑟夫通过敕命，以君主专制的形式逼迫匈牙利（按奥地利模式）确保征收公共财政所需要的收入。在失败的独立战争之后，"科舒特货币"当然被撤出流通了。在1848—1849年的

---

① 福劳戈·米克绍：《科舒特纸币的时代——独立战争的金融》，Nyugat 出版社 1900 年版，第107页。

② 说明当代税收管理制度的研究报告，参见豪拉斯·伊姆莱《匈牙利1850年引入的第一个现代税收制度——附上一些当地实例》，《社会科学》2016年第8卷第1—2期，第207—216页（Halász Imre：Az első modern adórendszer bevezetése Magyarországon 1850 - ben – néhány helyi példával. Köztes – Európa）。

事件之后，奥地利税收管理范围也包括匈牙利王国的领域，由此形成了覆盖整个奥匈帝国的统一税收管理制度。不管一些造反者多么虚张声势，奥地利所施行的管制严格的、有效的税收制度，直接税和间接税得到了活跃的增长（见表2-1）。

表2-1　　　　　　　　1850—1864年匈牙利税收情况

	1850年	1857年	1864年
直接税	11076768	17427654	28305000
间接税	12273865	37473302	47164000
总计	23350633	54900956	75469000

注：按奥地利福林价值计算。

数据来源：伊隆卡·玛丽亚：《19世纪下半叶的现代税收制度：匈牙利1849—1880年地税收制度》，匈牙利BDO出版社2013年版，第20—22页。

1850年，改革前的税收负担增幅仅为1/8，到1857年，增加了2.45倍；而到1864年，增加了3.5多倍。所征收的消费税比所得税更高。但是，由于经济欠发达和缺乏有效需求，所以匈牙利各省的人均消费量仍然低于整个奥匈帝国的消费量。尽管如此，在19世纪60年代初，比起整个奥匈帝国的直接税税负的平均水平，匈牙利地区比其平均税率高出4%以上，而在克罗地亚地区比其平均税率高出8%以上。[1]

在1848—1849年的事件之后，实施了一系列的经济与财政政策改革，比如农奴解放制度被重新调整，税收管理制度扩张到匈牙利，选举权与财产调查作为征税依据，并取消部分（随后取消全部）海关边境线，形成了奥匈帝国的统一经济圈。在奥地利帝国的统一的、不可分割的宪法框架内，也为匈牙利经济建立了新的、更好的市场条件，并通过

---

[1] 伊隆卡·玛丽亚：《19世纪下半叶的现代税收制度：匈牙利1849—1880年地税收制度》，匈牙利BDO出版社2013年版，第25页。

"三月宪法"（奥洛穆茨，1849年3月4日）为此提供了保障。在这个受控制的框架内，工业原材料的开采、工业原料的生产和农产品的加工，如制糖业、酒精业和制粉业发展最为强劲。尽管如此，工业生产的发展没有农业那么快，始终在缓慢增长和转变，并逐渐形成了作为工业革命基础的集中型经济区域。匈牙利的工业生产略高于家庭手工业的规模，仅占奥匈帝国生产总量的1/5—1/6。随着经济管理模式的现代化，金融机构也开始发展了，尽管在匈牙利的直接税负担已高于全国平均水平4%以上，但是这对公共财政的最终影响并不可观，19世纪60年代初，匈牙利收入税仅占全国税收的17%。尽管弗朗茨·约瑟夫通过救命，以君主专制的形式逼迫匈牙利（按奥地利模式）确保征收公共财政所需要的收入，1861—1863年匈牙利的公共支出还是超出了收入1/6以上，平均赤字达到了总收入的20%以上。

2　1867年奥匈折中方案的经济特征和影响

签署奥匈折中方案之前以及随后的合作机制基本上为匈牙利与另一个国家进行合作的机制打下了基础。这个合作机制是在19世纪下半叶开始形成的，而且未来（可能）会对苏联或欧盟系统中的合作机制有信息价值。奥匈折中方案的政治事实以及随后形成的法律框架共同创造了政治与经济的和平，从而创造了进一步发展的机会，即便成熟的国家建设和运作的经济管理，由于匈牙利落后的地位使其具有一定的特殊性。

2.1　迫使达成奥匈折中方案的直接经济和政治利益

院士马贾什·安陶尔（Mátyás Antal）在研究当时的资料时指出，贵族阶层在很长一段时间里都认为，劳动力短缺，特别是低效率的农

第二章 双元帝国时期国家控制的经济（1867—1918年）

奴工作是经济造成欠发达的主要原因。[①] 在独立战争之前，塞切尼在《信贷》中开门见山地提道："不是我们的人口少，而是我们的系统不完整……"[②] 也就是说，匈牙利经济的主要问题并不是缺乏优质的劳动力。毫无疑问，农奴劳动力的效率低于预期，但是在匈牙利农奴解放后，出现了一种全新的，对于地主阶级来说更为严重的局面。在服劳役范围内使用的农奴工具（理所当然地）从逐渐机械化的生产系统中被淘汰，从而导致劳动力和生产资料方面的生产要素双重短缺。借此，产生了巨大的投资需求，因为关键问题是要筹措1200万个日工和同样数量的、驱使畜生劳动的日工的工资。最大的问题是，由于贵族手中还剩800匈牙利亩土地[③]，但因缺乏自己的设备，所以其中一半贵族在剩余3/4土地上耕地困难，因为之前农奴是用自己的工具和畜生完成主要的工作。全面现代化和弥补所缺乏的生产要素需要花费1.6亿—1.8亿匈牙利福林，可是贵族的庄园体系已背负了2亿—3亿福林的债务。随着农奴解放产生的"技术性"资源输入短缺，即双重生产要素的短缺问题被同样属于生产要素的资本的不足加重了，进一步演化成三重生产要素的短缺。这一切迫使形成一种先后让农业和工业开始发展的政治形势。再生产能力受限的庄园体系通过资本获得了技术性输入资源，因此能获得佣工这一生产要素。在这个过程中，需要由金融资本发挥催化作用。货币资本只能在平静的政治条件、稳固的社会条件和明确的物权法条件下才能"活动"。从匈牙利角度来看，这一切为落实奥匈折中方案创造了经济依赖和理由。

从奥地利皇帝角度来看，促进达成折中的因素主要是军事和外交政

[①] 马贾什·安道尔：《塞切尼关于匈牙利经济崛起的条件和障碍的解释》，匈牙利《经济学评论》1991年第38卷第9期，第829—830页。

[②] 塞切尼·伊什特万：《信贷》，《塞切尼·伊什特万公爵的作品》，匈牙利科学院出版1904年版，第88页（*Hitel/Gróf Széchenyi István munkái*）。

[③] 一匈牙利亩相当于4315.5平方米，仅适用于农田。——译者注

策。匈牙利独立战争的镇压也只能在沙皇的帮助下实现，而且 1866 年夏天爆发的奥地利、普鲁士对意大利战争也增加了重新爆发独立战争的可能性。克尼格雷茨战的失败清楚地暴露了奥地利的弱点，奥地利在欧洲的地位衰落导致其加快寻找内部盟友，以缓解帝国内部的政治矛盾。被誉为"匈牙利智者"的戴阿克·费伦茨（Deák Ferenc）在 1868 年 7 月 18 日与奥匈帝国进行和解。戴阿克早在 1865 年写的"复活节文章"中表示愿意妥协，甚至承认匈牙利的军事、外交和财政事务不可能由其独立管理，反而应该由奥匈帝国统一管理。"因此，目标之一是帝国的稳固。我们不希望这个目标服从于任何其他侧面。而另一个目标是维持匈牙利的宪法、权利和法律（这也是由《国事诏书》隆重确立的）。除了确保帝国的稳固所必需的权益，剥夺更多匈牙利的独立权益的行为既不合法，也不明智。"① 戴阿克愿意妥协的态度在加速达成奥匈折中方案和制定 1867 年第十二号法律中发挥了重要作用。他之所以这样做，是因为他意识到在 1864 年，奥托·冯·俾斯麦（Otto Eduard Leopold von Bismarck）很显然地希望在所谓的"小德国统一"原则的基础上团结各个德意志国家，而这对奥地利来说，意味着从欧洲的权力中心被移到了东欧的边缘。因此，皇室中有越来越多的人考虑建立双元制国家。

总体而言，19 世纪初的改革时代以及随后的 1848—1849 年独立战争取得的精神上的和实质上的成就，以及在新专制主义时代引入的奥地利行政管理制度（尤其是税收和经济管理制度）和伴随着的经济进步及其促进达成的折中方案，进一步推动了经济的持久发展。从帝国角度来看，奥地利通过妥协，可以确保其"不良"的国家收入，恢复"衰落"的国际角色并"散发出"统一，使其强有力的帝国形象发挥作用。换句话说，从奥匈帝国角度来看，奥匈折中方案起到了一种弥补"政治

---

① 戴阿克·费伦茨：《复活节文章》，《Pesti Napló 日报》1865 年 4 月 16 日。

力量"的作用，而从匈牙利角度来看，也达到了弥补"经济力量"的目的。通过利益的这种匹配和妥协达成了折中方案。这为匈牙利创造了经济发展的机会，尽管程度有限，但是还有社会发展的机会。23 年后，泽盖尼·埃尔诺（Zergényi Ernő）写道："在皇上于 1867 年 6 月 12 日御批经过长期谈判达成并列入法律的妥协，公平无私地建立两个盟国的相互权利和义务的艰巨任务远未解决。"①

2.2　国家条约、经济政策框架、预算流程

从匈牙利角度来看，"折中方案的缔造者认为，未来几十年最重要的任务是在各方面弥补几个世纪来的遗漏，并且赶上欧洲领先国家，至少赶上奥匈帝国的西部地区"②。1867 年第十四号法律第 1 条规定，匈牙利分担共同国家事务支出的 30%，而王室地产省份分担 70%。③ 与比例无关的期望是"帝国的复兴应建立在改善人民经济和精神状况的无赤字预算之上"④。如加拿大经济学家斯科特·M. 埃迪（Scott M. Eddie）指出的，这种精神一直伴随整个谈判和落实过程。⑤ 双方要根据缴税能力确定配额，但是两个国家始终无法就简单的计算方式达成共识。

费伦茨·约瑟夫（Ferenc József）在加冕（1867 年 7 月 28 日）后

---

① 泽盖尼·埃尔诺：《从公法角度看配额问题》，匈牙利《法学公报》1890 年 9 月 5 日，第 25 卷，第 282 页（*Jogtudományi Közlöny*）。配额是指匈牙利和奥地利分担共同支出的比例。——译者注

② 考图什·拉斯洛：《在双元帝国时期国家工业优惠政策的背景》，劳布·维拉格编《过去和现在的危机时刻——19—21 世纪的金融、经济和政治》，匈牙利彭农尼亚图书出版社 2009 年版，第 151 页（Katus László：Az állami iparitámogatási politika háttere a dualizmus korában. *Válságos idők tegnap és ma – Pénz, gazdaság és politika a 19 – 21. században.* Szerk. Rab Virág）。

③ 同样需要指出，计算方法不明确，特别是奥方不满意。匈方愿意承担的是 25%，而奥方要求匈方承担 31%—32%。参见格拉兹·费伦茨编《匈牙利人的编年史》，Officina Nova 出版社 2000 年版，第 439—443 页（Glatz Ferenc：*A magyarok krónikája*）。

④ 韦宁盖尔·文采：《从经济角度看共同事务问题》，Szatmáry Károly 1867 年版，第 12 页（Weninger Vincze：*A közös ügyek kérdése közgazdasági szempontból*）。

⑤ Scott, M. Eddie (1982): Limits on the Fiscal Independence of Sovereign States in Customs Union: "Tax Union" Aspects of the Austro – Hungarian Monarchy, 1868 – 1911. *Hungarian Studies Review*, Vol. IX, No. 2, pp. 7 – 28.

签署了奥匈折中方案（第十二号法律），随后制定了规范经济细节的法律（第十四号法律和第十六号法律）。泽盖尼·埃尔诺认为，尽管协议的情况，尤其是为了承担共同国家事务成本而确定的比率有些复杂，但是还是能带来成果，就连在当前的匈牙利公法和外交政策协调上也具有意义。"就谈判秩序而言，他们认为议会委员会机构是一种合适的模式，因此整个代表团组织都反映了议会委员会的组织结构。决定比率的委员会也都分别进行谈判，并且以照会方式沟通。在某些方面，代表团的分工比议会委员之间的分工更加明确。因为如果呼唤照会三次失败，议会委员会可以举行联席会议表决；但是这个从政治角度可以（而从法律角度不能）赞同的机制没有扩展到代表团。不可否认，这个程序非常烦琐，但至少从公法角度上找不到瑕疵。"①

1867年第十二号法律第18条规定，需要经协商确定匈牙利王国的领地，根据《国事诏书》（Pragmatica Sanctio）确定其所承担的共同任务的担保金的比率。这项法律还规定，匈牙利王国和奥地利帝国所统治的其他国家均派遣同样人数的代表团参加谈判。匈奥双方代表团在各部的参与下制定了提案，随后将其提交至双方议会，而双方经议会协商，最终以法律形式提交给奥地利皇帝御批。对共同事务的捐款（比率）基本上取决于各国的缴税实力。"但是，确定比率的问题是如此的至关紧要，难怪在代表团谈判过程中，上述原则不止一次被退居二线。"②奥方提道，应该客观地确定比率，但是遭到了匈方的拒绝，不过这个提议被多次提出。对原本合理的奥地利立场，匈牙利代表团一再持论"1867年第十二号法律第22条明确规定，关于比率的协议只能在有限时间内有效，到期时应当重新商议。也就是说，比例始终可以自由商

---

① 泽盖尼·埃尔诺：《从公法角度看配额问题》，匈牙利《法学公报》1890年9月5日，第25卷，第283页。
② 同上。

议，禁止以任何形式限制其幅度的自由确定。不过两国之间关系的法律性质也不允许限制确定比例的自由。因为财政独立是法律独立的最强有力的支持，削弱任何一个的独立性质就会影响另一个"①。

泽盖尼还提道，如果双方不能达成协议，奥地利法律规定，进行"干预的"奥地利皇帝所采取的强制措施只能持续一年，并且只能适用于奥地利皇室所属地区。但是，这项规定未被列入匈牙利法律。匈牙利贵族认为，从议会制角度来看，连这种受限形式的皇权也是令人不安的，因为通过行使这个权力能够直接干预两国的《预算法》。在某种程度上缓解情况的是，如果两国议会暂时主动维持当前的比例，两国议会就可以轻松地规避帝王的干预。兼任奥地利皇帝和匈牙利国王的弗朗茨·约瑟夫直到1877年都没有行使这个权利。对这个预算调解过程的干预"怎样都不会造成长远的影响"②。在奥匈折中时期，许多人认为，调解过程中产生的问题会破坏两个国家的信誉，但并没有这样，甚至"经验完全驳倒了这个想法。得益于由于折中方案而获得新动力的经济发展，匈牙利和奥地利的信誉都受到了有益的影响"③。

第十四号法律规定的30%—70%分担比例持续了10年（1868年1月1日至1877年12月31日），但是在制订下一个折中方案时，无论是这个比例，还是10年的时间，都不是强制性的。在双方设定时间长短时，注意到了谈判的"气氛"不应影响经济从业者和社会工作者的心情。同时认为，如果设定较长时间，就会侵犯两国议会制定预算的权利。

不确定的局面大大加速了1867年折中方案的实施："1867年初，资金储备已用完，九成的财务管理工作人员都是不懂官方语言的外国

---

① 泽盖尼·埃尔诺：《从公法角度看配额问题》，匈牙利《法学公报》1890年9月5日，第25卷，第284页。
② 同上。
③ 同上。

人，而本地人才既没有，又不可能有。在最初的几个星期，几乎没有税收，因为老百姓没有自愿纳税的习惯。最终，一切都顺利：1867年的税收规模超过了最初的预期，而且第一个正常预算也成功实现了。"①

第十六号法律规定，建立海关和贸易联盟，这使奥匈帝国被共同的海关边界包围。② 海关和税收制度，特别是间接税的处理是相互关联的事务，所以匈牙利政府不能对其进行独立管理。关税收入完全用于共同支出，而关税同盟导致其对主要间接税的监管，因为两个国家难以对产品价格中所含的消费税和特许权税水平进行不同的规定。关税和间接税（如盐和烟草消费税③，糖、啤酒和蒸馏酒税）的重新监管只能与奥地利政府共同完成。据鲍利尼·阿克什（Paulinyi Ákos）所言，奥匈帝国不仅仅是一个简单的关税同盟，而是一个真正的共同市场，有了完整的货币一体化和局部税收联盟。④ 再说，经济妥协虽然是在奥匈帝国边界之内，还是确保了两国之间的生产要素、劳动力和资本的充分自由流动。

匈牙利不能对来自奥地利或奥匈帝国以外的商品独立实施重商主义手段，但是毫无疑问，奥匈帝国的近5000万人口的市场对匈牙利农业出口而言是绝佳的商机。在1875年进行的经济妥协附加谈判中，除了

---

① 伊隆卡·玛丽亚：《19世纪下半叶的现代税收制度：匈牙利1849—1880年的税收制度》，匈牙利BDO出版社2013年版，第44—45页。

② 从1850年开始，匈牙利和奥地利形成了关税同盟，因此帝国各省之间没有征收关税。约瑟夫二世早在1786年就废除了奥地利对匈牙利的出口关税。这个免税规定一直适用到1795年，随后据匈方要求到1850年又恢复。

③ 与其相关的问题政体和影响由议员洛尼亚伊·迈尼黑特（Lónyai Menyhért）向部长提出质询并反映，就烟草事务的质询，参见《议员洛尼亚伊·迈尼黑特最著名的发言》，拉特·莫尼出版社1870年版，第200—210页（*Lónyai Menyhért nevezetesebb országgyűlési beszédei*）。

④ Paulinyi, Ákos（1972）: Die sogenannte gemeinsame Wirtschaftspolitik Österreich – Ungarns. In: Adam Wandruszka – Peter Urbanitsch（Hrsg.）: *Die Habsburgermonarchie 1848 – 1918. Band I: Die Wirtschaftliche Entwicklung*. Vienna, Österreichischer Akademie der Wissenschaften）, p. 585.

第二章 双元帝国时期国家控制的经济（1867—1918年）

商议消费税的分配和讨论独立中央银行事务，又将重新协商关税问题列入了日程，而且在1878年取得了成果，增加了对匈方有利的金融、工业和农业进口税项目。但是，正如毛特莱克维奇·山多尔（Matlekovits Sándor）表示："从财政角度看，折中方案肯定是一项成就。酒精和糖税的改革、关税和退税问题的解决使匈牙利国库的收入，增加了数百万福林……"①

在奥匈签署方案后，匈牙利（以少量的调整）采纳了专制制度时期前引入的税收制度和税收管理②，甚至合法地成为君主国的一部分，所以改变间接税的回旋余地很小，如此其直接税的改革③成为重点，特别是在需要采取公共财政整顿措施④时。在自由党（Szabadelvű Párt）取得压倒性胜利之后的较为平静的政治环境中，1875年的改革影响了直接税⑤，19世纪80年代的又一次改革旨在增加间接税，主要是各种消费税的收入。由于市场景气，消费量增加，消费税收入在1868—1890年增长了三倍，并且在税收制度的结构转型期间，重点逐渐从直接税转向间接税。根据公共财政平衡表的结算，1868—1914/1915年，只有在1870年出现了较大的赤字（7240万福林），同时收入为1.858亿福林，而支出为2.582亿福林，相比前一年有3950福林的

---

① 毛特莱克维奇·山多尔：《匈牙利公共财政历史（1867—1893年）》，匈牙利皇家书店1894年版，第21页（Matlekovits Sándor：*Magyarország államháztartásának története 1867 – 1893*）。

② 西陶·亚诺什：《在双元帝国时期上半叶的税收管理部门》，《齐兹毛迪雅·安多尔70岁纪念特刊》，亚当·安道尔、贝奈德克·费伦茨、西陶·亚诺什编《法学史研究报告》，Studia Juridica Auctoritatis Pécs Publicata 1980年版，385—395页（Szita János：Az adóigazgatás szervei a dualizmus első felében. *Jogtörténeti tanulmányok. Emlékkönyv Csizmadia Andor hetvenedik születésnapjára*. Szerk. Ádám Antal, Benedek Ferenc, Szita János）。

③ 详细说明税收制度在同时代公共政策中的出现情况，参见洛尼亚伊·迈尼黑特《议员洛尼亚伊·迈尼黑特最著名的发言》，拉特·莫尔出版社1870年版，第211—295页。

④ 霍恩·埃戴：《就整理我国公共财政》，Zilahy Sámuel出版社1874年版，第99页（Horn Ede：*Államháztartásunk rendezéséről*）。

⑤ 就双元帝国时期直接税改革的详细情况，参见费尔奈尔·弗里杰什《匈牙利直接税的改革》第1册，匈牙利《税收评论》1914年第3卷第4期，第210—222页（Fellner Frigyes：Az egyenes adók reformja Magyarországon, 1. r. *Adó – és illetékügyi szemle*）。

盈余，这个成就的重要性降低。1868—1869 年、1873—1876 年、1878—1879 年、1882—1883 年、1886—1895 年，甚至 1900 年、1910 年、1913 年以及 1914—1915 年的结算都有盈余。[①] 值得特别提到的是，在双元帝国期间，塞尔·卡尔曼在 1875—1878 年担任匈牙利财政部部长以及在 1899—1903 年担任总理。[②]"他作为匈牙利财政部部长，整理了公共财政，显著增加了国家收入，重组了财务管理制度，并为国家建立了东部和蒂萨河一带铁路……得益于他，1878 年，与奥地利达成了金融和经济妥协……"[③] 据他的后裔，豪姆扎·加博尔（Hamza Gábor）院士所述，"塞尔·卡尔曼任总理时，给焦虑不安的公共生活带来了安宁"[④]，他的政治工作奠定了双元帝国黄金时代的基础。

双元制匈牙利的税收政策和预算，旨在不断地节约、增加税收，提高金融管理和征税效率，以及不断将资本主义建设发行的国债转换为利息更优惠的债务。[⑤] 尽管公共财政管理部门为提高财政效率作出了努力，由国家管理和资助的基础设施投资扩大引起的预算赤字仍然相当高。[⑥] "国家在宪法恢复时的状态，是其所有部门，所有方向都有无法估量的，需要满足的投资需求。"[⑦] 在国际资本市场上，匈牙利政府发行了国债，用来支付税收不足以填补的支出（赤字）。"在达成折中方

[①] 格勒格·什特劳布·卡罗伊、鲍陶伊·盖佐：《维凯勒·山多尔》，Helikon 出版社 2011 年版，第 316 页（Görög Straub Károly – Patay Géza：*Wekerle Sándor*）。

[②] 塞尔·卡尔曼（Széll Kálmán）是匈牙利王国第 12 届总理。

[③] 豪姆扎·加博尔：《匈牙利总理塞尔·卡尔曼逝世 100 周年之际》，匈牙利《公民评论》2015 年 11 卷第 406 期，第 528 页（Hamza Gábor：Száz évvel ezelőtt hunyt el Széll Kálmán, Magyarország miniszterelnöke. *Polgári Szemle*）。

[④] 同上书，第 530 页。

[⑤] 详细介绍整顿过程，特别是塞尔·卡尔曼这方面的活动，参见《财政部长塞尔·卡尔曼的整顿方案》（*A pénzügyminiszter Széll Kálmán konszolidációs programja*）布达佩斯，没有注明年份（发现于匈牙利议会图书馆，2018 年 7 月）。

[⑥] 比如在 1874 年 6150 万福林、1875 年 790 万福林，1876 年 3130 万福林。

[⑦] 常设财政委员会关于 1873 年国家预算的常规报告。1872 年 9 月 1 日议会下议院的文件 II.，1873 年，第 275 页。

案之后的几年中，只为法律规定的投资借了国债：在1867—1868年借了8500万福林，在1871年为了建设铁路而借了3000万福林，随后在1872年为了建设首都借了2400万福林。1872年的5400万福林贷款也主要用于继续进行已开始的投资项目。"① 考图什·拉斯洛（Katus László）还报告，1868—1890年奥地利的公共支出增加了72%，同时，匈牙利的公共支出增加了142%。然而，他认为，匈牙利这种快速增长趋势是由独立的国家结构和经济发展的相关需求促成的，也就是说，经济表现支持了这一趋势。特别是因为"1867—1913年，匈牙利的工业生产每年均增长4.5%，工业占GDP中的份额从15%增加到24%"②。

1867年的奥匈折中方案有利于匈牙利资本主义发展。但是铁路建设、多瑙河的治理、首都的迁移和里耶卡③港口的建设消耗了大量资金，这些资金主要源于贷款，但是国家财政也因此稍微失衡。据维凯勒·山多尔（Wekerle Sándor）的建议，通过增加直接税、特许权税、烟草消费品的价格，对酒精和糖税进行彻底的改革以及更改酒精销售权的审批而恢复了平衡。此外，还使用了转换政府贷款的办法，将借贷条件本来不利的债券设置为更长的期限和更低的利率。④ 除了使国家机器的运行变得更加透明，维凯勒还非常重视工业发展、铁路国有化（特别是消除弊端）、农业部门和动物健康事务的发展以及社会福利条件的改善。

---

① 考图什·拉斯洛：《匈牙利国家财政》，戴维尼·安娜、拉布·维拉格编《处理危机的配方——20世纪上半叶的金融和经济》，Pannónia könyvek 2007年版，第82页（Magyarország államháztartása. Receptek a válságra. Pénz és a gazdaság a 20. század első felében. Szerk. Dévényi Anna, Rab Virág）。

② 同上书，第90页。

③ Rijeka/Fiume，现克罗地亚第三大城市和主要海港城市。——译者注

④ 说明当时国债的研究报告，参见山多尔·维尔莫什、科罗莎·蒂博尔《匈牙利国债历史》，《世纪》1950年第1—4期，第353—378页（Sándor Vilmos - Kolossa Tibor: Magyarország állam - kölcsöneinek történetéből. Századok）。

在维凯勒①（连任三次匈牙利王国总理）的第一届和第二届任期内，甚至他自 1891 年起担任匈牙利财政部部长时的社会政策②和法律环环相扣，并且创造了在那个时代允许的，改善师资、工人、佣工等生活水平的机会。在他的社会政策思想中，公共经济的利益、员工的经济和健康利益以及雇主的利益和公共教育的期望之间有着连带关系。他在意识到组成一个系统的四个单元相互联系的基础上向议会提交了法案，并在议会中为法案辩护。在第一次世界大战后的崩溃之后，1926—1927 年霍尔蒂时代的政府在他建立的基础上发展。在维凯勒的第一届任期内（1892—1895 年），宗教和公共教育部部长向议会提交了"关于公立学校校长、老师、女校长和女老师的退休以及其亲属关怀的法案"。在此之前，并没有国家法规或者任何其他法规照顾他们。

在维凯勒的第二届任期内（1906—1910 年），除了经济举措外，社会政策也成为他政策方案的重要组成部分。他强制对工商业工人进行意外事故保险，建立养老保险制度以及疾病保险机构，此外还提供了一种解决方案，以防止这些措施需要大量的牺牲和投资。1907 年，为了确保国民生产顺利和社会和平，制定了"规定农场主人和雇工间法律关系"的法律。在 1908 年通过的"关于在首都布达佩斯及其周边国家拨款建立的工人房屋"法律表明了他的看法，落实这些为社会福利、公共

---

① 其毕生之作的研究报告，参见埃尔德什·费伦茨《莫尔市的历史》，2002 年，第 562 页（Erdős Ferenc：*Mór története*）；什维里克·乔鲍：《维凯勒以及其世界历史背景》，2014 年，第 76 页（Svéhlik Csaba：*Wekerle arckép világtörténelmi háttérrel*）；格勒格·什特劳布·卡罗伊、鲍陶伊·盖佐：《维凯勒·山多尔》，Helikon 出版社 2011 年版。

② 马泰·贾博尔（Máthé Gábor）认为，积极型国家在经济领域第一次表现于社会政策思想中。参见马泰·贾博尔《中产阶级时代国家干预的尝试》，马泰·贾博尔、雷维斯·T. 米海伊、戈斯通尼·盖尔盖伊编《法学历史附录—纪念迈泽伊·鲍尔瑙 60 岁的研究报告选集》，ELTE Eötvös 出版社 2013 年版，第 296—308 页（Állami beavatkozási kísérlet a polgári korban. In: Máthé Gábor – Révész T. Mihály – Gosztonyi Gergely: *Jogtörténeti Parerga. Ünnepi tanulmányok Mezey Barna 60. születésnapja tiszteletére*）。

第二章　双元帝国时期国家控制的经济（1867—1918年）

利益的投资项目是国家的任务。①

通过奥匈折中方案，匈牙利成为君主立宪制国家②，其中立法活动是由国家元首和最高代表机构，即议会共同行使的，并通过议会中的多数党成员组建的政府来确保其实施。③ 但是政府不仅要对国王负责，还要对立法机关负责。通过奥匈折中方案重新实现了议会制，1867年匈牙利也实现了立法者对政府监督的制度化，而议会为了便于经济监督而设立了国家审计署。"1870年审计署相关的第十八号法律以模棱两可的方式确立了该组织的法律地位，仅将数量上的审计分配为任务，所以从一开始到运行结束，其运作都很矛盾。"④

---

① 维凯勒社会措施中的"美中不足"之一，是1876年的"佣工法案"。由于这个法案，分裂的农民阶级下层有成千上万个人只有移民这条出路。值得一提的是，道拉尼·伊格纳茨（Darányi Ignác）致力于帮助边远地区赶上发展进度，1897年旨在鲁塞尼亚民族崛起的"山区运动"，以及随后出现的，好似适合解决北部少数民族紧张的局势和塞凯伊行动。塞凯伊人是匈牙利人的一个分支。——译者注

② 所形成的是双元制国家形式。我们主要在政治—行政管理意义上使用这个术语。但是我们不能忽视奥地利和匈牙利之间的发达水平差异，而且就如森泰希·道玛什（Szentes Tamás）提到，从另一个角度来看，两个国家在社会福利和技术两方面的状态也是双元的。他表示，"……在'落后文献'中，双元制，亦即解体的想法成为越来越普遍和受欢迎的"。参见森泰希·道玛什《在落后论中，狭窄意义上的双元制》，匈牙利科学院亚非研究中心1971年版，第1页（Szentes Tamás: *A Dualizmus leszűkített értelmezései az elmaradottság elméletekben*）。

③ 从本质上来讲，匈牙利成了公民民主制国家，其中在国家财政中也需要独立于传达帝王意愿的政府机构的预算审计系统。在匈牙利，雅各宾派烈士海诺齐·约瑟夫（Hajnóczy József）和历史学教授克普·卡罗伊（Koppi Károly）在其关于国家理论的论文中首次描述了这种思想。参见科瓦奇·阿帕德《匈牙利皇家审计署1870年成立以及其先例》，莫尔纳·山多尔编《匈牙利不同历史时期的国体和行政管理》，2001年，第29—46页（Kovács Árpád: A Magyar Királyi Állami Számvevőszék 1870 - es megalakulása és előzményei. *Állam - és közigazgatás Magyarországon az egyes történelmi korokban*. Szerk. Molnár Sándor）。

④ 雷维斯·T. 米海伊：《匈牙利审计署的成立和运行的初期》，匈牙利《金融评论》2012年第57卷，第2期，第98—111页（Révész T. Mihály: Az állami Számvevőszék felállítása és működésének kezdetei. *Pénzügyi Szemle*）；科瓦奇·阿帕德：《匈牙利皇家审计署1870年的成立以及其先例有关的简史》，匈牙利《金融评论》2002年第9期，第823—840页（Kovács Árpád: Töredékek a Magyar Királyi Állami Számvevőszék 1870 - es megalakulásáról és előzményeiről）；雷伟斯·道马士：《国家审计署在双元帝国时期的历史》，麦泽伊·鲍尔瑙编《历史学演讲》第2卷，ELTE ÁJK教材出版社，第171—183页（Révész Tamás: Az Állami Számvevőszék a dualizmuskori történetéhez. *Jogtörténeti előadások II*）。

2.3 工业发展的法治背景和成果

毋庸置疑，政治巩固对匈牙利的发展产生了有利的影响。但是，也要注意到一个重要和有利的条件，20世纪下半叶正好是欧洲工业革命和银行业崛起的时代。[1] 由于两个条件的共同作用，"1867—1873年，国家经历了前所未有的发展，特别是与巴赫时代[2]相比。资本以前所未有的速度涌入了匈牙利，铁路线像雨后春笋一样兴建，而且构成信贷体系基础的金融机构数量成倍地增加了：到1873年，银行和储蓄银行的数量从78家增加到429家，其资本量从1.69亿福林增加到5.31亿福林"[3]。

在奥匈折中方案产生时，戴阿克·费伦茨的支持者，甚至连反对党派都赞同自由竞争和自由贸易可以改善经济状况的思路。"在只从事农业而没有工业的国家，不可能有进步，经济发展无法平衡，财富也无法积累。"[4] 在匈牙利农奴解放后，迫使政治和经济精英等经济力量，不可避免地资本主义的发展创建条件。"官方经济政策的原则始终是自由主义。然而，国民经济的状况和发展困难必然要求国家更直接地进行干

---

[1] 虽然发生了一些小型经济危机，如1873年危机，但是对匈牙利的影响小于奥地利的。参见 Mérő, Katalin（1988）：*The Role of the Stock Market and its Significance in the Economic Life of Capitalist Hungary*（1864 – 1944）. Hungarian Stock Exchange Budapest, p. 111；什莱特·伊什特万：《危机处理管理、政治制度转变，还是正当结构的转变？在1873—1875年经济危机之际，政治两难选择问题和答复》，匈牙利《经济学评论》2007年第14卷，第142—166页（Schlett István：Válságkezelés, rendszerváltoztatás vagy a pártstruktúra átalakítása? Politikai dilemmák és válaszok az 1873 – 1875 – ös pénzügyi válság idején）。
[2] 奥地利内务部部长亚历山大·巴赫，1849—1858年。——译者注
[3] 拜伦德·T. 伊万、兰基·哲尔吉：《匈牙利经济的百年史》，1972年，第26、35页（Berend T. Iván – Ránki György: A magyar gazdaság 100 év）。
[4] 韦宁盖尔·文采：《从经济角度看共同事务问题》，Szatmáry Károly1867年版，第28页。

预。连自由经济政策的支持者也承认了这一点。"[1] 从本质意义上讲，可注意到他的思路与自由经济学政策的支持者法国经济学家米歇尔·谢瓦利埃（Michel Chevalier，1806—1879年）的学说[2]有些共同点，他强调了国家的倡议和一些经济分支，尤其是国家参与基础设施发展的重要性。弗里德里希·李斯特（Friedrich List，1789—1846年）认为，国家（主要是对基础设施）的干预可以加速分裂的德意志地区的经济发展。[3] 奥匈帝国的领导人也同样认为，"那个时代的自由派政治家相信，通过以某些妥协为代价恢复的自由主义立宪制和国家主权的政治变革为'无止境的发展'进程铺平了道路，而且创造了个人和民族的自由，可以使匈牙利赶上发达国家"[4]。

"紧接着折中方案产生后，国家在现代化的基础设施建设领域发挥了直接的作用。以国家利息担保支持了私营铁路公司，而给航运公司拨备了年度津贴。"[5] 为了建设铁路和渠道，发行了政府债券（1867年第十三号法律）。小型手工业者反对被认为是自由派的产业政策（1872年《产业法》）。全国产业联合会领导呼吁将工业发展作为经济政策，尤其是对外贸易和关税政策的指导原则，并且认为，工业发展的主要障碍是共同的关税区和缺乏工业保护的关税。

---

[1] 考图什·拉斯洛：《在双元帝国时期国家工业优惠政策的背景》，劳布·维拉格编《过去和现在的危机时刻——19—21世纪的金融、经济和政治》，匈牙利彭农尼亚图书出版社2009年版，第151页。

[2] 主要作品包括 *De la question de Tintervention dans les travauxpublics des gouvernements dans lAmérique*（1842）；*Des intéréts matériels en*（1843）；*Introduction aux rapports du jury international*（1868）；*Turgot et la liberté du travail*（1873）。

[3] 主要作品包括 *Das nationale System der politischen Ökonomie*（1841）。

[4] 什莱特·伊什特万：《危机处管理、政治制度转变，还是正当结构的转变？在1873—1875年经济危机之际，政治两难选择问题和答复》，匈牙利《经济学评论》2007年第14卷，第143页。

[5] 考图什·拉斯洛：《在双元帝国时期国家工业优惠政策的背景》，劳布·维拉格编《过去和现在的危机时刻——19—21世纪的金融、经济和政治》，匈牙利彭农尼亚图书出版社2009年版，第152页。

"不能否认,共同且统一的关税区对奥匈帝国两个不同性质的但相互依赖的地区的经济繁荣发挥了有利作用……不危害我们无过分要求的工业利益……我们有开拓进取精神的产业在统一关税区和贸易联盟期间并没有衰落,在有足够资本和人才、没有欺骗,在有认真的意志和愿望的领域就开始相当快的发展了。"①

1881年第四十四号法律关于赋予国内工业津贴规定,"安装有最新技术装备的"生产、"迄今为止在匈牙利尚未制造产品的"工厂以及生产法律中列出的已有或将建立的工厂享有国家优惠政策。法律还详细列举了纺织厂获得优惠政策的条件。直到1895年,有关工厂可以免缴工业公司税,以及在其基础上应缴纳的附加税费和普遍收入附加税。他们还被免除了支付各种文件的印花费和邮票费用,并能够廉价获得工业盐。②

1887年第三号法律将授予工业公司的优惠待遇延伸到部分矿业公司。1890年第十三号法律(《第二产业支持法》)扩大了受益的产业和产品的范围,为手工业合作社和家庭手工业公司提供了优惠待遇。《第二和第三产业支持法》规定,每家公司最长可享受15年的国家优惠。1893年第二十二号法律("关于向从事海上自由航行的匈牙利商船提供国家援助和优惠的规定")将优惠待遇的范围扩大到海船制造厂、"设备符合技术需求"的修船厂、浮船坞和干船坞。

随着匈牙利国家工业支持手段种类的扩大,成立了"一个旨在促进更大幅度上利用交通公司和国有工厂而组织的国立委员会"。随后在1887年,时任匈牙利交通运输部部长鲍罗什·加博尔(Baross Gábor)呼吁交通公司优先考虑采购数量、质量和价格合适的国内产品。同样责

---

① 1875年8月28日议会下议院的文件,XIV,1877年,第329、331页。
② 考图什·拉斯洛:《在双元帝国时期国家工业优惠政策的背景》,劳布·维拉格编《过去和现在的危机时刻——19—21世纪的金融、经济和政治》,匈牙利彭农尼亚图书出版社2009年版,第159页。

令受国家援助和优惠的工业公司也这样做。据这个责令，匈牙利铁路公司和国有工厂将85%所需要的产品是在其国内采购的。这样可以实现匈牙利工业大致上按配额的比例享受联合军队和在20世纪初迅速发展的海军的订单。在国家铁路线上，从1890年采用的收费标准相对于进口产品有利于出口产品，并且还采用了一种根据目的地确定的，支持出口的收费标准。①

1890年规定了支持国内产业的金融机构可享受国家优惠政策的第十四号法律，为"以至少500万福林的实缴资本在布达佩斯成立，旨在促进国内工业和贸易的股份公司，并且在其章程中规定主要运营目的是在匈牙利王国引进和成立新产业，以及发展和支持现有产业，此外在匈牙利王国给实业家和工业提供低利率的贷款的公司……"提供非常优惠的政策。1884年第十七号法律（《产业法》）责令成立同业公会，因此加强了产业的组织程度和产业员工的利益联结。这些法律从资本和劳工组织的角度促进了匈牙利国内产业的发展。②

在匈牙利国家干预工业发展的初始阶段，效率相关问题也得以提出，例如，"政府要避免完全麻木的执政态度……同时也要避免做得太多，因为没有足够基础工业的人工培养只会导致该工业会很快崩溃，并因此造成重大危机"③。但是在双元帝国的四十多年中，匈牙利的学者一直普遍认为："在我们的经济条件下，国家不能遵循放任自由（laissez faire）的制度，而且干预（intervention）在我国是绝对合理和正确的。如果国家没有充当金融支持者，没有冒着最初风险，国内的许多制

---

① 考图什·拉斯洛：《在双元帝国时期国家工业优惠政策的背景》，劳布·维拉格编《过去和现在的危机时刻——19—21世纪的金融、经济和政治》，匈牙利彭农尼亚图书出版社2009年版，第170页。

② 《产业法》还规定了开展和继续进行工业活动的条件、职业培训、工作纪律和工业管理当局程序的框架。

③ 1875年10月17日议会下议院的备忘录，XVIII，1881年，第384—386页。

造业不会或者不可能出现起步的动力。"①

"在奥匈折中方案后的经济繁荣时期，匈牙利不需要其他国家干预即可实现其经济的理想发展。同时也应该提到，在1869年的小型股票市场和信贷危机期间，匈牙利政府（从国库）用大量资金来帮助陷入困境的公司。但是，1873年的大危机使匈牙利的经济发展停滞许多年。这时候，越来越明显的是，没有国家的积极参与和支持，匈牙利经济就无法在越来越激烈的国际竞争中取得成功。"② 匈牙利（以及东欧）由国家支持的私营企业成为一种不同于"仍然留下"的封建生产模式的新模式，最终促进了其与旧制度之间的不可逆转的脱离，同时推动国家经济迅速赶上资本主义生产的方式的实施。但是在当时的条件下，根据时代精神，接受了自由派③的经济政策。"我们接受了自由贸易及其后果，即自由竞争。我们相信，在落后于邻国的那些领域赶上邻国之前，我们国家不会休息。"④

交通运输部部长鲍罗什·加博尔这样描述双元帝国积极的经济政策状态以及匈牙利与奥地利的关系：在这十年内，匈牙利的贸易、农业和工业总体上都得到了进步和发展。没有发现任何数据表明，奥地利工业对匈牙利工业的发展具有毁灭性影响，也没有其他处于萌芽状态的或新兴的产业被推向"破产边缘"⑤。考图什·拉斯洛、毛卡伊·贝拉

---

① 毛特莱克维奇·山多尔：《在成立国家一千周年时，匈牙利经济和公共文化状况》Ⅱ，1898年，第115—116页（*Magyarország közgazdasági és közművelődési állapota ezeréves fennállásakor.* Ⅱ）。

② 考图什·拉斯洛：《在双元帝国时期国家工业优惠政策的背景》，劳布·维拉格编《过去和现在的危机时刻——19—21世纪的金融、经济和政治》，匈牙利彭农尼亚图书出版社2009年版，第152页。

③ 有关自由主义思想史的更多信息，参见特凯茨基·拉斯洛编《匈牙利自由主义》，Századvég出版社1993年版，第560页（*Magyar liberalizmus. Vál. Tőkéczki László*）。

④ 1865年12月10日议会下议院的备忘录，Ⅵ，1868年，第172页。

⑤ 1875年8月28日议会下议院的备忘录，XIV，1877年（1878年），第264—265页。

(Makkai Béla)[1]以及约翰·克慕洛斯（John Komlós）[2]在上述学术报告中找不到任何数据或情况可以证明，在双元帝国时代匈牙利经济出现了萎缩，反而是实现了强劲的发展。[3]

所实行的近半个世纪的双元帝国的一个特征是"（1914年）如今匈牙利国家政权拥有经济生活中的最大权利，能在最大限度上影响竞争条件"[4]。匈牙利国家支持工业的最有效手段是强制国内工业确保公共采购（国家控制的部门，如铁路、航运甚至享受优惠待遇的工业公司的采购）。19世纪90年代初，匈牙利公共采购的价值达5000万—6000万克朗，在1913年高达4.042亿克朗。匈牙利交通运输公司的国内工业采购额达到3.083亿克朗，匈牙利国家和其他当局的工业采购额达6490万克朗，匈牙利在联合军队和海军的工业采购中所占的份额为3100万克朗。"我国公共消费在工业生产量总额中的占比，高于任何西欧国家。"[5]

但是，对基于国家干预的经济政策也有些不那么肯定的评论。利奥波德·洛约什（Leopold Lajos）认为，在奥匈帝国时期，匈牙利的资本主义实际上是假装的资本主义。在他看来，"在尽可能集中的车间中，以尽可能最细分的分工为市场生产的地方"才有资本主义。生

---

[1] Makkai Béla (2012): Hungarian Monarchy – "The Prison of Volks"? Acta Universitatis Sapientiae. *European Regional Studies*, Vol. 2, No. 1 – 2, pp. 5 – 16.

[2] John Komlos (1985): Stature and Nutrition in the Habsburg Monarchy: The Standard of Living and Economic Development in the Eighteenth Century. *The American Historical Review*, Vol. 90, No. 5, pp. 1149 – 1161; John Komlos (2014): *The Habsburg Monarchy as a Customs Union. Economic Development in Austria – Hungary in the Nineteenth Century*, Princeton University Press, p. 370. 他的研究报告表明，与大众的认知相反，在土耳其战争结束之后，只有在哈布斯堡王朝的"参与"下才有可能实现国家的统一和经济重组。

[3] 右翼历史学家普遍认为，宣传匈牙利王国（在折中方案后也）是哈布斯堡王朝的殖民地，实际上是第二次世界大战后共产主义意识形态的"产物"。

[4] 森戴·帕尔编：《匈牙利经济和匈牙利全国贸易联合会的活动》，1914年，第95页（A magyar közgazdaság és az Országos Magyar Kereskedelmi Egyesület tevékenysége. Szerk. Szende Pál）。

[5] 匈牙利制造商全国联盟《通告》，1908年5月30日。

产资料掌握在资本家手中，资本家事先提供生产所需要的，其所掌握的资产，实际上为即将完成的生产提供了信心。信任基于投机和计算。真正的资本主义秩序的要素："集中、分工和为市场生产。"① 利奥波德认为，匈牙利只是具备了资本主义的法律体系。但这个法律体系并不能完全促成真正资本主义的形成，只不过是用政治保护来维持其假象，实际上掩盖了真正的内部问题。纳吉·恩德赖（Nagy Endre）写道："各种事件的间距缩短暴露了匈牙利资本主义发展的紧张性质。"② 他认为，"匈牙利工业并没有在整个奥匈帝国存在期间持续发展，而是主要集中在从19世纪80年代下半叶到第二次世界大战爆发的时间段里"③。

拜伦德·T. 伊万（Berend T. Iván）、兰基·哲尔吉（Ránki György）和苏豪伊·密克罗什（Szuhay Miklós）指出，匈牙利的工业绩效与西欧和中欧的其他国家相比较低，而且其满足内部需求的能力也小。④ 他们强调："在世纪之交，匈牙利棉纺线轴数量为11万，而奥地利超过450万，德国则接近1000万……纺织业只能满足国内需求的30%。"因此，旨在促进农业生产的经济政策也具有很多矛盾，这也影响了其他产业，如银行业。"农业因为从技术角度看很落后，而且其本身没有继续发展

---

① 利奥波德·洛约什：《经济政策研究报告》，1917年，第104页（Leopold Lajos：*Elmélet nélkül. Gazdaságpolitikai tanulmányok*）。
② 纳吉·恩德赖：《奥匈帝国时期匈牙利的国家干预》，《经济学和法学》匈牙利科学院第九处公报1977年版，第86页（Nagy Endre：Állami beavatkozás a monarchiabeli Magyarországon. *Gazdaság és Jogtudomány*）。
③ 同上书，第86页。
④ 拜伦德·T. 伊万、兰基·哲尔吉：《鉴于欧洲的工业发展情况：论20世纪初匈牙利工业发展》，《经济与社会》1974年，第20—23页（Berend T. Iván – Ránki György：Magyarország ipari fejlettsége az európai összehasonlítás tükrében a XX. század elején. *Gazdaság és Társadalom*）；拜伦德·T. 伊万、苏豪伊·密克罗什：《匈牙利资本主义经济的历史（1848—1944年）》，1975年，第102—103页（Berend T. Iván – Szuhay Miklós：A *tőkés gazdaság története Magyarországon 1848–1944*）。

第二章　双元帝国时期国家控制的经济（1867—1918 年）

的资源，所以该行业就为银行增加了信贷业务。"[1] 因此，银行放贷时注重农业。工业本身适应了农业在经济结构中的主导地位，而且"大型工业生产在 20 世纪前十年占工业总产值的近 3/4，整个工业都保留了其小型工业特征"[2]。

由于地主阶级在行政管理和经济生活中仍然发挥着主导作用，所以这个阶级的利益仍然占了主导地位。在双元帝国时代，匈牙利实际上成了一个以农业—封建基本利益为特征的发展中国家，其中工业发展主要服务于农业以及与其相关的贵族利益。当然，不能否认双元帝国时期的独特政治和经济环境为促进发展提供了良好的环境。[3] 国家对铁路建设领域的干预、促进工业发展的津贴、公共采购、国家在外国资本流入中的中介作用、私营企业和国有企业的投资补助都是匈牙利在这个时代发展的关键要素。[4]

得益于匈牙利王国的经济实力，其国家的财政制度和资本实力[5]都

---

[1]　拜伦德·T. 伊万、苏豪伊·密克罗什：《匈牙利资本主义经济的历史（1848—1944 年）》，1975 年，第 48、72 页。在 1867 年以后，与农业抵押贷款相比，银行的商业和工业贷款一直较低。同时（连）在 1913 年，所有的农田的 1/3，及 200 匈牙利亩以上庄园的 60% 部分（仍然）是限制出售的。

[2]　纳吉·恩德赖：《奥匈帝国时期匈牙利的国家干预》，《经济学和法学》匈牙利科学院第九处公报 1977 年版，第 90 页。

[3]　在没有政府干预的情况下，有机发展（尽管我从 19 世纪上半叶开始的改革时代开始描述）从 19 世纪下半叶开始，会是一个非常缓慢且漫长的过程。

[4]　详细说明国家津贴的影响和在匈牙利"建设的"资本主义中的作用，参见纳吉·恩德赖《奥匈帝国时期匈牙利的国家干预》，《经济学和法学》匈牙利科学院第九处公报 1977 年版，第 91—98 页；豪纳克·彼得：《匈牙利在奥匈帝国——优势还是依赖性》，《匈牙利在奥匈帝国里》，Gondolat 出版社 1975 年版，第 289—340 页（Hanák Péter: Magyarország az Osztrák - Magyar Monarchiában. Túlsúly vagy függőség. *Magyarország a monarchiában*）。

[5]　关于发展行政框架的特点，参见 Stipta István（2011）: The Process Order of the Court of Financial Administrative Jurisdiction in Hungary（1844 - 1896）. *European Integration Studies*, Vol. 9, No. 1, pp. 121 - 135；什蒂普塔·伊什特万：《匈牙利金融行政管理法院的程序（1884—1896 年）》，《米什科尔茨法学评论》2011 年第 6 卷，第 168—182 页［Stipta István: A magyar pénzügyi közigazgatási bíróság eljárási rendje（1884 - 1896）. *Miskolci Jogi Szemle*］；拜奈戴克·山多尔：《金融行政管理审判的组织问题》第 1—2 册，《税务评论》1912 年第 1 卷第 1 期，第 10—14 页（Benedek Sándor: A pénzügyi közigazgatási bíráskodás szervezeti kérdései 1 - 2. r. *Adó - és illetékügyi szemle*）。

得到了提升，并以此加强了税务和补贴制度，以及在行政方面的体制。独立的公共财政系统的实践和理论基础是在双元帝国时期建立的。[①] 随着在政府协调下，其商业生活日渐活跃，公共财政的组织和监管程度得以加强。

2.4　双元帝国时期的货币和贷款政策以及中央银行的运行

"在1878年，经过漫长的谈判，关于中央银行事宜也达成了妥协。在双元制基础上重组的奥匈银行虽然未能直接给两国政府提供贷款，但是能在帝国的两个主要金融市场之间建立稳定的货币一体化。"[②]

在折中方案的谈判过程中，匈牙利本来可以决定引入自己的货币体系和货币本位制，但是并没有利用这个机会。[③] 当局认为，尚欠火候的

[①] 毛特莱克维奇·山多尔：《国民经济学》（修订版），Eggenberger 出版社 1874 年版，第 553 页（*Nemzetgazdaságtan. Jogtanulók igényeihez alkalmazva*）；毛特莱克维奇·山多尔：《财政学》，弗兰克林出版社 1876 年版，第 186 页（*Pénzügytan*）；毛特莱克维奇·山多尔：《匈牙利公共财政历史（1867—1893 年）》，匈牙利皇家书店 1894 年版，第 648、1079 页；玛利阿希·贝拉：《关于我国财政》，布达佩斯，由作者出版，1874 年，第 316 页；舒拉尼、乌恩格尔·蒂沃达尔：《匈牙利的国民经济和财政》，盖尔盖伊·R. 书店出版 1936 年版，第 617 页（*Surányi – Unger Tivadar: Magyar Nemzetgazdaság és pénzügy*）；《议员洛尼亚伊·迈尼黑特最著名的发言》，拉特·莫尔出版社出版 1870 年版，第 730 页（*Lónyay Menyhért nevezetesebb országgyőlési beszédei*）；拜克希奇·古斯塔夫（笔名：奥蒂库斯）：《新时代及其政治纲领》，Athenaeum R. 公司 1889 年版，第 155 页［Beksics Gusztáv（Atticus）: *Uj korszak és politikai programja*］；玛利什卡·维尔莫什：《公共经济学（财政学）手册》，1899 年，1885 年首版，1895 年第二版和第三版，1899 年修订版［*Az államgazdaságtan（pénzügytan）kézikönyve*］；伦特奈尔·乔巴：《匈牙利公共财政系统发展史的节录》，*Pro Publico Bono*，2017 年第 2 期，第 84—97 页（*Szemelvények a magyar állampénzügyi rendszer fejlődéstörténetéből. Pro Publico Bono*）。

[②] 科维尔·乔治：《匈牙利国家财政系统的历史》，匈牙利《财政评论》1992 年第 10—11 期，第 750 页。

[③] 通过 1867 年 9 月 12 日在沃斯劳（Vöslau）订立的秘密协议，匈牙利此前曾与奥地利国家银行签订了 1877 年到期的纸币发行协议。因此奥方不想特别讨论匈牙利中央银行的问题，而且匈方也不想过问这个话题。参见科维尔·乔治《奥地利国家银行的运行和建立奥匈银行的先例（1851—1878 年）》，巴奇考伊·道马什编《匈牙利国家银行的历史》第 1 册，KJK 出版社出版 1993 年版，第 198—211 页［*Az Osztrák Nemzeti Bank működése és az Osztrák – Magyar Bank alapításának előzményei, 1851 – 1878. Bácskai Tamás（szerk.）, A Magyar Nemzeti Bank története*］。

匈牙利经济无法承受独立的货币体系，且无法确保其稳定性。这样一来，奥方成功维持了货币联盟。有些匈牙利货币在流通，但是只占奥匈帝国货币总量的30%。共同的货币体系促进了奥地利资本的流入，而且奥地利国家银行发放的贷款主要对奥地利有利。[1]

在匈牙利自由党于1875年大选胜利后开始的经济交涉过程中，银行事务是一项重要的事项。1877年，奥匈两国就建立奥匈银行达成了协议，随后于1878年颁布了相关的法律。匈牙利政府原来没有打算建立独立的中央银行，而是计划成立一家奥匈联合央行（cartel bank），随后又提出建立一家基于双方平等地位的中央银行。最后在布达佩斯成立了（与维也纳同等的）独立指挥部，增加了匈牙利分支机构的数量，加速了借贷过程。促成这一切的基础是布达佩斯指挥部收到了5000万福林的资本。奥匈双方在银行管理中分担的工作也建立在平等的基础上。

奥匈帝国在1892年施行的货币改革主要通过维凯勒·山多尔来推进，由匈牙利发起是为了规避奥匈帝国在商业上和经济上四面楚歌，或以更优惠的条件与外国签订合同，从经济角度来看，引入金本位制至关重要。奥匈帝国的金本位制支持经济发展，还要补偿其在意大利战败的损失，以及提升随战败而下降的国际政治地位和影响力，以求进一步改善因镇压1848—1849年独立战争及随后的独裁而不稳定的政治气氛。

虽然在1877年取得了一定的进展，但是由于共同银行对匈牙利经济影响较小，所以没有成立独立匈牙利中央银行的决定后来遭到了许多人的批评。经济学家切泰尼·约瑟夫（Csetényi József）在1909年写道："……难以想象不会带来任何政治利益的经济成功。以这种方式看待银

---

[1] 当时金融和贷款情况，参见贝哈莱尔·卡罗伊《匈牙利的硬币和纸币（1867—1892年）》，1990年（Becherer Károly：*Magyarország pénz – és papírpénzei 1867 – 1892*）。

行问题,这不是一个纯粹的经济或政治问题,而是民族独立的问题,从这个角度来看,最重要的是在没有独立银行的情况下,匈牙利被剥夺了在统一的基础上组织国家,并以此让国家所有经济力量发挥作用的机会。"① 切泰尼将货币看作法律制度的产品,"据此,每个独立的国家法律体系都必须有独立的货币制度。这样看来,独立的国家就无法与另一个国家拥有共同的货币制度,因为如果货币制度是共同的,就意味着接受了外国的法律体系。由于我们与奥地利拥有共同的货币体系……因此共同银行将我们的经济实力与奥地利联系在了一起……独立银行为独立发展的力量和机遇开辟道路,通过解决这个问题,我们其他困难也将随之一并得到解决"②。

虽然银行事务没有得到彻底解决,得益于 1867 年奥匈折中方案,匈牙利的经济生活开始发展,其中银行业的活跃发展起了重要作用。③ "银行的放贷条件非常宽松,并且过度提升了股市报告行业的地位……1866—1873 年,信贷机构的数量从 85 家增加到 637 家,成立信贷机构的节奏在 1869 年后逐渐缓解。1872 年成立了 165 家新机构,这是这一时期的最高水平。金融机构股本情况多种多样。从 1866 年的 670 万克朗到 1867 年增加的 2140 万克朗,1869 年达 5310 万克朗、1870 年为 6330 万克朗、1871 年为 7020 万克朗、1872 年为 1.619 亿克朗,而 1873 年增加到 1.834 亿克朗。"④ 总部位于佩斯的匈牙利贸易银行在当时的

---

① 切泰尼·约瑟夫:《关于经济和银行问题的笔记》(说明),《布达佩斯新闻报》1909 年 1 月 24 日 [Csetényi József: Füzete Közgazdaság a bankkérdésről (ismertető). Budapesti Hírlap]。
② 同上。
③ Gottas, Friedrich (1976): Ungarn im Zeitalter des Hochliberalismus. Studieren zur Tisza - Area (1875–1890), Wien;科扎里·莫妮考:《双元制度》,Pannonica 出版社 2005 年版,第 274—276 页 (Kozári Mónika: A dualista rendszer)。双元帝国时代的金融机构体系大部分都是在蒂萨·卡尔曼时代形成的 (1875—1890 年)。——译者注
④ 凯莱门·约瑟夫:《匈牙利信贷历史到现在》,1938 年,第 24、26 页 (Kelemen József: A magyar hitelügy története a legújabb időkig. A főbb kérdések elméleti összefüggéseinek tárgyalásával)。

第二章 双元帝国时期国家控制的经济（1867—1918年）

银行业扮演着举足轻重的角色，但是到1867年，这家银行不再是首都唯一的银行，而且"必须面临日益激烈的竞争"①。此外，奥匈帝国的国际地位虚弱主要体现为"在整个双元帝国时期，帝国内跨民族业务和国际业务中，奥匈帝国银行只占小部分的份额"②。

  白银贬值导致国家经济发展的速度稍微放慢，但严重冲击了匈牙利货币的国际地位，造成了汇率的贬值和波动。1880—1890年，货币价值在一年内的波动幅度为2%—3%，有时甚至高达7%—8%。③ 在商业活动和国际贸易中，外汇的波动④使商业计划变得困难，这对国家的竞争力和外国资本的支出产生了不利影响。1892年，奥地利和匈牙利政府开始整理双方的关系，因此金本位（克朗本委）取代了银本位；1896年，两国政府同意进行中央银行改革。在匈牙利方面，解决中央银行问题的最重要的手段是提升政府在银行管理中的影响力。"银行高级理事会应该有同等数量的匈牙利籍和奥地利籍成员，他们根据各自国籍隶属于布达佩斯或维也纳董事会。"⑤ 中央银行的另一个成就是从基

---

  ① 毛考伊·埃尔诺：《匈牙利经济的二十五年：兰齐·莱奥的毕生之作、发言稿和论文》，图形学院股份公司1907年版，第7、263页（Makai Ernő: Huszonöt év a magyar közgazdaság terén. Lánczy Leó munkássága, beszédei és dolgozatai）。

  ② 科维尔·乔治：《奥匈帝国的银行在国际金融关系的体系中》，毛茹·亚诺什编《工业化和现代化——基年兰基·乔治》，KLTE1991年版，第59—61页（Az Osztrák - Magyar Monarchia bankjai a nemzetközi pénzügyi kapcsolatok rendszerében. Iparosodás és modernizáció. Tanulmányok Ránki György emlékének. Szerk. Mazsu János）。

  ③ 有关外汇波动和处理措施的更多信息，参见费尔奈尔·弗里杰什《匈牙利对外汇的处理措施，特别是在现金支付开始的背景下》，格利尔·卡罗伊出版社1911年版，第287页（出版物不完整）（Fellner Frigyes: A valuta rendezése Magyarországon. Különös tekintettel a készpénzfizetések megkezdésére）。

  ④ 详细介绍当代匈牙利基于白银的外汇体系、白银价格的下降原因、改革的必要性以及双重外汇对社会的影响，参见奥尔马希·鲍洛格·埃莱梅尔《外汇在经济危机中起到的作用》，1896年，第68页（Almási Balogh Elemér: A valuta szerepe a gazdasági válságban）。

  ⑤ 奥地利—匈牙利银行（央行）的第一个经营许可证是在1887年到期，第二个经营许可证是在1897年到期，并且两次都延续了。1899年第二十八号法律将经营许可证延期到1910年底，同时规定，如果共同的关税区在1907年12月31日后不延长，银行经营许可证同时失效。参见凯莱门·约瑟夫《匈牙利信贷历史到现在》，1938年，第94页。

于白银货币改为基于黄金货币。

优化货币发行银行的运营以及19世纪90年代的国际（其中对匈牙利具有重大影响力的德国）经济复苏对匈牙利企业产生了积极的影响。"19世纪90年代，信贷机构的数量增加了1398家，20世纪前十年增加1960家，到1910年已达4583家。其中储蓄银行和土地信贷机构分别有363家和645家。合作社的数量增长更为强劲，在我们研究的二十年时间里，合作社的数量分别增加了1035家和1315家。资本的形成表现为这些机构3.48亿克朗的资本存量增加至4.94亿克朗后又增加至8.42亿，随后增加至10.15亿克朗后又增加至18.57亿克朗；各种收入和存款存量从11.19亿克朗增加到1900年的20.71亿克朗，增幅为9.52亿克朗。而到1910年又增加了23.09亿克朗，增至43.80亿克朗。折扣组合的增加超过了以前的比例，这一点反映了信贷业务的发展。金融机构持有的本国和国外应收票据组合的总额在1890年、1900年和1910年分别为6.63亿克朗、13.13亿克朗和30.53亿克朗。"[1] 1876年后，利息情况缓慢改善，而从1879年开始，改善的速度加快，金融机构适用的利率和利息差幅都降低了。据沃尔高·久洛（Vargha Gyula）给出的数据，在贴现时，银行从1875年的4.53%利息差幅，到1878年降低至3.98%，而到1883年，又降至3.05%。在同样的情况下，预付款的下降趋势为4.51%、3.76%、3.19%，抵押贷款的下降趋势为3.93%、2.62%、2.72%。[2]

综上所述，折中方案签署后较平静的政治环境有利于经济发展与民生改善。除了代表地主利益的政治家们反抗，政治和经济精英都相信自由竞争，他们享受到了国家为复苏经济而提供的支持。"紧接着

---

[1] 凯莱门·约瑟夫：《匈牙利信贷历史到现在》，1938年，第34页。
[2] 沃尔高·久洛：《匈牙利信贷和信贷机构的历史》，佩斯图书出版社1896年版，第345页（Vargha Gyula: *A magyar hitelügy és hitelintézetek története*）。

第二章 双元帝国时期国家控制的经济（1867—1918年）

折中方案签署后，国家在现代化的基础设施建设领域发挥了直接的作用。以国家利息担保支持了私营铁路公司，而给航运公司赋予了年度津贴。"① 为了建设铁路和渠道，国家发行了国债债券（1867年第十三号法律）。

据考图什·拉斯洛和约翰·克慕洛斯以上引述的作品，外国资本和股份的比率都低于40%的临界水平，他们一致认为，当时的经济仍然是主权经济。1867年奥匈折中方案后的匈牙利经济管理层采用了保护主义手段，并奉行追赶战略。其中国家作用增加了，工厂规模扩大了，早期金融资本出现了，而且制造业成了农业的"拉动部门"②。莱塔河③两岸限制继承权益（几百万匈牙利亩④）的存续，暗示了封建制度的重现，并且在很长一段时间里阻碍了当地土地资本化的进程，这对作为社会多数的农民阶层产生了负面影响，并导致数百万人出国移民，并激发了本土民众和少数民族的不满情绪。根据当时人们的观念，少数民族农民也是被匈牙利地主"压迫"的，这也是"同步民族建设"的主要思想家阐释分裂的一个论点，但是实际上在双元帝国时期的匈牙利不存在对少数民族（社会阶层）的歧视。⑤

双元帝国时期，匈牙利国家对国民的经济、生活产生了很大影响，从本质上讲，形成了一种国家控制经济的局面。作为国家工业支持的结果，"1867—1873年，资本存量增加了六倍……建立了170家新股份公

---

① 考图什·拉斯洛：《在双元帝国时期国家工业优惠政策的背景》，劳布·维拉格编《过去和现在的危机时刻——19—21世纪的金融、经济和政治》，匈牙利彭农尼亚图书出版社2009年版，第152页。
② 从本质上来讲，这种赶超模式比照德国模式。值得将第二次工业革命的特点与德国的经济发展对比。
③ 曾是奥地利和匈牙利边界河流，泛指奥地利和匈牙利两国。——译者注
④ 一匈牙利亩相当于5754.642平方米。——译者注
⑤ 毛卡伊·贝拉：《两面派的帝国——双元帝国是"东方瑞士"还是"民族监狱"？》，匈牙利《民族论坛》2018年第14卷第4—6期（Makkai Béla: Kétarcú birodalom. A kettős Monarchia mint "keleti Svájc" – avagy a "népek börtöne"? Polgári Szemle）。

司和552家金融机构，新建了4000多公里铁路线（其中大部分是私人资源投资的，但是通过投资回报率担保，获得了国家的援助）"[①]。1881—1914年，匈牙利为支持工业建了959个新工厂，其中432个为农业蒸馏酒厂，而572家为其他类工业工厂。国家支持了234家工厂的扩建，给865家老工厂提供了税收等其他优惠待遇，其中267家为农业蒸馏酒厂，598家为其他工业厂。总共有2058家工厂获得了国家的优惠待遇和财政援助，其中699家为农业蒸馏酒厂（34%），1359家其他工业公司（66%）。此外，匈牙利政府还给380家工厂赋予了采购机械设备的专用补助金。

在很短的时间内，封建等级制社会发展成国家控制的市场经济，增加了生产价值，增强了公共财政，但是不幸的是，其大部分成就在第一次世界大战中消失殆尽。

[①] 什莱特·伊什特万：《危机处管理、政治制度转变，还是正当结构的转变？在1873—1875年经济危机之际，政治两难选择问题和答复》，匈牙利《经济学评论》2007年第14卷，第144页；纳吉·恩德赖：《奥匈帝国时期匈牙利的国家干预》，《经济学和法学》匈牙利科学院第九处公报1977年版，第86页。纳吉认为，经济只有在双元帝国时期下半叶才开始活跃发展。

第三章
两次世界大战之间的经济政策——拜特伦总理的整顿措施

第一次世界大战和战后签署的《特里亚农条约》，使匈牙利丧失了到双元帝国时期奠定的改革基础。因此，两次世界大战之间的经济政策（在缩小的领土和资源的基础上）只能做到适度整顿经济。匈牙利政府在世界大战期间和随后短暂的"匈牙利苏维埃共和国"之后，开始重建双元帝国时代的、国家主导的市场经济。其重点实际上是准备在经济上恢复旧有的领土。由于从1930年中旬开始，匈牙利国家财政（就如欧洲许多国家那样）是以战争局势和极端的政治思想为主导的，所以本章节中只打算从国家财政角度来分析1938年"杰尔军备集结方案"。然而，国家在这短暂的二十年间实施的整顿方法和结果，具有重要的历史价值。

1　武装斗争瓦解后的政治整顿

标志着第一次世界大战结束的《特里亚农条约》从根本上决定了匈牙利的经济状况。匈牙利原有的 282870 平方公里领土中的 67.1% 和在那里生活的 1064.9 万公民被分割给了周边国家。这些前匈牙利公民当中约有 1/3（30.2%）的母语为匈牙利语，其中约一半生活在纯匈牙利人地区。被《特里亚农条约》"压缩"到 92963 平方公里的匈牙利，其人口仅剩 761.5 万人。"自 16 世纪以来，匈牙利从未遭受过如此大的损失……所有社会等级、阶层、团体或政党无一例外地都表示不能接受《特里亚农条约》划定的边界，而且没有一个政党不要求边界的修正……连工人运动本身也认为，和平条约是不公正的：共产党要求在无产阶级革命的范围内废除《特里亚农条约》。同时，社会民主党也要求洗刷这一民族的耻辱。"[1]

在第一次世界大战后，1918 年卡罗伊（Károlyi）伯爵发动了翠菊革命，随后历时 133 天的苏维埃共和国瓦解，在邻国的占领军撤离以及匈牙利军队打退暴力"解救左派政治局面的"武装队之后，其国家的实力才开始得以巩固。[2] 要重组国家政权的话，需要满足在战争以及随后的苏维埃共和国期间压抑数十年的农民和工人的需求，以及复兴经济。自双元帝国时代以来，经济发展速度加快了，并且出现了许多

---

[1] 罗姆希奇·伊格纳茨：《霍尔蒂统治时期：论文选集》，Helikon 出版社 2017 年版，第 68 页（Romsics Ignác：*A Horthy – korszak. Válogatott tanulmányok*）。

[2] 由于发展滞后、落后和资源基础减少，整顿显然无法完全成功。对成为欧洲最小国家的匈牙利，发展机会也变窄了。参见兰基·哲尔吉《回旋余地和强制路线。国际经济和政治体系中的多瑙河谷小国（1919—1945 年）》，《关于两次世界大战之间的匈牙利——意见与争论》，科叔特出版社 1984 年版，第 11—46 页 [Mozgástér és kényszerpálya. A Duna – völgyi kis országok a nemzetközi gazdaság és politika rendszerében（1919 – 1945）. *A két világháború közötti Magyarországról*]。

影响稳定发展的因素。"出现了一些批评国家社会和经济制度的政治舆论。被解放的农奴的处境和生活条件发生的变化改变了他们的思想观念,所背上的债务给他们也造成了严重损失。他们开始往国内工业城市或国外迁徙。所谓的农民运动早在1891年就出现了,而且同这个时期开始的工业劳工组织那样,是反对大地主的。农民的这种反感源于对土地的渴望。而在组织里的工人之所以反对大地主,是因为他们认为大地主阻碍了他们在政治上的成功,并认为地主掌控了政治的发展。"[1] 因此,这些情景将政治领导人引向了土地分配的政策方向。由瑙吉奥塔蒂·萨博·伊什特万(Nagyatádi Szabó István)要求的激进的土地改革被温和派的土地分配所取代。后者仅将社会需求置于一个暂时的休止点。1920年第三十六号法律规定了土地分配。在第一轮土地分配中,战争的受害者(战争孤儿、战争寡妇、战争残疾人)可分到土地。无地和无家可归者可以分到约2158平方米土地。如果他们是农民,并且将来要从事农业生产(等其他业务),可以购买最多3匈牙利亩[2]土地。不享有第一轮名额的,如无地农业、工人只能按每个家庭购买33匈牙利亩土地。为了建立更坚固的家庭庄园,允许微型和小型地主购买最多15匈牙利亩[3]土地。有资质的农场主和农场经理可以购买为建立较大的、建设示范农场所需的土地。但是在匈牙利苏维埃共和国中发挥作用的贫困农民被排除在土地分配政策之外。国家通过征用确保所需的土地量。土地改革是"国家土地安排法院"管理的,并伴随设立了一个财政基金。有孩子的已婚男子最多可获得土地买价50%的补助,而未婚人士最多可获得30%的补助。在战争中,以及后来在霍尔蒂时代的最初巩固时期中表现突出的人,在土地分配期间享受了优惠待遇。霍尔蒂总署在1920年第三十六号法律中宣布英烈骑士团成立。

---

[1] 凯莱门·约瑟夫:《匈牙利信贷历史到现在》,1938年,第33页。
[2] 约17265平方米。——译者注
[3] 约86325平方米。——译者注

该骑士团的校官通过捐赠可获得的土地达 50 匈牙利亩[①]，而骑士团的一般成员可获得的土地面积达 12 匈牙利亩[②]。"在土地改革过程中……从国家共 1616 万匈牙利亩土地分配了 112 万匈牙利亩。其中，171.5 个匈牙利亩由国家购得，而 948.5 个匈牙利亩是通过一次性特别资产税获得。后者的 67% 是由大地主，作为一次性特别资产税缴纳的（43.2 万匈牙利亩），而另一部分是以征地补偿（21 万匈牙利亩）名义获得的……所用土地大部分（近 70 万匈牙利亩）以平均每人 1.7 匈牙利亩的形式分配给 411516 名请求人……土地改革涉及的 125 万匈牙利亩土地占国家农业用地的 8.5%。"[③] 土地分配方案是存在缺陷的。由于所分配的土地量少，出现了众多无法维持经营的农场，这引起了未来几十年的社会局势紧张，导致在经济政策体系内需要重点解决农业相关问题。然而，需要强调的是，土地分配从狭义上讲是一种经济性质举措，在匈牙利经济状况中，这是巩固政治的重要手段。1848 年的农奴解放仅解除了农奴被强制绑定在其所属土地的状态，但是在两次世界大战之间分配土地的方式还是让人感到第二次农奴制[④]的余波未平，因

[①] 约 215975 平方米。——译者注

[②] 约 51786 平方米。——译者注

[③] 罗姆希奇·伊格纳茨：《霍尔蒂统治时期：论文选集》，Helikon 出版社 2017 年版，第 81 页。罗姆希奇还阐明，罗马尼亚将农业用地的近 27%，捷克斯洛伐克的约 16% 用来处理土地问题，但是在很大程度上这是通过征用匈牙利和德意志民族的土地才做到的。因而，匈牙利的土地改革规模（只能）较小。

[④] 中东欧封建社会存在的特殊形式可以追溯到 16 世纪。在建立世界市场之后，西欧和东欧之间的差异变得更加明显。西方开始走在工业和社会发展的道路上，而在易北河以东的农业经济，和具有生产资料的地主阶级的作用仍然较大，社会条件没有发生变化。劳动力由困在土地上的农奴劳动力来确保。匈牙利的情况被 1514 年农民起义后通过的法律带来了更大程度上的限制，而且这项法律到在 18 世纪初（在土耳其战争和拉克茨独立战争之后）就已经达到了最高的"效率"。在 1848 年匈牙利农奴解放后，大部分农奴成为没有土地的农民或拥有的土地大小不适合独立耕种的庄园，所以他们在匈牙利历史中的状况至 20 世纪中叶一点也没有改变。霍尔蒂时代的土地分配也反映了他们农民的利益代表效率不足及其受到压制的状况。地主阶级的影响一直持续到计划经济体制的建立。参见萨博·伊什特万《匈牙利农民历史的研究报告》，泰莱基·帕尔科学研究所 1948 年版，第 420 页（Szabó István：*Tanulmányok a magyar parasztság történetéből* I）；沃尔高·亚诺什：《匈牙利晚期封建制度的农奴制（1556—1767 年）》，匈牙利科学院出版社 1969 年版，第 614 页（Varga János：*A jobbágyrendszer a magyarországi feudalizmus kései századaiban 1556–1767*）。

第三章 两次世界大战之间的经济政策——拜特伦总理的整顿措施

为地主阶级的地位仍然很强,农奴虽然成了农民,地位却几乎没有得到任何提升。在新专制主义和双元帝国的时代,第一次世界大战和革命的惨烈都增加了农民对获取土地的渴望。如果没有土地分配的举措,匈牙利的国内政治巩固是无法想象的。① 土地分配的不公平和新地主的较艰苦的谋生条件后来仍然成为社会矛盾的根源。阻止实现瑶吉奥塔蒂·萨博·伊什特万所提要求的是匈牙利农业派的政治家们。② 也就是说,匈牙利国民经济的发展基于农业的观念,这一观念无论在过去还是在当时都很强。匈牙利农业派的政治家们使工业和贸易的利益服从于农业及其背后的"真正的"地主阶级的利益。他们希望通过各种补贴来发展农业和基于农业的(在双元帝国时期发展成纵向生产链体系的)食品业和贸易业,恢复失去了原材料开采地的工业,支持公共财政并且期望维持其影响力。在西蒙尼·塞玛丹(Simonyi Semadam)和泰莱基(Teleki)政府垮台后,拜特伦政府的成立对内政整顿举足轻重,因为这个政府与派耶尔·卡罗伊(Peyer Károly)领导的社会民主党缔结了协议。其结果是工人阶级支持国家边界修正政策数十年③,"作为回报"该政府改善了工人的权利和社会保障条件。特凯·贝拉(Teöke Béla)写道:"主权国家,是指完全独立的国家。"④ 尽管在拜特伦政府执政期间,国家已进入重组阶段,但在经济资源有限的基础上,该政府仍然(有限

---

① 由于左翼年轻城市精英的名誉在1919年公社期间受损,所以只能在地主贵族的领导下重组被肢解的国家,而这个(等其他)原因导致了土地分配的部分性。经过一些弯路,恢复了确实代表着传统政治精英利益的双元帝国时代的政治体系的连续性。

② 兰格·佩泰尔:《农业派政治家对工业发展和国防力量的看法:补充双元帝国时代经济和军史信息》,匈牙利国防大学2000年版,第137页(Láng Péter: *Az agrárizmus és viszonya az iparfejlődéshez, a védérőhöz. Gazdaság és hadtörténeti adalékok a dualizmus korához*)。

③ 也就是说,匈牙利在法国巴黎特里亚农签署不平等条约之后,其整个工人运动都主张恢复边界。拜特伦·派耶尔(Bethlen Peyer)协定加强了这种主张,社会民主党还放弃了权利保护斗争的一些要素。这也有助于准备报仇的国家领导人专注于"一件事"。

④ 特凯·贝拉:《腐烂——匈牙利公法条件与国民经济危机成因的政治研究报告》,匈牙利皇家书店1903年版,第7页(Teöke Béla: *Korhadás. Politikai tanulmány Magyarország közjogi viszonyairól és nemzetgazdászati válságának okairól*)。

地）期望恢复失去的生产要素（土地、人口、原材料、资本和综合经济管理）。

2 经济整顿

匈牙利第一次世界大战后的状况非常困难，"匈牙利从经济学术的角度上被判了死刑，因为被切断了所有重要的经济支柱"[①]。邻国侵吞了匈牙利的克雷姆尼察矿（Körmöcbánya）、班斯卡什佳夫尼察矿（Selmecbánya）、班斯卡—比斯特里察矿（Besztercebánya），巴亚马雷矿（Nagybánya）的金、银、锰、锌、铜，以及尼特拉（Nyitra）、特兰西瓦尼亚（Erdély）和梅吉穆列（Muraköz）的油井和天然气田等原料开采地。留给匈牙利的仅为原金属产量的1/10和钢铁冶金业的不到1/3，使其从木材出口国成为木材进口国。"在战争之前，匈牙利机械制造业的供给能完全满足国家交通工具的需求量……铁路交通供应链由于其地理位置，基本上留在匈牙利领土内。可是原有铁路网中，只有38%在新的国境之内……在1920年磨粉业生产力达6500万公担，但是注意到国家缩小领土的农田，在最佳的情况下，谷物年产量也不会超过2000万—2800万公担……我国剩下的炼铁厂产能降低至原来的31%，但铁矿石产量只剩原来的11%……1919年的农业生产仅达战前产量的1/3，而1920年仅达50%—60%。1920年的工业生产量约为战前产量的35%—40%，而1921年为战前产量的50%

[①] 特兰西瓦尼亚贵族，前总理旁支后裔拜特伦·伊什特万伯爵（Bethleni Gróf Bethlen István，1946-2018年）写道。参见拜特伦·伊什特万《拜特伦政府的经济和财政政策——事实与教训》，切赖什涅什·佩泰尔、拜特伦·伊什特万编《经济发展和跨境联系——聚焦于瑙吉考尼饶地区》，Pharma Press 出版社2014年版，第11页（Bethlen István：A bethleni gazdaság – és pénzügypolitika – tények és tanulságok. Gazdasági fejlődés és határon átnyúló kapcsolatok – célkeresztben a nagykanizsai régió. Szerk. Cseresnyés Péter – Gróf Bethlen István）。

第三章 两次世界大战之间的经济政策——拜特伦总理的整顿措施

左右。"① 伴随着薄弱经济基础的是克朗贬值以及农业和工业工人的收入减少。在拜特伦·伊什特万伯爵看来，中产阶级遭受的打击最大，损失了以前收入的4/5。伊什特万伯爵还写道："让看似绝望的局势进一步恶化的是被新政权迫离家乡的30万多名难民。"② 为了使混乱局面恢复正常，保护困苦人民和遏制投机者，西蒙尼—塞玛丹政府和泰莱基政府先后通过了1920年第十五号法律和第二十六号法律。从外交角度来看，匈牙利作为战败国处于孤立状态③，因此，尽管在泰莱基政府时期进行了首次经济整顿的尝试，但是未能成功完成。尽管海盖蒂什·洛兰特（Hegedüs Lóránt）没有制订全面的经济计划，但他仍努力抑制通货膨胀。杜绝了战争时期遗留下来的，在储备不足的条件下发行货币的做法，并且开始支付国债利息，从而提高了货币的购买价值。"1920年12月，1美元约合572.5克朗，而到了1921年5月约合240克朗。"④ 但是战败国匈牙利为了履行赔偿义务，彻底整理公共财政需要采取比海盖迪什的（下令缴纳但难以开始征收的一次性财产税）更多措施。特别是在匈牙利从外交角度处于孤立条件下，卡罗伊四世（IV. Károly）国王尝试重建的计划在国内遇到了政治阻碍，最终未能改善国家的状况。拜莱吉·贝拉（Beregi Béla）这样总结在苏维埃共和国瓦解后的第一次经济巩固尝试："1921年，匈牙利的经济就是一片混乱。我国没有稳定的货币体系，没有央行，匈牙利克朗的价值直线下降，而且

---

① 罗姆希奇·伊格纳茨：《霍尔蒂统治时期：论文选集》，Helikon 出版社2017年版，第84—85页。

② 拜特伦·伊什特万：《拜特伦政府的经济和财政政策——事实与教训》，切赖什涅什·佩泰尔、拜特伦·伊什特万编《经济发展和跨境联系——聚焦于瑞吉考尼饶地区》，Pharma Press 出版社2014年版，第11页。

③ 解决孤立状态的办法包括探寻新盟友。匈牙利发展与意大利的关系，参见欧尔莫什·玛丽亚《关于两次世界大战之间的匈牙利——意见与争论》，科叔特出版社1984年版，第99—149页（*A két világháború közötti Magyarországról*）。

④ 罗姆希奇·伊格纳茨：《霍尔蒂统治时期：论文选集》，Helikon 出版社2017年版，第87页。

· 63 ·

海盖蒂什为了确保匈牙利克朗保值而进行的艰苦卓绝的努力均没有成功。就如拉丁文谚语所说，'Si desunt vires tamen est laudanda voluntas'（尽管缺乏足够力量，但是精神值得称赞）——海盖蒂什无疑有着意志，但缺乏力量。"[1] 海盖蒂什明确意识到，需要无私奉献的精神才能恢复匈牙利货币的价值，但是一旦要征收财产税[2]，财产最多的人都将立即退出。在科舒特呼吁全民捐款后的73年，公共捐款还没有成为主流的财政手段。

但是内政相对巩固之后的经济整顿，需要一种适合于振兴生产的经济政策、公共财政以及（由于缺乏足够的内部资本积累而）需要外国贷款和独立央行的建立。对于经济基金，拜特伦政府试图限制农业派政治家的利益代表能力，并且开始实施工业支持政策。对大地主阶级来说，自由贸易类的薄弱的关税保护是有利的，因为其出口机会几乎不受工业产品涌入的影响。但是，拜特伦政府采用了在第一次世界大战后在其他国家越来越流行的针对国内市场的保护手段。对多种货物实施了进口禁令，而且在其任期的下半部分，通过降低通货膨胀率而断绝了资本家和大地主们用"薄弱"纸币偿还战争前的贷款，以及国家没有维持合适的利率而得利的经济悖论。之所以这样做是因为工农业的工人和农民无法承受通货膨胀之重。"1914—1924年，价格涨了8000倍，而工资仅涨了3500倍。"[3] 拜特伦政府在1921—1931年的经济政策周期内，为缓解这种不幸的状况提供了解决方案。

整顿政策包括1920—1922年实施的财政限制和新海关政策。从1925年起，针对进口所缺少的原材料的便利措施和在此基础上发展

---

[1] 拜莱吉·贝拉：《拜特伦·伊什特万伯爵与匈牙利经济》，1930年，第23页（Beregi Béla：*Gróf Bethlen István és a magyar közgazdaság*）。

[2] 1945年前，根据财产大小征收的一次性税费。——译者注

[3] 罗姆希奇·伊格纳茨：《霍尔蒂统治时期：论文选集》，Helikon出版社2017年版，第118页。

国内产业的措施取代了最初的进口禁令。成立独立的发行币银行，以及在1927年引入的新货币帕戈（pengő）为匈牙利经济的发展奠定了新的基础。显然，以国内原材料为基础的工业（食品业、化工、纺织、工业等）的增长速度最引人注目。20世纪30年代发现的碳氢化合物衍生物和铝土矿资产为匈牙利的经济发展提供了新的动力，而且从长远来看，在1938年启动的"杰尔军备集结方案"中投入的用于基础设施项目的10亿帕戈带来了良好的回报，而直接用来购买军备的资源（尤其是因为第二次世界大战战败的原因）却成了毫无收益的财政支出。当时的土地被分成许多小块的农庄，此外，大地主最初根据当时通货膨胀的趋势调整了经营方针，认为贷款会随着通货膨胀而贬值，并没有实施系统性的开发和投资，导致农业处于停滞状态。结果，随着工业产值的增加，农业在国民经济中所占的比重有所下降，一些农作物的产量，仅能达到欧洲平均生产水平的一半。与1913年相比，匈牙利的GDP（国民生产总值）到1938年增加了48%，而其人均GDP增加了26%。"这意味着在1938年，匈牙利的人均GDP达美国的43%，欧洲12个最发达国家的57%。"[1] 这种状况和发展态势表明匈牙利仍然处于落后状态，自前几个世纪起的半边缘国家状态没有改变。

根据1930年的人口普查[2]，全国人口中超过50%的人口（51.8%）从事传统小型农业生产。拥有5匈牙利亩以下土地的地主占163.4万农业总人口的72.5%。拥有勉强能养活一个家庭的土地的农民阶层的土地面积的总和占所有土地的10.2%。同时，100匈牙利亩以上的土地所有者，仅占农业总人口的0.66%，这群人拥有48%的土地。农业之外

---

[1] 罗姆希奇·伊格纳茨：《霍尔蒂统治时期：论文选集》，Helikon出版社2017年版，第388页。

[2] 匈牙利中央统计局：《匈牙利统计公告》第86册，Stephaneum印刷厂1934年版（*Magyar Statisztikai Közlemények*）。

的其他行业共有224772家企业，其中60.4%的公司没有熟练工。即使加上不超过5个熟练工的企业，也只占所有匈牙利企业的60.8%。匈牙利经济结构落后及农业竞争力不足造成了许多社会问题。然而，在较薄弱的经济基础上，支持文化和社会福利事业的政策产生了重大变化。"在拜特伦政府任职期间，国家预算的14.4%用于公共教育"①，这大大改善了欠发达社会的素养状况。② 弗里德里希（Friedrich）政府在1919年秋天开始巩固社会保障体系。1927年第二十一号法律将社会保障体系扩展到工商业、交通和家政领域。将律师事务所、公证处、医务所和报社编辑部的员工也归入受益人范围内。"从20世纪20年代末开始，80%—90%城市工人享受了这个初步社会保障……在战争之前，患病的工人享有20个工作日的免费医疗，并且享有20个工作日的带薪病假。通过这项法律将医疗时间增至1年，而带薪病假工资从基本工资的50%增加到60%—75%。在完全丧失工作能力的情况下，工伤事故津贴在1927年从基本工资的60%增至66.6%……一年之后，即1928年，伯特伦政府实施了养老、残疾、丧偶和孤儿等强制保险。这是工人运动的一项旧主张。"③ 尽管匈牙利在社会和教育政策领域发生了有利的变化，但其国家的社会环境仍然不够完善。

拜特伦的后裔这样描述这段时期的经济政策："拜特伦·伊什特万伯爵放弃了匈牙利改革时期最伟大的人士，如韦谢莱尼·米克洛什男爵（Báró Wesselényi Miklós）、塞切尼·伊什特万伯爵、科舒特·洛约什、

---

① 拜特伦·伊什特万：《拜特伦政府的经济和财政政策——事实与教训》，切赖什涅什·佩泰尔、拜特伦·伊什特万伯爵编《经济发展和跨境联系——聚焦于瑙吉考尼饶地区》，Pharma Press出版社2014年版，第17页。

② 特别值得一提的是宗教和公共教育部长克莱拜斯拜格·库诺（Klebelsberg Kuno）的长期有机发展计划。他的一句名言表明这个领域的重要性："宗教和公共教育部实际上是防护国家的部门。"

③ 罗姆希奇·伊格纳茨：《霍尔蒂统治时期：论文选集》，Helikon出版社2017年版，第160—161页。

戴阿克·费伦茨、厄特弗什·约瑟夫男爵（Báró Eötvös József）和思想很开放的蒂萨（Tisza）家族奉行的自由主义经济主张。在匈牙利处于《特里亚农条约》后貌似绝望的形势下，他认识到国家政府在振兴经济中起到的作用至关重要。"① 拒绝外国贷款协议中的不利条件（即将征收1000匈牙利亩以上大型庄园财产税后获得的50万匈牙利亩土地用来支付国际贷款，甚至卖给外国人），很好地体现了拜特伦政府的爱国主义精神。"但是拜特伦·伊什特万伯爵立即拒绝了这项要求，一部分原因是他要在土地改革的下一个阶段使用这些土地，另一部分原因是以史为鉴（在土耳其军队从匈牙利被驱逐之后，以及先后发生的拉科齐独立战争和1848—1849年独立战争之后，奥地利统治者曾实施的征用土地的私有化），无论如何要防止外国人大肆在匈牙利获得土地。"②

霍尔蒂政府的自由主义者反对国家作用的加强。"在经济和社会生活中，他们敦促加强中产阶级和小资产阶级。在经济领域，他们反抗国家政权的全能状态，而在经济政策中，想要实现自由竞争。他们认为，国家干涉经济会限制自由，所以很明显这种做法是有害的。在拜特伦政府执政期间，他们敦促废除战争遗留下来的固定管理制度，相对于国家和极右翼支持的销售和消费合作社，他们有待私人举办的事业。但是，国家干预是一项不可忽视的因素，因此后来主要强调，干预应该有利于小资产阶级和中产阶级。"③

到20世纪30年代末，成为最大产业的农业在国民经济中所占的比

---

① 拜特伦·伊什特万：《"拜特伦整顿"对经济的影响——成功与迄今为止有效的经验教训》，匈牙利《公民评论》2008年第16卷第1—3期，第146页（Bethlen István：A "bethleni konszolidáció" gazdasági teljesítménye. Sikerek és máig ható tanulságok）。

② 同上书，第147页。

③ L.瑙即·茹容娜：《霍尔蒂制度的自由主义反对派》，《关于两次世界大战之间匈牙利的意见》，1984年，第251页（L. Nagy Zsuzsa：A Horthy – rendszer liberális ellenzéke. *Vélemények a két világháború közötti Magyarországról*）。

例稳定达到40%左右，但遭遇了严重的内部问题。专家们对产业内部情况的分析①揭露了那个时代的问题，而这些问题很好地反映了霍尔蒂时代以及其中的拜特伦整顿政策中的一些问题。拜特伦政府将通货膨胀政策的重要性提升到官方财政政策的水平，这实际上有利于地主阶级，但他们对大型庄园的现代化改造兴趣不大，反而对农业出口商机以及借由货币贬值来摆脱债务的兴趣则更大。"1921年夏天，货币流通量只有173亿克朗，1922年夏天是其3倍，1923年达到了4000亿克朗。1924年春天，货币贬值达到了顶峰：在经济中流通了2.5万亿克朗……1921年6月，一块金克朗价值达50.7纸币克朗，而1924年5月则急速贬值到了18400纸币克朗。"② 在货币的购买力急剧下降的这段时间里，没有保值措施的借款人主要集中在农业企业，由于还款较容易，受到克朗贬值影响的主要是债权人（贬值的是他们的应收款），所以特别有利于作为主要借款人的地主阶级。③ "有利"指的是"大地主用通胀贬值的货币偿还了大型庄园的13亿克朗债务"④，这给他们带来了巨大的、无须任何投入的经济利益。

在大萧条时期，拜特伦政府的效率低下，未能有效稳定本国经济和财政。1929年纽约股市的崩盘对农业产生的影响最大。布达佩斯交易所的小麦价格最好地证明了这一点。1930年6月底和7月初，小麦的价格在几天之内从24帕戈降至14帕戈。1928—1929年，仅农业收入的79%就可以用来偿还其所累积的债务，但1930—1931年，则

---

① 拜莱吉·贝拉：《拜特伦·伊什特万伯爵与匈牙利经济》，1930年，第93—103页。
② 博格奈尔·卡罗伊：《匈牙利中央银行的历史》，匈牙利《金融评论》1994年第9卷，第721页（Bognár Károly: A Magyar Nemzeti Bank történetéből）。
③ 楚格莱尔·P. 阿龙：《过去和现代应对信贷危机的方法——拜特伦时期整顿给当代人提供的私法和危机教训》，匈牙利《法学公报》2015年第1卷，第37页（Czugler P. Áron: Hitelválságok kezelése egykor és most. A bethleni konszolidáció magánjogi és válságjogának tanulságai a jelenkor számára）。
④ 博格奈尔·卡罗伊：《匈牙利中央银行的历史》，匈牙利《金融评论》1994年第9卷，第722页。

第三章　两次世界大战之间的经济政策——拜特伦总理的整顿措施

需要花费近两年的净收入才能偿还其到期的债务。① 在拜特伦政府任期的前期，通货膨胀率上升有利于地主，但是未能保护他们免受全球经济危机的影响。由于在匈牙利占主导地位的农业销售价格低迷，剪刀差急剧扩大，并且增加了产业的损失。"1928年的6%差额到1930年增长到47%，而到1933年又增长到70%。"② 旨在处理信贷危机问题的私法方面的立法工作③只能缓解债权人的问题，但未能提供统筹的解决方案。

"1930年，为了抑制（具有重大政治意义的）农业人口破产，拜特伦政府在议会中通过了所谓的《粮食票券法》④（*Bolettatörvény*）。根据该法律，通过粮食票券（boletta）和四个农事年等政策，给生产者按每公担粮食提供了市场价格以上的价格补贴（补贴的金额每年有所不同，先后为每公担3帕戈、6帕戈、4帕戈和3帕戈补贴）。但是这个举措不能防止农户举债过多的问题，尤其是小型农户。"⑤ 在德国和奥地利的银行走弱之后，灾难性的货币和信贷危机于1931年爆发，工业的各个部门都受到了不同程度的影响。对钢铁工业、机械制造业和建材业领域的影响最为明显，对食品加工领域的影响较小，而对轻工业领域的影响则更小。1930年对匈牙利的，源于《特里亚农和平条约》的国际控制

---

① 博托什·亚诺什：《匈牙利央行的历史》下册，《独立发行币银行（1924—1948年）》，Presscon出版社1999年版（Botos János: *A Magyar Nemzeti Bank története. II. Az önálló jegybank 1924 – 1948*），第90—91页。
② 同上书，第114页。
③ 楚格莱尔·P. 阿龙：《过去和现代应对信贷危机的方法——拜特伦时期整顿给当代人提供的私法和危机教训》，匈牙利《法学公报》2015年第1卷，第37—48页。
④ 1930年第二十二号法律关于为销售一些粮食而需要采取措施。
⑤ 科瓦奇·卡尔曼：《拜特伦政府任期最后几年对通过立法手段遏制经济危机的尝试》，《齐兹毛迪雅·安多尔70岁纪念特刊》，亚当·安道尔、贝奈德克·费伦茨、西陶·亚诺什编《法学史研究报告》，Studia Juridica Auctoritatis Pécs Publicata 1980年版，第213页（Kovács Kálmán: *Kísérletek a gazdasági válság jogszabályi eszközökkel történő megfékezésére a Bethlen – kormány utolsó éveiben*）。

正式结束，因此其财政预算有了更大的回旋余地，但是对走向危机的匈牙利几乎没有帮助，所以其国家政府再次提取了国际贷款。①

整顿过程中取得的成就显然不足以阻止危机。总理拜特伦在与央行行长博博维奇·山多尔（Popovics Sándor）②发生多次冲突后，最终下台了。后来，国家政府在政治上更接近纳粹德国，并且准备新一场战争的态度：国家于1938年宣布了"杰尔军备集结方案"。

第一次世界大战后的全球经济繁荣（尤其是在农产品领域）和外国贷款引起的经济复苏趋势遭到1929—1933年大萧条的遏制。当时，农产品占匈牙利出口总额的70%，其外贸市场显著缩小；同时，工业生产量也下降了20%。从1929年起，匈牙利公共财政又出现赤字，而且外国借贷机会也缩小了。尽管匈牙利获得了贷款，但由于将其用于处理财政预算，并没有用到投资目标上，因而违反了《日内瓦条约》，这导致匈牙利直到1938年春，再次受到国际联盟的监督。1931年夏天，一般商业银行的运营也遭遇了困境，因此作为对策，银行和交易所被临时停业，后来即使解除了停业令，还是对其限制了存款。1931年8月16日，通过所谓的"金帕戈条例"试图保护存款价值以安定储户。1931年7月17日，即便国家在名义上还进行黄金为基础的货币管理，但已从金本位体系改用外汇管制制度。匈牙利是世界上最早推行外汇管制制度的国家之一，为其实现后来的经济稳定做出了显著的贡献。这是因为尽管帕戈纸币不是自由兑换货币，仍然能够在匈牙利和其周边地区广泛使用，几乎立即被接受为正式货币。1931年12月22日，政府宣布暂停汇款，从而终止了对长期负债的偿付。1932年，还达成了暂停还

---

① 这样的贷款指1930年11月匈牙利政府在伦敦签署的8700万克朗的贷款，但是随着时间的流逝，匈牙利的债权人认为，用这种短期国库是不可行的。

② 博博维奇揭示，拜特伦政府整顿的真正基础是外国信贷。博托什·亚诺什：《匈牙利央行的历史》下册，《独立发行币银行（1924—1948年）》，Presscon出版社1999年版，第92页。

第三章　两次世界大战之间的经济政策——拜特伦总理的整顿措施

款协议，以中止偿付短期债务。① 这些措施导致了其旷日持久的经济危机。直到 1938 年由于财政政策的变化（尤其是"杰尔军备集结方案"），经济才开始有所增长。本国货币汇率过于坚挺对出口产生了不利影响，由于加强了与德国的对外经济关系和结算，让这些问题"被遗忘"。

　　当时文献中对拜特伦政府的整顿意见的表述相当片面。当时拜特伦提出的一个难以争议的观点是："国家的经济和社会政策无法沿着目前的道路继续下去。人口稠密地区的未来绝不能仅仅立足于农业，必须杜绝反犹太主义带来的反工业情绪，因为从农业中走出来的无产阶级群众只能就业于工业。"② 在他的政府执政初期制订的经济政策计划包括了非常明确的行动计划。③ 拜特伦瞄准于补充之前制定的税法、补充房地产和其他资产以及在战争中获得的财产税法，根据这些法律，对战争用品也征税。他呼吁认真执行迄今颁布的税法，并且为此配置所需要的人员。在政府行动中，还出现了支付适当的所得税和财富税预付款的规定。他认为，需要提高有价证券营业税，修改关税（特别是奢侈品进口税）并且需要上涨出口税，以便使国家能够从出口中受益，并调节国内市场的价格。为了降低对外贸易的逆差以及为了提高产量，他认为，增加出口符合国内消费市场利益的商品是有利的，应特别关注动物和葡萄酒出口、烟草生产和与其相关的烟草出口的发展。他认为，重要的是计划性地在国内建立产业链，特别是在自身拥有原材料出产能力的、仍然严重依赖进口的工业领域。他希望通过对进口和出口进行谨慎监管而避免价格的进一步上涨。

---

　　① 关于整顿步骤和外汇管制制度，参见博托什·亚诺什《匈牙利央行的历史》下册，《独立发行币银行（1924—1948 年）》，Presscon 出版社 1999 年版，第 115—125 页。
　　② 特伦·伊什特万（Bethlen István）的方案，《国道》1936 年第 2 卷，第 13 页（Országút）。
　　③ 《匈牙利制造业》1922 年第 1—2 卷，第 16 页（A Magyar Gyáripar）。

这位"昔日君王家族的后裔"① 违背自己地主阶级的利益,"用数据证明,可以分配给无地农业人口的土地量不足。特别是因为还有另一项任务:需要将无法生存的农户引进小型庄园,因为如今的农户只有在大中型庄园内就业才能谋生"②。但是伯特伦始终认为:"由于缺少土地,无法通过机械似的土地分配解决农民的问题,而且除了工业发展,还应该致力于促进农业生产效率的提升。"③

毫无疑问,拜特伦政府的经济政策已转向工业发展,这表现为匈牙利国有企业,如国有铁路公司、匈牙利邮政局和国家钢铁工厂的重组。由于战争和特里亚农边界划分而无法使用的铁路线段重新投入使用,从而为其国内、外贸易提供了便利。铁路线电气化也经开始了。德布勒森（Debrecen）、赛格德（Szeged）、佩奇（Pécs）都建立了大学城。一些学科的发展非常显著,匈牙利科学家如阿尔伯特·纳扎波尔蒂·圣捷尔吉（Szent-Györgyi Albert）、蒂豪尼·卡尔曼（Tihanyi Kálmán）、西拉德·利奥（Szilárd Leó）、米哈伊·戴内什（Mihály Dénes）跻身世界前列。"但是国内可用资本或国民收入均不足以进行这种国家建设、社会变革,以及安抚人心的工作。"④ 拜特伦政府整顿工作的真正结果是匈牙利国家内部的政治逐渐得到巩固。"在着手开始这项工作之前（对他的信任为此铺平了道路）,拜特伦须减轻内在的紧张和安抚人心。"拜特伦基本上实现了"精神上的"巩固。但是,如果在他统治期间没有流入国内的3万亿帕戈,那么"人心巩固"同时实现的经济整顿会有什么样的结果就不那么了然了。如果我们研究,财政措施是否足以改善

---

① 拜特伦·伊什特万的方案,《国道》1936年第2卷,第14页。
② 同上书,第13页。
③ 同上书,第14页。
④ 科恩费德·莫利茨男爵:《拜特伦·伊什特万的经济政策》,《匈牙利评论》1934年第22卷第2期,第86、169页（Báró Kornfeld Móric: Bethlen István gazdaságpolitikája. *Magyar Szemle*）。

经济状况，我们可以明确地回答"否"。如果我们研究贷款是否被正确使用，我们不能肯定地回答"是"。整顿是由于3万亿帕戈外资流入的结果，外来资金提供方的条件是匈牙利国家政治和社会环境得到一定的整顿，以及建立独立的中央银行。匈牙利国家和公共团体提取了约12亿帕戈（包括国际联盟1931年的贷款）。其中一半以上不是其国家的债务，而是其他公共债务，主要是地方政府的执政。① 科恩费德（Kornfeld）认为，这是"在十年内相当节制的举债"②。但是必须强调的是，拜特伦政府执政期间借的大部分贷款都没有用于工业发展或基础设施扩建，这样看来，其没有重复双元帝国时期的贷款使用方式。虽然双元帝国时代其过度依赖信贷，但被工业产能的增加所弥补。"最终，以稳定为目的借的贷款中，只有约1/4用于弥补财政预算赤字。其中大部分用在偿还到期债务，发展国家机器和建筑工程上。"③——60年后博格奈尔·卡罗伊（Bognár Károly）写道。换句话说，国家对借贷和贷款的使用并不严谨，它对经济和社会发展的影响不如双元帝国时代明显。在拜特伦政府时期工作的科恩费德也承认，"约有1.8亿帕戈……既提高了生产力又提高了消费力……毫无疑问，这些外国贷款中有相当数量的消费信贷……而且从个体私营经济的角度来看，不止一次超出了理想的程度"④。罗姆希奇·伊格纳茨（Romsics Ignác）也有同样的观点，甚至质疑匈牙利政府为何申请和接受这么多的贷款。"只贷款原来的1/4额度便足以填补预算赤字。"⑤ 他认为，一方面较高的信贷有助于霍尔蒂时

---

① 科恩费德·莫利茨男爵：《拜特伦·伊什特万的经济政策》，《匈牙利评论》1934年第22卷第2期，第167、168页。
② 同上书，第170页。
③ 博格奈尔·卡罗伊：《匈牙利中央银行的历史》，匈牙利《金融评论》1994年第9卷，第730页。
④ 科恩费德·莫利茨男爵：《拜特伦·伊什特万的经济政策》，《匈牙利评论》1934年第22卷第2期，第170页。
⑤ 罗姆希奇·伊格纳茨：《霍尔蒂统治时期：论文选集》，Helikon出版社2017年版，第121页。

代的合法性,增强了政府的实力;另一方面"由于财富税不成功,统治阶级不想作出这么一点牺牲"①,因此最终信贷通过间接(等其他)手段被用于补偿地主阶级。②

  毫无疑问,拜特伦总理在任时期实现了"有限的"内政巩固、适度的土地改革以及控制农业派政治势力的经济政策,从而促进了工业发展。无可争议,为了使霍尔蒂在国际上被认可,使内政和经济应该"适当的"适应时代精神,匈牙利需要信贷。由于国际联盟的压力,申请信贷需要建立独立中央银行。后来的学者认为,当时对总理拜特伦的政策出现了很多过于夸张的评论,比如"拜特伦·伊什特万政府的工作得到了等同于重新建国性质的成果"③,又比如"拜特伦·伊什特万伯爵使国家摆脱革命混乱,并提升其国际地位,被当时欧洲最强大经济机构,即英国央行行长称作模范国家"④。经济整顿不能通过外国私人贷款来解决,所以如果没有英格兰银行的驰援和作用,就难以实现显著的经济整顿。也就是说,外国资源巩固了第一次世界大战后的匈牙利经济。在总督霍尔蒂·米克罗什和总理拜特伦·伊什特万的政策下,形成了一种狭窄的(刚够发挥作用的)内部财政和货币惯例,这种惯例是通过贷款以及相应的辅助机制为主导,同时伴随了许多矛盾,并且阻碍了其现代化的进程。结果,在那个时代,国家无法形成权力制衡制度,导致后来无法阻止国家政见逐渐向右翼偏移。拜特伦的政治、经济实力和"道

---

  ① 罗姆希奇·伊格纳茨:《霍尔蒂统治时期:论文选集》,Helikon 出版社 2017 年版,第 121 页。
  ② 值得注意到的是,境外 42.5 万个匈牙利避难者的生计也要通过使用这些整顿信贷(的一部分)来确保,而且建设位于大平原和小居民点的先前被忽视的学校网络以及奠定科学成就基础的大学基础设施,也需要巨额的成本。这样看来,通过所继承的社会经济状况的巩固来提高难以维持生存的中产阶级使用信贷的意图,即社会福利和社会政策考虑以及一种新的民族概念(也)可以说明外国贷款使用不当的情况。
  ③ 科恩费德·莫里茨男爵:《拜特伦·伊什特万的经济政策》,《匈牙利评论》1934 年第 22 卷第 2 期,第 167 页。
  ④ 拜莱吉·贝拉:《拜特伦·伊什特万伯爵与匈牙利经济》,1930 年,第 15 页。

德信用"在经济整顿上获得了些许成就，这是因为获得了国际联盟批准的外国贷款以及作为贷款条件而成立的中央银行的积极运作。

3 独立发行货币的银行的作用以及金融领域的发展

第二次世界大战结束后，国际形势的特点是金融政策僵硬，规避冒险，并且坚持维持国际金本位制。在经济混乱期间（正如在其他地方所经历的那样），匈牙利的国家收入远远低于支出。也就是说，通货膨胀在很大程度上是预算赤字和投机活动驱动的。应对通货膨胀基本上是各国央行的任务，但是奥匈帝国瓦解后，奥地利—匈牙利国家银行的"匈牙利支柱"不复存在了。1921年，匈牙利国家发行币银行（Állami Jegyintézet）成立，在这所只能有限发行货币的机构的投资组合中增加了商业汇票的比例，"1923年，一半的信贷供应是汇票贴现换算产生的"[1]。这是一个重大转变，因为具有中央银行职能的机构在经济不景气时，主要贷款给国家，而不贷款给私营企业。1921年，提供给匈牙利个体私营经济的汇票信贷量仅占提供给国家的信贷量的3‰。[2] 成立于1916年的外汇中心的主要职能是处理外汇交易，确保对进口项目以外汇进行缴付，但是由于投机和不稳定的国际货币，这个任务只能在有限的范围内执行。在看到财政部部长科拉尼（Korányi）和海盖蒂什的整顿方案的失败后，拜特伦政府认为，只有在外部资源的帮助下才能确保整顿的成功。由于外交局势的原因，国家领导试图回避国际联盟的贷

---

[1] 博加尼·啊格奈什：《平行的故事——论奥地利和匈牙利在两次世界大战之间的财政政策》，《布达佩斯经济大学奠基50周年纪念科学座谈会》第2册，1998年，第1215—1216页（Pogány Ágnes：Párhuzamos történetek. Az osztrák és magyar pénzügyi politika a két világháború között. *50 éves a Budapesti Közgazdaságtudományi Egyetem. Jubileumi tudományos ülésszak. 1998. október 1－3*.）。

[2] 匈牙利国家档案局，财政部和卡罗伊（Kállai）档案（K. 275 5. cs. V/2., 6. cs.）。

款，也就是说，打算借助私人贷款，并尽量减少甚至取消战争赔偿的支出。由于该方案荒谬而实现希望渺茫，借国际联盟贷款是唯一的选择。尽管匈牙利已开始内政改革，国际氛围还是"不太友好"，因此只有在英国中央银行的帮助下才能获得贷款。这个事实严重影响了匈牙利的谈判能力。在这些谈判中，对匈牙利将来的财政政策而言，不可忽视的事实是，这时候成立的匈牙利国家银行（Magyar Nemzeti Bank）在1924年夏天从英格兰银行获得了400万英镑的预付款，因此，匈牙利央行承诺以固定汇率锁定与英镑挂钩的克朗，由此引发了针对货币政策的限制性举措。

在海盖蒂什基于自给自足的经济整顿失败之后，基于外国信贷的政策迫在眉睫，但是私立银行并不愿意对其提供协助。[①] 尽管匈牙利在1919年发生了西方左翼政权接管，而且这种情况再次发生，内部社会紧张局势再加剧，都不利于西方国家和霍尔蒂政府，但是私立银行偏偏不愿意合作。拜特伦政府早在1923年开始贷款谈判："英国金融界并没有超脱放贷，而是要以英格兰主导的形式，在国际联盟的控制下实现，而且所提出的条件是应当中止《特里亚农条约》第九章中规定的，为了补偿而扣押的留置权。"[②] 提供贷款的另一个条件是财政复兴方案开始施行之前，应该建立独立的中央银行。所提供的是4000万金克朗短期贷款和5.5亿克朗长期贷款。

1924年关于建立匈牙利中央银行及其特权的第五号法律在实现经济整顿中发挥了核心作用。根据日内瓦公约《第二议定书》第十三章第4节的规定，1924年，将所有政府支出和收入的管理工作逐渐分配

[①] 1919年秋天，在财政部部长科拉尼时期，曾经发生过一次整顿尝试，但其结果比海盖蒂什时期整顿的还要差。参见《匈牙利的财政事务》，匈牙利《经济学评论》1920年，第247—493页。

[②] 博格奈尔·卡罗伊：《匈牙利中央银行的历史》，匈牙利《金融评论》1994年第9卷，第722页。

给匈牙利央行。央行基本上专注于贴现商业汇票。通过贴现和贷款利率能发挥确定政策利率的作用。1925 年 8 月，美国经济学家阿林·扬格（Allyn A. Young）称匈牙利中央银行为"专业和周到"监管的中央银行。他认为，央行和货币市场之间的关系牢固，但批评央行无法采取力所能及的措施来降低贴现率和私人利率之间的价差。同时，他与比利时金融家莫里斯·弗雷尔（Maurice Frére）得出的结论一致："匈牙利经济处于平衡状态，预算赤字已消除，克朗汇率稳定（与英镑挂钩），而且央行积累了大量黄金和货币储备。他也赞同他比利时同行的观点，认为匈牙利收支差额没有收到危机。"[①] 借贷确实带来了经济改善，在信贷投资之后，匈牙利的经济发展符合英方的利益。

匈牙利中央银行在开始运行时，根据第 4661/1924 号总理条例接管了外汇中心的职能。实现了严格集权和外汇管制制度。外汇部门还发放了外汇和外币贷款，因而在减轻非法货币交易方面发挥了作用。1925 年秋天，外汇支付实现了完全自由，同时根据 1925 年第三十五号法律推出了新法定货币帕戈。

通过经济和金融巩固的成功，1929 年匈牙利中央银行为了偿还外币贷款从英格兰银行、纽约联邦储备银行、法国银行、比利时国家银行和荷兰银行组成的财团获得了 1000 万美元的贷款。"这笔贷款是以符合匈牙利央行章程的国内汇票作抵押的。利率比贷款银行的折扣率高 2%，但每年至少 7.5%，加上每季度 0.25% 的费用。"[②] 在之后的几年也借了借款。1931 年，债务总额的 49.6% 属于国家和公共团体的负担。长期贷款占外国贷款的 57.3%，其中一半来自经济巩固政策的前期。相当不利的是，所提取的贷款中有 2/3 是短期和中期商品贷款，

---

① 博托什·亚诺什：《匈牙利央行的历史》下册，《独立发行币银行（1924—1948 年）》，Presscon 出版社 1999 年版，第 48—49 页。

② 同上书，第 57 页。

而只有 1/3 才是投资贷款。因此，由于产生收益的投资水平不高，财政收入不可能产出相当于整个贷款量的金额，甚至出现了借新债还旧债的情况。

　　就匈牙利中央银行的运作而言，要求具有经典央行功能，将其由同意放贷的国际联盟通过报告昭布。[1] 明确要求匈牙利中央银行具有发行货币的专有权，应当作为中央银行运作，具备管理货币政策，商业汇票再贴现，国库管理，独立于政府等职能特征，并且建立以广泛的经济代表性为基础的董事会。此外，还认为，应当暂时指派一名外国顾问。国际联盟期望降低预算赤字，从而控制通货膨胀以及使克朗稳定。为了确保匈牙利的承债能力而释放的留置权（20 年内支付 2000 万金克朗赔偿）和贷款的提供，为匈牙利走上稳定之路而奠定了良好的基础。通过 1924 年第四号法律颁布了稳定方案，1924 年第五号法律宣布了匈牙利中央银行的成立。其次发放了价值达 2.5 亿金克朗（6870 万美元）国际联盟贷款。其中一半由英国提供，而其余由美国、意大利、瑞士、荷兰和瑞典提供，但贷款条件并不是很优惠。"由于发行或收购率为 80%—88%，所以名义金额的 1/8、1/5 都没有支付。尽管如此，必须支付国际市场利率多倍的，总面额 7.5% 的利息。"[2] 由于获得了国际联盟贷款，所以没有维持价格的贷款逐渐放缓发放，随之通货膨胀下降，与英镑挂钩的克朗汇率得以稳定。

　　由于内部资本积累不足，只能通过贷款满足经济增长和政府部门的资本需求。匈牙利处于中等发展水平[3]，难以进入国际市场的商业银行

---

[1] 博格奈尔·卡罗伊：《匈牙利中央银行的历史》，匈牙利《金融评论》1994 年第 9 卷，第 723—727 页。

[2] 同上书，第 729 页。

[3] 科维尔·乔治（Kövér György）针对奥匈帝国瓦解后的银行体系贴切地写道："在整个双元帝国时期，国内跨国或国际业务当中，奥匈帝国银行份额只占小部分。这些银行在帝国崩溃之后，才成为真正国际化的机构。"

第三章　两次世界大战之间的经济政策——拜特伦总理的整顿措施

则不得不面对这个挑战。过度的信贷需求局势使贷款利率居高不下。筹资的动机很强，但几乎在整个这段时间内，也存在流动性问题。"1927—1929年，首都以外的金融机构流动性比率仅仅为7%。"[①] 银行的总资本也反映了这种不利局面。"信贷机构的纯资产量在第一次世界大战之前达28亿帕戈，而在外汇巩固时期仅达4亿帕戈，同时所使用的外债从45亿降至0.3亿帕戈。"[②] 在战争后，可以用四分五裂、规模过大和以布达佩斯为中心来形容银行业。[③] "到1924年底，第一次世界大战后的储蓄和往来账户的存款量只达到第二次世界大战前水平的16%，而到1929年底，仅上升到74%。提供给金融机构的信贷额度期也发生了变化：1915年，总信贷额度的65%是长期的，到1924年底仅为5%，而1929年只达30%。"[④] 革命以及随之而来的经济和内政混乱动摇了银行业的基础，以及居民对银行业的信心。因此，必须加强对银行业的监督。早在1916年，政府就建立了金融机构中心，其功能是以监督为主。"1918—1929年，金融机构中心进行的检查数量增长了近五倍，从189增至912"[⑤]，从而促进了负责任的银行业务。"为了进一步

---

① 伊尔科夫斯基·山多尔：《二十年代繁荣时期的匈牙利金融机构》，匈牙利《经济学评论》1940年，第363—364页（Jirkovsky Sándor：Pénztézeteink a húszas évek fellendülése idején）。

② 博托什·考达琳：《银行监管机构在匈牙利政府结构中的地位和作用》，匈牙利《银行评论》1994年第1—2期，第25页（Botos Katalin：A bankfelügyelet helye és szerepe a magyar kormányzati struktúrában. Bankszemle）。

③ 沃尔高·伊什特万：《根据1927年资产负债表的数据论布达佩斯主要金融机构的状况》，匈牙利《经济学评论》1928年第52卷，第444—485页（Varga István：A jelentősebb budapesti pénztézetek helyzete az 1927. évi mérlegek adatainak tükrében）；因采·米克洛什编：《1929—1933年全球经济危机对匈牙利的影响》，匈牙利科学院出版社1955年版，第277页（Incze Miklós：Az 1929 – 1933. évi világgazdasági válság hatása Magyarországon）。

④ 因采·米克洛什编：《1929—1933年全球经济危机对匈牙利的影响》，匈牙利科学院出版社1955年版，第279页。

⑤ 姚考布·欧斯卡尔、赖梅尼、什奈莱尔·洛约什：《金融机构中心历史中的前二十五年（1916—1941年）》，金融机构中心1977年版，第117页（第一版由匈牙利皇家大学出版社1941年于布达佩斯出版）[Jakab Oszkár – Reményi – Schneller Lajos – Szabó Iván：A Pénzintézeti Központ első huszonöt éve（1916 – 1941）]。

扩大受检查机构的范围，从1921年1月1日开始，只有金融机构的核心成员机构才能接受存款或管理公共资金，而且它们又要接受金融机构中心的强制审计"①，所以负责任的银行业务得到了进一步的加强。1929—1933年大萧条期间，金融机构中心的功能有所扩展，比如在抵押贷款、担保业务方面，而且金融机构中心在公共财政的复兴过程中还发挥了积极的技术作用，因为1926年第十三号法律扩大了受其审查的机构范围。②但毋庸置疑的是，在此期间"有些偏离了最初的设想"③，所以恢复建立该中心时提出的1916年第十四号法律精神的需要越来越迫切。大萧条期间，主要是为了进行监督而建立的金融机构中心在重组和清盘案件中的任务加倍，因为"清算了股份制金融机构的近30%和信用社的10%"④。在两次世界大战之间，匈牙利银行市场仍然是以高度集中为特征。1929年，匈牙利普通信贷银行（Magyar Általános Hitelbank）和佩斯匈牙利商业银行拥有了国内总股本的40%。⑤同样重要的是，必须注意拜特伦-派耶尔（Bethlen Peyer）协定的不可忽视的后果之一，是社会权利的扩展。关于老年、残疾、丧偶和孤儿强制保险的1928年第十一号法律在匈牙利创建了强制保险和私人基金。由于银行的高度集中、整顿过程的不平衡、1929—1933年大萧条的影响以及管理对社会很敏感的社会储蓄，使金融机构中心的作用有所增加。博托什·考达琳（Botos Katalin）写道，"金融机构中心年复一年发布资产负

---

① 托姆卡·贝拉：《匈牙利金融机构的简史（1836—1947年）》，奥拉出版社2000年版，第94页（Tomka Béla：*A magyarországi pénzintézetek rövid története, 1836 – 1947*）。

② 可对进行货币兑换、有价证券交易公司进行审计，而且还普遍鼓励这家机构，不要仅仅在面临破产时进行审计。

③ 劳绍伊·久洛：《银行在欧洲债券危机中的作用》，匈牙利《经济学评论》1933年第57卷，第421页（Rassay Gyula：A bankok szerepe az az európai hitelválságban）。

④ 山德尔·卡罗伊编：《匈牙利合作社历史的四十年》，匈牙利帕特利雅印刷厂1938年版，第75页［Schandl Károly（szerk.）：*A magyar szövetkezés negyven éve*］。

⑤ 霍尔拜斯·奥洛达尔：《匈牙利信贷组织的历史》，毛伊·亚诺什印刷厂1933年版，第338页（Holbesz Aladár：*A magyar hitelszervezet története*）。

债表有关的条例,向中央银行定期报告了商业银行活动的情况,并且在外汇交易中有了签发许可证的功能"①。

有所成就的拜特伦政府衰落的原因与其成功的原因基本相同——债务。因为外部资源的管理不当,提取了条件不利的信贷,而且贷款资金的使用并不谨慎,还使经济政策变得脆弱。由于农业没有按时代的精神进行现代化、工业所分配的土地量很小、农业派政治家和地主阶级存在利益冲突及工业对原材料的依赖性,导致工业发展无法实现有效集中内部经济资源。国家的外债量逐年增长,最终导致经济危机,"1931年,仅偿债义务就达3亿帕戈了"②。贸易逆差的上涨、新贷款的借出、央行黄金储备的不断出售以及1931年的农产品价格下跌,均削弱了指挥匈牙利经济并对其进行整顿的政府。匈牙利政府没有效仿英国的做法(使英镑贬值并保持可兑换性),而效仿德国,保持了金平价为基础的汇率同时开始过渡到外汇管制制度。③ 结果汇率稳定了,但同时与"失去功能的国际金本位制度"④ 联合了。从资产负债表来看,匈牙利央行在通货膨胀影响较小的时期增加了黄金储备,通过购买外币,还创造了央行货币,从而增加了货币量,减少了对央行提出的汇票再贴现需

---

① 博托什·考达琳:《银行监管机构在匈牙利政府结构中的地位和作用》,匈牙利《银行评论》1994年第1—2期,第44页。

② 博加尼·啊格奈什:《平行的故事——论奥地利和匈牙利在两次世界大战之间的财政政策》,《布达佩斯经济大学奠基50周年纪念科学座谈会》第2册,1998年,第1224页。

③ 本着监管制度的精神,要求500帕戈,后来甚至200帕戈以上的金额都申报。参见第4610/1931号总理法令和第4950/1931号总理法令。C. - L. Holtfrerich (1986): U. S. Economic (Policy) Development and World Trade During the Interwar Period Compared to the Last Twenty Years. In: *"The Impact of the Depression of the 1930" and its Relevance for the Contemporary World.* Comparative Studies Prepared for the A/5 Session of the 9th Economic History Congress, Bern. Eds. Berend, T. Iván, Borchardt, Knut. Budapest, MKKE - Academic Research Center of East - Central Europe, p. 69。

④ Stiefel, Dieter (1988): *Die grosse Krise in einem kleinen Land. Österreichische Finanz - und Wirtschaftspolitik 1929 - 1938.* Verlag, Wien, pp. 211 - 216.

求①。与此同时，央行并没有工具可用于防止（也没有足够的政治势力）国家背上过多的债务。央行规定的利率从1924年6月24日的10.5%降到1929年4月23日的7.5%（但是在这段时间也短暂出现过6.5%的利率）；而从经济繁荣结束后，利率开始稍微上升，到1931年7月23日，在6.0%—8.5%波动。"在两次世界大战之间，匈牙利经济以严重失衡为特征。也许，其最重要的原因是匈牙利出口市场的不断收缩，汇率的严重恶化以及偿债负担的不断增加。"②

由于备战，为战争协助筹集资金逐渐成为央行最主要任务。随着战时经济的兴起，匈牙利货币贬值获得了新的动因，而对德意志帝国的无偿出口货物使得整个匈牙利的经济状况雪上加霜。中央银行的独立程度逐渐减弱。

4 1938年"杰尔军备集结方案"对经济的影响

在双元帝国时代和拜特伦整顿时期，对国家的经济政策产生了决定性的影响的是地主阶级—农业派阵营，而不是对工业发展有着浓厚兴趣的重商主义阵营。这对军事力量发展也产生了影响，因为农业派阵营拒绝更激进的工业化观念，这也阻碍了军队现代化装备的发展。"把农业利益当作挡箭牌，以及在看起来正确的农业派口号幌子下，（农业派阵营）继续侵蚀国内工业和贸易基础的活动。"③ 这种态度阻碍了匈牙利军队为第一次世界大战做准备。第一次世界大战战败后，匈牙利的经济

---

① 博托什·亚诺什：《匈牙利央行的历史》下册，《独立发行币银行（1924—1948年）》，Presscon出版社1999年版，第104—112页。

② 博加尼·啊格奈什：《平行的故事——论奥地利和匈牙利在两次世界大战之间的财政政策》，《布达佩斯经济大学奠基50周年纪念科学座谈会》第2册，1998年，第1223页。

③ 《1899年我国贸易和工业》，佩斯出版社1990年版，第8页（*Kereskedelmünk és iparunk az 1899. évben*）。

资源基础大幅缩小，其工业发展更是遭到了农业阵营不断的阻碍，意图收复失去的领土的匈牙利，其受到不断攻击的产业政策最终未能发展到理想的水平，这大幅影响了其国家的备战工作。"奥地利，以及从19世纪80年代起，匈牙利也可以保持预算平衡，尽管其代价不仅是削减军事开支。"① 匈牙利在第一次世界大战战败的原因，一方面是因为农业派政治家的影响；另一方面是因为预算资源短缺，特别是因为不公平的《特里亚农条约》长期制约了匈牙利的武装力量。

因此，在20世纪30年代加剧的战争气氛中，匈牙利军队的发展以及其主要基础，即工业政策举措变得越来越重要，由于匈牙利经济落后以及边缘化的重商主义阵营，准备恢复旧领土的匈牙利军事力量不能真正处于备战状态。因此，根据1938年"杰尔军备集结方案"的财务背景，必须有"大方"的计划。这段时间，从1929—1933年大萧条中复苏，军队的发展方式被广泛使用。由美国总统罗斯福开展的新政（New Deal），以及凯恩斯（J. M. Keynes）和德国央行行长在理论上为国家干预的（符合当代理念的）经济政策奠定了基础，其中军事工业被赋予了重要作用。在第一次世界大战中战败的匈牙利在权衡下选择了支持其恢复旧领土的德国阵营，这给主张军备和鼓动战争气氛的思想提供了更大的空间。1938年3月5日，总理道拉尼·卡尔曼（Darányi Kálmán）在匈牙利杰尔（Győr）市宣布开展军备集结方案②，随后在1938年6月2日颁布了相关的国防与经济发展法律。1938年秋

---

① 兰格·佩泰尔：《农业派政治家对工业发展和国防力量的看法：补充双元帝国时代经济和军史信息》，匈牙利国防大学2000年版，第67页。

② 尽管"特里亚农和平条约"禁止，但（规模小的，往往是隐藏的）军队人数的增长和训练活动还在继续进行。关于1935年通过的防空法律（第十二号法律），参见保陶基·伊万《1917—1945年的匈牙利防空》，匈牙利《国防评论》1993年第9期，第8017页（Pataky Iván：A magyar légoltalom 1917 és 1945 között. *Honvédelmi Szemle*）。一些其他举措包括1927年12月22日，皇家咨询委员会（Koronatanács）决定进行小规模的军队发展。最高国防委员会在1932年决定实行军队发展方略，并于1932年推行了义务兵役制。

天，通过"第一次维也纳仲裁裁决"收回了南部斯洛伐克中匈牙利人居住的地区，1939年春季，匈牙利军队占领了外喀尔巴阡州。随后，"第二次维也纳仲裁裁决"（1940年8月30日）允许匈牙利军队进入特兰西瓦尼亚北部。① 因此，"杰尔军备集结方案"影响了已被动员起来的军队。1939年通过的《国防法》（1939年第二号法律）第87条规定："不论性别，凡年满14岁但不超过70岁的人，都应当为国防完成实质性工作。"该法律第95条至第117条允许政府为国防利益而广泛干预私营公司和经济机构。在不断变化但允许匈牙利军备的局势之中，小协约国通过1938年8月签署的《布莱德公约》授予了匈牙利军备集结的平等权利。在拜特伦政府的整顿方案后，通过国家的积极参与进行了战争的准备和基础设施的发展。

正如某个通信报道中的措辞："依靠政府力量建设国家的'杰尔军备集结方案'有两个支柱：守护人民和守护民族。"二者的重要性不分伯仲。"守护人民实际上是守护民族的基础，并为社会和经济提供必要的保障。守护人民还意味着守护民族，这是其重要因素和背景之一。'杰尔军备集结方案'的国防意义尤为重要，因为直到这时候，匈牙利政府在这方面还没有采取决定性的步骤。总理道拉尼·卡尔曼的这个方案是在跑道上迈出的第一步，而迈出的时候比赛已经接近尾声了。"② 1938年第二十号法律规定了国防和经济的发展，以及社会福利投资，并且规定了其资源范围和筹资结构。这项法律第1条规定，政府部门"为国防和防空的目的，推进道路、桥梁、国家铁路、航运、邮局、电报局、电话等设施和设备的建设；促进调控和征用相应的房地产，支持农产品

---

① 关于被誉为"仙子花园"的特兰西瓦尼亚经历过的沧桑，参见罗姆希奇·伊格纳茨《丧失特兰西瓦尼亚（1918—1947）》，Helikon出版社2018年版，第452页（*Erdély elvesztése 1918–1947*）。

② 维泰兹·蒂诺迪·沃尔高·山多尔：《道拉尼方案的国防方面》，《匈牙利经济学》1938年第8卷，第12期，第1页（Vitéz tinódi Varga Sándor. *Magyar Közgazdaság*）。

第三章　两次世界大战之间的经济政策——拜特伦总理的整顿措施

的生产和销售,增加对1937年第二十号法律规定的灌溉农业所需要的工程以及其他水资源的投资,建立农业职业培训和公共教育机构,并为其提供所需要的设施和设备,成立改善乡村健康和社会状况的卫生组织,提供健康的饮用水,开展对采矿和原材料的研究以及促进原材料的使用。除了国家预算中规定的金额以外,还要花费总计10亿帕戈左右"。之所以需要这些措施,是因为匈牙利军队连国家的安全也无法确保,为了解决国家的经济和基础设施落后的问题,这项投资和军事工业的发展包含了一些相关的内容。[1] 因此,除了上升到法律地位的"杰尔军备集结方案",建设的资源还包括了年度预算和央行为军事支出提供的贷款。

据博托什·亚诺什（Botos János）研究,除了1938年第二十号优先投资计划确保的10亿帕戈预算,从当前的预算支出中"将13.788亿帕戈还用于非军事和工厂投资,而16.872亿帕戈用于军事投资。除上述之外,还划拨约30亿帕戈用于国防投资"[2]。与"杰尔军备集结方案"相关,匈牙利央行开始大量发放贷款。"在此过程中,贡兹和伙伴股份公司（Ganz és Társa Rt.）、贾马股份公司（Gamma Rt.）、匈牙利车厢和机械工厂股份公司（Magyar Vagon és Gépgyár Rt.）以及韦斯·曼弗雷德飞机和发动机厂股份公司（Weiss Manfréd Repülő-és Motorgyár Rt.）分别获得了4260万、1350万、800万以及700万帕戈的投资贷款。"[3]

"杰尔军备集结方案"实际上是一项全面的（但最终目的是战备的）经济发展计划。[4] 据这个方案,本来打算将60%的经费直接用于

---

[1]　在1937年的方案设计工作中,还出现了一个上限为17亿帕戈的设想。但根据伊姆雷迪·贝拉（Imrédy Béla）的估算,如果没有"杰尔军备集结方案",国家从预算资源中只会花费1亿帕戈用于军队发展。

[2]　博托什·亚诺什：《匈牙利央行的历史》下册,《独立发行币银行（1924—1948年）》,Presscon出版社1999年版,第212页。

[3]　同上书,第213页。

[4]　值得注意的是,获得匈牙利领土最多的国家罗马尼亚,早在1935年就开始了自己的军备计划。

匈牙利武装部队，而其余40%用于基础设施、学校、卫生和其他国民经济部门（即使间接还是用于军事）。原本要在5年内实现这个方案，但是由于战争进程的加速，这个期限缩短为两年。5年内的10亿帕戈拨款是"一笔巨大的金额，因为在20世纪30年代，整个匈牙利经济的资本积累平均每年没有超过1.8亿帕戈，而现在每年打算仅用国家资金投资2亿帕戈"[1]。1938年第二十号法律第2条规定，通过发行债券和长期贷款来筹集发展所需的资产；而该法律第3条规定征收财富税，10亿帕戈项目中的60%计划由财富税来确保，而40%则通过贷款来筹集。考虑到法律上的相关规则和优惠（第3条至第20条），在大多数情况下，净资产超过5万帕戈的所有者，尤其是资产更高的所有者，一般都通过借贷履行了纳税义务；而商业银行（由于没有足够的存款资源，所以）主要通过央行的再贴现来提供信贷资金。最终，6亿帕戈财富税中，有3.5亿是由对军事投资有利益的股份公司缴纳的。这些公司通过获得军事订单而实现了"现收现付"的融资方式，因此他们可以通过营业额和产量的增加来支付。大地主阶级缴纳的投资捐款总额达到8000亿帕戈，占1938年7月1日至1940年12月31日缴纳的9.02亿财富税的8.9%[2]，所以财富税仅占其土地财产的一小部分（5%）。地主享有的优惠是，自1938年10月1日起，通过分为二十个等额、每季度支付一次的方式来履行纳税义务。甚至大地主可以分25期支付。

给匈牙利国家提供的价值4000亿帕戈的投资贷款占"杰尔军备集结方案"的40%，这笔款项分配给了公司。其中很大一部分也是由银

---

[1] 奥乌什·山多尔：《战争的融资和1938—1944年的通货膨胀》，匈牙利科学院出版的《匈牙利科学院经济学研究所年鉴》上册，1957年，第324页（Ausch Sándor: A háború finanszírozása és az 1938 – 1944. évi infláció. *A Magyar Tudományos Akadémia Közgazdaságtudományi Intézetének évkönyve I.*）。

[2] 奥乌什·山多尔在《战争的融资和1938—1944年的通货膨胀》提到的是12%。

第三章　两次世界大战之间的经济政策——拜特伦总理的整顿措施

行借出的，而贷款的抵押（同财富税债务那样）也是从央行的再贴现的债券组合来确保。央行参与的原因是，货币供应量增加，导致通货膨胀加速，商业银行借贷活动加倍。[1] 军备订单的预融资方案采用的也是正常的商业银行贷款，然而在此期间，几乎无法从纳税人处获得作为担保或者贷款准备金的存款或者税款。按凯恩斯的方法，军事工业订单大量提高了就业和产能，并在其基础上提升了税收。"按当时价格计算的税收和其他行政收入，1938—1943 年增长了 5.3 倍，但在国家财政预算总行政支出中，税收和其他行政收入所占的比例从 1938—1939 年的 80% 降到 1942 年的 78.6%，而 1943 年再降到 6.9%。1937—1938 年，直接税收以 377% 的幅度增长……间接税的增幅达 586%，但同期所支付的总工资仅增加了约 3 倍。"[2] 由此可以推论，无论是一次性投资贡献还是确保资本市场融资比例，实际融资负担不是由资本密集型公司和银行，也不是由具有强大政治影响力的地主来承担的，而是由对过程影响最小的收入较低的个人来负担的。"1937—1939 年两年内，人均钞票的流量以 73% 的速度增长，同时，按时价计算的工厂生产值，1939 年比 1937 年增长了 23.7%。"[3] 从实体经济角度来看，基本上没有担保的军事开发项目的融资导致了通货膨胀，而匈牙利政府以及央行在应对通货膨胀，进行收入再分配的机构，并没有将大部分负担转移给工业家和地主。最大的损失是由于再次战败，通过"杰尔军备集结方案"，由国家直接预算支出和商业银行贷款建立的军队和军事技术研发中心，以及针对其他基础设施的投资成果，基本上都遭遇了被摧毁和被遗弃的命运。

---

[1] 博托什·亚诺什：《匈牙利央行的历史》下册，《独立发行币银行（1924—1948 年）》，Presscon 出版社 1999 年版，第 205—215 页，详细描述了战争准备的筹措以及央行的背景。

[2] 奥乌什·山多尔：《战争的融资和 1938—1944 年的通货膨胀》，匈牙利科学院出版的《匈牙利科学院经济学研究所年鉴》上册，1957 年，第 332 页。

[3] 同上书，第 327 页。

第四章
中央计划经济体制下的公共财政和经济管理

第一次世界大战后被牵连进第二次世界大战且又战败的匈牙利，丧失了1945年之前积累几个世纪的经济成果。匈牙利自"匈牙利改革时代"以来一直持续的经济发展和改革在双元帝国时期达到高潮；第一次世界大战中战败后，该进程在其领土和资源减少的情况下依然持续，直到第二次世界大战爆发。第二次世界大战导致其所有的经济发展成果和在此基础上建立的经济管理体系都被摧毁了。之后，由于地缘政治因素，即来自苏联的影响，以及数百年来未解决的土地问题，匈牙利在实施苏维埃式的计划经济体系的过程中得到了强力的国内支持，其主要目的是重建被破坏的经济，促进（或强制推进）其工农业尽快发展，以弥补其经济几十年甚至几百年的落后。

1　第二次世界大战后的经济管理（1944—1947年）

"第二次世界大战中损失了1938年约40%的国民财富，也就是说，1938年国民收入的近5倍。"① 在这次战争中，匈牙利有近100万人死亡；而且根据1945年1月29日订立的停火协定，匈牙利作为战败国还应该承担3亿美元的赔偿，分期6年（苏联于1946年延长8年），以货币和实物形式支付。

1944年12月21—22日在匈牙利解放的地区组设的临时国民议会选举了临时政府。② 这个临时政府将匈牙利人民独立阵线的要求视为其基本计划。他们计划实施广泛的土地改革和较小程度的国有化，同时打算重组经济和行政管理制度，抑制通货膨胀。重要的是，这不是两年后启动的杜绝私有制的苏维埃式计划，而是旨在加强市场上的企业和企业家精神的计划。1944年和1945年，经济和行政管理制度是在资本主义经济基础上起步的，但是在苏联的支持下，左翼政党势力增强，并且不可逆转地推行了基于全民集体所有制的苏联式生产方法。③

---

①　亨瓦利·亚诺什：《匈牙利经济在第二次世界大战后的发展（1945—1955年）》，亨瓦利·亚诺什编《匈牙利建国到20世纪中叶的经济史》，Aula 出版社1996年版，第461页（Honvári János: Magyarország gazdaságfejlődése a II. világháború után 1945 – 1955. *Magyarország gazdaságtörténete a honfoglalástól a XX. század közepéig.* Szerk. Honvári János）。

②　详细介绍当时的公法和政治以及依法治国情况，参见马泰·贾博尔《授权和依法治国（1944—1949年）》，科瓦奇·卡尔曼编《19—20世纪匈牙利立法和执法的一些问题》，布达佩斯罗兰大学《法学评论》1986年第15卷，第161—171页（Felhatalmazás és rendeleti kormányzás 1944 – 1949. *Jogalkotás és jogalkalmazás egyes kérdései Magyarországon a 19 – 20. században.* Szerk. Kovács Kálmán）。

③　但是，从1944年开始，这个过程以大量侵权为特征，参见保洛希克·玛丽亚《在匈牙利建立法治的尝试和失败（1944—1949年）》，匈牙利 Napvilág 出版社2000年版，第347页（Palasik Mária: *A jogállamiság megteremtésének kísérlete és kudarca Magyarországon 1944 – 1949.*）。

无论政治力量的变化如何，最迫切需要实行的经济管理步骤是土地分配。第 600/1945 号总理法令规定消灭大庄园，给农民分配土地。① 供土地改革②使用的土地主要以国有化 100 匈牙利亩（hold）以上大庄园获得的 5600 万匈牙利亩土地为主。这是匈牙利可耕地面积的 34.6%，也就是说，此次土地分配的面积比第一次世界大战后的要大得多。第一次世界大战后的土地分配仅涉及 54.6 万公顷农业用地，占总农业用地的 7.3%。在新土地分配期间，普遍要求受益人能与他的家人一起耕种所分配的土地。在土地分配中收到土地的人，57.8% 是农场雇工或农业工人。他们既没有土地管理、独立耕种的经验，又没有主要的耕种设施。因此，所分配的土地中的 67.8% 分配给了（庄园规模、缺乏设施和知识原因）本来就不适合长期从事农耕的"农民阶层"。所有的农庄当中，50 匈牙利亩以上的农场（即适合生产商品的农场）的比例不到 1%，而这些农庄的面积仅占私有土地的7.5%。③ 虽然在匈牙利实行土地分配具有重大社会福利和政治作用，但是其所形成的农业生产单位，被国家监管机构用直接和间接手段控制着，它们的产量无法满足国家和民生的粮食需求。因此，土地分配后出现的状态为即将开始的集体化过程提供了"良好基础"。

第二次世界大战后通货膨胀的直接原因是 1938 年的"杰尔军备集

---

① 土地改革的完成（也就是说，防止地主通过诉讼要回土地）是通过 1946 年第九号法律来确保的。

② 关于土地分配的详细情况，参见科兹毛·阿戈陶《从历史角度看匈牙利土地法》，匈牙利《法学理论评论》2011 年第 4 卷，第 17 页（Kozma Ágota：A magyar földtörvények történeti áttekintése. Jogelméleti Szemle）；陶卡齐·约瑟夫：《1514—2003 年间匈牙利农民的命运转折》，Agroinform2005 年版，第 178 页（Takács József：A magyar parasztság sorsfordulói 1514 – 2003 között）；科瓦齐·泰雷兹：《农民更重和社会转型》，哈尔马丹出版社 2010 年版，第 256 页（Kovács Teréz：A paraszti gazdálkodás és társadalom átalakulása）。

③ 《农业数据库，上册》，匈牙利中央统计局 1966 年版，第 44—49 页（Mező gazdasági adattár I.）。

第四章 中央计划经济体制下的公共财政和经济管理

结方案"。1938年《中央银行法修正案》允许央行在无保证金的条件下向政府发放贷款。因此，所积累的、无保证金的央行货币以及由战争原因膨胀的预算赤字，加上基础商品的减少以及由此引发的投机活动的加剧等，引发了前所未有的通货膨胀浪潮。据派特·伊万（Pető Iván）和绍卡齐·山多尔（Szakács Sándor）的计算，与1945年7月1日的基准数据和参考数据相比，在此期间每日平均价格的上涨幅度到1946年7月的第四个星期达到了158486%。[①] 胡斯蒂·埃尔诺（Huszti Ernő）认为，"在处于重建热中的匈牙利经济也无法逃脱国际市场和主要资本主义国家物价大幅上涨的影响"[②]，也就是说，在第二次世界大战后，全世界遭受的通货膨胀也严重影响了匈牙利经济。[③] 第二次世界大战瓦解了匈牙利经济，在生产和信贷供给方面都必然需要国家干预。1946年8月，在农作物收成之后，匈牙利引入了新的本国货币——福林（forint）。所发行的货币背后有一些商品基础，但新货币的主要保障是稳定的经济。其中"接近于"苏联的匈牙利共产党（MKP）发挥了关键作用，因此匈牙利共产党在内政中的地位最终也得到加强。不过稳定也需要国际的认可。在新的地缘政治形势之下，匈牙利需要苏联的认可。第二次世界大战后补偿义务履行期限的延长，返还匈牙利央行被强行带到西方的黄金储备，苏联对其提供商品贷款等，这一切都保障了始于1946年的稳定计划，并且为启动从1947年8月1日开始的

[①] 派特·伊万、绍卡齐·山多尔：《我国经济四十年历史（1945—1985年）》上册，匈牙利经济学和法学出版社1985年版，第58—61页（Pető Iván – Szakács Sándor: *A hazai gazdaság négy évtizedének története 1945 – 1985*）。

[②] 胡斯蒂·埃尔诺：《探寻反通胀之路——匈牙利的货币政策与实践》，匈牙利经济学和法学出版社1987年版，第138页（*Antiinflációs útkeresés – monetáris politika és gyakorlat Magyarországon*）。

[③] 胡斯蒂·埃尔诺的研究证明，无论国际趋势好坏，计划经济体制不会保持不变。例如1970年的通货膨胀。同上书，第125—190页。

三年经济计划奠定了良好基础。① 在 1947 年举行的议会选举②中，匈牙利共产党取得了进步并将其国家推向了社会主义体制的道路。为匈牙利国民经济计划打造稳定的基础，对货币和信贷政策以及生产的发展都产生了影响。因此，匈牙利政府的措施既影响了其工农业，又影响了其信贷政策的条件。在匈牙利政府的大力干预下，经济趋稳。匈牙利在1946 年推行的价格体系基于本国 1938—1939 年的数据，也就是说，匈牙利的价格体系脱离了世界市场价格。匈牙利政府打算通过对国家起到关键作用的农业价格条件以政府的手段来保障，因为其农民的生产几乎完全是通过国家手段影响的（如所分配土地的大小、征税、通过农作物按固定价格卖给国家、封闭进出口等）。此外，"与第二次世界大战前相比，农业价格比工业价格低 40%—50%，换言之，在稳定之后，为了购买工业产品要做的工作与战前相比，基本上多一倍"③。把事情搞得更糟的是受到政治和政府影响的中央银行，只将其贷款的一小部分提供给农业，结果农民在经济重组和承担负担方面的作用（按照国家主管部门的意图）变得举足轻重。政府通过设定较高的工业价格等措施，试图促进工业的发展。其实在国际市场上，由于第二次世界大战后优先考虑满足直接生存必备品的需求，农产品价格的上涨幅度比工业产品大。稳定的货币、与其配合的信贷和银行政策，造成各农业部门的条件差距悬殊，市场和商业关系的压制以及随后的国有化使得匈牙利走上了一条新的经济发展道路。在经济治理与中央银行的信贷关系中，国家专营成为这个以政策控制的系统

---

① Kemény, George (1952): *Economic Planning in Hungary* 1947, Royal Institute of International Affairs, London – New York, p. 146; "这是一个雄心勃勃的系统，旨在提高工业产量和取得令人瞩目的成就，但在实施方面是不相称的"，第 125 页。该书第 124 页也还分析对加强国际地位和实现农业自给自足所做的尝试。

② 在于 1947 年 8 月 31 日举行的所谓"蓝无记名选票"选举上发生了系统性欺诈。

③ 派特·伊万、绍卡齐·山多尔：《我国经济四十年历史（1945—1985 年）》上册，匈牙利经济学和法学出版社 1985 年版，第 67—76 页。

的特征。① 第二次世界大战后，国家干预的必要性在很大程度上是合理的②，但是其手段（如让农业承担不合理的牺牲）是有问题的。从双元帝国时代形成的国家控制创造了计划经济，这是国家影响不可逆转的过程，该过程的效果最终在国有化中达到了高峰。1946年第十三号法律规定了匈牙利煤矿的国有化，1947年第三十号法律规定了匈牙利银行的国有化。1948年第二十五号法律规定，员工人数超过100人的工厂成为国有资产；1949年第二十号法律（《宪法》）将雇用10名以上工人的工厂也收归国有。1948年，交易所也关闭了。匈牙利政府逐步消除了以市场为基础的生产、货币、资本市场的程序，特别是在工业和银行业，而在农业，直到开始大规模集体化，只是试图间接地，通过一些监管措施来实现这个目标。《宪法》制定的原则为经济环境提供了全面的框架。其"范本"是1936年的"斯大林主义式宪法"，因此，废除了议会对预算的控制，取消了国家审计署，而基于政党决议的法令成为一种惯例，共产党被宣告为国家的主导力量。《宪法》标出了大政方针，即通过政府手段对后续经济产生指令性政策的可能性。《宪法》第4条第1款规定，"在匈牙利人民共和国，生产资料的基本部分为公共所有制，并具有国家的、公共的或合作社的所有制形式"。第2款规定，"在匈牙利人民共和国，人民的国家政权指导着人民经济。劳动人民逐渐在排除资本主义成分并彻底建设着社会主义的经济制度"。麦泽伊·鲍尔瑙强调，"匈牙利引入苏维埃式国家结构，并不能被理解为其自愿遵循的体制，而是对国家强制灌输

---

① 详细说明贷款制度的转变，参见博托什·亚诺什《匈牙利央行的历史》下册，Press-con 出版社1999年版，第299—381页。
② 在撰写本书时，我不得不重新评估一些成见。正如驱逐土耳其统治后的整顿只有在哈布斯堡帝国的帮助下，依靠其军事和行政力量，才能有效地实施，同样在第二次世界大战中战败的、被摧毁的国家的重建也只能沿用苏联的方针。已"在场"的苏联军队，其意识形态、行政管理和大国辐射范围内的匈牙利注定必须跟着苏联走。

的体制"①。

　　随着匈牙利国内政治势力的重组，规范公共财政的规定也不断发生变化。随着临时国民议会的成立，"为了管理公共财政而赋予的权力实际上是融合信任投票和过渡性授权的一种独特的体系"②。匈牙利在《宪法》之前，1947年第十四号法律、1948年第十九号法律以及1949年第五号法律包括了财政预算。1947年《预算法》颁布后不久，匈牙利制定了第一部关于三年计划的法律（1947年第十七号法律），其核心是重建、弥补战争损失以及振兴匈牙利经济。

2　计划经济体制的结构和监管环境

2.1　从社会主义工业政策到新经济体制的道路③

　　所谓社会主义，是指其政治体制的框架是社会主义国家，而国家是在社会主义执政党④的领导和意识形态下运作，并且通过计划来发展经济。对其存在意义的最基本论点是："在资本主义社会里，不可能根据全面的社会计划进行管理，因为在私有企业和垄断型集团的公

---

　　① 麦泽伊·鲍尔瑙：《匈牙利苏维埃式国家结构在（1949—1956年）》，《匈牙利宪法史》，Osiris出版社2003年版（Magyar alkotmánytörténet）。

　　② 马泰·贾博尔：《授权和依法治国（1944—1949年）》，科瓦奇·卡尔曼编《19—20世纪匈牙利立法和执法的一些问题》，布达佩斯罗兰大学《法学评论》1986年第15卷，第166页。

　　③ 在这个阶段中，我们要研究1947—1949年、1950—1954年、1958—1960年、1961—1965年以及1966—1970年的计划经济时期。包括早期工业发展计划到新经济体制衰落的时期。

　　④ 关于党领导的详细情况，参见沃纽·约瑟夫《1949—1989年匈牙利国家社会主义制度中党的领导》，《庆祝A. 绍伊蒂·埃妮克生日德研究报告选集》，匈牙利塞格德大学2009年版，第135—155页（Vonyó József：A pártirányítás az államszocialista rendszerben Magyarországon 1949-1989. Tanulmánykötet A. Sajti Enikő születésapjára）。

· 94 ·

司分散体系中，这是不可能实现的。"① 根据这个理解可以得出的结论是："在社会主义社会中，社会财产能够实现经济有计划的发展……所谓计划经济，无非是各经济领域和行业之间，有意识地维持一定的相对比例。"②

使国家干预制度化，由政党主导和由《宪法》支持的经济管理，均表明了匈牙利迈向社会主义计划经济的决心。"由根据《计划法》设立的全国计划局公布的计划实际上可视为一种以数年时间为一期的国家投资预算方案。"③ 在国有化的实现和经济管理的中央体制建立后，匈牙利于1945 年成立了最高经济委员会（Gazdasági Főtanács），该机构在原材料生产、货币管理、进出口管制以及能源和食品供给等领域具有独立立法权，该机构逐渐由全国计划局接管并掌控，直到政权更迭。④ "等级制度作

---

① 克尔门迪·蒂博尔：《从企业任务角度看推行新经济机制相关的经济委员会决议》，冶金机械部工程技术科学信息研究所 1967 年版，第 5 页（Körmendi Tibor: *Az új gazdasági mechanizmus bevezetésével kapcsolatos GB határozatok. A vállalati feladatok tükrében*）。

② 同上书，第 5—6 页；《苏联计划经济的尝试》，匈牙利《外交评论》1935 年第 12 卷第 1 期，第 92—93 页（A Szovjet Unió tervgazdasági kísérletei. *Külügyi Szemle*）。后一篇文章报道了苏联经济的不平衡和不确定的成就，而且认为，它最大的缺点是没有考虑到积累储备和将要实现的建设。为了工业的发展，甚至老百姓被迫遭受最极端的缺衣少食。

③ 派特·伊万·绍卡齐·山多尔：《我国经济四十年历史（1945—1985 年）》上册，匈牙利经济学和法学出版社 1985 年版，第 86 页。影响经济最细微细节的、在国家计划局的《官方公报》上发布的《计划经济简报》在经济管理中发挥了决定性作用，它们基本上是规划经济生活所有（运营）领域的指令。例如 1949 年和 1950 年的简报。匈牙利议会图书馆，B1/1.128. 详细分析参考书目《国民经济计划制的四十年历史》上中下三册，全国计划局计划经济研究所 1987 年版（*A népgazdasági tervezés negyven éve. Szakbibliográfia.* I – III.）。

④ 详细说明最高经济委员会功能的作品，参见马泰·贾博尔《最高经济委员会（1949—1949 年）》，埃尔德迪·贾博尔主编，费特尔·伊什特万、希博尔·保拉日、沃尔高·茹荣娜编《政权更迭的目击者和研究员——庆祝伊饶克·洛约什 70 周岁生日研究报告选集》，匈牙利罗兰大学厄特弗什出版社 2013 年版，第 244—251 页 [Máthé Gábor: Gazdasági Főtanács (1945 –1949). *Rendszerváltások kortársa és kutatója. Tanulmánykötet Izsák Lajos 70. születésnapjára.* Erdődy Gábor (főszerk.), Feitl István – Sipor Balázs – Varga Zsuzsanna (szerk.)]；基什福卢迪·久洛：《最高经济委员会的成立》，《回顾历史——保罗格·山多尔诞生 79 周岁的纪念册》，匈牙利 Napvilág 出版社 1996 年版，第 205—216 页（Kisfaludy Gyula: *A Gazdasági Főtanács megalakulása. In. Vissza a történelemhez. . . Emlékkönyv Balogh Sándor 70. születésnapjára.* Szerk. Izsák Lajos, Stemler Gyula）。

为经济治理体系的决定因素,后来不仅实现了经济政策的目标,还发挥了载有详细指示工具的作用……法律规范被简化为仅服务于政治决策的工具,但它无法实现原本不适合实现的目标。"①

第二次世界大战后重建的"黄金时代"为新兴匈牙利产业政策在国际舞台上施展提供了良好基础。② 第一个三年计划规定,从1946—1947年到1949—1950年,国民收入增加74.4%,工业生产量提升89.1%以及将农业生产量增加58.7%。就农业而言,普遍期望要达到最后和平年(1938年)的水平;而在工业方面,要比最后和平年的水平增长27.2%。③ 这两个要求,在两年半的时间内达到了。收归国有的公司的领导人是根据政治标准选拔的可信赖的人士,再由这些人来履行强制工业化和经济计划的职责。④

第二次世界大战后,匈牙利的经济重建也受到高通胀环境的阻碍,在1946年8月引入新货币福林后,问题并没有得到缓解,因为当时的价格相当不切实际。随着农产品价格的放开,价格比率向农产品倾斜,可是这却引发了与工业产品的价格竞争。匈牙利的计划经济

---

① 马泰·贾博尔:《授权和依法治国(1944—1949年)》,科瓦奇·卡尔曼编《19—20世纪匈牙利立法和执法的一些问题》,布达佩斯罗兰大学《法学评论》1986年第15卷,第168—169页;库尔恰尔·卡尔曼:《法律发展的特点:法律作为一种工具》,就职演说,匈牙利科学院1983年版,第35页(Kulcsár Kálmán: *A jogfejlődés sajátosságai: a jog mint eszköz*)。

② Crafts, Nicolas, Toniolo Gianni (2010): Aggregate Growth, 1950 – 2005. In: *The Cambridge Economic History of Modern Europe*. Vol. 2. 1870 to the Present, Ecls. Broadberry, Stephen, O'Rourke, Kevin, Cambridge Univevsitaj Press, pp. 296 – 332. 关于第二次世界大战后经济过渡时期在国际舞台上的特征,参见 Harris, E Seymour (1946): *Economic Reconstruction*, McGraw - Hill Book Company, NewYork – London, p. 424;匈牙利的重建状况、条件和规则与其他东欧阵营国家没有太大差异,参见 Goldmann, Josef, Flek, Josef (1949): *Planned Economy in Czechoslovakia*, Orbis – Prague, p. 149.

③ 什塔克·安陶尔:《我国国民经济的30年》,科叔特出版社1975年版,第16页(Stark Antal: *Népgazdaságunk 30 éve*)。

④ Bianca L. Adair (2003): Interest Articulation in Communist Regimes: The New Economic Mechanism in Hungary, 1962 – 1980. *East European Quarterly*, Vol. XXXVII. No. 1, pp. 107 – 108.

始于新货币成立一周年之际,但到1949年底,福林汇率遭受重大打击,损失了其1946年价值的近50%,这成为一个持久的过程。通胀破坏了经济增长的基础,致使国家不得不干预。"1951年12月2日进行的价格和工资整理措施主要涉及基本生活用品。通过以40%的控幅提高零售价格,又大幅度降低了单位货币的购买力。由于工资增长不到20%,导致家庭收入显著下降。"① 尽管采取了这些措施,但经济紧张局势仍有所加剧,因为国家的"干预"是通过显著限制需求而进行的。这基本上是由于战备生产,西方国家和南斯拉夫之间的对立造成,因为国家为军事和重工业的发展需要"重组收入分配"。在经济发展和工业生产力提高的过程中,还可以注意到处理通货膨胀的方法。后来(由于种种原因和在不同程度上)在整个计划经济中都可以观察到这个手段。②

第一个五年计划(1950—1954年)③旨在实现国家的社会主义工业化,创建现代大型工业④,其中决定性因素是重工业的发展。⑤

---

① 胡斯蒂·埃尔诺:《探寻反通胀之路——匈牙利的货币政策与实践》,匈牙利经济学和法学出版社1987年版,第138—139页。

② 有关跟进和应用通货膨胀过程,和从西方国家"引进通胀"的详细情况,同上书,第125—155页。也就是说,与资本主义生产方式同样,通货膨胀伴随着计划经济,只不过是原因不同。此外,一些引起通货膨胀的事件,如油价上涨,也起到了同样的作用,尽管由于布加勒斯特价格原则,在经互会成员国出现的比较晚。

③ 1951年《关于修正1949年有关五年计划的第二十五号法律》的第二号法律其指导方针是由1956年7月18—21日的党中央会议决定的,在这个会议上撤职了拉科西并由格罗·埃尔诺取代。

④ 综合分析初始条件的研究报告,参见拜伦德·T. 伊万《第1个五年计划开始时的经济政策(1948—1950年)》,匈牙利经济学和法学出版社1964年版(*Gazdaságpolitika az első ötéves terv megindításakor 1948–1950*)。作者背离官方政策,首次指出工业发展自1948年以来的扭曲及其与备战工作之间的联系。

⑤ 部长会议第469/2/1953号裁决为基础,制订各部计划提案的一般原则、方法和截止日期,可以从国会图书馆原始文件中追溯。在第323.242:(1–18)编号下,按生产、技术开发、供给—销售、劳动事务、成本会计分类和根据各个产业都有详细文献。早期的指令性计划制度基本上是对苏联模式40年后的全面拷贝,其原理、方法和精神的描述,参见A. J. 格拉德科夫《苏联计划经济建设(1917—1918年)》,匈牙利计划经济出版社1951年版,第295页(Gladkov, A. J.: *A szovjet tervgazdaság építése 1917–18–ban.*)。

"工业生产调度与生产条件密切相关"①，即具有社会主义性质，是由社会主导力量，其先锋队，即由匈牙利共产党指挥的。当时普遍认为，要发展国民经济的所有产业，提高产量和减轻工人的负担，就需要更多的机械设备、煤炭和电力。尽管当时的文献②没有充分强调在工业发展中起到决定性作用的军事工业和军备集结的重要性，但这两项在第二次世界大战后开始的冷战时期中，对重工业的发展造成了巨大的影响。使计划经济服从于战争目标，是由于两个世界大国（国际意识形态）之间的对立形成的，但在当时的官方统计数据中并没有反映出来。那个时代的领导人认为，社会主义工业化应该以国家的内部资源为基础，同时并没有提及，在国内没有足够用于重工业制造所需的原料，比如用于制造钢铁的生铁和煤炭就比较稀缺。这导致支柱产业持久依赖外部输入。同时值得注意的是，当时的论点认为，征服其他民族和殖民地是资本主义工业化的主要来源，而社会主义工业化是以内部资源和独立为基础。此外，与资本主义相比，社会主义工业化③的优势在于后者在很大程度上为工人的利益着想，而资本主义工业发展的唯一目的是增加资本家的利润。④ 早在1956年之前，匈牙利共产党领导人公开谈论了一个重大错误：在工业化的过程中忽略了社

---

① 治理社会主义工业的基本原则。匈牙利中央仲裁委员会第62/185号，未写明年份的，在其国会图书馆发现的手稿。这个没有年份的当代史文献还涉及工业公司的组织结构和生产流程的组织。产生时间可能是20世纪50年代初。

② 卡胡利奇·拉斯洛：《社会主义工业化和生产效率》，匈牙利科舒特出版社1962年版，第236页（Kahulits László: *Szocialista iparosítás és termelékenység*）。

③ 介绍苏联式增长的作品，参见 Battilossi, Stefano, Foreman‑Peck, James‑Kling, Gerhard (2010): Business Cycles and Economic Policy, 1945‑2007. In: *The Cambridge Economic History of Modern Europe*. Vol. 2, 1870 to the Present, Eds. Broadberry, Stephen, O'Rourke, Kevin, Cambridge University Press, pp. 360‑389（值得特别注意社会主义国家的大幅度波动）。

④ 《我国社会主义建设的问题：政治学校二年级宣传员指南》，《我国走在社会主义工业化的道路上》，匈牙利劳动人民党党中央宣传鼓动部1953—1954年，第9—10页（*A szocializmus építésének kérdései hazánkban. Útmutató a Politikai Iskolák II. évfolyama propagandistái részére. / Hazánk a szocialista iparosítás útján*）。

会主义的基本目标,也就是提高工人的生活水平。他们承认,"我们没剩下足够力量增加农业和消费品产量,在工业和农业、重工业和轻工业的发展,甚至重工业的内部也发生失调,因为与机械制造相比,原材料(铁、煤炭、能源等)的生产落后了"①。就上述原材料的生产而言,尽管存在错误和失误,但原始的唯意志方法仍然继续。由于匈牙利自然资源有限,只能通过强制性和剥削性开采方式生产更多的原材料,不过即使如此,也无法提供足够的量。原材料短缺本来就造成基于重工业的计划经济体制脆弱,而后把整个经济拖入崩溃的深渊。

在1956年事件之前两年,毛图谢克·蒂沃达尔(Matusek Tivadar)写道,党和政府的目标是通过大量增加农业投资而消除工、农业发展的差距,主要通过提高土壤肥力,普及机械化和基本农业技术方法的方式来大幅提高农业产量,并使所有农民在提高产量上获得收益。② 他还批判性地提道,农民党员数量的下降对乡村党组织的结构产生了不利的影响;并且指出,必须扭转在社会主义农业重组过程中,忽视个体农民之间进行政治工作的错误趋势。

列宁和斯大林的社会主义工业发展是当时经济管理的参考依据。跟随这个榜样的主要论据是:"在苏共领导下,苏联人民创造了世界上最现代的工业,即庞大领先的苏联工业,代替了沙皇俄国所继承的欠发达,薄弱的工业。"③ 对于仍主要是农业性质的匈牙利经济而言,曾经欠发达的俄国模式显然是适合其遵循的起点。他们认为,与资本

---

① 《我国社会主义建设的问题:政治学校二年级宣传员指南》,《我国走在社会主义工业化的道路上》,匈牙利劳动人民党党中央宣传鼓动部1953—1954年,第15页。

② 毛图谢克·蒂沃达尔:《我国乡村党工作的几个问题》,《我国社会主义建设的问题》,匈牙利劳动人民党党中央宣传鼓动部1953—1954年,1953—1954年,第23—24、26、33页(Matusek Tivadar: Falusi pártmunkánk néhány kérdése)。

③ 《社会主义工业化的问题:我国国民经济的五年计划》,Szikra出版社1953年版,第5页(*A szocialista iparosítás kérdései. Népgazdaságunk ötéves terve*)。

主义生产方式相比，采用社会主义计划经济的优势是没有生产过剩的忧虑①，以及按苏联模式能够大量提高生产数据。"1940 年，苏联生产了 1500 万吨生铁，几乎是 1913 年的 4 倍……3100 万吨矿物油，这是 1913 年开采量的 3.5 倍，更不用说，如今（1952 年）苏联人民为 6000 万吨矿物油年产量目标而奋斗。"②匈牙利计划经济治理的运作方式与此类似。第二个三年计划③从 1956 年以前的过度工业化的错误中没有汲取任何教训，还是继续社会主义工业化，旨在发展重工业，但也至少谦虚地添加了一句"注意到过去几年来所获得的经验"④。据沃尔高·乔治（Varga György）记载，"1958—1960 年的社会主义工业生产量增长了 41%……而企业生产水平超过了计划的 22%，达 40%"⑤。第三个五年计划（1966—1970 年）规定，"年工业产出提高 6%，生产成本减少 1%"⑥，同时越来越多地强调工业机构的发展和劳动生产力的提升。"在工业中，生产力增长的 80% 必须是通过提高生产率而达到。也就是说，通过提高技术标准和组织工作的措施，工业的生产力必须在五年内提高 24%—27%。"⑦ 与国际数据相比，匈牙利的生铁的产量达到苏联

---

① 《社会主义工业化的问题：我国国民经济的五年计划》，Szikra 出版社 1953 年版，第 9 页。

② 《社会主义工业化》，匈牙利手工业者全国自由组织 1952 年版，第 11 页（*Szocialista iparosítás*）。

③ 1958—1960 年，革命后的过渡的整顿计划，关于 1958—1960 年的三年国民经济发展计划的 1958 年第二法律。

④ 沃尔高·乔治：《我国工业在三年计划和五年计划时期的发展（1958—1965）》，科舒特出版社 1962 年版，第 7 页 [Varga György：*Iparunk fejlődése a hároméves és ötéves terv időszakában (1958 - 1965)*]。

⑤ 同上。

⑥ 《社会主义的经济问题》，青年杂志出版公司 1966 年版，第 49 页（*A szocializmus gazdasági kérdései*）。

⑦ 同上。

的14%，捷克斯洛伐克的39%，但该统计数据不可尽信。① 重点是生产力问题已成为经济管理层关注的焦点。尽管匈牙利的国际地位低下，但1955—1960年，国有工厂工人的人均净产出增长率达21%，而重工业的增长率达28%。这个"势头"（和其他社会主义国家一样）是通过大量的资本积累产生的。"在20世纪六七十年代的东欧社会主义国家中，资本投资的增长速度加快了，资本积累高于西欧国家，但是人均收入却不如西方国家。"②

当代文献提出，在匈牙利实行的经济改革实现了其物质和技术条件、劳动者技能水平和工作组织的改善以及"自然生产力"的发展。③但是，自计划经济开始以来，提高工人生产率一直受到众多因素的限制。盖尔姆什卡·帕尔（Germuska Pál）介绍，除了第一个五年计划中的较大投资项目，还落实了一些新的投资项目，在其周围形成了所谓的"社会主义城市"。④ 在大多数情况下，无论是工厂还是城市建设，都没有进行初步区域开发（资源优化）的测算。⑤ 因此，熟练的劳动力成了

---

① 罗曼·佐尔坦：《匈牙利工业劳动生产率的发展》，匈牙利《统计学评论》1960年第12期，第1198页（Román Zoltán: A munkatermelékenység alakulása a magyar iparban. *Statisztikai Szemle*）；托姆卡·贝拉：《经济增长、消费和生活质量》，匈牙利科学院出版社2011年版，第2019页（Tomka Béla: *Gazdasági növekedés, fogyasztás és életminőség*）。托姆卡将捷克斯洛伐克的生产率数据与英国的生产率数据进行了比较，据此，两次世界大战之间，捷克的生产率占英国的2/3；到20世纪60年代末达3/4；而到80年代末下降至1/3。

② Földvári, Péter, Leuwen van Bas (2011): Capital Accumulation and Growth in Hungary, 1924 - 2006, *Acta Oeconomica*, No. 2, pp. 143 - 164.

③ 卡胡利奇·拉斯洛：《社会主义工业化和生产效率》，匈牙利科舒特出版社1962年版，第7—40页。

④ 盖尔姆什卡·帕尔：《1947—1953年的匈牙利社会主义工业化》，《2001年年鉴IX：当代匈牙利》，1956年事件研究所2001年版，第147—172页（Germuska Pál: A szocialista iparosítás Magyarországon 1947 - 1953 között. In: *Évkönyv 2001 - IX. Magyarország a jelenkorban*）。

⑤ 埃涅迪·乔治：《经济政策和地区发展》，匈牙利《现实》1978年第5期，第36页（Enyedi György: Gazdaságpolitika és területi fejlődés. *Valóság*）；"……无论是否制定了有意识的地区发展政策，所有经济政策阶段都包括相应适当的地区发展阶段。"

瓶颈，所需要的工人数量只能通过广泛的"无产阶级化"① 来确保。也就是说，工厂工人数量增长的基础来自失去土地所有权的农民和新参加工作的妇女。这意味着在工业出现了无技能的、素质低的工人。② 瓦尔科尼—尼科尔·雷卡（Várkonyi - Nickel Réka）提到了其他影响劳动生产率的负面因素③，如工作纪律不足、企业文化水平低以及不满足上班所需条件的问题。她指出，使用恐吓手段以及和党领导拉关系，这也使影响生产的公众情绪恶化。她还提到，国有化的细节，以及与其伴生的现象。如在其过程中，罢免工厂的前任官员，使他们蒙受耻辱，随后任命没有适当技能的人接管其职务，而且在中层管理人员当中还出现了新的工人干部。工人的生活水平下降了，价值体系改变了（镇压基督徒、社会民主主义者），非熟练劳动力的大量涌现、管理不好的工人社区，以及以"掩盖"这些问题为目的的共产主义的宣传活动。"知识浅尝辄止造成了工人的极度盲目自信，就如其对政治的不信任一样，都成为这个时代的特征。"亚诺希·费伦茨（Jánossy Ferenc）写道。④ 早期计划经济体制的思想和社会上的负面影响，阻碍了从20世纪60年代开始变成关注焦点的劳动生产率的提升，预示着计划经济体制的崩溃。尽管持续供应原材料问题的解决被称为社会主义工业化的另一项优势，但

---

① 沃卢赫·蒂博尔：《无产阶级专政体系是工人阶级的"自制"》，《年鉴2001》2001年版，第227—230页（Valuch Tibor：A proletárdiktatúra a munkásosztály "önuralma". Évkönyv 2001）。

② 详细研究工业工人的作品，参见拜雷尼·久洛赫沃尔高·洛约什《匈牙利工人（1948—1956年）》，匈牙利阳光出版社2000年版，第485页（Munkások Magyarországon 1948 - 1956. Dokumentumok）。

③ 瓦尔科尼、尼凯尔·雷卡：《社会主义"现代化"对绍尔戈陶尔杨钢铁工厂工人的冲击》，《死胡同——50年代乡村奠定社会主义基础——20世纪匈牙利乡村》，匈牙利科学院—民族纪念委员会2018年版，第207—222页（Várkonyi - Nickel Réka：A szocialista, "modernizáció" traumája a salgótarjáni acélgyári kolónia társadalmában. In：Vakvágány. A "szocializmus alapjainak lerakása" vidéken a hosszú ötvenes években 1./Magyar vidék a 20. században, 2./Szerk. Horváth Gergely Krisztián）。

④ 亚诺希·费伦茨：《我国当前经济矛盾的根源和消除矛盾的方法》，匈牙利《经济学评论》1968年第7期，第807—829页（Jánossy Ferenc：Gazdaságunk mai ellentmondásainak eredete és felszámolásuk útja）。

共产党、工会组织以及党的思想都无法针对怎么解决这一切实问题给出实质性的答案。"当我们考察工厂时,我们能看到极快的工作节奏……如果我们问问手工业者,有没有足够的工作可做,他会回答说:工作倒有的是……只不过要为了找原材料而跑来跑去。"① 对中层干部的报告和奇科什—瑙吉·贝拉(Csikós – Nagy Béla)1953 年发表的文章进行比较时,可以看出前者的歪曲意图。奇科什—瑙吉就地方工业发展的问题,指出:"没有统一发展工业,反而分别发展分属地方政府的和合作社的工业,并且不顾一切而开始根除私营小工业。"② 也就是说,对手工业者的形势评估,以及在此基础上的动机,从一开始就因强制发展大型工业系统而被扭曲。

据盖尔姆什卡·帕尔,除了工人态度不佳,其他破坏效率的因素是,工业发展计划停滞不前,发展集中在只要求低技能的产业,军事发展项目"隐蔽"以及"美化"了很多内在问题。③ 通过压低人民的生活水平,加剧通货膨胀,让相关技术发展成果看起来较为可观。盖尔姆什卡认为,拉科西和卡达尔时期的工业政策半斤八两。二者的本质是相同的,只有很小的差异。尽管在 1950—1975 年的经济增长率达到 5.3%,但是匈牙利的社会主义经济在运行效率和改善人民的生活水平方面都没有达到预期的水平,甚至远远落后于西欧国家的标准。其经济效率低下对外贸平衡也产生了影响。"按当时价格计算,1950—1967 年,匈牙利的对外贸易逆差平均占国民收入的 4.7%……预算通过外贸价格均等制

---

① 《社会主义工业化》,匈牙利手工业者全国自由组织 1952 年版,第 1 页(Szocialista iparosítás)。

② 奇科什—瑙吉·贝拉:《地方工业基于新政府政策的责任》,匈牙利《国家和治理》1953 年第 5 卷第 10—11 期,第 497 页(Csikós – Nagy Béla:A helyi ipar feladatai az új kormányprogram tükrében. Állam és igazgatás)。

③ 盖尔姆什卡·帕尔:《社会主义奇迹吗?匈牙利工业发展政策与经济增长(1950—1975 年)》,匈牙利《几个世纪》2012 年第 146 卷第 1 期,第 48、66—67 页(Szocialista csoda? Magyar iparfejlesztési politika és gazdasági növekedés, 1950 – 1975. Századok)。

度提供了出口补贴……1950—1967 年，预算支出中平均 11% 用于价格均等化，这超过了同期平均 10% 的军事支出水平。"① 因此，即使对外贸易主要是与 1949 年建立的经互惠国家②进行的，但匈牙利劳动生产率的不良数据被部分证实。

这个系统几乎无法改变员工的利益和其职业道德，但是在工业中开始采取一种技术合理化措施。在第三个五年计划中，除了传统重工业部门，铝、化肥、药品和塑料的生产也形成了新的发展势头，并承诺进一步大规模实现农业一步机械化。③ 连在党报也刊登了关于错误工业化的委婉的但越来越批判性的分析文章。就第一个五年计划的经验，卡胡利奇·拉斯洛写道："在 75 家公司中有 6 家配备了陈旧技术，而近 1/3 的新工厂只有部分达到现代化水平。当然，这也是一个错误。"④

2.2 农业：从第一次暴力集体化浪潮到 1956 年事件

"农业的社会主义重组，以及与此同时全面促进农业生产极为复杂……为此，我们对列宁和斯大林主义农民政策的教义和苏联社会主义极为丰富的农业经验需要有透彻的了解。但是，与此同时，我们还需要

---

① 盖尔姆什卡·帕尔：《社会主义奇迹吗？匈牙利工业发展政策与经济增长（1950—1975 年）》，匈牙利《几个世纪》2012 年第 146 卷第 1 期，第 66 页。

② 经济互助委员会旨在实现计划经济体制之间的合作。这对于陷入苏联势力范围的国家来说，意味着除了政治、军事依赖，还有经济上的依赖及相互依存。目的还在于平衡欧洲共同市场。成员国虽然进行了双边结算，但是利益并不在于达到顺差（提高出口量），因为对应价格的支付是可疑的。在结算时，并没有使用真正的自由兑换货币，而用的是转账卢布。参见豪伊杜·久洛《外交与国际法词典》，匈牙利科学院出版社 1967 年版，第 918 页（Hajdú Gyula：*Diplomáciai és nemzetközi jogi lexikon*）。

③ 《社会主义的经济问题》，青年杂志出版公司 1966 年版，第 46—55 页。

④ 卡胡利奇·拉斯洛：《社会主义工业化和生产效率》，匈牙利科舒特出版社 1962 年版，第 131 页。

非常熟悉我国农业的独特发展情况。"① 如果我们考虑到苏联农业②以及因遵循其模式在中东欧③所引发的紧张情势，那么我们在遵循苏联农业政策时，应该持强烈的保留态度。但是，当时匈牙利政党思想也为其农业发展提供了切实可行的答案。"如果要提高人民的生活水平，我们需要更多的面包、面粉、面食、肉、脂肪、黄油、糖、蔬菜和水果等。而这一切都是由农业生产的……个人消费的大部分食物和便利品或其原料都是由农业生产的。"④ 在思维上对农业有着强烈的依赖度，只有农业生产更多食物，工人阶级才能获得更多的食物。其反响或后果是，只有提高农业的平均产量，农民的生活水平才能得以提高。尽管在革命之前，由党领导的经济政策对小型独立农场更宽容，但其战略目标却很明确："我们将通过减少重工业投资而将节省的部分资金投入农业，今后将更多的钱投入发展个体农场，但当然更多地用于巩固农业合作社！"⑤ 集体化农业的发展方向有些虚幻，但考虑到明确表达集体化目标决定外，重要的是政治领导层的一个具体目标是恢复农业和工业比例的平衡（特别是在投资领域）。尽管有此意图，但是再也无法偏离那时候已经

---

① *A szocializmus építésének kérdései hazánkban*. III. rész. Tananyag az MDP és a DISZ politikai iskolái számára. A mezőgazdaság fejlesztésének és szocialista átalakításának kérdései hazánkban. V. fejezet. Szikra，1953 – 1954，p. 5.

② Stephen Kotkin（1995）：*Magnetic Mountain*：*Stalinism as a Civilization*. Berkeley University of California Press，p.615；Viola Lynne（2014）：Collectivization in the Soviet Union：Specificties and Modalities. In：*The Collectivization of Agriculture in Communist Eastern Europe. Comparison and Entaglements*. Ed. Constantin Lorachi，Arnd Bauerkamper. CEU Press，pp. 49 – 78.

③ 在《东欧共产主义国家农业的集体化》一书中参见达留斯·劳斯（Dariusz Lausz, 第113—146 页）、杨·里希利克（Jan Rychlík，第181—210 页）以及米哈伊尔·格鲁耶夫（Mihail Gruev，第329—368 页）等的研究报告。

④ *A szocializmus építésének kérdései hazánkban*. III. rész. Tananyag az MDP és a DISZ politikai iskolái számára. A mezőgazdaság fejlesztésének és szocialista átalakításának kérdései hazánkban. V. fejezet. Szikra，1953 – 1954，p. 10.

⑤ 同上书，第11 页。

形成的轨迹。为了说服倾向于个体化农场的农民，进一步的经济论证和警示是："很大一部分小农将能够发展自己的农场，不模糊我们社会主义发展的远景。由于这些小农场深受小块土地的局限，只能在一定程度上发展生产……但是，在社会主义产业中，在国有农场和合作社，发展不受限制。在合作社中，不仅国家支持力度更大，而且主要是由于农业的大规模性质，生产可以不断获得比小型农场更大规模的发展。"① 但是，1945—1947年的土地分配创建了一个不适合在系统程度上进行可持续发展的运营系统，而且由于左翼政治压力和歧视性的国家管制，这个系统无法长期解决国家的食品供应。②

为了理解当时这些好听的、陈述的真相，值得追溯到最初的、阐明集体化本质和方法的列宁主义渊源："为了击败资产阶级对无产阶级的专政，解决第二个困难的任务（集体化），无产阶级的农民政策……必须辨别作为劳动者的农民与拥有庄园的农民，也就是说，必须辨别真正工作的农民和骗人的农民，双手干活的农民和投机的农民。"③ 在"蓝无记名

---

① *A szocializmus építésének kérdései hazánkban*. III. rész. Tananyag az MDP és a DISZ politikai iskolái számára. A mezőgazdaság fejlesztésének és szocialista átalakításának kérdései hazánkban. V. fejezet. Szikra，1953－1954，p. 24.

② 纳吉·约瑟夫：《20世纪50年代国家对耕地的控制和农民的耕作条件（1949—1956年）》，匈牙利《世纪报》2001年第5期，第1075—1124页（Nagy József: A szántóföldi művelés állami irányítása és a paraszti gazdálkodás feltételei az 1950－es években，1949－1956. *Századok*）；科瓦奇·约瑟夫：《在共产主义专政中根除农民社会的过程》，匈牙利《世纪报》2015年第6期，第1545—1551页（Kovács József: A paraszti társadalom felszámolása a kommunista diktatúrában）。

③ 弗拉基米尔·伊里奇·乌里扬诺夫·列宁：《马克思、恩格斯、马克思主义》，匈牙利Szikra出版社1949年版，第423页；海盖迪什·安德拉什：《农业政策——在对农业进行社会主义重组阶段时，我们党农民政策中普遍存在的误差和误解及其根源》，手稿，没有写年份，议会图书馆第B8/30060编号，第23页（Hegedüs András: Agrárpolitika - Pártunk parasztpolitikájában uralkodó elhajlások és ferdítések a mezőgazdaság szocialista átszervezésének szakaszában és annak gyökerei）；参见反对富农时，由国家政权采取措施的方式和原则。

选票"① 选举后，拉科西·马加什（Rákosi Mátyás）于 1948 年 8 月 20 日在凯奇凯梅特（Kecskemét）的发言中宣布制订集体化计划，他辩解，这符合贫困农民的利益，主要敌人是拥有二十五多匈牙利亩或 350 个金克朗的"库拉克"富农。他还呼吁驱逐和剥夺这些富农的生产资料。② 接下来几十年的重点在于集体化及其对富裕农民的迫害，地方共产党组织也参与其中。据瑙吉·奈陶（Nagy Netta）称，匈牙利农民组成了一个很大的统一社会群体，其中一部分由于其私有财产；另一部分是因为其农作物和食品储备几乎完全是自己生产的，并且是自给自足的，所以很少依赖于国家。③ 这样一个社会阶层的存在与共产党的思想是不相容的。除了匈牙利社会主义工人党的基层党组织以外，在党的强烈影响下，工会④也参加了农业集体化的过程。⑤ 不间断的政治压力迫使农业工人妥协。值得一提的是第二十届工会代表大会的一位发言人的讲话："去年，我们农场以工业工人为榜样，组织了一场社会主义劳动队的竞赛。共组成了 7 个劳动队，共有 147 名成员。此外，应匈牙利青年共产主义联盟（KISZ）和匈牙利农业工人工会（MEDOSZ）以及其农业部的邀请，我们的员工参加了全国玉

---

① 弗尔戴什·毛尔吉特、塞伦切什·卡罗伊：《青蓝色选举—匈牙利—1947 年—研究报告和文献》，匈牙利 Kairosz 出版社 2001 年版，第 388 页（Földesi Margit - Szerencsés Károly: *Halványkék választás. Magyarország – 1947. Tanulmány és válogatott dokumentumok*）。

② 国家级的反富农的宣传，参见托特·尤蒂特《佩斯州人民报中的反富农宣传》，《死胡同》2008 年，第 383—410 页（Tóth Judit: Kulákellenes propaganda a Pest Megyei Népújságban. *Vakvágány*）。

③ 瑙吉·奈陶：《拉科西时代期间，大平原中部地区村庄中的掩盖、揭穿、适应和对峙》，《死胡同》2018 年，第 341 页（Nagy Netta: Leplezés, leleplezés, alkalmazkodás és konfrontálódás a homokhátsági falvakban a Rákosi – rendszer éveiben. *Vakvágány*）。在这个研究报告中，她还描述根除富农的"方法论"。

④ 工会领导在 1968 年经济改革内部封杀中也发挥了重要作用。

⑤ 1963 年 5 月 9—12 日举行的第 20 届大会的重点也在于对农业的社会主义改造和成果的评估。参见《匈牙利工会第二十届全国大会》，匈牙利坦奇奇出版社 1963 年版，第 460 页。

米、家禽、肉和鸡蛋的生产竞赛。"①

3 1955—1956年的监管改革和1968年的新经济机制

3.1 1968年改革的背景之一：1955—1956年的经济举措

由于对市场因素的轻视，唯意志论的工业化以及农民的暴力集体化破坏了经济，导致供给困难加剧，对社会和社会主义制度的不满情绪越来越强，从而使匈牙利共产党领导的政治力量削弱了。斯大林去世后，苏联也放松了对其辐射范围所及国家的专政力度②，因此匈牙利于1955年开始进行改革。"遵循所引入的指令性计划制度，即使能提高效率，仍无法为军事工业的发展和便利商品的生产提供足够的资源，这一事实变得越来越清楚。只有社会紧张局势的加剧使得政府不得不考虑改善人们的生活水平时，才为后者配置资源而暂时阻止投资。除了这些内政考虑，唯意志论者的经济政策决定还很明显地遵循了外交政策的波动。"③ 1953年开始的，仅持续两年的"新阶段的政策"包括三个经济举措。对社会主义重工业发展的相对限制也许是最重要的限制之一，但它削弱了社会主义计划经济所宣称的优越于资本主义私人经济的论点，即资本主义经济可因重工业业绩的显著增长而被社

---

① 费尔舍纽马什国立农庄工会书记洛沃什·亚诺什（Lovas János）在第二十届大会上的发言稿，参见《匈牙利工会第二十届全国大会》，匈牙利坦奇奇出版社1963年版，第220—221页。

② 但重要的是，苏联领导层反西方的强烈态度也包括在经济体制上的见解。参见 Binns, A. P. Christopher（1977）：The Development of the Soviet Policy Response to the EEC. *Co-exitence*, Vol. 14. No. 2.，pp. 240–265。

③ 博托什·考达琳：《摆脱奴役之路——狼之歌：纪念1956年事件》，《匈牙利评论：新流程》2007年第16卷第1—2期（Kiút a szolgaságból – A farkasok dala. In Memoriam 1956. *Magyar Szemle. Új folyam*）。

·108·

主义经济超越。第二轮经济措施是涉及农业的。停止了暴力的集体化，甚至还允许退出，荒地的出租，降低了农产品交出的配额，并且尝试制定符合国情的农业发展政策。第三套重要一揽子措施是提高人民的生活水平，即遏制超出人民承受能力的负担。他们试图通过降低价格，提高工资，制定标准的规范和限制不合理的公共开支来改善局势。"还停止了和平贷款的认购，并提高了17万名工人的工资。"[1] 所有这些良好的进程都受到了苏联和国内复辟势力的横加干涉。[2]

但是，匈牙利共产党的领导层宣布的举措实际上只是在政治上缓解其国内的反对情绪，经济形势进一步恶化，掀起全国性不满的浪潮，1956年10月，革命爆发了。[3] 乡村和工厂陆续被具有自治能力的工人委员会夺取了政权。

计划经济体制对农业造成重重不利的影响。在斯大林去世后产生的权力真空中，匈牙利各地都要求停止农地重划，并开始解散强制成立的合作社。1956年10月23日之后，村庄的事务由革命委员会接管。到同年底，与10月相比，农业生产合作社的数量从3265个降至1777个，下降了46%。200万农业人口中还剩15.3万名合作社社员，其中大部分是土地分配之前的贫困农民或日工。1956年10月25日取消了农产品交出义务，后来卡达尔政府还承诺农民可独立耕作。根据当时的说法，1956年前，争取政权的斗争影响了党的农业政策，所以政府为了"弥

---

[1] 亨瓦利·亚诺什：《20世纪经济史》，匈牙利Aula出版社2006年版，第298页（Honvári János: *Huszadik századi gazdaságtörténet*）。

[2] 关于1956年事件及其影响的更多信息，参见Civic, F. K. (1981): Hungary's Reforming Road. The World Today. Chatham House. *The Royal Institute of International Affairs*, Vol. 37. No. 10. pp. 380 – 387; Csikós – Nagy, Béla (1983): Liquiditatsprobleme und die Konsolidation der Ungarischen Wirtschaft. *Europaische Rund Schau*, Vol. 11, No. 3, pp. 59 – 70。

[3] 博托什·考达琳：《摆脱奴役之路——狼之歌：纪念1956年事件》，《匈牙利评论，新流程》2007年第16卷第1—2期；博托什·考达琳并不认为匈牙利人民对经济不满是革命爆发的主要原因。再参阅其对匈牙利革命之前"鼓舞人心的"国际变革环境的分析。

补"这个问题而呼吁纠正与农民相关政策中的错误。① 1957 年后，匈牙利开始了广泛的"再农民化"。1957 年，私营农场占农业产量的 71%，而农业生产合作社占 4.8%。3/4 的土地是独立的农场耕种的。不过在苏联采取军事行动后，随着卡达尔政权的稳固，暴力的集体化仍然继续。从 1958 年开始的约 4 年的时间里，又启动了一次合作社组织。其方法甚至包括一些残忍的手段。② 共产主义权力的本质并没有在根本上改变。但重要的是，随着匈牙利的国家经济和苏维埃式制度的走弱，权力在某种程度上被击垮了。只能借助外部军事力量的经济援助来恢复其运行能力。③

由于 1956 年之前的经济政治改革和武装斗争，中东欧苏联式的计划经济和社会政策受到质疑，正如沃尔高·茹容娜（Varga Zsuzsanna）提道，该体制"面临着重大挑战"④。因此，匈牙利成为具有"优先

---

① 1956 年 11 月 27 日。

② 我们知道在集体化过程中发生了许多导致对人身施暴的案件，但是这个过程并没有在全国各地都如此极端。例如伦特尔奈尔·乔巴《在苏联的旗帜下》，胡迪·约瑟夫编《道卡奇村历史研究报告和文献》，2017 年，第 398—453 页（Szovjet zászlók alatt. Tanulmányok és források Takácsi község történetéhez. Szerk. Hudi József），其中，在维斯普雷姆州道卡奇村，用政治和心理压力来"说服"个体农民，暴力用得较少。

③ 社会主义阵营国家通过经济援助协助其恢复运行能力。"武器的噪声消退了，以此启动了促进其经济、生活的艰巨任务。寒冬如乌云压顶，资本主义复辟代表欣喜地观察着腾空的仓库、寂静的工厂、停滞不前的交通，并且等待着经济彻底崩溃……兄弟国家的免费援助及其向我们提供的捐赠物，既有助于缓解贫困人士的困难，又能帮助我们抗击通货膨胀。但是，无论帮助多大，只有我们匈牙利人才能实现我们国家的崛起。"毛莱克·欧托编《朋友的帮助》，匈牙利兹里尼出版社 1957 年版，没有页码（Baráti segítség）。这个刊物逐项列出 13 个"友好"国家和国际红十字会到 1956 年 12 月底所提供的援助。

④ Varga Zsuzsanna (2014): The Appropriation and Modification of the "Soviet Model" of Collectivization: The Case of Hungary. In: *The Collectivization of Agriculture in Communist Eastern Europe*, pp. 458 – 460; Rainer M. János (2005): The Sixties in Hungary – Some Historical and Political Approaches, In György Péteri (ed.): *Muddling Through in the Long 1960s. Ideas and Everyday Life in High Polities and Lower Classes of Communist Hungary*. Trondheim, Norwegian University of Sciences and Technology, pp. 2 – 26.

权"、受"特殊待遇"的国家，从苏联政治领导的角度来看，匈牙利经常代表"最高的容忍度"，因此其农业的市场条件得到加强，其人民的生活水平也得以提高。① 最终，1956 年的影响体现在 1968 年的新经济机制，其举棋不定的政治领导允许的市场要素日益得到加强。这一切使匈牙利的经济和社会显示出比苏联阵营国家更强的发展态势。在革命失败后，匈牙利党中央委员会 12 月 5 日的裁决②呼吁制定基于其国情的经济政策，对计划机制进行转型，对私营经济表现出更大的容忍度，提高了工人的生活水平，以及最重要的是，在沃尔高·伊什特万（Varga István）的领导下，设立了负责改革的经济委员会。③

3.2 新经济体制

1966 年的政治决定④，以及在 1968 年 1 月 1 日启动的（试图实现 1955—1956 年的经济改革设想的）新经济机制在斯大林逝世后的政治真空时期，为 1947 年推出的苏联式计划经济创造了新的治理理念。改用新制度的实质意义是"在旧的管理制度中，中央政府直接地，以强制计划指令的形式规定了经济组织的活动和从事经济活动的个人的行为……而在新的管理制度中，中央政府专注于根据经济政策愿望创

---

① Varga Zsuzsanna（2014）：The Appropriation and Modification of the "Soviet Model" of Collectivization：The Case of Hungary. In：*The Collectivization of Agriculture in Communist Eastern Europe*，p. 458.
② 博托什·考达琳：《摆脱奴役之路——狼之歌：纪念 1956 年事件》，《匈牙利评论，新流程》2007 年第 16 卷第 1—2 期，第 13 页深入浅出 1956 年后的卡达尔政策："你无法抵抗的就带头吧。"
③ 什米特·亚当-凯迈奈什、埃尔诺编：《经济变化、转变和危机——纪念沃尔高·伊什特万的研究报告选集》，KJK 出版社 1982 年版，第 21—25 页［*Változások, váltások és válságok a gazdaságban. Tanulmányok Varga István emlékezetére*. Schmidt Ádám – Kemenes Ernő（szerk.）］，该书详细地介绍了经济委员会的工作。
④ 该决议于匈党中央委员会 1966 年的会议上通过，而匈牙利社会主义工人党第九届大会也认可了这个决议。

造经济环境"①，"这也意味着扩大了货币功能的范围"②。在旧制度中，"中央"还试图提供执行任务所需的工具，并规范财务利益，以使公司和员工受益于计划的执行。但是，这个制度不可避免地导致公司和个人的责任受到极大限制，因为他们的职责仅限于执行任务，以及在一些情况下集中于超额完成计划。③ 而在新机制中，由中央机构影响和规范的经济环境推动了经济组织的发展，使公司（可自由分配一定的利润）能够更有效地维护自己的利益。当时的经济政策家认为，企业责任以及其中的员工责任、利益和决策自由的价值因此会提高，变得更强。

新机制意味着对设计方式进行了更改，但是并没有对计划制度的首要性加以质疑。从总体效果和后来的结果来看，这不是对经营进行的全面改革，"只不过是"对计划进行的改革。不过当时的经济界④代表认为，在新机制中，国民经济的结构将会发生重大变化，其基本特征是将中央管理、商品关系和市场的积极作用联系起来。换句话说，目标和监管标准仍然是中央决定的，尽管如此，市场机制的运作空间仍然很大。从当前的角度来看，这一切难以实现或解释。这更是一种国家主导的经济实验，就如奥匈帝国时期的经济管理那样。匈牙利经济是由唯一的政党，也就是匈牙利社会主义工人党通过包含的特定经济政

---

① 博格奈尔·约瑟夫：《新经济机制与东西方贸易》，匈牙利科学院欧菲研究所 1967 年版，第 3—4 页（Bognár József：Neuer Wirtschaftsmechanismus und Ost – West Handel）。

② 哈盖尔毛耶尔·伊什特万：《新经济机制和货币理论》，匈牙利《财政评论》1968 年第 12 卷第 4 期，第 295 页（Hagelmayer István：Az új gazdasági mechanizmus és a pénzelmélet）。

③ 超额完成生产计划的消息经常出现在当时的新闻中，但在许多情况下，之所以能超额，一方面是因为计划的门槛较低，所以很容易被超过；另一方面超额完成计划后来成为基本要求，所以需要提高标准。

④ 弗尔戴什·伊什特万：《新经济体制的主要运行规则》，科舒特出版社 1967 年版，第 5011 页（Földes István：Az Új Gazdasági Mechanizmus működésének fontosabb szabályai）。这本书还详细解释了计划和管理相关的法律法规，并且包含由决议和政令在操作上调度的经营体系。参见弗尔戴什·伊什特万《新经济体制法规选集》上册，1968 年（Az új gazdasági mechanizmus jogszabályainak gyűjteménye I.）。

策目标的三年和五年计划来领导的。所有权是集体的，不同于奥匈帝国时期。

经济委员会第 22/1967（Ⅵ.7.）号裁决旨在管制 1968 年的新经济机制下国民经济计划的新秩序。① 改革的主要目的是更加有计划、有效地发展国民经济②，而国民经济管理的基础是国民经济计划，其中以监管制度而不是细分的计划为基础。企业根据国民经济计划和考虑到监管机构独立制订了计划。为了确保这个过程顺利进行，施行了详细的部门规定和法规。这样形成了一种涵盖所有细节的框架内经营的模式。其目的是加强市场要素在经济中的作用，比如在农业中，允许经许可开展庭院农业和与农业生产无关的辅助业务。③

在社会主义计划经济启动后十年，经济委员的会决议（也）规定了国民经济计划的定义。"国民经济计划是一项国家计划，表达特定时期的经济政策。明确规定经济政策，并且确定政府、各部委、全国管辖机构和银行体系的统一协调的强制性活动方向，以及实施经济管理的目标、手段和具体实施的流程。"④ 基于所有这些，新经济机制"也只不过是"实现目标，"允许"一些市场要素以维持社会主义计划经济的一个工具。

---

① 第 22/1967.（Ⅵ.7.）号关于国民经济计划新秩序的裁决；参见弗尔戴什·伊什特马《新经济体制法规选集》上册，1968 年，第 3—12 页。

② 注意到上文，值得回顾已提到的经济学家沃尔高·伊什特万的事迹。他不仅在第二次世界大战后在巩固本国货币方面发挥了重要作用，又在 20 世纪 50 年代下半叶，起草了一个更有效的"人道的"计划经济体系的基础。尽管他的构思当时被驳回，但是可将其视为新机制的智力基础之一。参见特勒克·罗伯特《一位实事求是的人——经济学家沃尔高·伊什特万》，外汇奇迹基金会 2018 年，第 175 页（Török Róbert：A pragmatikus ember. Dr. Varga István közgazdász élete）。

③ 农业食品部第 6/1967.（Ⅹ.24.）号法令中关于施行有关农业生产合作社的 1967 年第三号法律和第 35/1967.（Ⅹ.11.）号政令，第九章，第 69—72 条，第 18/1967.（Ⅵ.29.）号法令关于扩大大型农业公司业务的政令，以及农业食品部第 5/1967.（Ⅷ.3.）号法令关于大型农业公司辅助业务的法令。

④ 22/1967（Ⅵ.7.），参见弗尔戴什·伊什特万《新经济体制法规选集》上册，1968 年，第 3 页。

经济委员会决议规定，国民经济计划首先包含发展的步伐、发展的主要比例，基本的社会、技术和经济任务，符合目标的手段以及实施的指导原则。还特别的要求，应根据国民经济计划的背景提供比以前更广泛的信息，以便为作出执行计划的决定提供依据。此外，还强调要求，通过加强提案的科学依据，对决策的过程应该产生更积极的影响。他们认为，在国民经济计划中，需要制订15年的长期、5年的中期以及通常为1年的短期计划，并且认为不同计划的制订和实施应该形成一个统一的体系，其中长期计划应该为短期计划制订指导方针和明确的任务。计划特别专注于各种经济部门、国际关系、就业、生活水平、福利目标，以及各地区生产力的发展。比如大型投资项目、价格政策、价格管制、外贸管制准测、金融政策等，特别是与预算计划有关的主要拨备。这个制度的特点是，根据国民经济计划，由政治领导层决定的经济政策成为政府管辖，而且在这个过程中，中央预算和公共财政体制通过介入和干预来发挥技术性作用。针对政治界的最前沿任务专门制定了法令，例如对投资[1]、国有企业[2]、农业[3]、信贷、货币流通[4]、价格监管[5]、收入控制[6]、检查[7]等其他领域。换句话说，

---

[1] 第38/1967.（Ⅹ.12.）号关于投资秩序的政令，参见弗尔戴什·伊什特万《新经济体制法规选集》上册，1968年，第13—124页。

[2] 第11/1967.（Ⅴ.13.）号关于国有企业的政令，同上书，第125—150页。

[3] 1007/1967. 第（Ⅴ.14.）号关于合作社社会组织的裁决，同上书，第151—340页。另外，还扩充了用来控制它们收入的政令，如财政部第16/1967（Ⅺ.25.）号，关于施行有关征收合作社所得税的第30/1967.（Ⅸ.13.）号政令。

[4] 第12/1967.（Ⅳ.13.）号关于信贷和货币流通制度的裁决；第11/1967.（Ⅳ.13.）号关于国有企业周转金制度的裁决；第37/1967.（Ⅹ.12.）号关于货币流通和信贷的政令；16/1967.（Ⅴ.6.）关于外汇管理系统和外汇监管局职权的裁决，参见博格奈尔·约瑟夫《新经济机制与东西方贸易》，匈牙利科学院欧菲研究所1967年版，第375—414页。

[5] 第2053/1967.（Ⅹ.13.）号政府关于价格范围的裁决，参见《其他价格监管问题相关的法规说明》，同上书，第415—483页。

[6] 第10/1967.（Ⅳ.13.）号经济委员会关于所得税、利润税和公司财务利益制度原则的决议，同上书，第485—540页。

[7] 1967年第27号关于管制经济和检查秩序的法令，除了该法规，再参阅规费征收和财政税收总局工作有关的规则，同上书，第541—558页。

在匈牙利实施党领导批准的国民经济计划的工作必须在详细的法令和法规的框架内①执行，不断接受党的控制，因为所有公司中都有党委员会组织。在过去的二十年内低估了市场的作用，但是在新的条件下，市场的作用却有所提高。根据博格奈尔院士的表述，从经济治理的角度来看，市场具有四个基本功能。第一方面代表着特定利益的对立；第二方面是在市场上会出现符合初步想法和意图的可预见或意外事件；第三方面是市场在国民经济和公司层面为公司和中央参与者提供信息，发挥着信号系统作用；最重要的是第四方面，只有市场能决定和测量经济的合理和效率程度。②

一方面，在匈牙利颁布众多法规意味着监管（仍然）过度，实际上暗示市场的可计划性，但同时，其可预测性部分是通过确保公司独立性来保证的，公司与合作社及员工的利益也促进了公司经营。另一方面，在法律领域产生了新的情况。"颁布了大量的新法规，同时也必须在态度上产生变化，即便这些变化还不是根本性的。"③ 新经济管理主要涉及国家所有权的理论问题，法人的一般理论问题，在管理中防止垄断组织的反社会性和垄断性追求，以及立法、法律影响力和执法的一些问题。重要的是，需要明确说明在改革框架中经济的运行："经济政策的定义、建立具有约束力的法律规范以实现经济政策手段有关的决议……仍然没有在所有权的基础上，反而在政治权力"④ 的基础上进行计划。希尔贝莱吉·耶诺（Szilbereky Jenő）的措辞更具体："在大多数情况下，实施新经济机制的经济政策构思还需要法律法规……其中主要

---

① 这些还伴随着更详细的说明和裁决。
② 博格奈尔·约瑟夫：《新经济机制与东西方贸易》，匈牙利科学院欧菲研究所1967年版，第4—5页。
③ 巴兰迪·伊姆莱：《新经济机制的几项法学问题》，匈牙利科普协会1967年版，第3页（Bárándi Imre：*Az Új Gazdasági Mechanizmus néhány jogi problémája*）。
④ 同上书，第5页。

要求……是立法须表达基本的经济政策构思。"① 绍姆·米海伊（Samu Mihály）的立场提出了更具建设性的解决方案："我们可以认定，经济机制改革的法律，是要求立法者不要根据某些决定，而是要根据新调查，准确的数据探索和分析来设定规范。"②

第三个五年计划（1966—1970 年）预计农业产量提高 13%—15%，也就是说，年度发展预计达 2.6%—3.0%。在计划期间，计划与前五年相比，大幅提高农业投资，将国民经济所有投资中的 16%—18% 投入该部门。承诺给集体化单位提供 3.8 万—4 万辆拖拉机，3.5 万—3.6 万辆挂车和 6000—7000 辆谷物收割机。第三个五年计划期间，计划建造 30 万套新公寓，而工业的总体发展，取决于从最广泛的意义上提高工业生产质量的能力。③

新机制还建立了国家与公司以及公司与公司之间稍微不同的关系体系。决策者还意识到，过渡指令性系统一方面造成了供过于求；另一方面又造成了求过于供的现象，导致了企业资源管理的不平衡。④ 这样在间接管理模式下，公司在简单和扩大的再生产问题上有了更大的决策权，中央决策不是官方指令性的，资产是分散的，而且公司依据自己的计划进行管理。不过在现如今看来，这些项目并没有完全符合事实。中央监管通过间接经济手段主导，以图达到公司利益和收入的最大化。在实际执行过程中，信贷机制、灵活的价格体系以及生产者和购买者之间如何达成共识等方面都有些许未能得到证实的细节。政治领导层希望通

---

① 希尔贝莱吉·耶诺：《新经济机制法律规制有关的若干问题》，匈牙利科普协会，第 1 页（Szilbereky Jenő：Az új gazdasági mechanizmus jogi szabályozásával összefüggő kérdések）。

② 绍姆·米海伊：《新经济机制与国家理论和法律理论的关系》，匈牙利科普协会 1967 年版，第 13 页（Samu Mihály：Az Új Gazdasági Mechanizmus állam és jogelméleti vonatkozásai）。

③ 《社会主义的经济问题》，青年杂志出版公司 1966 年版，第 49—55 页（A szocializmus gazdasági kérdései）。

④ 克尔门迪·蒂博尔：《从企业任务角度看推行新经济机制相关的经济委员会决议》，冶金机械部工程技术科学信息研究所 1967 年版，第 7—9 页（Körmendi Tibor：Az új gazdasági mechanizmus bevezetésével kapcsolatos GB határozatok. A vállalati feladatok tükrében）。

第四章　中央计划经济体制下的公共财政和经济管理

过改革取得经济增长，再通过经济增长来提高人民的生活水平，从而使工人对提高个人收入感兴趣，进而努力工作、提高产量。

推行新经济机制后产生的科学研究报告，颂扬了企业运作[①]、农业[②]、外贸[③]、经济利益、劳动管理[④]等领域的可持续发展态势，但是在过一段时间后，或许是由于新模式在体制中造成的内部矛盾，又或许是与制度本身无关的原因，比如因为遭受了政治上的压力，所以失去了向前的"劲头"。虽然其中一些要素没有完全消失，如大型农业单位对庭院农业的支持，公司内职工的业余小承包，国有资产的租赁，国有资产的租用（出租经营）的可能性一直到政权更迭都存在，但是经济绩效、消费和生活水平数据不断下降。安东尼·布特（Anthony R. Boote）和肖

---

① 维尔切克·耶诺：《新经济管理体系中的企业计划》，经济学和法学出版社1967年版，第174页（Wilcsek Jenő: *Vállalati tervezés a gazdaságirányítás új rendszerében*）。

② 凯谢吕·亚诺什：《农业和新经济机制》，克叔特出版社1967年版，第95页（Keserű János: *A mező gazdaság és az új gazdasági mechanizmus*）；希姆考·伊什特万、托特·贝拉：《经济管理在农业中的新体系》，经济学和法学出版社1967年版，第189页（Simka István – Tóth Béla: *A gazdaságirányítás új rendszere a mező gazdaságban*）；切泰·拉斯洛：《农业生产合作社中的收入、成本和价格》，经济学和法学出版社1967年版，第157页（Csete László: *Jövedelem, költség, ár a termelőszövetkezetekben*）；维拉尼·密克罗什：《农业中的货币和信贷管理》，经济学和法学出版社1968年版，第196页（Villányi Miklós: *Pénz – és hitelgazdálkodás a mező gazdaságban*）；莫尔纳尔·伊姆莱：《农业生产合作社的领导及其社会组织》，经济学和法学出版社1967年版，第175页（Molnár Imre: *A termelőszövetkezetek vezetése és társadalmi szervezetei*）；高劳姆弗季·卡罗伊：《农业生产合作社的财务体系的若干问题以及新经济机制》，匈牙利《金融评论》1966年第10卷第9期，第720—737页（Garamvölgyi Károly: A termelő szövetkezetek pénzügyi rendszerének néhány kérdése és az új gazdasági mechanizmus）；瑙吉·拉斯洛：《新经济机制和合作社法律发展的理论、立法和实际问题》，匈牙利《法学和外国法学评论》1969年第16卷第6—7期，第391—406页（Nagy László: Az új gazdasági mechanizmus és a szövetkezeti jog továbbfejlődésének elvi, kodifikációs és gyakorlati kérdései. *Magyar Jog és Külföldi Jogi Szemle*）。

③ 采特莱尔·山多尔：《出台新经济机制后在外贸中的经验》，克叔特出版社1969年版，第86页（Czeitler Sándor: *Az új gazdasági mechanizmus bevezetésének tapasztalatai a külkereskedelemben*）。

④ 布达·伊什特万、蓬拉茨·拉斯洛：《个人所得、经济利益、劳动管理》，经济学和法学出版社1968年版，第190页（Buda István – Pongrácz László: *Személyi jövedelmek, anyagi érdekeltség, munkaerő gazdálkodás*）。

莫季·亚诺什（Somogyi János）的研究结果显示，工业增长率从1971—1975年的7.3%下降至下一个五年计划的4.1%，随后又降至2.4%，而在1986年和1989年负增长，甚至据当年月份的预测，1990年下降了10.3%。[1] 1990年的农业生产链环指数为-8.1%。尽管出于政治原因，个人消费和公共消费的下降速度较慢，但是这个过程也表明，体制将解体。从国家公共消费和家庭消费的比例来看，居民消费的下降幅度比公共消费的大。上述宏观经济数据是由于未实施的改革，以及改革后的政治制度内部的不协调而导致改革进程无法向前推进。据安东尼和肖莫季的意见，从20世纪60年代起，匈牙利进行了一种向市场开放的、发展方向良好的改革。这在社会主义国家当中是首屈一指的。但是到1990年，匈牙利也许陷入了社会主义国家中最差的境地。安东尼和肖莫季所认为，其原因是改革没有贯彻落实。

社会主义阵营国家仍然施行固定监管的制度模式，这也大大阻碍了匈牙利的新机制发挥作用。博格奈尔院士也提到，匈牙利应该借助新价格和价值关系，努力使国际劳动分工更加有效，提高质量要求，帮助外国工业公司之间的市场竞争也得到发展，权力下放，通过推动自由兑换[2]货币来促进达成多边协定。[3] 匈牙利改革走弱的一个原因是（博格奈尔也提及的）其他社会主义国家没有适当接受新机制的"普及化"的目标。随后的在社会主义阵营，尤其是苏联共产党的领导层逐渐对匈牙利形势感到担忧，导致匈牙利的改革到20世纪70年代被阻止。新机制与当时已形成的固定的、对价格和价值关系不太注重的国民经济计划和以国有制为重的普遍制度之间产生了抵触。旨在达到经济最佳条件的

---

[1] Anthony R. Boote, Somogyi János（1991）：Economic Reform in Hungary Since 1968. International Monetary Found, Washington DC, July, p. 32.
[2] 这是转账卢布。
[3] 博格奈尔·约瑟夫：《新经济机制与东西方贸易》，匈牙利科学院欧菲研究所1967年版，第15页。

经济政策与社会主义制度本身，与计划经济的本质相冲突。在经济体制转型的过程中，新老制度之间的抵抗程度也逐渐增加。通过公司和员工的收入增长而出现的额外资金能够实现大量的资本积累，随后，在政权更迭之时，这可以确保有足够的内在力量来支持市场经济转型，而不用再依赖外部资源。

其实，在匈牙利出台新机制之前，旧方法和目标都有些意识形态上的混乱。[1] 当时的文献解释道，通过推进新机制，社会主义建设"换挡提速"，变得更有效。还补充说道，使用更先进的技术（特别是因为第三个五年计划原因），要求提高生产力，而这被认为在新模型下能做到。[2] 还提出了新目标，需要在生产和市场之间建立更直接的联系。不过，提出这些目标的同时也让人对过去近二十年的管理是否够周全这一点感到质疑。当时论点中的另一个"薄弱环节"是"我们奠定社会主义的基础已完成"[3]。显而易见，如果基础的奠定不太成功，在这一基础上的进一步建设发展，即使在方法论上有所不同，也无法保证其可持续性。当时的一本教科书清楚地表明："如今，我们管理的物质和技术基础比计划经济的前几年要发达得多，但是当前的经济管理体系的基本特征是在那些年代形成的。"[4] 领导层预期，新机制的积极作用，特别是经济发展和生活水平的改善会在第三个五年计划期间呈现。其他国外文献也认为，匈牙利1968年的改革是先进的。马克·格雷戈里（Mark A. Gregory）称，匈牙利新机制是苏联阵营国家内严格计划经济体系中的一种"异常现象"，比如该机制对公司的控制权发生了根本变化，对

---

[1] 这一说法并不是贬义。新结构应该以某种方式"通过"制度，以适应社会二十多年的苏联式发展。

[2] 《经济政策的主要目标和新机制》，全国工会理事会1967年版，第3—10页（*A gazdaságpolitika fő célkitűzései és az új mechanizmus*）。

[3] 同上书，第11页。

[4] 同上。

产业和市场产生了深远影响，而且采用这种机制是对苏联体系的"酸性测试"。①他引用卡达尔·亚诺什在 1978 年发表的一个讲话的内容写道，卡达尔希望更接近实际价格和成本，但是并不想将匈牙利经济与虚构的世界市场联系起来。②

回顾半个世纪，现在看来，匈牙利经济改革中的关键问题在于是否让市场和价格条件发挥作用。雪上加霜的是唯意志论法和水平工业化的延续，布加勒斯特价格原则③的施行，政治领导紧紧抓住权力不放，以及为了固守权力而通过继续借贷来为日益落后的生产和就业岗位提供融资。新机制是苏联计划经济模式中的进步成分，即使没有充分发挥作用，但其经济成果还是不言而喻的。如能持久，二十年后本来可以成为一种从计划经济体制内部有机发展的市场经济。其最终的失败应归咎于忽视其经济合理性的匈牙利政治领导层。④

创造改革概念基础的主要经济学家和在这个领域演讲和发言的中层干部在论证方法上存在着差异，主要体现在冠冕堂皇的政治口号方面。⑤但是事实是，影响改革理论的涅尔什·赖热（Nyers Rezső）、菲黑尔·洛约什（Fehér Lajos）、蒂马尔·马贾什（Tímár Mátyás）、海盖迪什·安德拉什（Hegedűs András）和奇科什—瑙吉·贝拉等众多经济学家的专业素质是毋庸置疑的，但是批准和执行阶层的情况并非如

---

① Mark A. Gregory (1982): Hungarian Consumers and the New Economic Mechanism. *East European Quarterly*, Vol. XVI, No. 1, March, pp. 87 – 88, 97 – 100.

② 同上书，第 98 页。

③ 匈牙利根据前五年的世界平均市场价格购买了碳氢化合物衍生物，因此其价格低于世界市场价格，所以价格剧增对匈牙利经济的影响较慢。

④ Mark A. Gregory (1982): Hungarian Consumers and the New Economic Mechanism. *East European Quarterly*, Vol. XVI, No. 1, March, pp. 99 – 100.

⑤ 当然，那些在乡村演讲的或在党校学生面前讲话的人，有时会提出不同的论点或者重点不同，因为独裁政权的基本性质和举措难以预测。中层干部有时用冠冕堂皇的政治口号传达改革的思想。

此。然而当时的社会舆论①对匈牙利经济改革的成功充满信心,而且外国专家们②也赞扬其新的经济体制。

3.3 新经济体制的益处:农业发展③

集体化进程于1961年结束,当时已建立了4500个合作社,而且94%的农业工人工作在社会主义部门。与1958年的14万名会员相比;到1961年加入合作社的人数涨到120万,而包括其他员工在内达200万。1961年2月19日,党中央宣布,社会主义生产条件在农业中已占主导地位。匈牙利共产党第八届大会指出,匈牙利农业的社会主义重组已基本完成,社会主义基础已全面建立。④

新经济机制对农业产生了最大的积极影响。早在准备改革和第三个五年计划的时候,已有人提出:"在经济政策中,需要优先考虑多元发展的原则、增加合作社的自主权,同时使用经济手段进行更有效和差异

---

① 帕尔·佐尔坦:《机制的说明——1968年匈牙利改革的宣传》,《观点、研究报告》罗兰大学人文科学学院2016年版,第213—226页(Pál Zoltán: Magyarázni a mechanizmust. Az 1968 – as magyarországi reform propagandája. *Nézőpontok. Tanulmányok*)(1968年1月1日,人们不仅祝福"新年快乐!"又说"祝新经济机制快乐!";绍洛伊·埃尔热拜特:《经济机制、改革努力和大型企业的利益》,匈牙利经济学和法学出版社1989年版,第400页(Szalai Erzsébet: *Gazdasági mechanizmus, reformtörekvések és nagyvállalati érdekek*)。

② Adair, L. Bianca (2003): Interest Articulation in Communist Regimes: The New Economic Mechanis in Hungary, 1962 – 1980. *East European Quarterly*, XXXVII, No. 1. March, pp. 101 – 126; Peter Rutland (1985): *The Myth of the Plan: Lessons of Soviet Planning Experience*. London, Hutchinson and Co. Ltd. ; Mark A. Gregory (1982): Hungarian Consumers and the New Economic Mechanism. *East European Quarterly*, Vol. XVI, No. 1, March, pp. 87 – 104.

③ 在农业规范围内,我主要讨论农业生产合作社,因为从员工角度来看,国有土地(国有农场)的管理与工业管理没有太大区别。这个课题的范围我再缩小,因为在1991年,在布达佩斯经济大学获得大学博士学位后,然后在1995年在匈牙利科学院的博士论文《匈牙利农业部门的私有化和融资困境——事实、远景和可学习的模式》的答辩中,我详细讨论了从政权更迭开始以来"过渡"农业的金融和私有化机制以及其历史背景。

④ 详细分析匈党大会农业议题的文献,参见莎格瓦利·阿格奈什、沃什·亨利克《匈牙利社会主义工人党的决议和文件(1956—1962年)》,匈牙利科叔特出版社1964年版,第267—274页(Ságvári Ágnes – Vass Henrik: *A Magyar Szocialista Munkáspárt határozatai és dokumentumai 1956 – 1962*)。

化的管理并且缩小行政干预的范围。"① 其中要求改善合作社的独立性，提高社员的个人责任，主人翁意识和在公务中的熟练程度。② 1962—1966 年，从国家预算向农业每年平均拨发了 80 亿匈牙利福林，其中 200 万—300 万为无偿援助。根据当时的思路，如果农业价格与市场价格相比没有（向下）扭曲，那么这些金额都可以减少。③ "迄今为止，适用的价格美化了工业生产，而对农业不利。在工业价格计算中，实际生产成本估算得偏高，而且其中还包括了 40%—50% 的净收入。而农产品价格以低工资成本计算，最终结果勉强达到或低于实际生产成本。"④ 该体制重点改善了国家采购农产品的情况，扩大了公司的经营范围，以及在合作社内建立了独立的会计单位。⑤ 新的收入规范要求"为生产设施发展、中期和年度计划规定的投资须确保自有资源"，这表明，"减少了为了发展工业和军工业利益而从这个部门扣除的收入"⑥。与此同时，收入管制须确保农业生产合作社实现的所有所得都以适当比例用于个人收入和财富积累的目的。匈牙利农业生产合作社还能够通过其收入体系显著地脱离苏联式的经济限制，将收入体系与合作社的集体财产，与农业生产合作社社员的双重地位进行关联，也就是说，拥有会员和员工双重身份在增加收入方面有着很多好处。"由于社员所有权性质，社员对农业生产合作社的管理和财产状况以及收入情况负有责任……由股东大会、管理层和各种会员选举的委员会来行使这些

---

① 《社会主义的经济问题（农业）》，青年杂志出版公司 1966 年版，第 33 页 [*A szocializmus gazdasági kérdései（mezőgazdasági tagozat）*]。

② 同上书，第 36 页。

③ 希姆考·伊什特万、托特·贝拉：《经济管理在农业中的新体系》，经济学和法学出版社 1967 年版，第 25 页。

④ 凯谢吕·亚诺什：《农业和新经济机制》，克叔特出版社 1967 年版，第 14 页。

⑤ 希姆考·伊什特万、托特·贝拉：《经济管理在农业中的新体系》，经济学和法学出版社 1967 年版，第 98—111 页。

⑥ 维拉尼·密克罗什：《农业中的货币和信贷管理》，经济学和法学出版社 1968 年版，第 22 页。

权利和义务,通过其所通过的决定塑造集体利益,并且就共同所有的合作社收入的基本问题做决定。"① 由于社员是员工这一事实,员工有动力从共同拥有的合作社中赚取尽可能多的收入。因此,农业生产合作社的"社会主义性质"以所有权的类型、联合工作的组织、分配的条件、组织结构的形成来运作和表达。与国有工业工厂(以及国有农场)的实践相比,以上的操作存在显著的差异。"由于从经济和政治内容角度来看,农业生产合作社是社会主义性质的,所以国家公共权力和经济组织功能也延伸到农业生产者合作社。"② 1968年后的匈牙利经济模式中,集体所有的农业合作社是这个制度的独特现象,并且取得了显著的发展,大量提高了农村居民的收入。与社会主义工业大型工厂的工人自己生产工具相比,农业生产合作社的农民更接近其之前被国家政权(部分)剥夺的生产工具。因此农业合作社社员对(包含其以前私有财产的)集体农场的眷恋更强。再说,由于他们参与利益分配和决策机制,能够从事庭院农业,也能够更好地得到大型农场的支持,以此对农民的工作效率起到显著的激励作用。

在先前的暴力集体化之后,早在20世纪60年代,也就是说,从整顿开始起,集体农场的领导层出现了文化水平越来越高的人③,在接下来的几十年中,"磨合"社员的"工作组织文化"④ 和集体利益带来了令人瞩目的经济表现。由于技术和工作组织条件有所改善,所以在所有工人当中,农业工人的比例从1949年的54.5%降到1965年

---

① 切泰·拉斯洛:《农业生产合作社中的收入、成本和价格》,经济学和法学出版社1967年版,第2—21页。

② 莫尔纳尔·伊姆莱:《农业生产合作社的领导及其社会组织》,经济学和法学出版社1967年版,第162页;在同一本书中,再参阅合作社组织的运作机制,第105—160页。

③ 福泽考士·贝拉:《农业生产合作社运动》,克舒特出版社1976年版,第174—175页(Fazekas Béla: A mezőgazdasági termelőszövetkezeti mozgalom)。

④ 伦杰尔·埃斯泰尔:《研究农业生产合作社的新方法》,罗兰大学历史学博士生院2016年版,第183—191页(Lengyel Eszter: Termelőszövetkezetek új megközelítésben)。

的30%。①

自1967年以来，能更好地满足需求并体现市场和经济利益的确切监管环境确保了农业内容的更新。《农业生产合作社社会组织法》(1007/1967)规定了民主自治、管理、联合工作组织、庭院农业和国家监督的关系。② 进一步地，确定细则的政府裁定和法令旨在规范所得税、土地税、农业人口所得税、大型农场业务的扩展和辅助业务以及农产品的经销和采购规则。③

农业生产基础的重组，在1967年和1968年形成的激励制度以及法律框架，为农业生产者合作社采取进一步的行政和组织措施及提高生产效率奠定了良好基础。这一切的主旨是土地的集中和资源的进一步集中。在农业合作社的黄金时代，即1970—1980年，合作社的数量下降了45.2%，从2241家降至1339家。然而，在同一时期，每个集体农场的土地面积增加了93%，每个农场的固定资产价值增长了5.5倍，以及每个农场的总产值增长了7.5倍。除了机械化以外，提高生产力的原因还在于人事管理的优化。旨在提高生产力和效率的大型工厂，主要是在党领导层的压力下建立的，而且尽管其政治立场很明确，即"发展的目的不在于增加面积，而在于集中资源，提高现金经营模式的效率，更好地利用土地、自然条件和内部资源"，但是也带来了很多弊病。④ 在农业生产合作社合并中强调生产力和利益的关系是有道理的。合作社达到一定规模后，无疑会降低具有一般知识的成员在合作社事务中对合作社实际情况的了解程度，也限制了他们发表合理意见的能力。涅尔什·赖热早在1968年提到，在这种情况下，自治减

---

① 《就业情况》，《匈牙利统计局期刊》，匈牙利统计局1965年版。
② 上述法律见于《新经济体制法规选集》上册，第151—294页（Az új gazdasági mechanizmus jogszabályainak gyűjteménye I）。
③ 同上书，第294—340页；关于进一步收入管制的一些相关要素，第483—540页。
④ 农业合作社的第二届大会决议，1972年3月，第159页。

第四章 中央计划经济体制下的公共财政和经济管理

弱,官僚体制产生并且社员在一定程度上"疏远"所属的合作社。他还补充说明:"但是,如果更谨慎地、逐渐地以及在适当成熟的水平上,而不是在一些范围内,在没有适当基础和条件的情况下进行合作社的合并,则会获得更多的优势和更大的利益。急促的节奏也引发了不少问题,因为过早做决定,就忽视了生产中小型单位的生产工具、设备和建筑。"①

20世纪70年代的匈牙利农业生产合作社都处于截然不同的情况。"根据生产价值的数量,按生产价值的10%将合作社分组,就可以看到极高的集中程度。1977年,第一组(最弱的)涵盖了30%的合作社,第十组(最强的)只占所有合作社的1.5%,也就是说,最弱的427个农业生产者合作社的产量与排名靠前的21个合作社相同。根据产出量,大型合作社的土地面积是其他合作社平均水平的1.6倍,员工人数是5.1倍,产量为6.8倍,而利润是其8倍。这些数字的增长不仅表明集中的程度,也表明了明显更高的效率。"②

有利数据的背后还有庭院农业和辅助农场的作用,即由150万个小生产者提供的产值。而在特殊集成框架内,大型农业单位很好地确保了生产和市场的准入。③ 看似良好的合作社农业活动当中越来越大的比例是由种植和畜牧业之外的工业和贸易来确保。农业生产者合作社其实不是通过农业,而是通过工业活动来"供养"的。1968年,农业合作社净营业额的20.3%来自农业主营业务之外的活动;而到1980年,这个比例上涨到52.7%。尽管匈牙利政府采取了有力的经济监管,但这些

---

① 涅尔什·赖热:《我国经济政策和经济机制的改革》,科叔特出版社1968年版,第381—395页(Nyers Rezső: *Gazdaságpolitikánk és a gazdasági mechanizmus reformja*)。
② 《匈牙利农业合作社的近40年》,匈牙利统计局出版社1985年版,第135页(*Mező gazdasági szövetkezetek Magyarországon 40 év.*)。
③ 同时,隶属于农业合作社的庭院农场的数量从1972年的78.2万到1981年减少至67.4万。

内部比率表示农业正在贬值。① 据尼特洛伊·菲伦茨妮（Nyitrai Ferencné）的计算，农业生产合作社的农业生产综合效率的平均指标从 1973—1975 年的 5.6 下降到 1976—1978 年和 1979—1981 年的 2.3。1976—1978 年，劳动力的效率从 8.9 下降到 5.4，1979—1981 年再下降到 3.4。在上述两个时间段，设备效率从 -4.1 变为 -5.1 和 0.3，其中固定资产效率从 -7.8 改善为 -4.7 和 0.8。② 劳动力效率的下降，这也是大规模生产过程中劳动力的动力降低的标志，其负面影响可以通过提高设备效率得到一定程度的抵消。③ 通过促进合作社的工业，商业活动的开展，才能减轻原材料生产效率的统一，避免各元素的整体性恶化。但是在看似有利的管制范围内，部门定价政策仍然没有得到解决，正如 K. 纳吉·山多尔（K. Nagy Sándor）写道："如果工业和农产品价格之间存在差距，甚至以牺牲农业为代价而差距继续增加，就不能期望农业生产效率有显著的提高。"④ 换句话说，在过去的几十年中或多或少发挥作用的工农业剪刀差不允许合作社社员的利益得到充分的实现，因此生产原材料带来的收入越来越少。这个过程导致农业的衰落。

4 社会主义计划经济的银行体制

第二次世界大战后，匈牙利银行体系的转型参照了苏联模式。"社

---

① 但是值得一提的是，农业合作社的工业活动的技术水平远远落后于世界市场的平等水平，甚至在 CMEA 市场中也算很低。辅助产业的高收入和利润份额是通过偏离市场的工业价格来确保的，而这是这个制度的属性。计划经济的体系和产品的不断短缺确保了其他公司和居民接受这些大部分劣质产品。

② 尼特洛伊·菲伦茨妮：《经济效率和储备》，科叔特出版社 1983 年版，第 205 页（Nyitrai Ferencné：*Népgazdasági hatékonyság és tartalékai*）。

③ 在国有农场中，员工对土地和生产工具的眷恋程度更低，综合效率的下降幅度更大，从 1973—1975 年的 6.2 降至 1979—1981 年的 0.4。

④ K. 纳吉·山多尔：《农业合作运动的历史轨迹》下册，匈牙利农业和食品业部 1989 年版，第 217 页（K. Nagy Sándor：*A mezőgazdasági szövetkezeti mozgalom történeti útja II.*）。

第四章　中央计划经济体制下的公共财政和经济管理

会主义国家拥有的银行都十分牢固，不受金融和信贷危机的影响，而这些因素却能够导致许多资本主义银行倒闭。社会主义银行体系的基本原则和结构是在苏联的多年经验上发展起来的。"① 银行及其活动是计划经济的一部分，是通过货币进行商品和服务交换的中介，也是临时资源的确保者、货币管理者，就如科瓦利·盖佐（Kóvári Géza）提道："货币流通的中央监管也是中央银行的垄断。"② "银行根据国民经济面临的情况，开始符合党设定的目标的国家计划进行资产的分配和重组。"③ "从1948 年6 月开始，由匈牙利劳动人民党管理，而从1956 年11 月开始由匈牙利社会主义工人党的中央、地方机构和组织来实施在单层银行系统中的政党管理。"④ 银行还可以依职权监督企业的运行。⑤ 其依据是

---

① 引文出处：议会图书馆第 323.726 编号，但除了题目《关于社会主义银行体系一般请款》，没有其他可辨认的特征的，长达 7 页手稿的第 1 页介绍了社会主义货币体系基本知识的更多信息。陶斯克·乔治：《现金流量和社会主义信贷体系》，教材出版社 1952 年版，第 116 页（Tauszk György: Pénzforgalom és szocialista hitelrendszer）（关于银行体制的社会主义基础、贷款计划、居民货币流通计划、国家货币流通计划）。安托什·伊什特万：《金融体系在社会主义中的作用》，1950 年（Antos István: A pénzügyi rendszer szerepe a szocializmusban）。图书馆编号 305.473，匈牙利议会图书馆关于社会主义中货币的必要性、社会主义金融与国民经济计划的关系、财政平衡体系、社会主义公司和合作社的税收以及成人教育和医疗卫生融资的出版社的手稿。

② 科瓦利·盖佐：《匈牙利中央银行的作用和任务》（Kővári Géza: A Magyar Nemzeti Bank szerepe és feladata）。图书馆编号 318.238. OGY，没有年份和出版商的不完整书页，其有趣之处在于货币流通的技术性描述。

③ 《短期信贷业务问题》，匈牙利高等教材出版商 1953 年版，第 3 页。

④ 博托什·亚诺什：《关于匈牙利银行体系运作的政党政策决定，党政策与中央银行活动之间的关系（1948—1989 年）》，载拉布·维拉格编《19—21 世纪的金融、经济和政治：过去和当前的危机》，Pro Pannonia 出版基金会 2009 年版，第 81—96 页（Pártpolitikai döntések a magyar bankrendszer működéséről, a pártpolitika és a jegybanki tevékenység kapcsolata 1948 – 1989）；1984 年10 月4 日，匈牙利社会主义工人党经济委员会决定重新引入"商业信贷"，第 82 页。

⑤ "银行应加强对公司遵守信贷协议义务的监督，尤其要注意旨在扩大向自由兑换货币出口的商品基础的贷款……除了实现投资、取得利润和收益，监督还应该波及购买力的发展。"保尔克维奇·赖热、罗饶·G. 罗伯特《1978 年信贷政策》，匈牙利《金融评论》1978 年第 22 卷第 3 期，第 165 页（Palkovits Rezső – Rózsa G. Róbert: Hitelpolitika'78）。

· 127 ·

1949 年第二十号法律（当时的《宪法》）第 5 条规定："国家凭借国有公共企业和国家的银行体系及农业机械设备库领导并实施对国民经济的监督，以利于发展生产力，增值公共财产，不断提高劳动者的物质文化水准及巩固国家的能力。"按当时的观念，不仅要考虑银行和信贷的关系，还要特别考虑其一般等效作用。"在共产主义的初级阶段，在社会主义社会中，商品和货币的关系得到维持，因此，大多数社会产品成为商品并采取货币流通的形式。"——蒂马尔·马贾什和利斯·米科洛什（Riesz Miklós）写道。[1] 阿奇·洛约什（Ács Lajos）当时还认为，社会主义经济学的任务是"实行黄金的废黜，因为金币只与资本主义的无政府主义市场条件相容，因为有意识的社会主义定价和计划生产及其金币的功能是绝对互斥的"[2]。

1947—1948 年，匈牙利商业银行都被国有化了[3]，而中央银行进入集权势力领域。[4] 其基础是苏联的模式。[5] "这段时间，银行系统的最

---

[1] 蒂马尔·马贾什、利斯·米科洛什：《社会主义金融和信贷体系》，马克思经济大学 1961 年版，第 4—5 页（Timár Mátyás – Riesz Miklós：A szocialista pénzügyi és hitelrendszer.）。

[2] 阿奇·洛约什：《社会主义货币的现在和未来，社会主义货币理论问题》，《匈牙利中烟银行论文集》第 12 册，由匈牙利中央银行 1963 年版，第 51 页（Ács Lajos：A szocialista pénz ma és holnap. Pénzelméleti problémák a szocializmusban）。可见直到 20 世纪 70 年代初，运行良好的金本位制的好处。

[3] 关于银行体系的国有化和初步法律法规，参见迈兹内利奇·伊万《注意到法律规范论社会主义银行业务》，匈牙利中央银行第 41 通告，匈牙利中央银行 1972 年版，第 30—35 页（Meznerics Iván：A szocialista bankok tevékenysége a jogi szabályozás tükrében）；迈兹内利奇·伊万《银行的法律地位和信贷政策管理》，《企业管理和企业的法律地位》上册，KJK 出版社 1974 年版，第 293—332 页（A bankok jogállása és a hitelpolitikai irányítás. Vállalatirányítás és a vállalatok jogi helyzete I.）。

[4] 伦特奈尔·乔巴：《匈牙利中央银行管制第二次世界大战后历史的节录——从废除两级银行体制到恢复两级银行体制》，匈牙利《法学评论》2018 年第 4 期；Lentner Csaba (2018)：Convergence in Central Banking Regulation – What EU Candidates in South East Europe can Learn from Hungarian Experience. Jahrbuch für Ostrecht, Band 59, 2. Halbband, pp. 383 – 401。

[5] "我笃信地方苏维埃组织更大程度的自治化，但与此同时，我认为，为了有意识地改组我国富有成果，我们需要一个统一的、严格定义的财务政策……"《列宁作品集》第 27 册，匈牙利 Szikra 出版社 1952 年版，第 387 页。

第四章　中央计划经济体制下的公共财政和经济管理

主要目标是确保新货币的稳定。"① 匈牙利银行体系的基础是在 1947 年第三十号法律中规定的。在其基础上，匈牙利国家银行和四家最大商业银行的股份国有化了，随后商业银行的业务部门融入央行。同大多数社会主义国家②那样，匈牙利也建立了一级中央银行制度。这意味着它是一种集于一身的、不分阶层的银行体系。其中，中央银行一方面是货币发行银行，另一方面是信贷银行。③ 中央银行能够直接向公司提供贷款，管理其结算、存款账户，安排现金流量和外汇交易。可以说，当时的中央银行对所有银行业务都拥有垄断地位。④ 在社会主义一级银行体系中，如果中央银行是直接或最终放款银行，则钱是通过银行直接贷款产生的。通过一级银行体系，可以确保直接管理并且使信贷政策没有中间阶段而直接适应经济政策。这个一级式集中化的体系没有担任真正意义上的银行业务，"因为银行业务，主要是放贷业务，必须是、几乎是

---

① 巴奇考伊·道马什、胡斯蒂·埃尔诺：《匈牙利社会主义银行体系已有 25 年历史》，匈牙利《金融评论》1972 年第 16 卷第 12 期，第 980 页（Bácskai Tamás – Huszti Ernő: Huszonöt éves a szocialista magyar bankrendszer）。

② 社会主义国家之间存在一些差异，例如保加利亚在 1967 年从两级银行体制转为一级体制，而东德则分别设立了中央银行和信贷银行。参见胡斯蒂·埃尔诺《社会主义银行体系及其组织发展的主要特征》，匈牙利《经济学》1980 年第 14 卷第 2 期，第 57—77 页（A szocialista bankrendszerek és szervezeti fejlődésének főbb vonásai. Gazdaság）。胡斯蒂·埃尔诺认为，央行的作用和职能是银行体系组织发展中的关键问题，第 62 页。

③ 此外，还建立了一些专门的银行，例如匈牙利外贸银行（Magyar Külkereskedelmi Bank）、投资银行（Beruházási Bank）、国家开发银行（Állami Fejlesztési Bank）和国家储蓄银行（OTP）。参见蒂马尔·马贾什、利斯·米克洛什《社会主义金融和信贷体系》，马克思经济大学 1961 年版；科根《经济改革和国立银行和企业的信贷关系》，（原文的再出版），《外国法学报告选集》1966 年第 6 卷第 4 期，第 578—586 页（Kogan, L. M.: A gazdasági reform és az állami bank és a vállalatok közötti hitelviszonyok. Külföldi jogi cikkgyűjtemény）。科根注意到苏联共产党第二十三届大会认为，要达到计划经济目标，需要发展银行的信贷业务。苏联在 1939 年推出了"为工业公司可提供的，与其物资资产周转有关的信贷"，第 581 页。

④ 有关这种"早期典型"贷款方式的详细情况，参见利盖蒂·山多尔《我国信贷系统（1957—1967 年）》，匈牙利中央银行第 6 通告，匈牙利中央银行 1970 年版，第 97 页（Ligeti Sándor: Hitelezésünk rendszere 1957 – 1967）。

自动化地遵循服务于计划经济目标所规定的要求"①。在此基础上，圣伊瓦尼·伊万得出推论："当时银行没有起决定性作用，它们的业务并没有广泛影响社会关系，特别是与银行运作有关的法律关系不可能以任何方式'重新安排'甚至影响社会关系的内部体系。"② 综上所述，"即便单独处理与银行相关的一套法律规范和法律关系，创建银行法律部门的想法也不会出现"③。

根据1967年第三十六号法律，匈牙利中央银行是匈牙利人民共和国的发行币银行、国民经济的中央银行，担任发行币银行、信贷银行等职能，同时也是一个具有普遍管辖权的外汇管理机构。在新经济机制下，继续按规则向社会主义计划经济提供信贷，银行系统的借贷业务由经济委员会的决议规定。④ 在新机制下，"匈牙利国家银行的任务是在其特权范围内（发行货币、账户管理、信贷和外汇垄断），在政府出台的新经济治理体系中，按照确立的指导方针，来确保信贷和外汇政策的顺利执行"⑤。贷款业务以信贷政策方针为框架，这个方针得到了政府的批准，而且也是匈牙利经济计划的一部分。⑥ 这些方针涵盖了投

---

① 圣伊瓦尼·伊万：《银行法》，匈牙利经济学和法学出版社1998年版，第28页（Szentiványi Iván：*Bankjog*）。

② 同上书，第28页。圣伊瓦尼早在1972年和1976年发表的著作中就以微妙的方式暗指，在计划经济条件下，有必要提升银行体系的价值，以及将金融银行法作为独立的法律学科对待。参见圣伊瓦尼·伊万《银行体系金融关系中的主要理论问题》，匈牙利科学院1972年版，第722页（*A bankrendszer pénzügyi jogviszonyainak főbb elméleti kérdései. Kandidátusi értekezés*）；圣伊瓦尼·伊万：《银行金融法监管的基本问题》，匈牙利经济学和法学出版社1976年版，第430页（*A banktevékenység pénzügyi jogi szabályozásának alapkérdései*）。

③ 圣伊瓦尼·伊万：《银行法》，匈牙利经济学和法学出版社1998年版，第28页。

④ 根据经济委员会第12/1967.（Ⅳ 13.）号就信贷和货币流通体系方面的决议。

⑤ 迈兹内利奇·伊万：《匈牙利国家银行在新经济管理体系中发挥的角色》，匈牙利《金融评论》1968年第12卷第5期，第433—434页（*A Magyar Nemzeti Bank a gazdaságirányítás új rendszerében*）。

⑥ 详细描述当代银行业务的法律法规，参见圣伊瓦尼·伊万《银行法》，匈牙利经济学和法学出版社1998年版，第511页；圣伊瓦尼·伊万：《国家干预银行业的局限性，特别是从货币（银行）法角度》，匈牙利科学院（MTA）1988年版，第141页（*A bankéletbe való állami beavatkozás határai, különös tekintettel a monetáris（bank）törvényre*）（"尽管制定公共财政有关的法律在这方面实现了跨越式发展，但是我国银行法规则还是并不一致。"）。

资、生产服务和消费等的短、中、长期贷款原则。匈牙利国家银行在制定信贷政策时有权提出建议，而在信贷政策理事会对其进行筹商后，由财政部部长和全国计划局局长提交给政府。① 方针有关的操作任务属于（有关组织代表也参加的）信贷政策理事会的职权范围。在制订国民经济计划的过程中，匈牙利国家银行制定了旨在提供信息和协助做决策的国家信贷平衡。经济委员会决议还详细说明了不同期限贷款的技术细节，利率政策和央行的分析工作。第 37/1967 (X. 12.) 编号政令规定了货币流通和银行贷款，并且在评估信誉度领域也制定了一些规则。

"进口所需要的外币应该通过匈牙利国家银行提供给进口商，但其前提是进口商具备了所规定的进口许可证和适当的福林"②，同时，该裁决还规定，出口货物所得的外汇应当上交给匈牙利国家银行。③ 经济委员会的这个裁决还包括了外币贷款和外汇成本管理的规则，外汇管理局的职能由财政部执行，匈牙利国家银行则负责对公司执行外汇管理的任务。信贷供应和外汇管理都配合了国民经济计划的需求，也就是说，虽然采用了一定的减缓措施，但管制经济在金融部门还是发挥了作用。匈牙利国家银行负责提供实现年度计划所需要的贷款和外汇量，从本质上讲就是通过中央统一供给的方式确保国民经济计划所需要的信贷和外汇量。从事企业贷款业务的中央银行不是按照市场经济规则运作。在新机制中，虽然金融的作用更广泛，但是价格在很大程度上仍然受到中央的监管，这也影响了银行的业务。第 2053/1967（X. 13.）号政令授予匈牙利国家物资和价格局监管价格的权利，委托其推出实现国民经济计划目标所需要的全民价格体系，从而使国家物资和价格局对国民经济和

---

① 同时与匈党主管机构进行磋商。
② 第 12/1967.（V.6.）号裁决，第 1 点。
③ 第 12/1967.（V.6.）号裁决，第 3 点。

人民生活水平产生了影响。经济委员会第 10.126/1966 号关于工业价格体系的批文规定，在工业品价格改革中，应该将中央计划管理与商品关系联系起来。工业品价格以正确导向，激励生产者和消费者的方式让经济决策发挥其基本作用。这样促进了经济资源的合理利用，使生产适应有效需求，而且生产成本、市场价值判断和国家偏好成为物价的综合决定因素。旨在追踪经济流程的会计系统的职能①（与各个产业的不同规则一样），基本上仅限于提供国民经济计划和完成计划所需的信息。

制定货币政策的央行负责在国民经济的层面上确定货币量，对其进行调解和影响。此外，适当加强对外关系的举措，如投资②、信贷，还有助于经济政策。因此，货币政策是经济政策不可分割的组成部分，其目标与经济政策（更确切地说，是与财政政策）在经济增长，确保就业，遏制通货膨胀及影响国际收支方面的目标相吻合。除了共同目标以外，货币政策还有独立的阶段性目标，如在货币供应、汇率和国债方面。根据国民经济的发展计划，要求用国民经济的货币储备来满足发展的贷款融资需求，为此，需要鼓励货币持有者进行储蓄行为，以增加银行业的存款总量。从 20 世纪 80 年代初开始，出现了大量承担金融机构职能的融资机构、基金和创新组织，其借贷活动与投资有关。1984 年，新成立的公司贷款拨付占匈牙利中央银行投资贷款支出的 1/3 以上，也就是说，投资公司已有了选择提供资金者的可能。③ 但是，由于以前的投资没有产生足够的回报，也没有新的开发需求等原因，经济上对信贷日益增长的需求越来越难以在国内得到满足，而且持续下降的效率也加

---

① 第 33/1967.（Ⅷ.20.）号经济委员会关于规定经济过程信息报告和财会统一制度的决议。

② 1972 年，央行提供了投资资金的 54%。参见陶洛什·乔治《银行贷款的一些热门问题》，匈牙利《经济学评论》1971 年第 18 卷第 9 期，第 1026 页，表 1（Tallós György：A bankhitelezés néhány időszerű kérdése）（同时，也重视其现有的自有资金量）。

③ 《匈牙利银行体系》，匈牙利 Reflektor 出版社 1985 年版，第 13 页（*Bankrendszer Magyarországon*）。

剧了这种情况。随着1968年推出的新机制，弱化了银行体制的信贷分配性质，但是基于偿债能力的放贷却没有变得普及。①

20世纪80年代，人们越来越清楚地意识到②，"我国经济的发展离不开商品和货币之间不断发展的关系，这导致对商品、货币和资本市场等诸多因素的重新考虑和调整"③。所有这些原因不得不考虑，金融机构体系应该采用什么样的体制形式和运作规则，才能完成这个在经济管理体系发展构思中变得越来越重要的任务。④ 1987年，匈牙利重新形成了两级银行体系，从普通银行部门分离出了中央银行⑤，并且作为独立的国有商业银行继续运行，而中央银行则履行了其经典的中央银行职能和再融资职能。在制度转变的过程中，专家们提出："如果国家干预是无限的，监管漫无边际，则上层领导会对银行做他们认为正确的事情，这样就不可能让银行体系维持适当和期望的运作。"⑥ 同时，还要求在适当范围内，应该确保国家对银行运营的干预。甚至圣伊瓦尼还认为，要解决货币体系和银行体系的情况，国家干预不可避免。⑦

1968年改革对金融业产生的一个副作用，向在20世纪80年代末，

---

① 圣伊瓦尼·伊万：《银行法》，匈牙利经济学和法学出版社1998年版，第29页，他认为，1968年之后，企业活动并不是由细分的计划指标，而主要是由市场条件决定的，所以信贷政策和信贷变得至关重要。

② 1971年巴奇考伊·道马什（Bácskai Tamás）认为，银行体系应该符合1968企业独立程度，参见《我国银行体制发展的问题》，匈牙利《金融评论》第15卷第11期，第892—896页。费尔维戴基·约瑟夫：《改善信贷体系的主要问题》，匈牙利《金融评论》1971年第15卷，第2期，第98—106页（Felvidéki József：A hitelrendszer továbbfejlesztésének főbb kérdései）对投资、流动资产和流动资产贷款的现代化提出了建议。

③ 《匈牙利银行体制》，匈牙利 Reflektor 出版社1985年版，第3页。

④ 保尔克维奇·赖热：《银行体系的发展》，《经济管理》，KJK 出版社1985年版，第131—136页（Palkovits Rezső：A bankrendszer fejlesztése. *Gazdaságirányítás*）。

⑤ 关于按产业部门组织的新国有商业银行，参见小涅尔什·赖热《银行改革一周年之际——成就和毛病》，匈牙利《经济学》1988年第22卷第2期，第67—75页（Ifj. Nyers Rezső：Egyéves a bankreform – eredmények és gondok）。

⑥ 圣伊瓦尼·伊万：《银行法》，匈牙利经济学和法学出版社1998年版，第1页。

⑦ 同上书，第147—370页。此外，他还评论了国家干预的立法，甚至基本和细节问题。制定了货币法的主要原则。

在更大的自由度基础上发生的银行业变更发出了一个不利信号,"在改革开始的那一年,特别是在过渡期后,偿债态度恶化的问题变得越来越明显"①。这是因为,金融机构受累积违约和坏账的影响,很多财务状况本来正常的公司客户,都因为被客户拖欠款项而无法正常还贷。在恢复两级银行体系之前的二十年,经济管理层不得不注意到,自由度更高的管理会引发金融宽松和纪律涣散等问题。新管理制度的基本原则承认经济主体对其银行账户的独立处置权。一方面刺激了公司的独立财务管理;另一方面也产生了不少负面的现象,如"经济主体拖账或赖账"②。从另一种意义来看,有利的是,改革导致国民收入的"物质消耗"和"净累积率"之间的比例③在1967—1969年已朝着有利的方向改变,这说明物质消耗率增加了,家庭收入在不断增加。"人均实际收入在1968年增长了6%,1969年增长了7%……与1967年的极高水平相比,1968年的投资额仅增长了2%,1969年同比增长了7%—8%。"④ 其背后是央行更强的投资,对周转资金的填补以及贷款活动等原因。⑤

1968年的改革措施,为20世纪80年代后期银行政策更强烈的变化及其在货币政策领域向市场经济的更激烈的过渡提供了良好的基

---

① 图采尔·洛约什:《最近两年偿债态度的演变(1968—1969年)》,匈牙利中央银行第7通告,匈牙利中央银行1970年版,第8页(Tutzer Lajos: *A fizetési morál alakulása az utolsó két évben - 1968 - 1969*)。

② 同上书,第11—27页、第50—51页;武伊劳基·拉斯洛:《在经济仲裁法庭实践中债务人偿债意愿——债权人的态度》,匈牙利《金融评论》1970年第14卷第9期,第765—771页(Újlaki László: Adósmorál - hitelezői morál a gazdasági döntőbizottsági gyakorlatban)。"越来越多的追偿诉讼"费用还进一步增加了为偿债造成的损失。

③ 物质消费从75.5%增至76.5%,随后又增至77%。参见萨博·伊什特万、图采尔·洛约什《在1968—1969年国民经济的发展和银行的运作》,匈牙利中央银行第12通告,匈牙利中央银行,第10页(Szabó István - Tutzer Lajos: *A népgazdaság fejlődése és a bank működése* 1968 - 1969 *években*)。

④ 同上书,第10—11页。

⑤ 同上书,第41—56页。

础。通过新机制，与计划经济体制和中央预算那样，货币政策也已成为实现经济政策的工具。从1967—1968年开始，加强公司独立管理，扩大其在生产和投资方面的决策权，从而更广泛地加强了公司的利润、利益，成为当时的热点。作为贸易信贷垄断的持有者，中央银行通过其融资活动能更直接地提升货币的流通速度，特别是通过评估偿债能力而提供的发展、股权基金，及对周转资金的调整能促进公司独立管理的发展并增加周转资金的供给量。基于计划系统的集中化决策机制通过中央银行的活动解决了经济的集权性问题。沿着党指令实施的预算（这个收入集中和再分配机构）并立了发挥转型职能的中央银行，以协助财政措施的落实。然而，所有这些都并不意味着货币政策达到了其最大作用。据伦杰尔·拉斯洛（Lengyel László），"以积累为中心的国民收入分配迫使中央银行给预算和企业发放货币，降低了货币政策在遏制强烈投资欲望方面的效果，并且局部破坏了货币政策在激励经济主体自愿储蓄方面所做的努力；此外，在扩展生产过程之外，还经常支持额外分配"[1]。除上述之外，"在信贷政策中，限制购买力的强制措施占了主导地位，从而抵消了预算和公司部门当时超出其资源的费用"。

从20世纪80年代后半期开始，按商业条件组织的企业批量出现，这导致对通过重组形成两级银行体制的需求越来越强烈。国民经济计划和单一政策决定无法将原来单级银行体制的核心部分，也就是中央银行的信贷政策和信贷操作转换成符合市场条件的体制。尽管发生了一些有利的变化，但贷款起到的刺激作用仍然有限，公司的运营依旧由公共行

---

[1] 伦杰尔·拉斯洛编：《1968—1972年货币政策》，匈牙利中央银行第42通告，匈牙利中央银行1972年版，第4页 [Lengyel László（szerk.）：*A monetáris politika* 1968 - 71 *években*]。

政部门主导。由于没有机会在商业条款基础上筹资和获得信贷，公司利润奖励程度仍然很低或者不充分。尽管1979年关于公共财政的第二号法律（《公共财政法》）第五章以及其实施条例（第23/1979 Mt号）明确了金融机构体系运作的框架，但是一级银行体制越来越无法满足以商业条件为基础的生产和外资企业的需求。尽管"（银行）重组在1968年不合时宜"[1]，从20世纪80年代后半期开始，已成为迫在眉睫的任务。[2] 此外，1982年6月，经济委员会的一项决议呼吁增加资本流入需求，从而增强一级银行的出口导向和创收能力，其实是在挑战一级银行体制力所能为之界限。虽然经济委员会也支持银行业的发展，但是派奇尼格·玛丽亚·齐陶（Petschnig Mária Zita）认为，银行需要改革的想法来自专业领域，而不是由政治领导层提出的。[3] 派奇尼格认为，银行制度改革是必要的，因为只有多级银行体制才可以向经济政策领导层和企业传达银行对改革的迫切需要。然而，围绕两级体系的转型，职业界展开了广泛的理论争论。[4] 利斯·密克洛什否认了两级银行体系

---

[1] 巴奇考伊·道马什：《我国银行体制发展的问题》，匈牙利《金融评论》第15卷第11期。

[2] 1965—1967年的信贷体系中，变化是以信贷产品遏制了"为自身利益的"生产。参见鲍考·伊什特万妮、博格奈尔·毛尔吉特《匈牙利的银行业争议、银行改革、贷款原则》，匈牙利《金融研究所研究报告》1986年第8卷，第18—37、51页（Baka Istvánné - Bognár Margit：Bankviták, bankreformok, hitelezési elvek Magyarországon. *Pénzügykutatási Intézet Tanulmányai*）。在1971年的更正中，所凸显的期望是"在融资中要实现所进行的业务和发展的统一，就需要一种考虑整个公司全部活动及其所有方面的综合性银行机构"。巴奇考伊·道马什：《我国银行体制发展的问题》，匈牙利《金融评论》第15卷第11期。

[3] 派奇尼格·玛丽亚·齐陶：《评论银行体系中的央行问题》，匈牙利《经济学评论》1984年第6卷（Petschnig Mária Zita：A bankrendszer jegybanki kérdésköréről）；派奇尼格·玛丽亚·齐陶：《横向现金流的必要性》，匈牙利《银行评论》1985年第6卷（A horizontális pénzmozgások szükségessége）。

[4] 她按时间顺序详细讨论了专业辩论的利弊，参见鲍考·伊什特万妮、博格奈尔·毛尔吉特《匈牙利的银行业争议、银行改革、贷款原则》，匈牙利《金融研究所研究报告》1986年第8卷，第189页。

第四章　中央计划经济体制下的公共财政和经济管理

的好处。① 他认为，通过两级银行机制来控制货币是不宜的。通过一系列货币政策的运作，来简单、有效和严格地规范商业银行货币的制造，经济的货币供应和货币量的做法，是不可被接受的。他认为，限制贷款、货币发行乃至货币的数量，以及对它们设定初步数量的这种手段具争议性。在商业银行的运作中，没办法确保银行间公平竞争及其对信贷风险的承担和管理。而且他还推测银行的营收利益和社会目标存在着冲突。利斯·密克洛什认为，对通过金融体系转型想要达到的预想成果并不确定，有很多东西还需要进一步考证，但转型所带来的额外成本却是显而易见的。但是博克洛什·洛约什（Bokros Lajos）和舒拉尼·洛约什（Surányi György）却主张加强货币和资本市场体系以及两级银行体系。② 他们提倡中央银行政策应独立于政府，并且希望通过法律对其独立性予以保证。根据英格兰银行（Bank of England）的营业经验得出，基本上依靠市场手段可以对商业银行的活动进行有效管理，并实现有效的金融监管。根据他们的经验，基于竞争、冒险和利润利益的资本主义银行模式，在匈牙利竞争中也有意义。第二次世界大战后，匈牙利建立社会主义银行体系不是有机发展的结果，但在1987年"恢复"的两级制度在通过冗长的理论辩论后最终得以确认，其中中央银行充当商业银行的货币管理者，不与经济主体之间发生主动和被动的

---

① 利斯·米克洛什：《社会主义经济的财政》，匈牙利教材出版社1982年版，第240—255页（Riesz Miklós：*A szocialista gazdaság pénzügyei*）；利斯·米克洛什：《关于金融机构制度辩论的意见》，匈牙利《社会评论》1983年第7卷（Észrevételek a pénzügyi intézményrendszerről folyó vitához. *Társadalmi Szemle*）；利盖蒂·山多尔：《资本主义国家中央银行的独立性》，匈牙利《经济学评论》1981年第4卷（A központi bankok önállósága a tőkésországokban）；利盖蒂·山多尔：《银行体制的重组》，《对外经济》1987年第31卷第1期，第13—20页（A bankrendszer átszervezése. *Külgazdaság*）。胡斯蒂·埃尔诺：《社会主义银行体系发展的主要特点》，匈牙利《银行评论》1979年第12卷；巴考考伊·道马什：《银行自由与公司自由成正比》，《匈牙利民族报》1985年1月（A bankok szabadsága egyenesen arányos a vállalatokéval. *Magyar Nemzet*）。

② 博克洛什·洛约什、舒拉尼·洛约什：《竞争在现实中》，匈牙利《经济学评论》1983年第10卷（Bokros Lajos – Surányi György：Verseny a valóságban）。

· 137 ·

银行业务，换句话说，中央银行和信贷银行的职能是分开的。匈牙利在财政部范围内建立了银行监管部门，以确保"银行业务的安全"。中央银行继续担任再融资者，同时公司部门对国有商业银行的自由选择权也产生了。除了组织形式的变化以外，银行体系成了经济现代化的主要工具之一。① 但应该补充的是，尽管存在"自下而上"的专业辩论，但建立两级机制在功能上没有反映出合作条件，因为国有商业银行向国有公司和由政治领导层特别支持的初创企业提供了贷款，而这是由政府通过直接和间接手段来促进的。甚至由于独特的依赖关系，其影响还导致中央银行的货币政策也朝这个方向发展。

5　计划经济体制的挫折

5.1　1968 年改革后的时期

1968 年改革力度的减弱在绝大程度上造成了计划经济的持续衰落。对价格和价值关系不太敏感的体制内部资源储备被慢慢地消耗；而把事情搞得更糟的是从 1973 年起，碳水化合物和其他原材料的采购成本上涨的趋势日益加剧，虽然其部分负面效果被抵消掉了。在基于中央计划的体系中，逐渐产生了不确定性。如生产成本的上升，效率的不断下降，资源的浪费，财务激励的不足；以及上述现象造成的"物理后果"，如产品短缺，金融和预算赤字蔓延等。"无论短缺是其他现象的原因还是结果，与经济体系的其他元素（物价、工资、计划、市场、金

---

① 描述商业银行和中央银行的"初步"监管环境，参见什佩戴尔·佐尔坦《银行—竞争—改革》，匈牙利中央银行第 114 通告，匈牙利中央银行 1987 年版，第 137 页（Spéder Zoltán：Bank – Verseny – Reform）。参见恢复两级银行体系的"步骤"。这些步骤基本上都是技术性的，而不是有机建设的阶段，更确切地说，是出于经济需要而采取的一系列行政措施。参见费凯泰·亚诺什《匈牙利银行体制》，《国际先驱论坛报会议》，1985 年，第 46—48 页（Fekete János：A magyar bankrendszer. International Herald Tribune Konferencia）。

融和信贷政策、物质和道德激励等）有着无数的联系。"① 按科尔奈·雅诺什（Kornai János）的表达方式，因为结构原因导致物品短缺，市场需求几乎没有办法在系统层面上得到满足，社会主义经济变成了短缺经济，以"卖方市场""赶工"的生产为特征，而市场则变成了"吸收"的性质。由于计划制度的初始特征，无法提供最佳供给。住房市场、消费品、公用事业、汽车购买、投资市场、信贷市场等，在生活的所有领域都是以未满足的需求或以长期等候的消费需求为特征。科尔奈通过描述"短缺"指出了社会主义计划经济运作的基本的系统性问题。短缺现象是在1968年的经济举措受制后开始蔓延并且导致进一步的萎缩。② 永不满足有效需求推动了商品和服务的价格水平的上升，从而导致通货膨胀的加剧和生活条件的恶化。③ 这个资源匮乏、对员工经济激励不足、浪费和供给质量差的系统最终导致了公司的损失，随后将亏损经常交由国家承接后，又产生了预算赤字，国家的财政实力走弱，最终负债累累，而债务的利润又增加了社会负担。④

由于加重的经济问题，社会也开始发生根本性的变化。在计划经济的四十年中，典型的贫困消失了，并由新型贫困取代。但是博科尔·阿

---

① 科尔奈·雅诺什：《短缺经济》，《科尔奈·雅诺什选集》上册 Kalligram 出版社 2011 年版，第 18 页（第一版：1980 年，KJK）（Kornai János：*A hiány*）。

② 我们得补充说明，自 20 世纪 60 年代以来，消费需求也有了大幅度的增长。

③ 最好将科尔奈的《短缺经济》权威著作与胡斯蒂·埃尔诺的计算结合。胡斯蒂的计算表明，1985—1995 年，福林的购买力下降到 41.9%。参见胡斯蒂·埃尔诺《一种货币的历史：福林从稳定到欧元的流通》，哈尔马丹出版社 2011 年版，第 157—160 页（*Egy valuta története. A forint forgalma a stabilizációtól az euró előszobájáig*）。让我们补充一下，据科尔奈，计划经济体制的系统性问题，特别是软预算约束综合征，也被继承到市场经济中，从而加剧了转型危机。详细了解这个"继承"过程，参见科尔奈·亚诺什《社会主义制度》，《科尔奈·亚诺什选集》下册，Kalligram 出版社 2012 年版（*A szocialista rendszer*）。

④ 科尔奈将预算软约束综合征的概念用于亏损的，但被国家救助的企业。参见科尔奈·雅诺什《软预算约束综合征》，《科尔奈·雅诺什选集》第 4 册，Kalligram 出版社 2014 年版，第 383 页（*A puha költségvetési korlát*）。科尔奈认为，主要是资源短缺的，越来越难以计划的"短缺经济"现象和预算软约束综合征相互有因果关系。换句话说，"短缺经济"现象首先造成了企业亏损，而国家定期将这些亏损勉强处理、承接，从而实现了预算软约束综合征。

格奈什（Bokor Ágnes）认为，贫困的本质并没有改变，在社会中生活条件最差的人总是贫穷，而社会的整体发展水平能决定相对贫困的人群。"不合适的工作和居住结构是20世纪50年代工业化和60年代的生产力的集中所导致的"①，这到80年代产生了成倍的贬值作用。更深入地观察这个时代可以发现，在乡村生活通勤的，但在"庭院农业"也坚持的工人；"在瞌睡之城昏睡的知识分子"的生活；以及"小镇的生活质量"成为这个时代的特征。② 在经济表现恶化并与苏联③进行了漫长的讨价还价后，匈牙利在外国贷款时期，于1981年成为国际货币基金组织和世界银行的成员国。④ 由于外国贷款的激增，对贷款的"依赖及其实用性"，以及经济形势的恶化导致了制度的衰落。背上债务及其不断增长的利息负担，生活水平上升缓慢乃至停滞随后下降，给信任社会主义计划经济的人造成心理创伤。⑤ 计划经济的衰败始于

---

① 博科尔·阿格奈什：《当前匈牙利的贫困》，匈牙利 Magvető 出版社 1987 年版，第 263 页（Bokor Ágnes：*Szegénység a mai Magyarországon*）。

② 沃尔高·乔鲍：《屋檐下的匈牙利》，匈牙利 Magvető 出版社 1989 年版，第 360 页（Varga Csaba：*Magyarország eresz alatt*）。关于过渡期和衰落时期的政治情绪，参见里普·佐尔坦《匈牙利政权更迭（1987—1990 年）》，Napvilág 出版社 2006 年版，第 587 页（Ripp Zoltán：*Rendszerváltás Magyarországon 1987 – 1990*）。

③ 让我们从伦杰尔·拉斯洛的论点出发，"匈牙利连一秒钟也不能逃离戈尔巴乔夫或反戈尔巴乔夫苏联实力的关注，直到1989年秋天，任何事情只有在他们知道和同意的情况下才能发生"。伦杰尔·拉斯洛：《拟合或分裂》，匈牙利 Osiris 出版社 2006 年版，第 113 页（*Illeszkedés vagy kiválás*）。

④ 亨瓦利·亚诺什：《加入国际货币基金组织前史》，《从泛欧运动到欧元》2005 年第 9 期，第 44—89 页（Honvári János：Az IMF csatlakozás előtörténetéhez. *A Páneurópa mozgalomtól az euróig*）。

⑤ 基于匈牙利早期国民经济计划理论人基础著作，格拉特考夫（A. J. Gladkov）《社会主义计划经济在 1917—1918 年的建设》第 2 页上的这句话："计划经济相对于混沌的资本主义经济至高无上。"参见萨斯·安陶尔《计划经济管理》上下册，罗兰大学法学和行政学院 1951 年版，第 39 页（Szász Antal：*Tervgazdasági Igazgatás* I – II）；达尼尔·道马什：《国民经济计划概论》，经济学和理工学院 1952 年版，第 9 页（Dániel Tamás：*Bevezetés a népgazdasági tervezésbe*）；《高级当局制定计划建议的一般准则和方法》没有年份和出版社的文件，议会图书馆第 323.242：(6) 编号（*Főhatósági tervjavaslatok kidolgozásának általános irányelvei és módszerei*）；凯莱门·山多尔：《从自由竞争到计划经济的道路》，没有注明出版社 1948 年版，第 46 页（关于打破中产阶级）（Kelemen Sándor：*Út a szabad versenytől a tervgazdaságig*）；《我国五年计划：和平计划》下册，人民教育部 1953 年版，第 216 页（*Ötéves tervünk：Béketerv. II.*）（关于文学的五年计划）；《计划经济法规集》，计划经济出版社 1953 年版，第 355 页（*Tervgazdasági jogszabálygyűjtemény*）。

1968年改革步伐的减缓，因货币和物价关系以及市场因素的发扬不足。衰落的最显著的、大家都可以察觉的迹象是收入增长率的放慢，随后是下降，以及后来出现的失业问题，这些问题由于地区效应而加重了。

早在20世纪60年代初，匈牙利就已经提出了一种经济和区域发展的构思。这个构思，由于劳动力短缺而注重选择性发展布达佩斯工业，以及大平原和匈牙利西南部地区的工业化，并且包括了煤矿的合理化计划。[①] 从计划经济的衰落阶段开始，到政权更迭，甚至更长时间，这个构思的有限实施导致了严重的失业问题，因为基于大量低技能的当地员工的工业很快就破产了。再说，农业生产合作社的附属工业[②]业务从20世纪70年代开始"兴旺"。其中对工业员工的学历需求可能再低，所以中心以外的工、农业工人的失业更加严重地影响了乡村的经济和福利状况及工人的情绪。

5.2 经济和生活水平衰落

公司购买价值和居民收入的发展情况本身就能反映经济体系的质量及其恶化。如前所述，通货膨胀伴随了计划经济体制的四十年，而本国货币的购买价值能够反映危机的加剧。通货膨胀状况加剧的一个原因是"紧随全球经济趋势"（如第二次世界大战后发生的或石油价格提升导致的通货膨胀）；另一个原因是制度内部的问题，即引发通货膨胀，再人为分配收入。胡斯蒂·埃尔诺认为，自1946年引入新货币，即福林以来，到1985年底这段时间可根据货币贬值率的变化

---

① 鲍尔陶·哲尔吉：《工业在"社会主义"经济和区域发展政策中的作用》1991年，《空间与社会》第4卷，第37—50页（Barta Györgyi: Az ipar szerepe a "szocialista" gazdaság- és területfejlesztési politikában. Tér és Társadalom）。

② 特别要注意，到20世纪80年代末，农业生产合作社附属业务占其净销售总额的一半以上。

分为以下五个通货膨胀阶段。1946 年 8 月 1 日到 1952 年底，福林仅占其价值的 42%。1953—1960 年，温和恶化，到 1960 年底达其稳定值的 33.5%。1961 年初到 1967 年底，是购买力稳定的时期，在出台新机制前一年占 1946 年基值的 32.9%。1968—1978 年，通货膨胀加速了，其中成本方的通货膨胀也发挥了重要作用，因此使福林的购买价值减少到 1946 年基值的 23.3%，而到 1985 年底仅占 14.9%。

由于碳水化合物价格从 20 世纪 70 年代开始上涨，匈牙利贸易条件恶化，使其经济蒙受了重大损失（即使其影响被稀释了）并且在外贸平衡中有所反映。不过不惜一切代价维持政治权力的意愿，以及服从于这个意图的维持生产的意愿，产生了越来越多的外国贷款，随后由于不偿还而增加了国债。匈牙利国民经济主要依靠原材料进口，和本来就过时的、在各方面基于广泛资源的工、农业，而这样却无法在销售价格中实现所增长的生产成本，甚至批量生产的中等质量产品也变得越来越难以售出。计划经济体制对世界经济挑战的反应时间延长了，反应力减弱了。匈牙利的经济管理机构都无法提供适当的答案来避免债务陷阱或应对这个局势，即使到 1973 年，匈牙利经济主要依靠自身的资源发展。根据全国计划局（OT）和财政部（PM）1974 年制定的、探讨引进外国资源的一项研究报告，1976—1980 年，由于出口的快速增长、汇率收益和债务结构重组，匈牙利的国际金融形势被认为趋于稳定。[①] 尽管该报告注意到贷款投资效率方面的一些问题，但认为，有必要继续借贷。建议"有计划地增加"以美元计价的债务，并且认为，经互会国家合同价格中不存在汇兑损失的风险。同时，1974—1984 年在外贸中因贸易条件恶化造成的损失（按 1973 年价格计算）达 96.64 亿美元[②]；

---

① 弗尔戴什·乔治：《背上债务地政治史》，匈牙利 Maecenas 出版社 1995 年版，第 78—79 页（Földes György: *Az eladósodás politikatörténete*）。

② 《匈牙利的外债和债务管理》，《匈牙利中央银行研究报告》，1993 年，第 30 页（*Külső eladósodás és adósságkezelés Magyarországon*）。

而以卢布计算，则为 126.78 亿卢布。① 这使匈牙利的经济衰落无法规避。与其他社会主义国家一样，匈牙利也认为，经济增长是可持续的，匈牙利发布了有关经济发展成功的数据，甚至在预计提高生活水平时未计算债务问题。②

举借的外国贷款最终为匈牙利过时的生产结构，为维持不划算的生产提供了融资。其背后的目的是要证明社会主义避免危机，和维持全面就业的能力。同时，在 1974 年前后的家庭收入统计数据中可以发现显著的差别，从石油危机开始，生活水平指数的增长放缓，然后显著地下降了。③

下降发生在四个可以分明的阶段（见表 4-1）。几十年来一直相对低廉的石油价格，从 1973 年的 18—20 美元/吨在短时间内涨到 95—100 美元/吨，这给进口国带来了冲击，并且给出口商带来了充裕的流动性。1973—1978 年，匈牙利的债务总额上升了 447%，而净债务上升了 445.7%，还本付息的比率涨了 274%，而国际收支差额在持续恶化之后最终为 -14.8 亿美元。1974—1978 年，尽管局势急剧恶化，但国内

---

① 值得注意的是，匈牙利经济进口的战略原材料，在加工后出口到苏联了。这些都是苏联难以或根本无法获得的美元才能买到的商品。

② 萨博·安德拉什：《欧洲社会主义国家在 1971 年的经济状况及其 1972 年的发展计划》，匈牙利中央银行 1972 年版，第 87 页（Szabó András：*Az európai szocialista országok gazdasági helyzete* 1971 – *ben és fejlődési előirányzataik* 1972 – *re*）。受油价上涨影响的欧洲国家在 1971 年的国民收入增长达 4.5%—12.5%，见该书第 5 页；同一组国家在 1955—1970 年的国民收入增长，按 1960 年不变价格为 155%—235%。参见贡道·安德烈奥、凯尔泰斯·埃尔热拜特《近十年来一些社会主义和资本主义国家经济发展的主要指标》，匈牙利中央银行第 20 通告，匈牙利中央银行 1971 年版，第 11 页（Gonda Andrea – Kertész Erzsébet：*Néhány szocialista és kapitalista ország gazdasági életének fejlődését jellemző főbb mutató alakulása az elmúlt* 10 *évben*）。

③ 有关生活水平提高速度的减慢然后下跌的过程，参见《国民经济中的收入分配》（*Jövedelemelosztás a népgazdaságban* 1965 – 1971），匈牙利中央统计局（KSH），以及匈牙利中央统计局 1972 年、1973 年、1974 年、1975 年、1976 年和 1979 年的年刊及其 1976—1982 年的同样题目的报告。

支出出现了迅速但带有外资融资的增长。在五年以内，总积累量增长了近80%，而家庭消费的增长也较为显著，超过了西欧平均水平，达20%。①

表4-1　　1973—1991年外债的演变及其主要指标的比率

主要指标	1973年	1978年	1985年	1990年	1991年
外债毛额(百万美元)	2118	9468	13955	21270	22658
负债净额(百万美元)	805	6141	8046	15938	14554
国际收支差额平衡(百万美元,累计额)	53	-3963	-7229	-11714	-11147
非卢布贸易条件损失(百万美元,累计额)	—	-2381	-5999	-10341	-12175
卢布汇率损失(百万卢布,累计额)	—	-1490	-8471	-13150	—
还本付息/货物和服务出口(%)	27.6	34.8	70.1	45.5	32.0
净利息/货物出口(%)	5.8	7.9	19.9	22.3	14.4
GDP年增长率(%)	6.9	4.6	-0.3	-3.3	-10.2
GDP的国内支出年增长率(%)	2.7	8.8	0.4	-4.0	-10.0

数据来源：小涅尔什·赖热（主编）：《匈牙利外债和债务管理Ⅰ—Ⅳ》，匈牙利《银行评论》1993年第1—5期；《外债》，匈牙利中央银行1993年版，第27页和表3。

---

① 重点是由于石油危机，西欧国家进行了结构性调整，而匈牙利就没为此做多少工作。

第四章 中央计划经济体制下的公共财政和经济管理

1979—1984 年，匈牙利开始重视对外金融平衡①，其主要手段是抑制国内支出。紧缩主要涉及在积累储备上的开支，尽管如此，固定资产净值的增长速度也快于生产的增长速度。从本质上讲，积累储备在国内生产总值内的比例逐渐降低了，最终急剧下跌，跌破了最后上扬曲线前的平均水平。就家庭消费而言，尽管增长速度放缓了，但在六年内，远远超过了 GDP 的 3.6% 的增长，按不变价格计算增长了近 9%。实施的基本方法是将本来已客观上加剧的通货膨胀压力转变为开放的过程，从而通过物价提取收入。1979—1984 年也采取了一些紧缩措施，因此总债务和净债务的增长停止了②，但是由于利率上涨的外债原因，所支付的利息负担从 1979 年的 4.6 亿美元增加到 1984 年的 8.15 亿美元。

他们试图通过各种业务弥补由于家庭主要收入（主要是工资）的实际价值下降而导致的有效购买力的损失，其可能性在 1982 年以后，随着创建新的企业形式③而大大增加了。在此期间，实际人均收入还没有下降，但是由于实际工资几乎每年都在下降，而且人民将 2% 以下的消费增长一般视为停滞或下降，所以到计划经济体制结束时，人民觉得生活水平下降的过程持续了十多年。

相对成功之后，匈牙利社会主义工人党第十三次代表大会（又）着重于维持经济的增长。因此，在没有恰当地评估平衡局势的经济政策中，没有实现结构调整、现代化和灵活度的提高，并且债务量又上涨了。1985—1987 年，匈牙利债务总额增加了 40.3%，净额增加了 70%。

---

① 关于危机措施的性质，参见弗尔戴什·乔治：《背上债务地政治史》，匈牙利 Maecenas 出版社 1995 年版；卡达尔·亚诺什：《联盟的政治——国家的统一》，匈牙利科舒特出版社 1981 年版，第 93—94 页（Szövetségi politika – nemzeti egység）。

② 1979 年的债务总额为 105.07 亿美元，1984 年为 109.83 亿美元，而净债务则由 71.23 亿美元变为 65.49 美元，同时，国际收支赤字也转为适度的正数。参见《外债》，匈牙利中央银行 1993 年版，第 44 页。

③ 国有企业租用（出租经营），饮食业单位承包经营等。

国际收支平衡又变为负数，每年的损失为 8.47 亿—14.95 亿美元，而净利息负担约为 10 亿美元。

1985 年开始，匈牙利连紧缩措施也未适当实施。1985—1987 年，国内支出继续增长（7%），总积累和家庭消费也不断增长，但其外债基础幅度越来越大。1987 年开始，宏观经济局势继续恶化导致国内支出受到限制。新的紧缩时期的要点在于个人所得税的引入和持续居高不下的通胀，尽管人民有更多的机会赚取更多的外快，但还是不会或者难以抵消负面情绪。

1988 年和 1989 年，匈牙利试图恢复内外平衡的又一次尝试失败了，其总债务和净债务都继续增长（分别增长了 4% 和 6.7%），而 GDP 已呈现下降，而且在三年以内，利息负担增加了 28.8%。匈牙利经济的不稳定性不仅体现在对外状况上，也体现在预算余额中。例如，在国家预算中，1977 年、1978 年和 1980 年的实际赤字之间的（负）差异超过 40%。① 尽管国家的表现恶化，"人民的财务状况并没有随着下降，甚至实际工资增长了 9%……而消费增长了 5% 以上。因为出国旅行简化和新出台的海关措施，从 20 世纪 80 年代中期，人民开始在国外进行大规模的购物"②。私人进口的原因是消费者的情绪有所改善，但是国家的外汇储备已接近临界水平了。

社会主义社会中层阶级的衰落和贫困化是社会主义经济的最后一个精神创伤，导致社会主义计划经济在社会层面上也成为过时的、不被信任的思想和制度。几十年来，人民享受了购买力不断增长的收入，在一些消费领域（食品、住房、汽车等）的消费也有所增加。与

---

① 《外债》，匈牙利中央银行 1993 年版，第 59 页；此处还说明了 1974—1991 年的情况。
② 《生活水平（1988—1997 年）》，匈牙利中央统计局 1998 年版，第 16 页（Életszínvonal 1988–1997）。

第二次世界大战前的水平相比,改善尤其强劲。① 社会福利网络在衰落的过程中还是显示出其家长作风。② 例如,拜雷尼(Berényi)指出,实际工资指数在1972年增加了35%,与1960年相比,实际收入指数增加了72%。③ 然而,根据福尔考什·考达琳(Farkas Katalin)和鲍陶基·尤蒂特(Pataki Judit)的研究,"自1975年以来,经济风气逐渐恶化……数十年来一直习惯于稳定价格的老百姓仍然没有适应价格的不断变化……被称为规范的社会主义经济和社会发展的许多思想变得虚幻"④。

到20世纪70年代初,人民群众的生活水平根据内部来源一直上升,随后根据贷款上升;而到80年代末,开始出现"绝对的"下降。自80年代以来出现了一个新的角度,即"必须从整体上适用就业,工资和收入政策,以提高效率……社会福利政策和确保全面就业不是公司的任务,而是整个社会的任务……名义收入及其细分是必不可少的"⑤。他们指出,20世纪70年代,工人和农民的收入价值守恒,但是"在相同的收入水平下,与工人相比,农民收入中的劳动来源的收入份额高,

---

① 《我国从解放到现在的生活水平》,匈牙利中央统计局1981年版,第61页(Életszínvonalunk a felszabadulástól napjainkig);《生活水平及其经济背景(1979—1981年)》,匈牙利中央统计局1982年版,第75页(Életszínvonal és gazdasági háttere 1979–1981)。

② 《老百姓的所得、社会保险和家庭政策》,匈牙利中央统计局1983年版,第82页(A lakosság jövedelme, társadalombiztosítás, családpolitika);拜雷尼·约瑟夫:《生活水平和家庭政策》,科舒特出版社1974年版,第110页(Berényi József: Életszínvonal és családpolitika)。

③ 拜雷尼·约瑟夫:《生活水平和家庭政策》,科舒特出版社1974年版,第109—110页。

④ 福尔考什·考达琳、鲍陶基·尤蒂特:《生活水平的事实及其在民意中的反映》,匈牙利大众传播研究中心1983年版,第6—7页(Farkas Katalin – Pataki Judit: Az életszínvonal tényei és tükröződése a közvéleményben.)。

⑤ 扎费尔·米海伊:《20世纪80年代的生活水平政策—经济增长放缓和平衡要求的强调导致的生活水平政策后果》,匈牙利工会理论研究所1980年版,第91—92页(Zafír Mihály: Életszínvonal – politika a 80 – as években. A gazdasági növekedés lassúlásának, az egyensúlyi követelmények előérbe kerülésének életszínvonal politikai következményei)。

而社会福利中的收入份额较低"①；并且在 80 年代，这种收入价值在对比下变得越来越分化②，致使社会主义计划经济体制基本上保障收入平等和"体面生活"的保障基础和能力削弱了。统计数据在三十年前（如 1958 年）表明，虽然工、农收入状况存在显著的差异，但是生活条件在持续改善③；而二十年后统计数据显示的是，因外部原因，他们达到了相同水平。从 20 世纪 80 年代末开始，生活水平下降（停滞）和收入分化成了普遍化现象。在匈牙利（与其他国家那样）"生活水平政策确保了制度的社会支持"④，所以随着福利指标的持续下降，对制度的支持度也减少了。

据匈牙利中央统计局数据，1988 年和 1989 年的主要状况是，还有一定承受能力的社会阶层遭受了生活水平的下降。⑤ 因此，接近最低水平的家庭数量增加了。可见，贫困化是当时中产阶级的特征。匈牙利政治领导层估计，最富有的社会阶层将能维持其水平。居民收入的变化没有以相同的方式影响不同的群体。1972—1982 年收入调平；随之而来的几年，收入分散，差异扩大；而在政治制度转变期间情况依然如此。克罗什·道马什（Kolosi Tamás）的研究表明："20 世纪 80 年代，匈牙利的政治危机加深，债务危机使之成为合法的紧缩性经济政策，通胀加

---

① 《工人和农民阶级生活水平和生活条件的变化》，匈牙利统计局 1973 年版，第 18—19 页。
② 《关于生活水平的意见》，匈牙利统计局 1986 年版，第 87 页。
③ "1955—1958 年，工人和员工的实际就业收入增长了 33%，农民从农业生产中获得的实际收入增长了 4%。"有人作为解释指出，人均工业净产值增长了 10%，而农业净产值增长了 4%。参见《1958 年国民收入与人民收入》，匈牙利中央统计局 1959 年版，第 44 页。
④ 鲍尔陶·埃斯泰尔：《福利专政的兴衰——卡达尔时代研究的社会历史视角》，《Historica Critica》，匈牙利罗兰大学出版社 2014 年版，第 399 页（Bartha Eszter: *A jóléti diktatúrák felemelkedése és bukása. Társadalomtörténeti szempontok a Kádárkorszak kutatásához*）。
⑤ 《1988—1989 年的生活水平下降对社会各阶层的影响》，匈牙利中央统计局 1989 年版，第 10 页（*Az 1988 – 1989. évi életszínvonal – csökkenés réteghatásai*）。

剧，整个时期的实际工资停滞以及第二职业①和私营经济活动增加。试图通过牺牲家庭经济的利益来挽救变得越来越困难的经济局势。"② 克罗什证实，专职工作的总工时减少了，而"第二职业"的工时却增加了。经济和社会变革的力量不仅在匈牙利，而且在整个苏维埃地区，尤其是在中东欧地区都"标志着旧制度的废弃以及向市场经济和民主制过渡的开始"③，其中私有化并恢复与西方的关系已成为首要方向。

---

① 其中值得注意的是以下几点，"伴随着生活水平提高的一些合理和分化的需求，不能由社会主义经济大型工厂来满足，或者不能以足够的效率来满足"。盖尔姆什卡·帕尔：《据此，社会主义可以承认失败吗？——卡达尔时期的第二职业》，盖尔姆什卡·帕尔、莱奈尔·M. 亚诺什主编《研究卡达尔主义的视角》，匈牙利1956年事件研究所2008年版，第66页（"De hát eszerint a szocializmus bedobhatja a törülközőt?" Második gazdaság a Kádárkorszakban. Közelítések a kádárizmushoz. Szerk. Germuska Pál – Rainer M. János）。

② 克罗什·道马什：《八十年代的不平等现象》，匈牙利《快讯》1989年，第5—6页（Kolosi Tamás: Egyenlőtlenségek a nyolcvanas években）。

③ Jan Stankovsky（1993）: Problems of Economic Transformation in Central and Eastern Europe. In. Perspectives, Prague, 1993. No. 1. pp. 15 – 25.

· 149 ·

第五章
市场经济转变期的经济形势

　　由于匈牙利社会主义计划经济的改革进程未能顺利完成，改革的效果不断减弱，国家外债的逐渐上升，导致其社会主义从根本上的崩溃。20世纪80年代末萌芽的"真实"市场经济最大的特征，是将其运转基础建立在了外国运营资本上，并重视提升银行业所起到的作用，而不是依靠提升私有财富和内需。这些进程都伴随着债务进一步的攀升，即使欧盟在此期间完成了一系列的整合工作，也没能阻止匈牙利的财政平衡变得越来越差。计划经济的各种市场元素在新自由派意识形态的市场经济过渡时期不断地被排挤出局，国家经济的新轨道是按照盎格鲁—撒克逊派系的模型打造的，并在其中融合了第二次世界大战前的匈牙利资本主义元素。

第五章 市场经济转变期的经济形势

1 体制更替的缘由、体制改革法、体制改革的"机遇"

1.1 市场经济的"重启"[①]

由于货物经济在公有财产主导的经济体制当中，在各种内部和外部压力之下未能有效运作，匈牙利经济政策在计划经济体制崩溃之后，被迫走上了一个新的政策轨道。20世纪80年代末的匈牙利债台高筑，这是在过去数十年的时间里强制维持计划经济体制的结果。1990年匈牙利国家总债务余额为21.27万亿美元，其中大部分的债务币种为可转换的货币。减去国外应收账款之后的匈牙利净债务余额为15.938万亿美元，这笔债务每年需要支付的还款额相当于匈牙利货物和服务出口总额的45.5%，而匈牙利GDP增长率则从1985年开始就一直是负数。匈牙利增长的潜力被淹没在了巨大的债务当中。当时普遍被提出的应对方式[②]，是参照波兰的先例[③]，试图争取免除债务。波兰经济的低谷是在1991年，该年GDP与1989年相比下降了18.5%；然而在波兰成功说服债主们减免了债务之后，该国经济增长率马上回升到了比

[①] 在经济政策历史时期的划分上，我不推崇硬性的界限，也不设定年数上的分水岭。我认为，市场经济的重启事件发生于20世纪80年代末，即"社会主义"最后的、处于危机当中的那几年。那时二元银行制度建立，国家开放了开办公司的权力。不过，再展开地说，我会把市场经济元素的应用起点放在"新机制"的时间点上，较为纯粹的市场化要素应用的起点，或者迫使应用那些要素的时间是在70年代国债开始增长的时期，当时债权方对物价、薪水和其他支出开始有了越来越多的决定权，之后从80年代已经开始了关于私有化和更明确的去规则化的讨论。

[②] 吉达伊·埃尔热拜特：《经济生存的机会和债务的代价》，Püski 出版社1996年版，第71页（Gidai Erzsébet: Gazdasági túlélésünk esélyei és az adósság ára）；纳吉·彭格拉茨：《体制改革的经济政策》，Akadémiai 出版社2004年版，第382页（Nagy Pongrác: A rendszerváltás gazdaságpolitikája）。

[③] 1991—1994年波兰的债权方将其债务减少了135亿美元，该国自1981年开始就未偿还债务。

· 151 ·

1989年高出10.2%的水平。1993年是匈牙利的经济低谷年，在其未能获得债务减免的情况下，竞技成绩仍然比1989年的水平低了9个百分点。① 纳吉·彭格拉茨指出，匈牙利在1995年之前一直在用新债还旧债，因此其债务的负担并没有（直接）影响到经济运转。② 一方面，利息支出并（暂时）没有给匈牙利经济造成负面影响，但同时也意味着新进入国家经济的运营资本不能起到刺激经济的作用，因为钱刚进来就要马上拿来偿还债务。另一方面，国家实施的各种限制政策所服务的对象，都集中用于扩大外贸市场，以创造用来还债的收入。匈牙利政府的债务管理策略负责计算准时还款的方案，因为一旦匈牙利需要重组债务，就会导致国家的债信评级进一步下降；如果单方面拒绝支付，还会迎来匈牙利国家经济崩溃的结局。确保信贷和债务管理的稳定运转，才能保障匈牙利政治体制改革工作不受到较大的阻碍。

为了实施这一系列无法逆转的市场改革，匈牙利从20世纪80年代初就开始了各种"摸索"和"心理准备"，主要是在银行问题和所有权归属问题上。③ 明确的是，如果任由当前体制继续浪费资源，必将导致国债问题和生活水平的进一步恶化，匈牙利将加速与世界主流经济群体脱轨。由经济互助委员会所宣扬的市场收购能力，市场互助系统和廉价原料等"神话"全部破灭。"20世纪80年代前半叶，缺乏资本和原料的匈牙利经济生产一个GDP单位所消耗的能源与资本，与同期OECD

---

① 纳吉·彭格拉茨：《体制改革的经济政策》，Akadémiai 出版社 2004 年版，第 225 页。
② 同上。
③ 诸如黑格尔和马克思财产理论的可行性等问题也进入了考虑当中。参见科瓦奇·乔巴《黑格尔和马克思的财产论》，OT 计划经济局 1985 年版，第 539 页（Kovács Csaba：Hegel és Marx tulajdonelmélete）。波德·彼得·阿克什：《国家财产、国家干预和今天的资本经济》，《计划经济公告》1986 年第 5 期，第 291 页（Bod Péter Ákos：Állami tulajdon, állami intervenció a mai tőkés gazdaságban. Viták és kísérletek Nyugat–Európában. *Tervgazdsági Közlemények*）。

国家平均水平相比，要分别高出 40% 和 50%。"① 导致经济上的紧张形势的不是所谓的短暂的困难，而是"短暂困难时期的常态化"。匈牙利经济所面临的最大困难不是外部条件恶化，而是其经济体制和物质利益系统的水平低下。② 在考虑过渡到市场经济体制的过程中，还要同时思考解决以上种种问题的方式，而这就是旧经济体制对改革进程的"强制效应"。预算政策，银行管理，甚至私有化决策当中都必须考虑怎么合理使用之前提取的巨额贷款。

匈牙利从 1990 年开始实施的改革计划的成功，除了是因为得到政治体制系统层面的支持和指导，还要归功于盎格鲁—撒克逊"华盛顿共识"中的基本理念。该理念指出，减少国家政府的控制力度，实施私有化，简化规则能够让经济变得更加稳定。华盛顿的理念与欧盟的四大自由原则③与哥本哈根标准④相似，由于匈牙利有意加入这些经济团体，使得这些理念在匈牙利经济改革的过程中扮演了重要的角色。在新的经济体制当中，预算救助资金、投资、生产、就业、可支配收入都大幅下降，同时国有财产快速地进入私人手中，主要是外国人的手中，而国家政府逐渐减轻了监督和管控的力度，以上两大进程同时的、快速的实施，导致了新一轮的国家财政问题。当时国家的税收政策没有正确地判断出拥有匈牙利国有财产的外国公司或个人，以及绿地投资公司的纳税能力，征收的税率过低；同时向其他国内企业的征税又过高，这种畸形⑤的政策

---

① 卡达尔·贝拉：《匈牙利经济在体制改革中》，《匈牙利 Rubicon 历史》2016 年第 2 期，第 78 页（Kádár Béla: Magyar gazdaság a rendszerváltás küszöbén. *Rubicon. Történelmi Magazin*）。

② 更多关于变化的迫切性，参见安道尔·拉斯洛、博克洛什·洛约什、齐拉格·伊什特万等《转折和改革》，匈牙利《经济学评论》1987 年，第 642—663 页（Antal László - Bokros Lajos - Csillag István - Lengyel László - Matolcsy György: Fordulat és reform）。

③ 保证货物、资本、劳动力的自由流动。

④ 简单地说，正常运营的市场经济和民主社会体系。

⑤ 伦特奈尔·乔巴：《体制改革和金融政策：事实和误解》，匈牙利 Akadémiai 出版社 2016 年版，第 234—244 页（*Rendszerváltás és Pénzügypolitika. Tények és tévhitek*）。

在预算收入方面造成了低效率①的问题，并错失了潜在的税务收入②。资金周转困难的国内企业以及生活水平不断恶化的居民都成为需要预算支出援助的负担，导致整个预算不断处于高额赤字的状态，这些赤字随即转变成新的国债。综上，匈牙利的政治体制改革在全国政商界的一致推动下进行，用科尔奈的话来说，其过程处于一种"转变危机"的状态当中。③ 1991 年匈牙利的 GDP 下降了 11%，与 1989 年和 1993 年相比则下降了 20%，同时该年的通胀率④高达 35%。⑤ 匈牙利政府实施新自由主义市场经济体制的主要任务是建立相关的法律和机构体系，并且拆分原来的国有的、合作社所有的资产，并转变在对外贸易上的立场。⑥ 1989 年，通过修改《宪法》，匈牙利的公共资产和私人资产享受同等保护，匈牙利经济则被定义为市场经济。⑦ 外国和国内经济参与者都在

---

① 计划中的税率本来就更低。

② 国内公司因为他们"乱糟糟的"经营方式，很多情况下未能支付税款。

③ 科尔奈·雅诺什：《转变的衰退：在匈牙利发展例子中对一个普遍现象的分析》，匈牙利《经济学评论》1993 年第 7—8 期，第 569—599 页（A transzformációs visszaesés. Egy általános jelenség vizsgálata a magyar fejlődési példán）。

④ 在之后几年里面减轻。货币贬值幅度分别为 1992 年 23%、1993 年 22.5%、1994 年 18.8%、1995 年 28.2%，之后幅度开始下降。

⑤ 在前社会主义国家里也开始出现类似的效果，其经济成绩在 1990 年下降了 4%—5%，在 1991 年下降了 13%—14%。其原因详见 Stankovsky, Jan（1993）：Problems of Economic Transformation in Central and Eastern Europe, Perspect, No. 7, p. 15。

⑥ 因为本书的篇幅限制问题，不过度详细展开讨论外贸事务，但值得提出的是，在苏联势力范围当中，匈牙利是最强烈要求取消该机构的。虽然产出的匈牙利产品也属于"软性"产品，在其他地方也无法出售，而交换得到的能源类资源则属于"硬性"产品，也就是说可以在任何地方变卖成美元。在此之后，东欧国家市场的解散对改革中的匈牙利经济的影响不仅是暂时的，而是对其扭曲的，浪费的工业体系对其造成了数十年的影响。

⑦ 关于我对实施中的市场经济转变的疑虑，参见伦特奈尔·乔巴《关于社会主义市场经济和经济独立》，匈牙利《信贷》2015 年第 2 期，第 101—109 页（Szociális piacgazdaságról és gazdasági függetlenségről. Nekrológ Csengey Dénesért. Hitel）。此外关于以上观点的详细讨论见同处，讨论关于一个拥有市场经济元素的计划经济体制如果能获得整体上的成功，那就能更好地帮助其转型到市场经济（类）的体制。瓦鲁赫·蒂博尔：《市场经济社会主义：解决方式、理解方式、评论》，《卡达尔主义的方案》2008 年，第 85—108 页（Valuch Tibor：A piaci szocializmus. Közelítések, értelmezések, értékelések. Közelítések a kárizmushoz）。瓦鲁赫的意见，（"在保守的，偏右的知识分子报纸中……市场社会主义问题没有或很少出现"，第 86 页），所以需要稍微调整。

《宪法》中享有抵抗政府强制征收的法律保护机制。匈牙利希望通过改革建立社会主义市场经济体制，而该体制受到了先前体制造成的巨大债务和效率低下的制造业架构的影响，使国家预算不得不面临各种问题，并因此进一步造成匈牙利经济对于外来资本的依赖。在过去数十年里，一直以家长式管制模式运转的经济和社会界被米尔顿·弗里德曼和其追随者们（芝加哥经济学派）的霸权式理念影响，该理念认为在经济体当中存在自我平衡的参与者，这些参与者能够在市场的各个领域创造平衡，国家经济的平衡可以在没有政府干预的情况下实现。然而在一个已经支离破碎的，更确切地说是在计划经济的废墟上，迫不及待地实施自由派理念，最终造成严重的破坏性效果。也就是说，我们不提倡维持原来的政府干预政策，而是认为在引进新的、（单纯）以市场为基础的经济体制时，应该态度更加审慎，手段更加细腻一些。为了奠定市场经济的基础，匈牙利政府颁布了以下一系列法律法规：关于经济类公司的1998年第六号法律，转型法规（1989年第十三号法律），关于授予国有公司管理国有财产的1990年第八号法律，关于国家财产局以及该机构管辖的财产管理及使用的1990年第七号法律，关于长期归属政府管辖的企业资产的管理及使用的1992年第五十三号法律。[①] 通过以上法律的颁布，让私人财产逐渐接过国有财产所扮演的角色。匈牙利大部分国有公司因为无法继续运营而被重组或者清算，但由于在资产分配的过程中，因为原先的本国人士所持资产空虚，以及外来人士资产庞大，而且政府还在通过优惠政策吸引外资的

[①] 体制改革法于不同时期生效也造成了更多困难。参见萨科齐·托马什《匈牙利经济法在5年内的发展》，匈牙利《法律学》1986年3月，第163—164页（Sárközy Tamás: A magyar gazdasági jog ötéves fejlődéséről. *Jogtuaományi Közlöny*）；伊姆列·米克洛什：《经济和行政之间的关联，国家社会主义和体制改革在经济和经济政策上的改变，根据罗林茨·劳约什的工作》，*Pro Publico Bono*，2016年第3期，第166—167页（Imre Miklós: A közigazgatás kapcsolata a gazdasággal, az államszocializmus és rendszerváltoztatás gazdasági – gazdaságirányítási átalakulásai Lőrincz Lajos munkásságának tükrében）。

情况下，匈牙利的国内外资产之间未能形成一个良好的分配比例。奥斯塔洛什·拉斯洛·久尔吉（Asztalos László György）在市场经济过渡初期表示，之前"为了达到一个良好的价格和开支水平，减缓了居民资本积累的速度，但由于第二经济（小农、辅助类的私有经济）的快速发展，不仅抵消了减缓作用，而且还大幅壮大了他们的财产……然而对经济改革至关重要的内在资源的很大一部分，并未能作为系统化资本市场的资源被利用起来"①。企业界的资金储蓄水平低下，一直就属于潜在资本市场资源的一小部分。"由于匈牙利人低调不张扬的性格和在残酷历史中自然养成的谨慎小心的习惯，让匈牙利人财富积累的分析工作变得非常困难……在这一历史弯道几乎长达 50 年的时间里，获得收入并积累财富都是一件危险的事情。"② 毛托尔奇赞扬了 1968 年爆发的市场效应，"在经济恢复的第一阶段里，生活在乡村地区的人们逐渐通过利用房屋周边的土地和农具进行生产，并悄悄建立了一个隐秘的商业关系网"③。毛托尔奇期望匈牙利公司数量的大幅增加，能够达到资本累积加速的目的，达到"中等富裕水平"。然而在匈牙利私有化过程的起初阶段里，其国内资本积累的程度并不足以让普通民众和国内公司也参与到私有化的过程当中；相反地，由于企业所处的经济环境和法律法规经常变化以及体制本身的不协调，都削弱了匈牙利国内企业的账务周转和资本积累的机会。最后，由于国家政府和民众都高度期待经济活动的加强和生活水平的提高，导致不得不引入外国企业来实施私有化进程，该进程结果总的来讲是正面的，但在多个问题上造成了预算和社

---

① 奥斯塔洛什·拉斯洛·久尔吉：《资本市场和银行体制》，匈牙利《外贸》1988 年第 6 期，第 21、25 页（Asztalos László György：Tőkepiac és bankrendszer. *Külgazdaság*）。

② 毛托尔奇·哲尔吉：《匈牙利资本累积》，匈牙利《现实》1991 年第 1 期，第 1 页（Matolcsy György：A magyar tőkefelhalmozás）。

③ 这里不仅是指农业大型工厂的工人，也包括在乡村地区、自家房屋周围耕种的人在内。

第五章　市场经济转变期的经济形势

会问题,并在之后的时间里成为匈牙利经济追赶发达国家的最大阻碍之一。科尔奈所提出的转变危机给出了确保适当结果的条件,是转变的时间够短。也就是说,在计划经济的操控机制停止运转之后,"市场刺激要素"尚未完成全面机构化之前的时间,应该缩到最短,因为这段时间里"经济有一定的概率崩溃"①。匈牙利快速的改革在短期内会造成较大程度的工业退步,而"之后到来的经济回升将更加快速"②。匈牙利市场经济过渡时期的非常规性质是因为过渡期的拖延、经常性的预算问题,以及上升的国债所导致,准确地说,市场经济过渡并未完全结束。由于匈牙利政府无法达成统一意见,而体制上又继承了原先毫无优势的经济架构,导致经济政策只能在原有基础上进行"东修西补的工作",即便之后政府强制推出了改善生活水平的政策,但该政策对国家预算造成的负担使匈牙利经济进入"不断贬值"③的状态。匈牙利市场经济过渡期改革工作,在指挥上犯下了一个战略性错误,那就是他们将过去的后家长主义的社会主义体制,连同该体制里的预算资源问题一起继承下来,并试图将本来就缺乏资本的、尚未奠定市场经济基础的经济体打造成一个斯堪的纳维亚模式的福利国家,而且在长达数十年的时间里同时交叉采用新老制度的不同要素,这个错误导致整个改革遭受挫折。为了保障该体制的运作能力,政府被迫作出多次危机应对措施。④ 科尔奈认为,"软性预算限制"造成了太多的问题,因此未能将市场刺激因素的

---

① R. Dornbusch (1991): *Priorities of Economic Reform in Eastern Europe and Soviet Union.* CEPR Occassional Paper 1991. No 5, Fed Library, Washington DC – Study.

② Debs, R. A., Shapiro, H., Taylor, C. (1991): *Financing Eastern Europe. Group of Thirty.* Washington DC, Fed Library, Washington DC – Study.

③ 关于我对体制转型的效率提出的忧虑,对世界经济危机作出的不当应对,参见 Lentner Csaba (2010): Does the Hungarian Economy Based on Market Mechanisms Really Represents a Higher Level Model than the Bureaucratic Communist Planned Economy?, *Heller Farkas füzetek*, Vol. 8, No. 1 – 2, pp. 10 – 17。

④ 两个主要政策包括 1995 年的经济加固政策,以及 2006 年的趋同轨道矫正政策。

作用充分发挥出来。① 也就是说，社会主义的、家长式的政府功能未能得到更多资源，同时匈牙利各届政府还是像卡达尔政府时期那样保留并进一步扩张了政府的补贴制度。科尔奈将计划经济要素分成三大类型："滞留的"、落后的、给市场经济发展拖后腿的。② 第一类属于从社会主义继承的理念，特别是社会对政府扮演家长式角色的依赖。第二类是留在资本主义体制当中的"短缺经济领域"，也就是等同于免费的国家服务（如医疗），这些服务的能力十分有限。"在国有产业主导，提供免费服务的地方，往往就是短缺经济的温床。"③ 而且短缺经济为黑色经济创造了市场，使其生命力得以延续。④ 第三类是软性预算限制（PKK）的保留，这里指的是公司，银行无论在计划经济体制，还是在匈牙利版本的市场经济体制当中，"不是特别怕"在财政上遭遇失败，因为匈牙利政府早晚会进行救助。

综上所述，匈牙利在市场经济过渡期中，快速地完成了引进市场经济模型的工作⑤，改革的突然性对社会及根基较弱的国内产业造成了冲击（其保守的操作方式也占一部分原因）；另外冲击市场的是由科尔奈所提出的，系统层面的"短缺经济领域"、软性预算限制和家长式政府模式的继承。以上两大"理念"的碰撞和维持成为匈牙利模式的市场经济过渡期的非常规特征。

1.2 关于加入欧盟

匈牙利市场经济过渡期的非常规特征除了持续不稳定的预算和社会

---

① 科尔奈·雅诺什：《软预算约束综合征》，《科尔奈·雅诺什选集》第4册，匈牙利 Kalligram 出版社2014年版，第381页。
② 科尔奈·雅诺什：《社会主义制度》，《科尔奈·雅诺什选集》下册，匈牙利 Kalligram 出版社2012年版，第 XIV – XXXI 页。
③ 同上书，第 XIX 页。
④ "……处于过度需求这一面的人试图行贿供应紧张的一面。"（同上）。
⑤ 建立在个人财产上的经济、银行运作、棉花式的工作岗位，对削减社会补贴越来越有力的"尝试"，以及市场经济机构体制的建立。

环境，还有在此期间实施的加入欧盟的工作，加入欧盟的进程是按照欧洲一体化政策的要求推进的。① 单从加入欧盟所做的工作来看，匈牙利能够在约 10 年的时间里，完成加入欧盟的工作并获得成员国的所有权益，属于良好的成果。因为通过加入欧盟，匈牙利无论从欧盟，还是从其他跨国企业都得到了投资②，扩张了国家预算的资源，而这个成果主要应归功于其国家政府机构体系与欧盟要求相互匹配。匈牙利（再次）加入了欧盟，并以此踏入了世界经济的殿堂。由于"全球化的进程逐渐加强，这一方面减弱了国家政府的独立性，另一方面增加了政府经济政策的责任"③。因为需要合适的政策来达到协调的目的，而匈牙利政府对此显得越来越力不从心。与全球化市场密切接轨的产业变得非常成功，但同时国内的其他产业和财政预算不断遇到各种困难④，虽然欧盟为成员国发展市场经济先后提供了可观的援助金和预算补贴。⑤ 通过

---

① 补充一点，在获得了真正的、法律意义上的成员资格之后，匈牙利仍然不知道参加欧盟的"目的"，但欧盟自己也不是很清楚对匈牙利的态度是什么。参见韦莱什·约瑟夫《关于经济政策和全球化关联的主观见解》，《21 世纪初的金融政策战略，纪念胡斯蒂·埃尔诺》，匈牙利 Akadémiai 出版社 2007 年版，第 55—63 页（Veress József: Szubjektív látlelet a gazdaságpolitika és a globalizáció viszonyáról. *Pénzügypolitikai stratégiák a XXI. század elején. Emlékkötet Huszti Ernő tiszteletére*）；这里要指出，这本在 2007 年出版的书中，无论其政治意识形态的归属，没有一人不在批评匈牙利经济政策当中的漏洞。

② 外国运营资本（FDI）的情况将会在该章节的后续部分继续探讨，也包括多元化的后续发展。

③ 韦莱什·约瑟夫：《关于经济政策和全球化关联的主观见解》，《21 世纪初的金融政策战略，纪念胡斯蒂·埃尔诺》，匈牙利 Akadémiai 出版社 2007 年版，第 60 页。

④ 形成了两面经济和两面社会，两个层面都有显著的贫富差距。参见伦特奈尔·乔巴《体制改革和金融政策》，匈牙利 Akadémiai 出版社 2005 年版，第 234—278 页（*Rendszerváltás és pénzügypolitika*）。

⑤ 2000—2003 年，还没有支付义务，但匈牙利在加入前，已经在国家的结构化政策工具（ISPA）和特殊农业辅助和乡村发展计划（SAPARD）框架内得到了以下的援助款项。2000 年 1.557 亿欧元，2001 年 1.952 亿欧元，2002 年 1.398 亿欧元，2003 年 1.897 亿欧元。2004 年，作为成员国，便产生了付款义务，这一年获得了 7.134 亿欧元的补贴，同时支付了 5.371 亿欧元的款项。1990—2006 年，欧盟为 2004—2007 加入的成员国，共通过各种补贴和资源分配花费了 186.731 亿欧元，其中为匈牙利提供了总共 14.789 亿欧元的补贴。参见 European Union (2015): Evaluation of PHARE (EU pre–accession) Financial Assistance to Bulgaria, Cyprus, Czech Republic, Estonia, Hungary, Latvia, Lithuania, Malta, Poland, Romania, Slovakia, Slovenia, Brusszel, p.25。

PHARE 计划（法尔计划）主要给匈牙利的民主机构系统提供了发展资源，同时属于 SAPARD 计划（农业和农村发展特别加入计划）的多个项目（INTERREG 区域间合作计划、EQUAL 劳动市场机遇平等项目、LEADER 乡村发展"引领"项目、URBAN 城镇振兴项目）则给乡村与地区发展提供了援助。ISPA 计划则是帮助国家基础设施开发和环境保护的项目。

在加入欧盟工作过程中当然也免不了作出一些妥协。如果我们能够将这些数据化地计算出来，那我们就能更加明确地看到加入欧盟的阴暗面。匈牙利和德国在国家经济战略上[1]存在一些利益冲突，匈牙利过早地放弃了用来保护其国内市场的各种政策和工具，在加入欧盟过渡期中为了"平衡"而接受了一系列单方面的条件，在全世界盛行的消费主导观念[2]占据了匈牙利市场；匈牙利在农业[3]上，其中尤其是食品业中的制糖业[4]被要求进行削减，这也导致了匈牙利的食品业整体实力下降，但具体遭受了多少损失，无法用官方的数据衡量。以上就是匈牙利作出的让步和妥协，但最终匈牙利还是成为欧盟的正式成员国，与其他成员国拥有相同的权利和地位，这个符合匈牙利国家经济的利益，争取这个利益也是历届政府的职责。

---

[1] 海杰伊·安德拉什：《"匈牙利立场没有全面实现的希望"：匈牙利加入欧盟的谈判和德国外交》，匈牙利《外事导刊》2018 年第 1 期，第 30—47 页（Hettyey András："A magyar pozíció teljes körű érvényesítésére nincs esély". Magyarország európai uniós csatlakozási tárgyalásai és a német külpolitika. Külügyi Szemle）。

[2] 波加尔·拉斯洛：《匈牙利和全球化》，匈牙利 Osiris 出版社 2006 年版，第 446 页（Bogár László：Magyarország és a globalizáció）。

[3] 贝尔塔兰·彼得：《一段甜苦的历史：匈牙利制糖业在全球化和地缘政治环境下的私有化》，匈牙利 Kairosz 出版社 2016 年版，第 186 页（Bertalan Péter：Egy keserédes történet. A magyarországi cukoripar privatizációja a globalizáció és a geopolitika tükrében）；伦特奈尔·乔巴：《体制改革和财政政策：事实和误解》，匈牙利 Akadémiai 出版社 2016 年版，第 52—62 页（Rendszerváltás és pénzügypolitika. Tények és tévhitek）。

[4] 奇洛格·彼得：《匈牙利制糖行业状态和竞争力在规则政策变化的背景下》，博士学位论文，布达佩斯考文纽斯大学，2005 年，第 180 页（Csillag Péter：A magyar cukorágazat helyzete és versenyképessége a szabályozáspolitikai változások tükrében）。

在匈牙利为加入欧盟做了一系列准备，并最终在 2004 年正式成为欧盟成员国后，匈牙利的对外贸易和对资本市场的关系得到了整体的改变[1]，同时欧盟预算对匈牙利也开始提供更多的便利。根据主要预算状况来看，匈牙利直到 2010 年年底，都属于净获利国（见表 5-1）。[2]

表 5-1　　2004—2010 年从欧盟预算的角度看匈牙利融资状况

年份	2004	2005	2006	2007	2008	2009	2010
欧盟补助金总额（百万欧元）	713.4	1357.0	1842.2	2427.6	2002.6	3568.6	3650.0
成员国缴纳总额（百万欧元）	537.1	833.2	782.5	870.2	947.1	908.9	955.0
余额（百万欧元）	176.3	523.8	1059.6	1557.3	1055.6	2659.7	2695.0
余额占的百分比(%)	0.24	0.69	1.29	1.70	1.11	3.05	2.95

数据来源：据欧洲委员会官方报告。

欧盟对于匈牙利进出口贸易的发展也起到了决定性的作用，匈牙利经济开始在欧盟一体化市场当中深入扎营，同时作为新成员国，也加强了与周边国家之间的经贸往来。

---

[1] Pintér Tibor (2018), The Integration of Hungary into the European Union—Economic Aspects, *Civic Rewiev*, 14, pp. 165-183.
[2] 从 2004 年开始，匈牙利就有了付款的职责，如以增值税收入和 GNI 为基础的成员费。

欧盟在一体化理论上面设定了一些衡量标准来判定其成员国的趋同程度，根据该指标和进出口贸易数据可以判定，匈牙利从 20 世纪 90 年代中叶开始就明确地成为融入欧盟经济的一分子，如图 5 – 1 和图 5 – 2 所示。① 帕朗考伊·蒂博尔（Palánkai Tibor）认为，如果在欧盟内部的贸易额超过其国家总 GDP 的 10%，就说明该经济体形成了对联盟最低限度的依赖。② 匈牙利的数据比最低限额高出不少，这说明该国经济与欧盟市场高度融合。匈牙利在全球市场的比对下也属于较为开放的（小型）市场之一，其全球化和一体化程度相对较高，并享受着该状态所带来的优点和缺点。

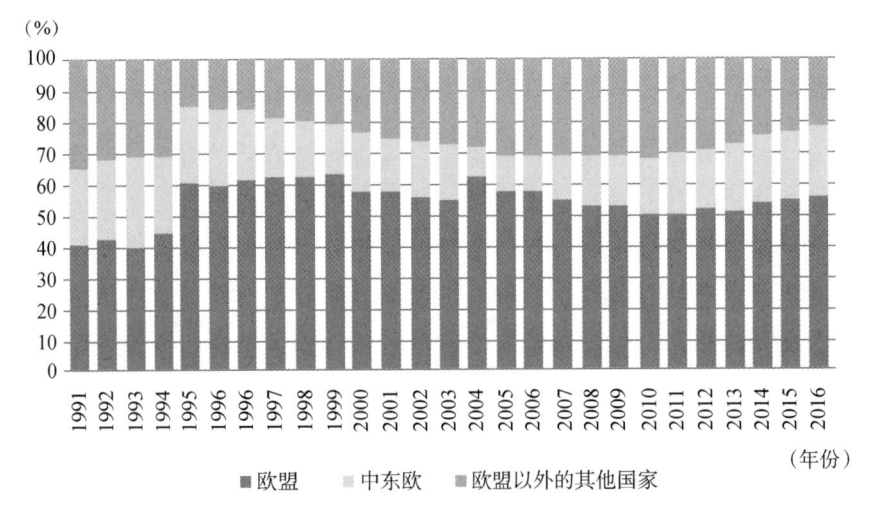

图 5 – 1　欧盟老成员国、中东欧的新成员国和欧盟之外的其他国家在匈牙利进口中所占比例

注：原版 1996 年有两个数据。——编者注

数据来源：平特·伊娃、平特·蒂博尔：《匈牙利与欧盟的一体化——经济和社会角度》，《新匈牙利行政》2018 年 10 月公共金融特别刊，第 1—10 页。

---

①　从根本上看，是一次"安静的入盟"，实际上已经在 2004 年官宣加入之前就发生了。

②　帕朗考伊·蒂博尔：《对一体化进度的测量方式》（Palánkai Tibor：Az integráció mérésének lehetőségei. Köz – gazdaság），匈牙利《公共—经济》2010 年第 4 期，第 47—72 页。

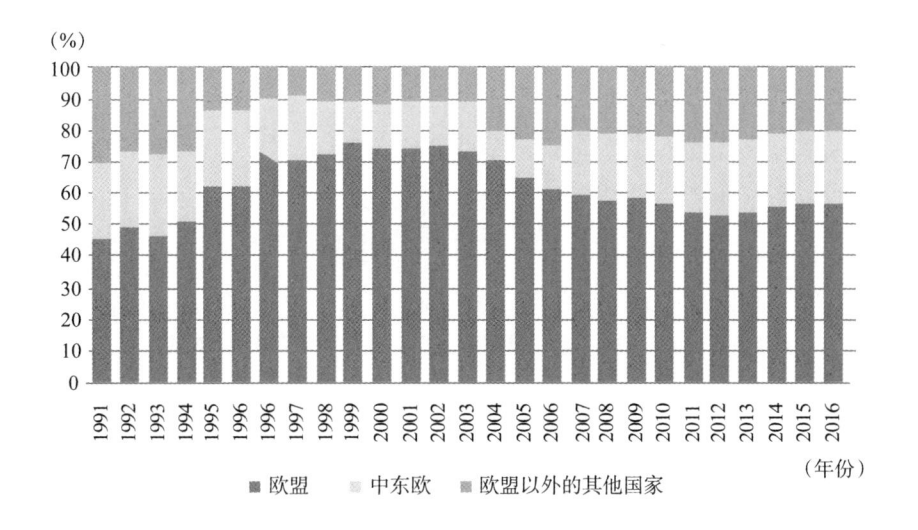

图 5-2 欧盟老成员国、中东欧的新成员国和欧盟之外的其他国家在匈牙利出口中所占比例

注：原版 1996 年有两个数据。——编者注

数据来源：平特·伊娃、平特·蒂博尔：《匈牙利与欧盟的一体化——经济和社会角度》，《新匈牙利行政》2018 年 10 月公共金融特别刊，第 1—10 页。

从外贸数据来看匈牙利的一体化程度，我们能发现从 20 世纪 90 年代中叶开始，匈牙利的出口贸易和服务市场绝大部分属于欧盟成员国。从另一个角度来看，由于匈牙利对第三方国家的出口总额在其出口总额中占比只有 20%—25%，反而说明匈牙利对欧盟经济的依赖性太强，所以匈牙利应该更多考虑的，是建立一个健康的、多元化的外贸市场。① 匈牙利的外贸开放程度很高，其进出口总额始终超过其 GDP 的 100%，这在全球范围对比下也属于非常高的水平，如图 5-3 所示。

---

① 公民政府对东方和南方的开放的经济政策得到了 GDP 上和外汇价值上的增长，但与欧盟进行的外贸关系也不断加强，因此这个百分比的变化看起来很慢。

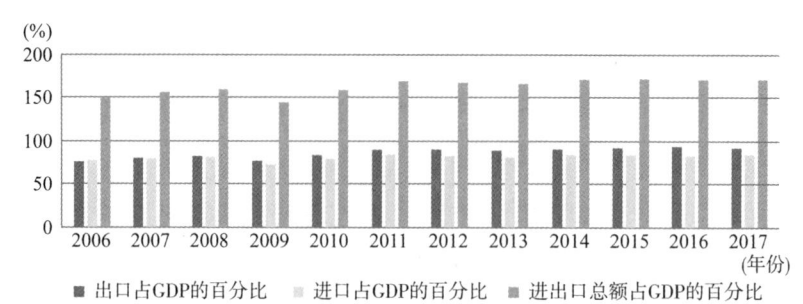

图 5-3　2006—2017 年匈牙利的进口、出口和二者占 GDP 的比重

数据来源：据欧盟统计局数据库汇编。

2　私有化主旨、规则和结果

2.1　工业领域

私有化是匈牙利提升其经济效率的主要手段，特别是在外国运营资本进入并提升了匈牙利的经济拉动力之后。由于国家财政失衡，国内私人资本的积累情况不佳，国家能够提供的援助力量有限并受到欧盟规定的各种限制，导致匈牙利的国内公司和个体工商户未能在私有化过程中获取或保留太多的产业，该现象在战略性产业当中尤其突出。

国家预算的主要资助机构——国际货币基金组织认为，私有化是国家经济转型市场经济道路上的主要里程碑，通过私有化可以创造出一些具备竞争力的公司，他们制造的产品能够在自由市场上出售。[1]欧洲复兴开发银行认为，衡量私有化的主要标准是看政府是否放弃其作为公司股东的角色，次要标准则是能否从中获得预算收入并促进竞争力的提升，及确保财产分配的公正性，这些目标当然也离不开一个合适的政治环境。[2]

---

[1]　IMF 2000, Brief Issues, 00/08, pp. 1-8.
[2]　EBRD 1999, Transition Report, pp. 32-33.

第五章　市场经济转变期的经济形势

关于外来资本和提升匈牙利经济动力之间的关联，可以从以下三个方面来概括。① 一是经济现代化所需的资本来源为国外资本，当资本进入匈牙利市场后，面对的是自我维权能力较弱的匈牙利财政政策，"资本饥荒"状态下的匈牙利社会和政府参与者。二是从计划经济继承的，并在继承后不断增加的国家债务的开支也需要靠外来资本解决。三是匈牙利居民多效仿西方国家的消费模式及其对相应消费标准的渴求也只能通过与国外资本合作来满足。消费文化，越来越高的商品和服务消费，以及运营和投资的资本都从外国引入，国家政府机构的改革和建立框架也是参照从国外引进的经济政策方针。以上种种，不仅对国家政府来说是"更简便"和更快速的手段，以此来达到稳定和刺激经济的作用；同时对民众来说也能满足他们对收入和消费的需求，事实上人们的期望中也认为只有和发达市场经济体建立经济关系才能够期望改善现状。从外国入驻的资本也从这个后苏联时期的前社会主义国家看到了获得市场、势力范围和利润的机会。社会研究结果表明，一方面，匈牙利民众对于快速改变现状充满了（几乎是没有耐心的）渴望，因此，匈牙利政府并没有时间运用经济自身力量来维持稳定，之后再刺激其有机的发展，并以此扩张国内的消费；另一方面，因为匈牙利经济行政体制由于从计划经济继承了一系列不作为的真空领域，所以就算有时间也未必能够按部就班地改革。② 综上，匈牙利经济被迫快速完成现代化，也被迫在真正现代化之前就实现其人民对生活水平的提升，这二者之间的相互矛盾及其在经济趋同过程中遇到的"障碍"让体制改革时期的国

---

① 伦特奈尔·乔巴：《匈牙利经济危机和危机处理的几个历史及国际观点》，匈牙利《金融评论》2010年第3期，第561—584页（A magyar gazdasági válság és válságkezelés néhány történeti és nemzetközi aspektusa）。

② 兰杰尔·久尔吉：《危机、期待、创业意愿：关于20世纪80年代经济和安康生活的意见》（Lengyel György: Válság, várakozások, vállalkozói hajlandóság. Vélemények a gazdaságról és megélhetésről az 80-as években. Tásadalmi Riport），安多卡·鲁道夫、克洛日·托马什、乌克维奇·久尔吉编《社会报告》，Tárki 1900年版，第288—304页。

家始终处于财政失衡的状态。因此，匈牙利将从计划经济体制中继承的很多补贴政策与西方高福利政府模型当中的福利政策相结合，并提前实施，但同时这些福利政策并没有相应的经济基础来支撑其开支，作为生产要素之一的劳动力，以及与其相关的生产效率和生产力都未能得到显著的提升。根据米哈伊·彼得的数据，1950 年匈牙利劳动人口的人均 GDP 是奥地利的 72%，到 1989 年下降到 46%，2006 年上升到 53%，2012 年又下降到 51%。1980 年匈牙利每人每小时平均创造的 GDP（劳动力效率）是奥地利的 42%，1989 年是 46%，2006 年是 53%，2012 年是 45%。[①] 在劳动力效率未能成功追赶的同时，匈牙利政府实施了一系列诸如提升薪资，保障社会补贴，推出面向普通居民的个人贷款，等等。这些都是在 2000 年前后实施的政策，目的是保证薪资能够维持消费增长水平。

匈牙利政府期望通过对股东结构的改造来达到经济政策现代化和趋同的目的，虽然在当时已经有不少国内刊文[②]批评了这个构思。"股东结构的问题是重要的，但其重要性在一个国家的基础设施里不占首要位置。证实这一点的是在经合组织国家里能够看到的多元化现象，其中我们可以看到完全由私有财产组成的工业企业化国家（如美国、英国），也可以看到国家持有较大资产比例的国家（如葡萄牙、法国）。重点是不要禁止私人资产，但其与国家资产之间的比例及拥有形式应该根据每个经济体的特殊情况来定。"[③] 通过参考现有案例可以发现，与匈牙利"站得比较近"的欧洲大陆国家当中，普遍是让国家全部或者部分持有

---

① 米哈伊·彼得：《匈牙利经济面向债务危机的道路》，匈牙利 Corvina 出版社 2013 年版，第 20—22 页（Mihályi Péter: *A magyar gazdaság útja az adósságválságba*）。

② 波德·彼得·阿克什：《国家财产、国家干预和今天的资本经济》，《计划经济公告》1986 年第 5 期。

③ 森特久尔吉·苏莎：《工业，结构——工业结构》，匈牙利《社会评论杂志》1992 年第 6 期，第 6 页（Zsuzsa: Ipar, struktúra – iparstruktúra. *Társadalmi Szemle*）。

大型的服务型的或者能源供应型的公司；而大部分的工业公司，特别是加工类的公司则由私人持有。沃斯卡·伊娃认为，"根据对20世纪80年代的西欧进行的分析报告指出，在一家私人公司里，如果其股东和管理层被分割开了的话，那么对其的监管和刺激的难度就如同对一家国有公司，如此其经营效率的提升情况可能不尽如人意"[1]。匈牙利私有化的做法则是采取全方位的私有化模式，并在21世纪第一个10年中叶结束。[2]

匈牙利私有化进程的基本环境特征中，除了有来自国家预算的迫切压力，还有相关公司资产的贬值程度。"这些公司的财政状况大多已经病入膏肓，在1990年的体制变革的驱动下，以及在1992年出台的严格的《破产法》之下，都遭到了被清算或被最终结算的命运。在资产局掌控的公司当中，到1998年一共有207家被最终结算，有548家被清算。为了满足债主们的利益，部分偿还他们的损失，同时也为了能够填补这些公司退出而造成的市场空缺，迫使替代的产品或者基本服务快速进入市场。"[3] 因为匈牙利私有化进程的规范相对简易，其采取的方式导致的结果，也因为经济方面的压力和产品价格相对低廉，让匈牙利的改革进程相对快于周边国家。齐康·奥蒂拉表示，匈牙利私有化进程可以被看作一次内部的公共协议，甚至可以说匈牙利由此获得了显著的优势，因为通过将具备产能的资产免费分配给私有经济，反而节省了很多

---

[1] 沃斯卡·伊娃：《国家财产的刹那：经济历史和科学历史的观点》，匈牙利Akadémiai出版社2018年版，第141页（*Az állami tulajdon pillanatai. Gazdaságtörténeti és tudománytörténeti nézőpontok*）。

[2] 米哈伊·彼得：《私有化的百科全书》Ⅰ－Ⅱ卷，匈牙利Pannon大学匈牙利科学院（MTA）经济学研究所2010年版，第1656页（*A privatizáció enciklopédiája* Ⅰ－Ⅱ）。

[3] 沃斯卡·伊娃：《通过商讨创造竞争》，匈牙利Akadémiai出版社2003年版，第94页（Voszka Éva：*Versenyteremtés alkuval*）。

的时间。① 与此相比，农业生产合作社的财产则是通过相互竞争和收购的途径分配的。除了以商业为主旨的私有化操作，匈牙利还采用了补偿②，或者财政和央行优惠③等方式，然而后者的运营因为政府的资产实力低下反而限制了私有资产的增长能力。

  欧盟早前的评论指出，匈牙利在20世纪80年代后半叶开始修改的法律④对该工作的进程起到了推动作用，在之后通过竞价方式出售公司，避免免费分配的做法也值得肯定。⑤经合组织早前的评价中也将国有公司的私有化定义为"基本要求"，匈牙利达成了这个要求。⑥该机构认为应该要确保预算收入并以此建立起富有生机的企业生态圈。然而国际机构的这一要求却是和传统的市场经济特征相互矛盾，因为发达的市场经济中，股东关系已经不是首要的评价标准，甚至在一些至关重要的行业里，国有资产反而占了大头。早前的匈牙利《宪法》（1949年第二十号法律）第9条第1款指出，"匈牙利经济为市场经济，其中公共资产和自有资产有同等权益，并受到同等保护"。第2款则表示"匈牙利共和国承认并支持公司的权益和经济竞争的自由"。重点是，在法律体系最顶端的《宪法》都没有对私有资产特别对待。经济政策却遵循了国际机构重点推崇的观点，将私有化进程推向了

---

  ① 齐康·奥蒂拉：《经济全球化与文明之间的区别》，《匈牙利科学》2002年第47卷第6期，第730—737页（Chikán Attila: A gazdaság globalizációja és a civilizációk különbsége. *Maggar Tudomány Új Folyam*）。

  ② 为了弥补由于政治、宗教和种族迫害及政府强权而遭到财产损失的人，政府发出了补偿票券，可以在私有化过程中使用。议会第37/1990号决议当中，首次提出补偿作为法律任务。对匈牙利政府在非正常情况下对公民造成的损失，可以通过1991年第二十五号法律及1992年第二十四号法律向负责补偿的机构提出申请。

  ③ 生存贷款、启动贷款、私有化租赁、管理层收购（MBO）和员工共同所有权计划（MRP）属于最常见的方式。

  ④ 主要是1988年第六号关于公司的法律，以及1989年第十三号关于公司转型的法律。

  ⑤ Hungary: Towards to Market Economy. *EU Economic Papers*, 1992, Oct., No. 95, pp. 70 – 72.

  ⑥ OECD Economic Survey 1991, pp. 107 – 128.

"全方位"私人化的方向。当时执政的各届政府也无力阻止这些国有资产的私有化。他们无法将这些过时的生产体制中运作的产业,用预算资金,通过国家的管理重新恢复过来;更无法继续补贴这些公司的亏损。私有化进程在建立市场经济和现代化科技上扮演着举足轻重的角色,这点是毋庸置疑的。通过私有化减弱了政府扮演的经济角色,并清算了大部分挥霍资源的国有企业。失去的工业工作岗位的一部分也得以补回,但并没有给经济带来全局性的正面效果。"我们懂得如何拆除,但在建设上则不是领先者。证实这点的是,我们至今都未能规划新的社会模型(我们对将来没有自己的韬略,只能借鉴别人的例子),我们没能重新定义公共需求和公共事务(因此,政府的职能范围无法准确定义,这样也无法将公共负担分配体制现代化),因为以上种种,社会对政府像对家长式的依赖思维将会重新形成。"[1] 不完全解决问题的后果是,在体制改革不成功的年代里,会让人们留恋以往卡达尔政权时期的体制,社会中的一些群体"哭闹着"央求国家回到之前更加可预测的经济和社会环境里,他们不知道的是,之前的体制从20世纪70年开始,就借助国外贷款来维持了。[2]

匈牙利的私有化遭到了无数的批评和负面的分析[3],主要被指出的问题是私有化相关规则中的各种漏洞。这种突发性的私有化只能让处于资产附近的人满足自己获得资产的目的。到1990年,匈牙利国有公司

---

[1] 比迪·佐尔坦:《在欧洲大门口》,匈牙利《批评》2004 年第 1 期,第 3 页(Pitti Zoltán: Európa kapujában. *Kritika*)。

[2] 拉伊奈·M. 亚诺什(Rainer M. János)认为,这属于一种成为"隐藏溪流"的现象,也就是市场经济转型过程当中,在那段失去工作和降低生活水准的时间里,人们对于旧体制的怀念有所浮现。当代社会阶层和阶级的生活,参见马伊特尼·久尔吉《卡达尔时期的社会:土豆煎饼—福林一个》,匈牙利 Libri 出版社 2018 年版,第 340 页(Majtényi György: *A Kádár - kor társadalma*)。

[3] 国家审计署报告的总结,参见米哈伊·彼得《私有化和国家审计署的检查工作:匈牙利的私有化进程》,国家审计署 2004 年版,第 331—356 页(*A privatizáció és a számvevő széki ellenőrzések. Privatizáció Magyarországon*)。

当中，大部分都已经通过其各种资产创建了公司。① 政府和国家资产管理机构所操作的私有化进程从 1990 年开始，并按照相关改组法规进行。由国家资产管理机构组织的计划包括通过贷款购买的、通过员工参股的（MRP）、通过管理层入股收购的（MBO）、通过私有化租赁的、也有通过补偿票购买的。以上这些都是匈牙利国内人士也能够参与的计划，但是这些计划往往都未能达到较好的效果。国内人士能够采用的私有化模式的贷款都是带有优惠利率和期限的，其中很多笔贷款背后都有央行的再融资。维生贷款只有个人能够提取，是一种长期贷款，利率远低于市场水平，但采用了该私有化模式的贷款的公司到 2000 年年初，只占所有私有化公司的 1%—2%。大多数都用来购买一些个体的商业单位，这些交易的时间都集中在 20 世纪 90 年代上半叶。员工参股计划也是用来帮助国内人士的，主要是鼓励公司的自有员工参与其中。为此，会专门成立员工股东机构（MRP），如果员工所筹集的资金不足以购买公司的全部股份，那么就需要提取银行贷款。20 世纪 90 年代中叶，越来越市场化运作的国有银行，以及在这些银行被私有化之后的私有银行，都不太乐意为这些拥有庞大股东数量，没有进一步投资开发资金的 MRP 提供贷款。MRP 即使获得了足以买下公司的贷款，但还款支出也会占据公司的流动资金，这样一来，即使这家公司的公司名称和股东架构得到了改变，其本身还是原来那家过时的、没有资源进行投资开发的公司。MRP 计划的架构与管理层收购计划比较类似，在很多情况下与 MRP 计划的情况相同，只不过收购公司的人不是公司的所有员工，而是希望保留自己地位，相对资本比较雄厚的领导层。私有化租赁模式期望能够让国内参与者有兴趣购买较难售出的资产。其中值得一提的是，

---

① 突发性私有化进程的法律基础及原因是 1875 年第三十七号法律和 1930 年第五号法律重新获得了重视。参见萨科齐·托马什《匈牙利的私有化法规》，匈牙利 Akadémiai 出版社 1993 年版，第 123 页（Sárközy Tamás: *A privatizáció joga Magyarországon*）。

该私有化模式的租赁费用可以用来减少课税基础，但是这对于财务情况较好的公司来说，并不算是太大的利好。

匈牙利的损失补偿法为有权获得补偿的人发出补偿票，这些票据可以用来兑换国有资产。但这些发给个人的补偿票通常不足以用来兑换较大的资产；另外，这些补偿票的持有者往往是老年人群，这些人已经不太倾向于经营公司，他们选择兑换财产时的判断大多也都是投机性的。大部分补偿票的持有者领取票据的时间，距离应补偿他们损失的事件发生的时间已经过了四五十年之久，这些人拿到票据之后，只想着第一时间兑换成现金，用来改善他们的生活环境，所以很多人将这些票据变卖了。这些票据到1994年12月31日不断升值，以商业目的收购它们的人们最终兑换时，价值为原来的174.2%。①匈牙利一共发行了价值为1370亿—1400亿福林的补偿票，有1/3的匈牙利国内投资者利用补偿票兑换到相应价值的资产、农田或者自治政府所有的出租房。至于大型服务系统、能源站、银行、保险公司，也就是战略性行业的私有化买家基本上都是外国的大公司，在这里，国内投资和补偿票券能够发挥的作用十分有限。以上提到的行业大多是在20世纪90年代和21世纪初期完成的私有化，同时，匈牙利的服务体系也迎来了现代化，匈牙利政府还为其运营过程进行了额外利润的保障。②匈牙利私有化进程失败的一点是国内投资者通过补偿票券未能获得太多他们自身也希望兑换的中型食品生产厂的股份。匈牙利的各届政府都未能为此创造合适的经济条件，在之后也未能给那些少数成功获取这些食品厂股份的匈牙利公司提

---

① 在票据1991年被发出时，其票面价值与实际价值都是100%，但因为票据带有利息，在利息计算时期末，也就是1994年12月31日时，这些票据的实际价值提升到了原来的174.2%。

② 比如匈牙利政府保证，如果能源业的情况在一定的可期望的盈利水平以下（一般是8%），就给予其差额的补贴，又比如在布达佩斯银行（Budapest Bank）私有化之后，出现了无法收回的坏账，都通过政府保障得到了解决。布达佩斯银行的净出售价值为（也就是实际价值）8400福林，在当时相当于一辆自行车的价格，当然，资本实力雄厚的投资商承担了其之后的运营责任。

供相应的援助。私有化进程的一个缺点是没能让所有私有化的公司接受国家监控和维持其经营的条件,又或者是因为政府的"弱势"没能付诸实践。政府给收购方提供了很多追加的、在个别情况下甚至是不合理的补贴和保证,由于匈牙利政府未能将这些合理的要求写入合同①,导致诸多已经运营数十年的原料供应链停止运转。有必要指出的是,私有化进程的时间之所以会拖延,主要是因为20世纪90年代的高通胀率环境,会导致企业资产的进一步贬值。与此同时那些关于应该加快私有化进程,扩大私有化范围的评论②,虽然说得很有道理,但是在操作上却难以完成。在这个苏联阵营的国家里,无论其计划经济体制当中曾经融入多少市场经济的要素,如果要进行一个"更加强力的"私有化进程,就会受到很多阻力,同时也不符合国家、民族与社会的利益。

由于创业意愿低下,资本实力不足,以及除了贷款的经济环境(税务制度,产品的市场定位等)不良或不确定等原因,都造成匈牙利国内参与者参加私有化提供帮助的各方案的普遍失败。国内人士原本想要收购的能源和银行业公司,因为他们手中资本不够而最终无法获取。获取了这些机构的公司,之后从匈牙利政府处得到了"绿灯",这主要是因为匈牙利政府用来维权的手段太少。不可否认的是,私有化进程和与私人财产相关的财政政策当中,都充满了不合理的状况。从1995年开始,匈牙利央行再融资实体经济界的政策也退回了幕后,就算有了从私有化进程中获得的收益,也未能解决预算当中的难题。因此,匈牙利政府面对参与私有化的外国资本,一直处于弱势的谈判地位。将外来资本引入

---

① 关于银行和食品业的私有化进程和其发生的互相效应,以及关于布达佩斯银行的出售事件,我也有出版过书籍进行详细的讨论,书名为《体制改革和金融政策》。

② 见米哈伊·彼得的作品,比如其2001年的Foreign Direct Investment in Hungary: The Post-Communist Privatisation Story Re-Considered. *Acta Oeconomica*, Vol. 51, No. 1, pp. 107–129;《私有化和全球化——又称反平衡的再次发现》(Privatizáció és globalizáció – avagy az Anti – equilibrium újrafelfedezése),匈牙利《经济学评论》2000年第XLVII期,第859—877页。

匈牙利市场本就不易，但当外来资本来到匈牙利时，一直下不了决心彻底进行结构性改革，又无法杜绝预算失衡问题的匈牙利政府，也不敢向外来资本提出征收更高的、更符合他们纳税能力的税法。

主要问题也不是过多的、完全占据战略性行业的外国资本，而是匈牙利各届政府由于受到从计划经济继承而来的经济和社会遗产的束缚（过时的制造业架构，国债，低效、中薪的社会劳动等）进入了手足无措的时期。国际大公司的圈子获取了利益，而匈牙利国内公司的发展则是不尽如人意的，并增加了预算开支的负担，也增加了政府支援失业人群的社会补贴开支，而政府对于这些开支是越来越力不从心，甚至因为被迫施行一次又一次的紧缩政策，导致社会对政府的信任[①]也不可挽回地降低了。

用批判的眼光来看私有化进程中的人们认为，主要问题是私有化符合社会精英阶层的利益[②]，比如将政府资产蒙受的亏损过继到企业，同时消除国有公司制造的损失，并将利润最大化。[③] 从匈牙利的例子来看，以上的论点几乎是不可否认的。比如匈牙利国有银行在私有化之前，为其进行的提升和巩固都要从预算拨给款项，而在私有化之后，反而可以从其盈利当中收到一小笔税款。让我们在这里引用一段评价东欧国家的总结评语："在没有财产所有权的法律框架和运营良好的银行、证券交易

---

① 引用2009年经合组织数据，见匈牙利政府在经合组织中的最低支持程度（lowest level of support）。转引自 Lentner Csaba（2015）：The New Hungarian Public Finance System—In a Historical, Institutional and and Scientific Context. *Public Finance Quarterly*, Vol. 60, No. 4, pp. 447 – 461。同时关于信心提升效果，参见 Kis Norbert（2018）：The Role and Impact of Trust on the Operation and Sustainability of the State. *Public Finance Quarterly*, Vol. 63. No. 3. pp. 289 – 302。

② Parker, David（2004）：The UK's Privatisation Experiment：The Passage of Time Permits a Sober Assesment. *Cesifo Working Paper*, No. 1126, Category 9：Industrial Organisation, February, 2004, p. 46.

③ Bauer Michel（1989）：The Politics of State-Directed Privatisation：The Case of France. In：Vickers, John, Wright, Vincent（eds.）：*The Politics of Privatisation in Western Europe*. Frank Cass, London；Vickers, John, Wright, Vincent（1989）：The Politics of Industrial Privatisation in Western Europe：An Overview. In Vickers, John, Wright, Vincent（eds.）：*The Politics of Privatisation in Western Europe*. Frank Cass, London, pp. 1 – 30.

所、可兑换的货币的情况下，甚至可以说在没有市场以物换物的文化熏陶的情况下，私有化进程并未像西方顾问绘声绘色地承诺的那样，给这些国家经济的结构型问题带来快速生效的药剂。"①

2.2 农业领域

匈牙利农业在包含着市场化元素的计划经济时期得到了较为良好的发展，1976—1987年，占据全国农业总产量63%—65%的农业生产合作社和国有农场的产量②提升了60%—65%，同时这些产业的可支配总收入减少了4%—5%。③ 在匈牙利体制改革之前，合作社和国有农场占据了匈牙利农田总量的92.1%。④ 由于大型农业工厂引进了工业生产系统，这样就提升了外来的、源于工业的输入比例，而这些输入的支出，尤其是在石油危机时期大幅提升了成本价格；但这些工厂的农业产品却因为国民经济、世界经济和国内社会及政治原因无法涨价，同时由于国家财政赤字的攀升，能够提供的补贴力度也大幅缩水。从1980年开始实施的"利率市场化"，也对农业造成了实质的打击。农业投资开发的成本大幅提升，政府的支持力度下降，该行业的效益情况低下，这些主

---

① Clarke, Thomas, Pitelis, Christos (1993): Introduction. The Political Economy of Privatisation. In Clarke, Thomas, Pitelis, Christos (eds.): *The Political Economy of Privatisation*. Routledge, London, pp. 1 – 16.

② 国有农场，作为农业生产机构，因为本书的篇幅限制，也因为这个问题拥有非常特殊的、但与工业国有公司非常类似的经营方式和股东架构，所以本书在这里不予论述。该论题及关于农业生产合作社的土地和资产关系，以及农业信贷和经济关系，在已经被引用的、我于1995年在匈牙利科学院进行学术辩答的论文《事实上匈牙利农业私有化和融资的两难问题，在观点和可推演的模型的佐证下》当中做了介绍。

③ 瓦吉·弗伦茨：《农业公司总收入的下降（1976—1987）》，匈牙利《经济学评论》1990年第1期（Vági Ferenc: A bruttó jövedelem csökkenése a mezőgazdasági vállalatokban 1976 – 1987）。

④ 其中关键内容是农业生产合作社的土地使用。1989年使用了5679191公顷土地，其中3.81%为国有，61.12%为合作社所有，35.07%为社员所有。查克·乔巴、拉巴尔·弗伦茨：《国际发展，匈牙利农业政策》，经济和法律出版社1990年版，第242页（Csáki Csaba – Rabár Ferenc: *Nemzetközi fejlődés, magyar agrárpolitika*）。

要是因为农业价格剪刀差增大的问题,农业的收购市场提供的收入未能够补偿额外投入的开发资金。因此,匈牙利的农业由于国家内部的社会政治问题,处于被遏制发展的状态。从1990年私有化进程开始时,匈牙利农业已经处于较为虚弱的状态,该行业的基础业务和工厂业务的创收能力都有显著下降。① 20世纪90年代,将匈牙利农业的股东关系恢复到第二次世界大战之后的状态,并拆散了大型农业组织和机构,这成为90年代的主要农业政策目标,为此获得了大量没有自主经营经验的、没有自有资本的合作社社员和大企业员工的政治支持。② 虽然瓦尔加·久拉指出,通过20世纪80年代下半叶推出的各种法案,有很大希望顺利实施循序渐进的改革方案,但实际上却没有按照预先规划的轨道,而是快速地、彻底地进行了改变,这可以理解为在"过去数十年时间"进行了全面的切割。③ 这一激进的改变从社会角度来说造成了灾难性的问题④,其经济后果的好坏也备受争议,如此快速改革主要是由于政府推出的补偿票,合作社重组,资产股东实名化,以及股份相关的法律法规造成的。⑤ 20世纪90年代前半叶,原料生产业和食品加工业的私有化同步进行,在57个被私有化的企业当中,有28家由外国资本掌握了多数股权。农业分支领域的私有化进程当中,首先被出售的

---

① 关于早前的农业关系,参见西博什·阿拉达、豪尔毛伊·彼得:《在十字路口的农业政策》,匈牙利 Akadémiai 出版社1988年版,第305页(Sipos Aladár – Halmai Péter: *Válaszúton az agrárpolitika*)。

② 乡村居民对土地的执着程度较高,因为他们的收入的下降程度更大,找工作更难,社会地位更加被动。

③ 瓦尔加·久拉:《匈牙利农业所有制和企业架构的变化》,《社会科学》1996年第36期,第19—25页(Varga Gyula: A magyar mezőgazdaság tulajdonviszonyainak és vállalati struktúrájának átalakulása)。

④ 农业私有化的预期的灾难性后果,我已在以实证实的大学博士学位论文和与其相关的报告中提到。参见伦特奈尔·乔巴《匈牙利农业革命的两难问题:可推演的模型和一些看法》,布达佩斯经济大学1991年版(*Az agrárreform dilemmái Magyarországon. Követhető modellek, elképzelések*)。

⑤ 1991年第一号、第二号和第三号法律,1992年第一号法律关于合作社以及1992年第二号法律关于过渡期合作社,规定了合作社的强制转型,使其资产实名化。

是自主盈利能力良好,在国际标准下也具有竞争力的工业工厂。这些转变进程造成了生产量的大幅下降①(见图5-4),而且至今都未能恢复过来。

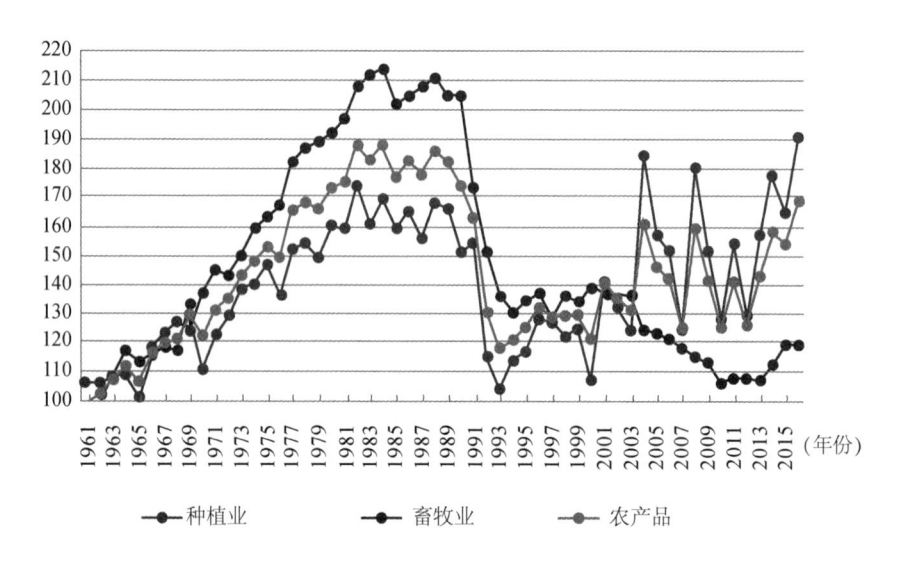

图5-4 农业总产值指数(1961—2015年)

注:以1960年为基础计算。

数据来源:匈牙利国家统计局数据,2018年。

在出于政治目的推行的补偿票和其他财产法的影响下,匈牙利640万公顷的农业土地,约有一半是没有存货能力的、拥有土地面积连1公顷都不到的"小矮人农场"。在补偿票和转变进程之后形成的半瘫痪状态的程度,甚至比第二次世界大战后,平均分配每户农场2.9公顷土地而造成的局面更加糟糕。通过补偿票得到土地的人,大多数得到的都是

---

① 科瓦奇·伊姆莱:《农业私有化的社会效果》,《转型中的匈牙利》,匈牙利福利部1994年版,第125—139页(Kovách Imre: A mezőgazdasági privatizáció társadalmi hatásai. *Magyarország átalakulóban*)。资料显示,1988—1993年匈牙利农业总产量削减了一半,第126页。

其50年之前失去的土地，而重新获得一小块土地之后，自己却没有开发和耕种的能力，银行也不愿意给他们提供贷款，因为风险太大。匈牙利农业原料生产行业遭到"肢解"的时候，发达市场经济已经着重提升这方面的平均产能，将农庄中心化管理，聚集农业资源等工作长达数十年了。[①] 在农业文化盛行的希腊，最小型的农庄的平均土地面积也在5公顷以上，1960—1993年西欧国家，将农庄的平均占地面积从10公顷提升到30公顷。美国农业的集中化和集团化程度更高，其平均农庄面积是欧洲经济区国家的14倍。[②]

除了农田，在合作社资产实名化的过程中，资产的41%被有权获益者的25%所获得，这些人都是处于适合劳动的年龄，并且积极工作的人群；另外39%的财产归退休人群（也就是非适龄的，工作不积极的人群），这些人占有权获益者总数的31%，比积极工作的人数要多。此外，剩余的20%的资产被分配给了外部人群[③]，他们占有权获益者总数的44%。合作社资产如此分配之后，未能形成从国民经济角度来说可以量化和预计的生产力，一线合作社就连对财产分配工作本身，也出现了无力安排和决策的情况，这使行业当中出现了混乱，过去数十年里累积的合作社资产几乎化为乌有。[④] 由于围绕着行业的政

---

① 关于西方农庄数十年来增长的规模，参见敏斯特·思尔特鲁 Statistiches Jahrbuch über Ernahrung Landwirtschaft und Forsten.，FST，1987；沃尔夫·J. 保罗：《欧洲农业金融问题：CICA 信息》，匈牙利央行1986年版，第80页。

② 1990 Fact Book of Agriculture United States Department of Agriculture，1991 USDA Washington DC，Working Paper，p. 55；马拉科夫·P. M. ：《美国农业》，《世界农业》1984年第3期（Malakov P. M. Az USA mezőgazdasága. A világ mezőgazdasága）。1983年美国农场的平均大小为185公顷，欧洲经济区农场平均大小为13.6公顷。

③ 1967年第四号法律（新《土地法》）允许从局外人和退休老人手中收购土地，因为向他们支付土地使用费给农业生产合作社以及社员带来了越来越大的负担。关于土地所有制和土地使用相关的情况，参见塔尔·伊姆莱《外部人员土地的兑换》，匈牙利 Kossuth 出版社1968年版，第145页；塔尔·伊姆莱：《农民社会和生产关系的变化》，匈牙利 Kossuth 出版社1988年版，第229页。

④ 数千公顷的大型农场里需要用的技术和设备，用到1—2公顷的农场里效率就变得很低，同时设备也在不断过时，有时候甚至无法使用。

治争论，使行业的运转变得更加困难，无论是正在四分五裂的大型工厂，还是新成立的小型农户，都处于对未来前景不确定的不安情绪当中。①

进一步加剧农业下滑的因素，是依靠农产品生产的食品业和农业贸易公司在私有化过程中②，没有被从事农业生产的国内人士获取，这样就无法产生一种"相互交织"的股权结构来达到将食品业有机地纳入这一生态圈的目的。如此一来，匈牙利的农产品生产行业就被边缘化了，其作用能够轻易地被其他工业和商业利益集团所替代。随着海关的自由化和欧盟对于开放市场和自由竞争，减少国家补贴政策等方针的提倡与实施，都对这个已经"重度昏迷"的行业造成了负面影响。③ 该行业弱小的信贷能力因为生产和经济条件的下降变得显而易见，因此，越来越注重商业化运作的商业银行也对这群农户敬而远之④，匈牙利央行已经从20世纪90年代中期就开始削减对农业所提供的绿色贷款和长期补充流动资产基础的再融资贷款，也同时削减了通过收购农作物为抵押

---

① 一个具体的案例，21世纪初，匈牙利政府的法案意图要求当时还在运作的农业生产合作社按照其外部股东的股份价值强制收购其股份。在漫长的政治交锋和经济辩论之后，成功让国家预算来承担这个负担。参见伦特奈尔·乔巴《千禧年的两难问题：在农业政策和金融政策的圈套中》，库尔坦·山多尔、山多尔·彼得、瓦什·拉斯洛编《匈牙利2000政治年册》，2001年，匈牙利民主研究中心，第178—189页（Ezredfordulós dilemmák: agrárpolitika a pénzügypolitika fogságában. *Magyarország politikai évkönyve 2000 – ről*）。

② 关于食品业私有化进程，参见吉达伊·埃尔热拜特、吉达伊·安德拉什、拉斯洛·蒂博尔《几个较为重要的公司的私有化》，《匈牙利的私有化》第二卷，匈牙利国家审计署2004年版，第237—268页（Gidai Erzsébet—Giday András—László Tibor: Néhány fontosabb vállalat privatizációja. *Privatizáció Magyarországon*）。

③ 在农业中，一般盈利的大多是加工和贸易层面，参见伦特奈尔·乔巴《匈牙利农业在金融政策的陷阱中：对欧盟农业补贴体系的评论》，卡多那·克莱拉、史莱特·安德拉什编《发展战略—融资选项》，Pázmány出版社2014年版，第247—265页（生产和收入金字塔的内容在第249页）（*Fejlesztési stratégiák – Finanszírozási alternatívák*）。

④ 伦特奈尔·乔巴：《农业贷款的阴暗面》，《农业经济、公司管理和工厂经营》1991年第12期，第29—33页。

的金融产品。① 该行业的信贷能力到了匈牙利加入欧盟时期得到了些许提升，因为农业资产有所凝聚，各银行也渐渐地开始正面审视对他们的信用评估，但只限于有政府支持的金融产品。② 在农产品生产行业里，产量明显下降的是养殖业，原因是数十年都未得以解决的土地问题③，导致养殖业人士一直无法获得土地，这严重限制了他们的发展空间，也让养殖业只能通过购买获得饲料。综合以上各种原因，匈牙利农业在加入欧盟之后成为严重依赖国家预算的行业，如果国家降低补贴程度，就可能会导致大量农户弃耕、变卖土地的结果。

由于农业转变进程的影响，匈牙利的农田和园林行业的从业者人数从1988年的102.8万下降到了43.13万，降幅超过一半，其中有12.59万人属于个体或家庭企业。农业大型和小型工厂之间的分工体系遭到瓦解，而这种分工体系是在计划经济体制时期，在乡村社会主义公民化过程中逐渐形成的，该体系被破坏殆尽，又因为不良的行业环境未能开始资本主义形式的转型，该人群只能勉强自发组成一个社会群体。根据1988年的数据表明，对"尚存在的"1335家农业生产合作社的清算进程加速，因为合作社改革法案的实施，合作社对其社员没有了雇佣义务。社员与合作社的关系被改变为非雇佣形式的股东关系。

即便我们不将农业制度改革之后的时间分成多个时间段，但也必须要将补偿票相关法案造成的负面影响作为一个重要的分水岭，2016年，匈牙利农业工作人口占全国总就业人口的5%，投资量为总投资量的

---

① 关于农业在没有央行再融资的情况下会遇到的后果，参见伦特奈尔·乔巴《匈牙利央行体制一体化的历程片段——从1991年的央行法规到2004年加入欧盟》，《欧洲法律》2018年第3期，第31—36页（Szemelvények a magyar jegybanki szabályozás integrációjának történetéből – az 1991 – es jegybanktörvénytől a 2004 – es EU csatlakozásig. Európai Jog）。

② 伦特奈尔·乔巴：《匈牙利农业融资在加入欧盟前后时期的特点》，《经营》2004年，第69—78页（A magyar agrárfinanszírozás jellemzői az EU csatlakozás küszöbén. Gazdálkodás）。

③ 匈牙利在加入欧盟前后注意到，为了能够保证生产元素的自由获取，匈牙利必须广泛开放其土地的购买权限，但匈牙利的这项法规至今都没有按照欧盟的规则进行修改，为了保障国家利益，土地购买受到了强力的保护。

5.2%，农业 GDP 为全国 GDP 的 4.5%；此外，食品业也额外贡献了 3.7% 的 GDP。但这些数据背后的效率低下。[①] 匈牙利农业每年每个工人的平均产出为欧盟 28 国平均水平的 44.8%，为欧盟 15 国平均水平的 1/4 左右（27.8%）。与在过去数十年加入欧盟的 13 国相比，匈牙利农业工人的产出效率则要高出 31.4%。平均每公顷土地产出的效率对比数据（按照欧元计算）则要好一些。该数据为欧盟 25 国平均值的 70.2%，欧盟 15 国平均值的 59.5%，比新加入欧盟的 13 国高出了 24.5%。农产品生产行业的效率很好地反映了过去几十年所做的政策决定的质量，虽然 20 世纪 80 年代匈牙利农业的规模经济效益曾一度能够和北美的农业比肩。在生产要素当中（土地、人工），工人的效率则是最令人犯愁的问题。过去的数十年里，一系列的不利政策让整个行业陷入了低效率的氛围当中，在政治体系改革初期进行的行政和法律修改的负面效果一直延续至今，主要是体现在不良的田地财产分布结构上面，虽然近两年来已经出现了好转的趋势。2016 年农业田地当中，有 54.2% 属于个体农户，35.5% 归经济机构经营，剩下 10.3% 的土地的经营方式无法判断。土地和农场的经营方式也发生了显著和快速的改变。2016 年一共有 41.56 万家个体农户，比 3 年前少了 12.3%。其中拥有少于 1 公顷土地的农户数量在 3 年里减少了 30.4%，少于 4 公顷土地的农户数量比 3 年前增加了 4%，土地面积在 50—100 公顷的，以及超过 1000 公顷的农庄的数量也有所增加，也就是说，这些农户和农田正在不断淘汰无法自主经营的群体，并逐渐聚拢形成更大的农户。拥有 1000 公顷土地以下的机构数量有了普遍的增加，拥有 1000—2000 公顷的机构数量减少了 3.1%，而拥有 2500 公顷土地以上的机构数量减少了 45.4%。经济机构的平均土地面积为 253 公顷，个体农户的平均占地面

[①] 瓦格·萨博尔齐、帕尔·宋博尔编：《用数字展现匈牙利农业和食品业》，匈牙利农业部 2016 年版，第 45 页。

积为 7.6 公顷，后者的数据在过去 3 年一共提升了 35.1%。

2016 年，为了自主农业生产，政府通过直接补贴和通过乡村开发的名义，（从欧盟的补贴资金里）支付了 5322 亿福林；以国家补贴的名义支付了 1039 亿福林，一共为 6361 亿福林。[1] 农业产出额账面价值为 26190 亿福林，这表明国家补贴率为 24.3%，根据这点来看，匈牙利的农业可以被称为"社会性质"的行业，也就是说没有政府补贴就无法生存下去。农业产品在全球市场上竞争激烈，因为其他竞争对手拥有较大的规模经济效益和完整的供应链，在将本国农业实力大幅提高之前，基本无法真正打入全球市场。[2] 另外，随着欧盟提供的预算援助金额下降，匈牙利的农业产量将会进一步缩水，匈牙利政府需要为这之后的局面做好应对的准备[3]，如提倡自主经营，减少食品进口，同时提高国内食品供应内需的力度等。维持该行业可以说是基本政治问题，也是民族和社会问题，就像欧盟其他成员国一样。[4] 同时，通过食品生产能力的

---

[1] 已经结束并经过审计的 2016 年补贴情况，很好地反映了农业补贴的状态、预算和生产要素（土地、家畜）的标准，无论对之前，还是之后的年度都可起到参考作用。

[2] 农业在国民经济当中的角色日渐下降，这是整个世界和欧盟的普遍现象。这一点也得到了专家们的了解，但也同时会持续提出保留农村人口数量，提升农村生活水平的重要性，参见纳吉夫人·德美特·朵拉《家庭农场的土地大小和土地使用的分布情况》，匈牙利《农业学公告》2007 年第 26 期，第 130—136 页（Nagyné Demeter Dóra. Családi gazdaságok birtokméret és földhasználat szerinti megoszlása. *Agrártudományi Közleméngek*）；从农业角度描述欧洲和匈牙利土地使用的情况，参见欧罗什·伊什特万《匈牙利的农田结构》，《统计学导刊》2002 年第 7 期，第 674—697 页。

[3] 因为还没有足够的时间过去，而且这个话题带有大量的政治色彩，我选择不在本书讨论 2015 年的土地私有化问题。参见奈美特妮·帕尔·卡塔林（Némethné Pál Katalin）：《从经济角度看匈牙利土地问题》，匈牙利经济研究所（GKI）2015 年版，第 10—20、26 页。

[4] 2010 年，欧盟 27 国和克罗地亚的农业注册单位总量为 1200 万家，其中 60% 的标准产值未达到 4000 欧元。这些小农场的 2010 年生产总值仅占整个行业的 3%。它们在经济上的地位可以说是边缘化的，但在欧洲文化里，维持乡村人口，照料土地山林，兼职经营模式等，在政治上都是具备优势的项目，即便它们的经济效应没有那么大。参见盖梅尼·贾博尔、拉茨·卡塔林编《小型农庄的特点和发展机会》，匈牙利农业研究所 2017 年版，第 18—19 页（关于标准生产值及其占比）（Kemény Gábor, Rácz Katalin: *A mezőgazdasági kisüzemek jellemzői és fejlesztési lehetőségei*）。

升值①，并用其满足国家内部更大比例的食品需求，也能够让该行业成为战略性行业。匈牙利农业的未来（预计）综合取决于狭义的生产效益和食品战略。

3 2013年央行体制改革前市场经济转变时期的银行系统

3.1 重新恢复二级银行体制

1987年从匈牙利国家银行"分割出"的商业银行，以及当时完全新成立的银行，都从一开始就面临着资本不充足和银行管理困难等种种问题。② 因为这些银行都继承了社会主义大型公司的贷款，由于拥有高比例的高风险资产，这使银行的运营从一开始就笼罩在巨大的阴影之下，虽然从信贷市场来看有很多机会，因为政府推行公司法案，也因为政府对企业界的补贴越来越少，而国内企业界本来就缺乏资本，所以国内经济参与者的贷款需求非常迫切。③ "在20世纪90年代初期的预算赤字大小更多取决于对公司的融资是从预算拨款，还是由金融界来融资，相比之下，政府能够创造多少额外收益只是次要的因素……循环式的贷款对企业界提供了融资，其中包括出于补贴目的的资金。也就是说，贷款体系承担了匈牙利政府较大部分的（财政）职责，国库收入创造的主要部分也是通过公司来提升贷款需求，

---

① 在整个世界越来越受重视的现象，是食品生产上"回归简朴"（Back to Basic）的概念，自然资源（如水、风和干净的环境）的拥有和应用变得越来越重要了。
② 瓦尔海吉·伊娃：《匈牙利的银行世界》，匈牙利Helikon出版社2002年版，第197—238页（Várhegyi Éva: Bankvilág Magyarországon）。
③ 匈牙利公司与欧洲大陆的做法相似，都倾向于从银行获取资源，因为资本市场的资源平台都还在起初阶段，尚未到达能够应用的"状态"。

也就是绕过预算来实现的。"[1] 通过许可公司直接进行对外贸易,实施个人外汇管理法案,开放银行外汇兑换相关权限,让银行体系得到了新的增长动力。1987—1990年,匈牙利银行界利润增长了223.7%[2],这足以证明该行业价值的提升和改革政策的成功。之后爆发的改革转型危机对银行界也造成了一些影响,由于实体经济的萧条,也一并降低了银行的成绩。企业界拖欠的未支付欠款(等候理论)从1987—1992年一共提升了14倍,如此高的坏账率导致提供融资的银行的周转和盈利都受到了创伤。1991年匈牙利通过的《破产法》[3] 暂时降低了公司和银行的实力,而这些机构在之后又完成了实力的巩固。

1993年3月底,匈牙利一共有2800家企业处于实际破产流程当中,其价值相当于匈牙利全国GDP的7.9%,其业务占外贸总额的9.5%。这些无力支付的公司中,有着相当多数量的员工(27.6万人,占匈牙利总在业人口的10.3%),破产公司的总欠款高达2676亿福林,账面上的短期应收账款总额为1010亿福林,但显然这些账款都是不易挪动的。处于破产流程中的公司的总资产价值为2272亿福林,相当于国民经济总资产量的6.3%。其中32.5%属于工业公司,工业在当时是处于危机的行业,该行业在1991年处于破产流程中的公司的产量,高达整个行业所贡献GDP的56%。[4] 在工业行业当中,机械制造、纺织、冶金和食品业的破产公司数量最多,因为这些行业还保留着计划经济时期留下的、效率低下的群众生产体制。实体经济

---

[1] 安道尔·拉斯洛:《可持续增长是否可持续:关于过渡期经济的经验》,经济评论杂志基金会2004年版,第75页(Antal László. Fenntartható - e a fenntartható növekedés. Az átmeneti gazdaságok tapasztalatai)。

[2] 聂尔什·瑞思等:《根据银行报表看银行体系的发展》,匈牙利央行(MNB)1991年版,第55页(Nyers Rezső: A bankrendszer fejlődése a bankmérlegek alapján)。

[3] 1991年第四十九号法律关于破产程序和清算程序。

[4] 塔拉法什·伊姆莱:《1987—2000年匈牙利银行体系和货币政策》,Aula出版社2002年版,第57页(Tarafás Imre: Bankrendszer és monetáris politika Magyarországon 1987 - 2000)。

的萧条导致银行的资产负债表也受到了影响。1987年，银行总资产上有问题的贷款数量只占贷款总额的2.8%，这个比例到1991年飙升到了87.5%[1]，这使银行出现了巨大的资本损失和周转问题。[2] 1991年出台的《银行法》只能起到微弱的挽救作用，虽然根据巴塞尔银行监管委员会的建议，将资本充足率指标设置为8%，并根据相关的一系列规则制定了法案，将银行的资产进行分类，按照不同类型来判定所需匹配的预备资本金等，但这样的严格规定让银行业的资产在1991年底缩水了45%。整体萧条的经济形势也越来越危及银行的运作，因此就需要匈牙利政府的干预，1994年，政府分三步采取了措施。[3]

1992年12月，匈牙利政府重点援助资本充足率不到7.25%的银行，帮助它们进行加固工作，实际上就是对这些银行的公司坏账进行救助，一共花费了1025亿福林的财政支出。在这次加固工作当中，政府按照在1992年之前签署的违约贷款面值的50%，或按在1992年签署的违约贷款面值的80%进行收购，在个别公司贷款时提供100%的收购补偿。政府用贷款加固国债来支付收购的金额，这些是期限为20年的可流通国债，并根据90天期限的国库票据上一个半年的平均利率计算利息。这些债券增加了国家的负债，在将它们兑换的时候将会造成预算的开支。加固操作之后，银行业不良贷款余额从2880亿福林下降到1860亿福林。

---

[1] Nyers Rezső, Lutz Gabriella（1995）：Development of the Financial Sector in Hungary During the Transition Period, In Griffith, Jones, Stephanie, Drábek, Zdenek（eds.）, *Financial Reform in Central and Eastern Europe*, St. Martin' Press, p. 138.

[2] 关于资本流失的理论和实际背景及分类，参见吉莱伊·尤利娅《危机螺旋，也就说，匈牙利资本流失的一个理解方式》，匈牙利《经济学评论》1995年第9期，第819—837页（Király Júlia：*Válságspirál, avagy a magyar bankok tőkevesztésének egy lehetséges értelmezése*）。

[3] 关于加固政策和其前因的政治争论，参见贝尔齐·久拉编《银行和贷款加固，银行私有化》，匈牙利国家私有化公司（ÁPV）股份公司、匈牙利私有化公司1994年版，第23页（Bérczi Gyula：*Bank - és hitelkonszolidáció, bankprivatizáció*）。

第五章 市场经济转变期的经济形势

1993年，匈牙利政府为了解决对国民经济重要的公司的613亿福林面值的贷款问题，向各融资银行提供了573亿福林贷款加固债券。但就算在进行了加固之后，根据新出台的金融机构规则判定，匈牙利银行业的坏账总额还是高达4180亿福林。匈牙利政府通过为银行注资来进行援助，第一波为各银行总共提升了1144亿福林的资本，并在之后又追加了181亿福林，以此，匈牙利政府提升了其在商业银行当中的股份。1994年底，匈牙利政府投入的3300亿福林贷款加固了国债，以及在其之下的借款资本又一次增加了国家债务，甚至在1994年之后也发生过银行加固的措施。① 因此，匈牙利计划经济错误的经济政策和没有全方位经济环境支持的企业界将其1987年之后重新建立的银行体系也拖下了水，为了加固银行进行了一次性的支出，但这会对预算造成持续的负担。② 然而维持银行体系的正常运转是为了保障匈牙利国民经济的利益，不然就可能动摇市场化经济转型的根本。根据早前的政府意见指出，"银行资本组合所体现的是经济的现状，所以我们不能草率地将银行的问题归咎到其管理层的身上"③。以上这个简化的观点的上半句符合事实，但对个人责任的追究程度却可以比我们所了解的案例更重一点④，因为银行信贷规则已经在匈牙利实施二级银行体制之前就被人知

---

① 1997年最严重的问题是邮局银行的破产，另外在央行名下，位于维也纳的CW银行也在2000年前后给财政造成巨大的负担。参见伦特奈尔·乔巴《体制改革和金融政策》，匈牙利Akadémiai出版社2005年版，第101—112页；瓦尔海吉·伊娃：《匈牙利的银行世界》，匈牙利Helikon出版社2002年版。

② 巴拉沙·阿克什：《匈牙利银行体系加固和现状》，《匈牙利央行（MNB）工作调研》1996年第10期，MNB，第105页（Balassa Ákos: *A magyar bankrendszer konszolidációja és jelenlegi helyzete*）。

③ 贝尔齐·久拉编：《银行和贷款加固，银行私有化》，匈牙利国家私有化公司（ÁPV）股份公司、匈牙利私有化公司1994年版，第19页。

④ 瓦尔海吉·伊娃：《生存艺术家》（*Túlélő művészek*），第87—118页。

· 185 ·

晓，并在那之后经历了快速的演变和广泛的传播。[1] 除了银行管理层的个人责任，更应该负责任的，却是匈牙利政治和政府层面的责任，这是主要责任方，因为这些受国家领导的银行的管理层也是按照政府的贷款政策，参考国家的经济政策和社会期望来建立自家银行的制度，他们也无法阻止给无力偿债的公司提供贷款的命令。[2] 从政府角度来看，为了避免更重要的社会后果，也不能放弃对这些在危机行业里的公司提供贷款。

加固国债创造了银行界私有化的可能，通过私有化，有望进一步推动银行刺激经济的发展和稳定，并由此提升各行业所创造的收益。财政部的观点是，匈牙利银行体系的革新只能期待专业投资者来完成，因为专业人士才懂得怎样将银行的内部运转机制改造成合适的状态，想让银行，特别是大型银行有序地运作，只能通过外国专业投资商的资本力量和专业经验来达成。[3] 然而，将各银行私有化给外国投资商的做法关系到的不仅是将来的资本充足率和银行技术发展相关的问题，也反映了政府方面的消极、避责的态度。类似"银行界的问题就让外国人来解决吧"这种思路得以实行。博托什·考达琳在叙述第二次世界大战之后银行国有化进程时写道，"银行家的位置被银行长官所代替，随后这个官

---

[1] 胡斯蒂·埃尔诺：《银行学》，匈牙利 Tass 出版社 1996 年版，第 428 页（关于银行信息和内审体系相关的内容在 292—334 页）（*Banktan*）；安道尔·拉斯洛、瓦尔海吉·伊娃：《匈牙利的资本流动》，经济和法律出版社 1987 年版，第 324 页（关于承债能力判断的内容在第 156—162 页）（Antal László – Várhegyi Éva: *Tőkeáramlás Magyarországon*）。

[2] 博托什·考达琳通过观察国际情况发现，德国政府的补贴并没有停在银行这一步，而是通过德国私有化局（Treuhand）整顿了企业，甚至还对管理层进行了更换，并在此之后，在重组计划的基础上，政府为个别公司对银行做了担保，如此，公司变成了有承债能力的客户，也创造了银行体系私有化的条件。博托什认为，银行加固行为在发达的市场经济里也是"时有发生"的事件。参见贝尔齐·久拉编《银行和贷款加固，银行私有化》，匈牙利国家私有化公司（ÁPV）股份公司、匈牙利私有化公司 1994 年版，第 23—29 页（特别注意监管金融机构的无部门部长博托什的意见）。

[3] 《银行体系未来架构的原则：执行摘要》，财政部 1994 年版，第 5—6 页（*Irányelvek a bankrendszer jövőbeli struktúrájához. Vezetői összefoglaló*）。

员听从中央计划局根据党派方针下达的决定,来执行融资工作"①。虽然在20世纪90年代相对快速地建立了各种市场要素,但这个银行家"替换回"银行长官的步骤却没有真正发生,只有在外国资本加强了在该行业的影响力之后,才满足了这一条件。也就是说,在开放银行经营范围的时期,还没能完全按照市场化规则来建立银行的专业经营机制,只有等到股东架构变更,相关机构体制健全之后②,才慢慢地做到了这一点,根据银行经营成绩也能够进行区分。维尔纳未受到1997—1998年东南亚(及俄罗斯)危机影响,正面评价了匈牙利体系,指出其资本充足率和优良贷款所占的比例,甚至还提到不良贷款减少的速度,1995年优良贷款比率为83.1%,1998年提升到91.9%,并判断匈牙利符合了欧盟趋同的这一指标。③

3.2 2000年后

匈牙利希望通过银行体系建立普通的市场关系④,以及在加固银行业之后,希望起到加强市场经济的作用,这既给实体经济参与者提供融资,也达到了发展国民经济的目的,可以减少预算赤字和国债。然而事与愿违,根据21世纪前20年的数据来看,由于在2000年初过度的信贷活动,造成了更多的预算和社会损失,这迫使政府从2010

---

① 博托什·考达琳:《匈牙利金融理论简史》,匈牙利《现实》2004年第9期,第78页。
② 中东欧地区银行业改革浪潮的分类,参见 Honohan, Patrick(1997):Banking System Failures in Developing and Transition Countries:Diagnosis and Prediction. BIS Working Capital, No. 39, p. 50;巴里希兹·史蒂芬:《银行业在中东欧的转型》,匈牙利《发展和融资》2008年第3期,第24—31页(Barisitz, Stephan: A bankszektor átalakulása Kelet - Közép - Európában. *Fejlesztés és finanszirozás*)。
③ 维尔纳·格诺特:《匈牙利现代银行体系的发展》,《东欧经济》2000年第4期,第331—352页,特别是第343页和第345页(Werner, Gnoth: Entwicklung eines modernen Bankensystems in Ungarn *Osteuropa Wirtschaft*)。
④ 匈牙利在企业融资的特征类似于欧洲大陆,以银行贷款为主,从资本市场进行的融资行为至今未普及。

年开始在财政和央行层面上作出新一轮的牺牲,用来补偿损失。银行资产占GDP的比率从1992年的75%上升到2005年的91%,其中给私营机构的贷款比率从23.4%上升到44.8%[①],然而银行界在21世纪10年代后半部分遇到了严重的问题。不同于20世纪90年代私有化之后银行和企业相互协调良好,银行家为经济增长作出贡献的情况,21世纪初爆发的个人贷款问题和该贷款背后的机构规则,更确切地说是因为其不太完善的规则,在国民经济内部,在银行和社会之间造成较大的裂缝。

金融机构体系的活跃和经济增长之间有着紧密的联系。个别研究员认为,贷款占GDP的比例每提升1个百分点,就会带来实际GDP 1.77%的增长[②];也有其他人根据西欧的案例证实道,贷款占GDP的比例提升1%可以带来人均GDP 2%的增长[③];甚至还有人表示,证券市场的流动量指标每增长1个百分点,可以让实体经济增长0.3%[④]。综上所述,金融的发达程度越高(银行的资产对GDP的比例上升),越能够在之后的时间里正面影响到经济增长[⑤],不过重要的是,只有高质量的,符合相应承债能力指标的贷款增长才会让经济得到可持续的富足。在20世纪90年代末通过国家的援助度过困难阶段的银行界,在21世

---

① 巴里希兹·史蒂芬:《银行业在中东欧的转型》,匈牙利《发展和融资》2008年第3期,第28页。我另外要指出的是,其他中东欧国家在起初阶段的资本/GDP的比例相对良好,之后该比例也出现了少量下降。比如捷克的银行资本对GDP的比例就从131.4%下降到97.9%。

② Levine, Ross, Loayza, Norman, Beck, Thorsten (2000): Financial Intermediation and Growth: Causality and Causes. *Journal of Monetary Economics*, Vol. 46, pp. 31 – 77.

③ Kiss, Gergely, Nagy, Márton, Vonnák, Balázs (2006): Credit Growth in Central and Eastern Europe: Convergence or Boom?, Working Paper MNB, 10. p. 34.

④ Levine, Ross, Zervos, Sara (1996): Stock Markets, Banks and Economic Growth. World Bank Policy Research Paper, No. 1690.

⑤ King, Robert, Levine, Ross (1993): Financial Intermediation and Economic Development. In. Mayer, Coling, Vives, Xavier (eds.): *Financial Intermediation in the Construction of Europe*. London, CEPR, pp. 156 – 189.

纪前十年却未能够在放贷时完全遵守这些信贷能力的衡量标准，因为在这段时间里大幅增加的外汇贷款资产的目标客户并不是企业，而是超出其实际承受能力地借给了个人或地区自治政府。① 这使经济暴露在较高的外汇风险中，造成了不确定性，特别是2008年国际金融危机的爆发，导致汇率和利率都大幅提升，并同时使新的融资变得困难的情况下。

在金融体系发达的情况下，经济会快速向合适的结构转变②，但从匈牙利的案例来看，信贷增长的证书并没有准确反映出金融体系的发展程度。对金融体系的发展来说，拥有审慎的规则和秩序的重要程度，至少和银行界的资本实力和信贷能力一样重要。哈格马耶·伊什特万表明，"信贷银行执行的是商业政策，这一方面取决于信贷需求的大小，另一方面取决于通过央行决策设定的流动性"③，可是在规则不尽完善的市场经济过渡时期，在经济活动当中获得收入的人群以及国家预算本身的信贷需求却超过了他们自身的收入，而且央行也起到了推波助澜的作用，因为本身商业银行的财政实力并不足以满足这些需求。20世纪90年代信贷扩张的主要目标客户是企业，之后就转为个人和自治政府。"央行的职责是通过调控货币价值的变化来让就业情况和国际收支达到一个良好的状态，并以此来支持适当的经济增长幅度"④，而在市场经济的前几个年代里，央行提升就业和增长的相关职能退化了，没有太大的作为。胡斯蒂·埃尔诺指出，央行的作为大小取决于向预算提供的信

---

① 纳吉·麦顿：《银行体系和体制改革之后的经济》（Nagy Márton：Bankrendszer és a gazdaság a rendszerváltozás után），《银行法通过20周年纪念》2012年版，第21—39页。该文献整体展示了银行业的事迹，特别是在国际金融危机期间，展现了该行业的高收益，以及经济政策无法妥善处理增长问题的缺陷。

② Popov, Alexander (2010): Growth and Risk: The role of Financial Markets. ECB Paper, 14th Annual International Banking Conference Federal Reserve Board of Chicago, 11 Nov., 2011.

③ 哈格马耶·伊什特万：《银行体系的任务》，匈牙利《金融评论》1969年第2期，第165页。

④ 同上。

贷额度占该年信贷量整体增长的比例。① 央行只能根据这个比例对可支配收入和货币供应量进行调整。而除此之外，央行还通过不断减少自身在预算融资上扮演的角色，来影响商业信贷增长的趋势，也就是说将其自身资源转到商业信贷领域。胡斯蒂的结论表明，央行在商业银行信贷行为的发展当中，以及在可支配收入的调控当中拥有优先权。央行在20世纪90年代的1/3时间段之后，就减少了对实体经济再融资提供的资源，并在21世纪前十年又减少了对国家预算的融资程度，这样央行的资源就能着重用于调控货币供应量和规范商业银行，以此推动宏观经济②的发展。③ 央行规范商业信贷的工作质量对匈牙利金融体系的制度的效率起到了决定性的作用。

1996—1997年，央行完成了将约2万亿福林的债务转到中央预算的工作之后（提升了国债中的外汇比例）④，商业银行界也开始出现了加固的趋势。20世纪90年代匈牙利还没有加入欧盟，但政府很快实施了欧盟对其成员国央行所设定的标准和规则，其节奏不免与其他邻域规则的实施有所脱节，比如对内部公司和预算相关的规则就拖了很长时间才实行。欧盟于1994年1月1日实施的规则的主要目的，是让政府和国营部门的信贷条件变得与私有部门的一样。为了提升国有部门的市场敏感度，该规则规定禁止央行在国债发行时直接将其购

---

① 胡斯蒂·埃尔诺：《搜寻反通胀道路：匈牙利货币政策和实践》，经济和法律出版社1987年版，第62页。
② 货币数量的变化对于宏观经济来说很重要。参见山慕尔森·保罗《经济学》，KJK1976年版，第388页。
③ 关于经济增长和货币数量的联系，参见胡斯蒂·埃尔诺《货币调控的数个货币数量论问题》，伦特奈尔·乔巴编《匈牙利对货币市场的规范》，匈牙利 Akadémiai 出版社2006年版，第13—32页。
④ 这个相当大的损失基本上是在社会主义时期签署的，计算在央行的账上的贷款协议造成的。此外，福林的连续贬值和央行子行至今未能算清楚的亏损，也都记在央行的账上。央行之前的管理层无论在债务兑换法规投票之前，还是在之后，都没有让国家审计署对央行过继到预算的损失进行足够的调查。参见伦特奈尔·乔巴《体制改革和金融政策》，匈牙利 Akadémiai 出版社2005年版，第101—137页。

入，不过对次级市场上的债券可以进行收购，因为那里的债券已经由市场进行了"估价"。该规则的目的，是让国家财政更准确地判断赤字的代价，但如果预算存在结构性问题，那么即使对赤字价格有了认知，也无法从中获取实质性的优势，更无法为消除赤字提供更好的办法。① 另外，由于匈牙利过快地接受了欧盟关于避免和减少对实体经济和部分社会政策补贴的规定，并且没有经过任何过渡期就直接实施，最终造成内部问题，因为当时市场尚在发育期，信贷能力相对弱小的匈牙利国内企业，对央行的再融资贷款有巨大的需求。

匈牙利商业银行界在经历了1997—1998年的世界经济动荡之后的经济回暖后，也在1999—2002年获得良好的经济增长，并在2002年迎来了较为宽松的财政和经济刺激政策之后，终于步入信贷快速扩张的轨道。② 虽然实体经济的个别指数有所改善，但是国民的生活水平、实际收入因为虚弱的国家财政未能达到民众的期望值。然而当时在全世界盛行的过度贷款随着"全球化的浪潮"③ 也来到匈牙利，导致匈牙利各银行在2000年初开始提供可观的信贷额度，并主要被匈牙利个人和自治政府的需求吸收。职责为规范信贷市场的央行在此时采取了放任的态度④，这样一来，人们就通过信贷，来满足原本无法通过国家政府所

---

① 国家合并债务总额与GDP的比例在20世纪90年代就已经开始快速上升，从1990年的60.3%上升到了1993年的84.5%。

② 2004年，我就匈牙利租赁市场与胡斯蒂·埃尔诺进行了讨论，他认为该现象表明，匈牙利居民抱着信任和乐观的心态，这提升了他们贷款的意愿。这个现象在所有主动的银行业务里都有所发生。参见伦特奈尔·乔巴《匈牙利国内租赁融资战略问题》，匈牙利《管理学》2004年第6期，第38—44页（A hazai lízingfinanszírozás stratégiai kérdései. *Vezetéstudomány*）。

③ 伦特奈尔·乔巴：《过度贷款的全球化风气在世界和在匈牙利的情况》，《外汇贷款大全》，匈牙利行政和教材出版社2015年版，第23—62页（*Devizahitelezés Nagy Kézikönyve*）。

④ 集中讨论外汇贷款的文献，参见伦特奈尔·乔巴《过度贷款的全球化风气在世界和在匈牙利的情况》，《外汇贷款大全》，匈牙利行政和教材出版社2015年版，第611页；毛托尔奇·哲尔吉·帕洛塔伊·丹尼尔·西沙克·鲍拉日：《外汇贷款的宏观经济效果和经济政策的应对》，第121—158页；贝特兰迪·安德拉什·法伊基什·彼得·久拉·山多尔·松巴蒂·安妮科：《匈牙利政府在外汇贷款领域的微观审慎和宏观审慎规则及审查特征》，第87—120页。

提供的经济发展机会来满足的消费欲望，用贷款来"补充"自己的工资和社会补贴收入的不足。问题是放出的贷款数额超出了借款人的承债能力范围，这在国际金融危机爆发之后造成了社会和国民的经济问题，并需要政府和央行相继在这两个领域间采取一系列的加固措施。虽然在危机爆发之后就有外部[1]实际处理案例可以参考，特别是在央行层面的经验，内部[2]也推演了各种解决方案，但实质性的危机应对是相继在2010年新政府上台之后，及在2013年央行重组工作完毕之后启动。

在实现经济和货币联盟的过程中，常见的做法是通过引进欧元来放弃本国的货币，并严格遵守经济和货币联盟的规定，其中也包括对成员国预算的监控，那么成员国就能够免受财政失衡和危机的困扰。[3] 甚至在成员国加入欧元区之前，在努力达成马斯特里赫特指标的过程中就被告知，这些指标就是用来帮助成员国避免金融危机的。然而在2008年爆发的国际金融危机对银行业的冲击给欧洲财政不牢固的经济体带来了财政休克、国债危机的结局，特别是像匈牙利这样债务比较高的国家的银行体系受创尤其严重。

财政政策未能根据社会和企业的需求创造足够的可支配收入，而银行体系试图通过借款来暂时弥补这个缺口，可不幸的是其忽略了基本的

---

[1] 比如英格兰银行的危机应对计划，https://www.bankofengland.co.uk/markets/funding-forlending-and-other-market-operations；Galema, Rients, Lugo, Stefano（2017）：When Central Banks Buy Target Selection and Impact of the European Corporate Sector Purchase Program, In. Utrecht University School of Economics, Tjalling C. Koopmans Research Institute, Discussion Paper Series, 17–16, p. 31。

[2] 奈梅尼·尤蒂特：《金融危机应对中匈牙利货币政策扮演的角色》，匈牙利《经济学评论》2009年5月，第393—421页；奈梅尼·尤蒂特：《金融危机对央行监管的影响》，《竞争和规范》2011年第1期，第167—209页（Neményi Judit：A pénzügyi válság hatása a központi bankok szabályozására. Versenyés szabályozás）。

[3] 洛雄茨·米克洛什：《全球金融危机的剖析和教训》，匈牙利《金融评论杂志》2010年第4期，第765—780页（Losoncz Miklós：A globális pénzügyi válság anatómiája és tanulságai）。

信贷规则。在银行界危机之后，商业银行的经营规则变得更加"保守了"①，接受了更加严格的规定，建立了内审机制②，同时也扩张了对社会责任的承担范围和力度，其中一部分原因，也是为了满足政府对银行加固提出的要求。③ 从2008年开始对在危机应对措施当中扮演着重要角色的央行的权限也有了新的考量，以此改变了央行所承担社会责任的价值体系，将其推入宏观经济和社会的领域。对于这个变化，匈牙利央行从2013年才开始自我调整。④

4 国家财政：预算、国债、2008年国际金融危机

4.1 "衰退的花朵"

匈牙利体制改革时期实行的经济政策的主要组成部分是"更新"作为落后生产体系基础的技术基地的股东，由于国内资本积累不足，更改的方式是引进国外资本，并期望以此达到提升劳动力效率的目的。另外一个发展市场经济的要素是自由市场的机构体系和概念体系的建立，并以此淘汰保护主义的工具。税务法案也向这些经济政策主旨靠拢。在

---

① 伦特奈尔·乔巴：《银行业监管的科学体系与发展历程》，《银行管理—银行制度—金融消费保护》，国家行政和教材出版社2013年版，第27—86页（A bankszabályozás tudományos rendszertana és fejlődéstörténete. Bankmenedzsment – Bankszabályozás – Pénzügyi fogyasztóvédelem）。

② Zéman, Zoltán, Kalmár, Péter, Lentner, Csaba（2018）：Evolution of Post-Crisis Bank Regulations and Controlling Tools：A Systematic Review from a Historical Aspect，*Banks and Bank Systems*，Vol. 13，No. 2，pp. 30 – 40.

③ Lentner, Csaba, Tatay, Tibor, Szegedi, Krisztina（2015）：Corporate Social Responsibility in the Banking Sector，*Public Finance Quarterly*，Vol. 60，No. 1，pp. 95 – 103.

④ Lentner, Csaba, Tatay, Tibor, Szegedi, Krisztina（2017）：Social Responsibility in the Operation of Central Banks，*Financial and Economic Review*，Vol. 16，No. 2，pp. 64 – 85；《中央银行运作所承担的社会责任——法律、经济和道德层面》，*JURA* 2017年第3期，第377—389页（Társadalmi felelősségvállalás a központi bankok működésében – jogi, gazdasági, etikai kontextusban）。

新建立的免税区内减轻了海关和税务的负担，并在公司利润税上的（尽量做到可追溯的）优惠对于资本雄厚的外国公司非常有利，这显然成为对外资极具吸引力的条件，同时对于国内人口参股的公司来说却没有那么容易享受到这些便利。1991年关于公司税的第八十六号法律第12条中记录了对外资企业的税收优惠政策，如果外国人士参股的公司年收入超过一半的来源是属于该法规第4号附件中的项目；并同时期注册资本超过5000万福林，其中外国资本比例超过30%的情况下，那么条件达成后前5年内，公司利润税免100%，之后5年免60%。由于在第4号附件中，从电子业到食品业基本上把整个匈牙利经济内的主要行业都列入其中，可以说所有外资公司都可以享受这个优惠，只有纯匈牙利本地企业被排除在外。在之后生效的1996年关于公司税和分红的第八十六号法律中给出的暂时性条款规定，"经多次修改的1991年第八十六号法律应在条件未改变的情况下予以实行，如果相应的经济事件发生在1996年12月31日之前"。该法规的第29条第5款规定，之前实行的1991年第八十六号法律中以上引用到的、关于外国公司利润税的内容的第12条应该在条件未改变的情况下予以实行，但要一并考虑1996年第八十一号法律第23条。该条的内容的问题是，根据新生效的投资和地区性税务优惠相关法案规定，符合1991年第八十六号法律的公司可以享受100%的公司利润税，与此同时又可以进一步享受被免去税额最高70%的额外税收优惠。

这在匈牙利公司税法当中是一个重要的部分，那就是外国公司参股的公司可以（在达成特定条件之后，又无须通过特别审查的）直接获取利润税优惠，在此之上根据1996年第八十一号法律第21条和第22条内容，又可以简单地获得额外的公司利润税的减免。第21条第1款指出，纳税人可以获得相当于税款的50%的投资税减免优惠，前提是该公司在1995年12月31日之后，进行了至少10亿福林价值的制造业投资。如果当年的营业额提升程度高于投资总额的 5%，又或者营业额超额提升的比例足以满足多年的营业额提升条件时，都可以享受或追溯性享受这项优惠；而对于资本雄厚的外资企业来说，往往超额达成营业额的提升比例指标并不困难，很多公司甚至能够通过正常经营来达到这一点。对外资跨国企业的税率优惠，对在落后地区超过 30 亿福林投资的 100% 免税，又或者是非重点发展地区超过 100 亿福林的投资可以在 10 个纳税年里享受的 100% 税率优惠，都为外国投资商提供了便利。考虑到国家的资本不足问题和发展重要行业及项目的需要，可以说这些优惠是合理的。但是本地企业因为缺少足够的资本，无法达到享受这些优惠的要求，因为他们既没有资金来完成这么庞大的投资项目，同时也没有太多其他的、专门支持他们发展的税率优惠政策，同时因为他们的资本和现金流状况，也难以通过市场途径从银行申请到贷款。需要特别强调的是，这个以外国投资为中心的税务政策在一段时间之后发生了停滞，因为该税政特别对待的资本质量在技术层面上并未出现预计程度的上升。来匈牙利投资的外国公司关注的重点是入驻匈牙利市场，并且享受投资优惠；但在资本投资的质量上，以及之后在质量提升上面则没有投入太多的关注。比如在知识产权上面或者在环境保护上面就没有投入太多的注入。作为匈牙利经济基础的外来投资并不计划在匈牙利长期经营，或者建立研发方面的行业，因为无论是考虑长期投资计划，还是建立研发创新的行业，都需要匈牙利的预算环境变得更加稳定。匈牙利预算对国际公司附加的负担始终保持在很低的水平，其结果就是从外资公司得到的税收，还不足以用来提升其教育、医疗水平或建立可预测的经济环境。也就是说，外资公司始终未能融入匈牙利的经济建设，成为其中的一分子。综上，虽然匈牙利收获了大量来自外来投资和欧盟的补贴，但在国家预算中的缺口却越来越大，而这点对那些有长期投资打算的公司来说，就难以接受了，同时不断上升的预算赤字和国债，也导致为匈牙利政府提供融资的外国银行在国债市场上的活跃度有所提升。[1]由于在高新技术投资领域的外资对匈牙利市场兴趣不是太大，匈牙利国有工业的收缩，本地中、小企业缺少足够的资本、流动性和创业经验，导致匈牙利的市场经济转型速度有所减缓，并进一步导致从计划经济体系改革成市场经济的过程当中又出现了新的债务陷阱。失去劳动市场机会的匈牙利居民、效率低下的匈牙利公司对预算造成持续的压力，同时作为国民经济脊梁骨的外资企业的税收也未能达到平衡预算赤字的水平。[2]由于预算赤字增加了市场资源提供融资的开支，而进一步减少了可以用于社会和发展目标的匈牙利政府资源，随着央行不断撤出国债市场，这本身并不能改善国家预算的经营，因为其原来的结构还是没有变化的，所以这反而不断增加了赤字。[3]

匈牙利政府一反其体制上惯有作风，不断使财政支出远超收入，这也可以被认为是，财政没能够按照国家的支出目标创造收入。穆拉科齐·拉斯洛指出，从1990年开始，预算支出与GDP之间的比例呈下降趋势，但是超过了OECD国家的平均水平的2%—3%。[4]国家财政收入与GDP相比的比例也有所下降（从1990年的53%下降到1997年的42%），在此之后至2008年在42%—44%徘徊，同时比OECD的平均

---

[1] 本地化理论我已经在2000年编制完成。参见伦特奈尔·乔巴《体制改革和金融政策》，匈牙利Akadémiai出版社2005年版，第257—278页，尤其第265页的图表。

[2] 克洛日·帕尔、伦特奈尔·乔巴：《匈牙利央行制度和货币政策在欧洲一体化进程的背景下》，《匈牙利的货币市场监管》，匈牙利Akadémiai出版社2006年版，第33—67页，主要内容见第40—41页表格和相关的注解（Kolozsi Pál – Lentner Csaba A magyar jegybanki szabályozás és monetáris politika az európai integrációs folyamat tükrében. *Pénzpiacok szabályozása Magyarországon*）。

[3] 匈牙利市场经济过渡期的经验和后果总结，参见伦特奈尔·乔巴《银行管理—银行制度—金融消费保护》，国家行政和教材出版社2013年版，第513—526页。

[4] 穆拉科齐·拉斯洛：《梦想的国家—国家的梦想》，《吵闹的表面和沉默的内在。经济政策的醒意识和潜意识》，匈牙利Akadémiai出版社2007年版，第80—130页（Muraközy László：Álmaink állama – államaink álma*Fecseg a felszín és hallgat a mély. Tudatok és tudatalattiak a gazdaságpolitikában*）。

水平低了2%—3%。匈牙利预算赤字的变化可以更加贴切地映照出国家的情况，赤字比率在1900—2008年徘徊于3%—11%的区间。虽然通过一系列的财政紧缩政策，成功压低了预算赤字，但是还是高于OECD国家2%—6%的平均水平，同时也差于维谢格拉德国家的平均水平。预算收入对GDP的比率下降的幅度（因为海关开放，税务削减，税收能力弱），要高于预算开支的收缩，很多支出由于经济和社会方面的压力而无法降低，以上种种最终都导致了国债问题的再次爆发，甚至可以说是继续恶化。

波尔贝伊·拉斯洛·安德拉什和奈梅尼·尤蒂特指出，1990—1993年，可转换债务总额从213亿美元上升到246亿美元，同时债务占GDP的比率却从70.3%下降到67.3%。[①] 此外，债务支出和出口量的比例[②]，以及外汇储备的进口覆盖率[③]也得到改善。与此同时，匈牙利的合并总债务的情况就非常糟糕，这个数据在1993年上升到1990年的234.9%，从12602亿福林上升到29596亿福林，与GDP对比下，从60.3%上升到84.5%。根据特梅西·约瑟夫和佐拉·埃尔诺对于1990—1997年数据的观察发现，情况稍有好转。[④] 国家的外债总额从212.7亿美元上升到237.47亿美元，同时净外债额从159.38亿美元下降到111.57亿美元。1995年的总国债对GDP的比例为70.95%，1997年则下降到51.9%。如此大幅的削减是因为国家在1995年的经济稳固

[①] 波尔贝伊·拉斯洛·安德拉什、奈梅尼·尤蒂特：《负债：过渡时期外部和内部债务的变化，1990—1993》，麦拉·托马什汇编《制度改革和稳固：过渡时期的形势》，1995年版，第125—164页（Borbély László András – Neményi Judit Eladósodás, a külső és belső államadósság alakulása az átmenet gazdaságában – 1990 - 1993 *Rendszerváltás és stabilizáció*）。净可兑换债务从159亿美元下降到149亿美元。

[②] 1990年和1993年分别为43.2%和38.1%。

[③] 同时期从2.1%上升到了7.1%。

[④] Temesi József, Zalai Ernő (1999): Hungary in the 1990s: Historical Perspective and Economic Outlook, Temesi, J. – Zalai, E. (eds.) *Back to a Market Economy: Transition, Competitiveness and Economic Growth*, Akadémiai, pp. 17 – 35.

政策的效果。因为暂时的稳定效果，国家的出口和外来资本增长趋势也得以好转。在经济暂时的、局部的好转的背后"是市场经济的法律、财政、机构框架的巩固，是结构性措施的结果，例如私有化进程和对社会主义体制的整改"[①]。

4.2　危机之后又遇危机，整改之后还是整改

在市场经济转变期里所提取的债务（与计划经济时期不同），绝大多数都不是以投资为目的，而是为了维持国家预算的基本运转。虽然导致这些债务不得不被提取的主要经济政策和社会原因并没有改变，该情况也没有好转的趋势，甚至根据之前的描述可知，因为国家对外来投资开出了过于优惠的条件，反而进一步加深了国家预算的病症。1995年匈牙利实行的经济稳固政策，2006年秋季公布的趋同轨道修正行动，以及2008年秋季制定的稳固政策根本上只解决了最关键和最急切的问题，但同时牺牲了诸如对国内需求的支付能力，投资和进口等领域的利益，可以说是付出了减少整个经济增长率的代价。

1995年初，国际债信评级机构将匈牙利的邻国评级都排在了在改革初期各方面都起步良好的匈牙利前面，国际货币基金组织也对匈牙利采取了较为保守的态度。因为匈牙利体制改革的开始几年里，政府支出较为庞大，有着一定的破产风险，此外因为1994年在墨西哥发生的国家债务危机的问题，导致匈牙利也被强制要求实施一系列的措施，包括在财政和货币政策上的改动。预算开支被砍到1700亿福林。"实施的措施当中有两个主要部分：一是调整外贸平衡；二是减少外部赤字的源

　　[①] Temesi József, Zalai Ernő（1999）：Hungary in the 1990s：Historical Perspective and Economic Outlook, Temesi, J. – Zalai, E. (eds.) *Back to a Market Economy*：*Transition*, *Competitiveness and Economic Growth*, Akadémiai, p. 24. 市场经济在后苏联地区的建设的更多细节，参见 Szentes, Tamás（1999）：The Transformation of Central and Eastern Europe, pp. 91 – 108。

第五章 市场经济转变期的经济形势

头,也就是削减政府的开支。比如要求9%的贬值,并通过提升补充关税的8%进一步增加贬值的程度。① 与此相关联的是提前公布的、固定幅度的阶段性贬值机制。"② 以上的限制效果最后到了社会大众的身上,体现为社会、文化和住房融资,以及教育和行政领域上的资源减少。财政平衡目标也要进行修改,1995年扩展到能源和金融业的私有化进程,更确切地说是私有化收入获取的步骤刚刚开始。由于该紧缩计划的加固效果,当年的工资减少了12%,相对地,在看到预算情况变得更加稳固之后,连同绿地投资项目一起,相当于GDP的9%,约为45亿美元的运营资本进入匈牙利。

2000年之后,预算赤字又保持在一个较高的水平,其主要问题是预算开支(特别是工资的提升)未能被预算收入所覆盖。2002年底,匈牙利放松的预算政策导致了超过9%的赤字,离欧盟的指标越来越远。赤字长时间过高的问题,导致欧盟在2004年对匈牙利启动了欧盟赤字超标程序。③ 之后进行的财政紧缩计划没能从结构上进行改革④,也因为不久后即将到来的2006年大选,以及大选险胜的结果,都让改革的效果变得不够"强劲"。

两波预算稳固的措施得到的政治支持力度不同⑤,共同点是减少了

---

① 派奇尼格·玛丽亚·齐陶:《在经济增长/萧条中的稳固?对1995年经济进程的评论》,库塔恩·山道尔、山道尔·彼得、瓦什·拉斯洛编《匈牙利政治年册(1995年)》,匈牙利民主研究中心基金会1996年版,第252页(*Magyarország politikai évkönyve 1995 - ről*)。

② 《趋同进程报告》,匈牙利中央银行2005年版,第40—45页(*Jelentés a konvergencia folyamatokról*)。

③ 该计划降低了政府开支,参见《久尔恰尼政策计划对公共负担的改变》(Közteherváltozások a Gyurcsány csomagban),匈牙利《企业家图书馆》2006年第6期,第54页。

④ 属于原则层面的政策提议当中,比如《为了增长和就业的国家行动计划2005—2008》,国家发展局,2005年(*Nemzeti akcióprogram a növekedésért és a foglalkoztatásért -2005 -2008*)。

⑤ 1995年的政策计划通过之前,1994年执政党在大选上得到议会2/3的席位,而在2006年的大选上,获胜的党派只得到50%以上的一般多数席位,甚至在这一执政期的后半段时间里,因为政党联盟破裂,执政党已经没有了多数席位。改革计划失去了议会多数议员的支持,2006年政府公布紧缩政策之后,整个国家(主要因为其他原因)开始了大规模的游行,并在2年后通过全民公投否决了关于"将更多在高等教育和医疗上的负担转向纳税人"的法案。

预算的支出，目的都是解决预算和经常账户上面的问题。对比两次措施的共同性，值得注意的是，从1993年开始，以及从2005年底开始，匈牙利经济都在走向破产，经常账户上和预算上的赤字都到了非常严重的程度。两次措施之间的区别，是2004年开始匈牙利已经成为欧盟成员国，但即便有了符合欧洲机构体系和规则的体制，也未能避免走向破产的命运。在博克洛什的计划中，通胀得到了高度的关注，因为通过货币贬值和实施补充关税导致的进一步货币贬值，对限制收入起到了一定的作用。但在2006年已经无法把制造通胀作为校正的工具，因为在那之后进行的反通货膨胀的可信度会非常的低，这样会导致国家因为这波通胀操作付出比10年前更大的代价。1995年的改革试图避免造成国内需求下降和GDP下降，所以就通过先将货币一次性贬值，然后再进一步将其计划性地分阶段贬值，这样就能够达到刺激出口的目的。同时在2006年的措施当中，没有过多地考虑到关于避免影响经济增长的问题。另外，博克洛什计划中的财政措施得到了货币调控措施的大力支持，而2006年的方案却没能得到相同的支持，甚至因为提升利率导致投资收缩的结局。久尔恰尼推出的措施是通过提升税率，增加新税种，减少税率优惠的范围，减少价格补贴的力度，并削减住房贷款的优惠程度来达到目的；同时也开始对中央行政体制进行改革。但是这种同时提升收入并减少开支的紧缩政策，并不能得到企业家和普通工薪阶层的支持，而且这里还要提到科尔奈针对1995年紧缩政策发表的内容：20世纪90年代中期，紧缩政策每提升1福林的收入，同时就减少了3福林的开支。[1] 1995年的紧缩政策中相当一部分内容在被宪法法院以违宪的名义驳回的情况下，也达成了可观的效果；相反地，2006年的紧缩政策没有被

---

[1] Kornai János (1997): "Adjustment Without Recession: A Case Study of Hungarian Stabilization" In: Zecchini, S. (ed.): *Lessons from the Economic Transition*. Kluwer Academic Publisher for the OECD, Dordrecht – London – Boston, pp. 123-152.

宪法院驳回，反而是其中关于收缩免费医疗服务范围和实施高等教育税这两项，被全民投票的方式驳回了。对2006年紧缩政策的效果较难进行评论，因为2008年国际金融危机，匈牙利经济也被卷入更加深度的危机当中，只有通过世界银行、国际货币基金组织和欧洲央行的预备贷款才暂时缓了口气。

在1995年的紧缩计划的财政部分的牵头人博克洛什·洛约什的论文中，证实了紧缩政策的必要性，因为除了实体GDP增长潜力微弱[1]，1993年经常账户的赤字为9%，1994年为9.5%，加固政策之后下降到1996年的3.8%。同样年度（1993年、1994年、1996年）的预算赤字分别为4.9%、6.2%、3.5%。[2] 中央预算总债务与GDP的比例从1993年的89%下降到1994年的86.6%，并在1996年下降到72.9%[3]，同时净外债从1993年的1490万美元上升到1994年的1890万美元，并在1996年下降到1280万美元。这位当时负责财政加固的政治家也承认该措施对收入政策造成的负面影响，但是在既定的条件下，他选择满足以上的这些需要，其合理性引起了激烈的争论，并持续至今尚未有定论。[4]

---

[1] 下降率1991年为11.9%，1992年为3%，1993年为0.6%，同时2009年为2.9%，1995年和1996年都是1.5%的增长。

[2] 博克洛什·洛约什：《无经济萧条的稳固金融》，匈牙利《欧洲论坛》1997年第2期，第16—31页（*Pénzügyi stabilizáció recesszió nélkül. Európai Fórum*）。

[3] 在理论上，国债对经济增长有负面效果，因为投资商在攀高的国债背后看到的是，将来的税率提升。参见艾瑞斯·奥德里安《国债累计对经济增长的长期平均值的影响》，《第七届大会记录》，米什科尔茨大学经济社会学院2009年版，第324—332页（Erős Adrienn：Ⅶ. *Nemzetközi konferencia kötete*）。

[4] 对紧缩政策计划评论的文献，参见毛托尔奇·哲尔吉：《从领跑者到吊车尾：失去年度的编年记》，匈牙利Éghajlat出版社2008年版，第360页（*Éllovasból sereghajtó. Az elvesztett évek krónikája*）；毛托尔奇·哲尔吉：《平衡和增长》，匈牙利Kairosz出版社2015年版，第644页（*Egyensúly és növekedés*）；Győrffy Dóra（2006）：Governance in a Low – Trust Environment：The Difficulties of Fiscal Adjustment in Hungary. *Europe – Asia Studies*, Vol. 58, No. 2, 2006, March. pp. 239－259；《脆弱的稳定：来自隧道里的报告》，金融研究所股份公司1997年版，第185页（*Törékeny stabilizáció. Jelentések az alagútból*）。

科维什·安德拉什（Köves András）认为，1995 年的矫正政策与同一地区其他国家的休克疗法式的政策类似，没有太多注意到压低收入的行为的危险性，所以在经济复苏时就没能得到足够的社会支持。①科维什补充道，当时并不是过度的消费被遏制，而是本来就在下降的生活水平加速下降了。②他指出，1994 年的实际工资水平与 1989 年相比下降了 22%—23%，实际的总收入则比当年水平下降了 12%—13%；同时，1990—1994 年一共流失了 140 万个工作岗位，这个数字相当于在 40 年计划经济时期增加的工作岗位的数量。③与国际公司和银行相比，匈牙利的中小企业和居民在实现自身利益及转嫁压力的能力相对较弱，所以他们受到 1995 年 28.2%，1996 年 23.6%④的通胀率的影响最大，这使人们的收入和储蓄都大幅地贬值，此外，1995 年重新开启的自由化进程，也阻碍了匈牙利政府达成将预算收入最大化的目标。

1999—2002 年实施的经济政策的主要内容是塞切尼国家发展计划，在该计划的框架下，在"财政的组织下"⑤发展公司，该计划未受到 1997 年亚洲金融危机的影响，顺利将匈牙利经济推上增长的轨道，并达到欧盟平均增长率的 3 倍左右，同时也减少了国债并抑制了

---

① 科维什·安德拉什：《匈牙利经济政策的转折点?》，《社会评论杂志》1995 年第 8—9 期，第 37—43 页。

② 为了佐证科维什的计算，参见安多卡·鲁道夫、克罗什·托马什、乌克维奇·久尔吉编《1993 年的经济进程》，《社会报告》，Tárki 1994 年版，第 210 页（Andorka Rudolf – Kolosi Tamás – Vukovich György: Gazdasági folyamatok 1993 – ban. *Társadalmi riport*）。安多卡等的研究表明，1993 年人均实际收入比 1989 年降低了 12%。消费价格则增长了 22.5%，是 1989 年的 2.6 倍。

③ 科维什·安德拉什（Köves András）的计算表明，1990 年丧失的 140 万个工作岗位，是该年所有工作岗位的 1/4。

④ 同时通胀率转入了下降轨道，其比率在 1997 年为 18.3%，1998 年为 14.3%。

⑤ 通过国有银行背景，对通胀进行过低的预估，并有目的地安置从中获得的额外预算资源，最后将其使用。

通胀。与国际货币基金组织之间的信贷关系也基本被消除。① 在 21 世纪初匈牙利经济经历了一个快速追赶的时期，其间匈牙利的人均 GDP 明显地超过了维谢格拉德国家的其他成员。② 从 2002 年开始的松散预算政策则直接导致预算失衡，而且货币政策加严也未能对此作出补救，匈牙利就这样开始慢慢脱离了地区国家的发展轨道③，就算在 21 世纪前十年中期世界经济迎来了上升趋势也无济于事。④ 除了央行所设的限制未能减轻松散的预算政策造成的后果，根据利浦尔公约⑤进行研究还能发现，这种过度开支的预算政策无论是通过通胀来使债务贬值，还是通过牺牲价格稳定和经济增长的货币政策，都无法解决其问题。因为不当的预算计划引发的后果，导致劳动市场的问题⑥加重，公司和民众则转向了更容易获得的、更廉价的外汇贷款⑦，情愿承受其更高的风险，用来缓解由于国家经济环境萧条而造成的不确定状

---

① 为了发展内生要素，内部融资资源一般都是通过"自有渠道，自立安排"进行创造的，相关的分析和经济政策描述，参见毛托尔奇·哲尔吉《活着的记忆——塞切尼计划的世界》，匈牙利 Heti Válasz 出版社 2003 年版，第 222 页（Élő emlékeink – a Széchenyi Terv világa）；伦特奈尔·乔巴：《加强本地公司的经济计划的社会效果——从生存贷款到塞切尼计划》，匈牙利《现实》2002 年第 8 期，第 60—69 页（A hazai vállalkozásokat erősítő gazdasági programok társadalmi hatásai – az egzisztencia hiteltől a Széchenyi Tervig）。

② 巴克绍伊·盖尔盖伊·帕洛塔伊·丹尼尔：《匈牙利的危机应对和经济改革（2010—2016）》，匈牙利《经济学评论》2017 年，7—8 月，第 699—700 页。

③ 维谢格拉德地区的平均预算赤字为匈牙利的一半，并呈持续下降趋势，与匈牙利形成对比。

④ 卡尔绍伊·加博尔：《匈牙利经济周期和趋势（1990—2005 年）》，匈牙利《经济学评论》2006 年第 6 期，第 509—525 页（Karsai Gábor：Ciklus és trend a magyar gazdaságban 1990 – 2005 között）。

⑤ Leeper E. (1991): Equilibria Under "Active" and "Passive" Monetary and Fiscal Policies. Journal of Monetary Economics, Vol. 27, No. 1, pp. 129 – 147.

⑥ 法泽卡什·卡罗伊、沙勒·雅各塔编：《退休金，救助金，公共劳动：匈牙利就业政策的 20 年（1990—2010）》（Fazekas Károly – Scharle Ágota：Nyugdíj, segély, közmunka: a magyar foglalkoztatáspolitika két évtizede（1990 – 2010），政策分析研究所、MTA KRTK 经济学研究所 2012 年版，第 306 页。

⑦ 伦特奈尔·乔巴：《过度贷款的全球化风气在世界和在匈牙利的情况》，《外汇贷款大全》，匈牙利行政和教材出版社 2015 年版。

· 203 ·

态，也因为福林贷款利率更高而回避了这个选项。由于匈牙利国家财政不断增加债务，同时作为国民收入的主要持有者的民众也开始累计外币债务，这使原来的增长模型在2006年进入了死胡同，步入了"无法维持的轨道"①；但由于受2008年国际金融危机的影响，外部外汇资源的汇率和利率都有所改变，导致原本就无法维持的状况提早进入崩溃阶段，亟须国际上的援助。在2006年实施的趋同轨道矫正措施主要聚焦在预算的收入面上，增加了主要收入群众的税务负担，同时减少了他们的收入；但由于该措施并没有试图解决结构性的问题，所以最后也是治标不治本的结果。2006—2007年，与GDP比较下的预算赤字从9.5%下降到5.1%，虽然外部资源和之前高额的开支对经济起到一定的刺激作用；但是最终在预算紧缩之下，当年的经济增长率还是从上一年的3.9%下降到0.4%，同时维谢格拉德地区的其他成员国②的平均经济增长率高达7%。"1998—2002年的5年间，是匈牙利人均GDP水平追赶欧盟平均水平的速度在所有新加入欧盟的国家中最快的时候，之后在2003—2007年的第二个5年间则变成了最慢的。在前5年与欧盟平均水平拉近了8.8%，后五年只拉近了1.1%"③。货币购买力的变化也反映了失衡的局势。1995—2002年，国家货币的购买力下降了24.2%（将该阶段第一年的数据作为100%的基准数据来算，降到基准的75.8%），2003—2010年下降了27.3%（同上，降到基准的72.3%）。④

不佳的宏观经济数据，不确定和有矛盾的经济环境，导致在2008

---

① 欧尔班·加博尔－萨帕瑞·久尔吉（Orbán Gábor – Szapáry György）：《匈牙利预算政策：去向何方?》，匈牙利《经济学评论》2006年第4期，第293—309页。
② 斯洛伐克、捷克、波兰。
③ 毛托尔奇·哲尔吉还写道，2003—2007年除了一体化进程减缓，还失去了在先前5年里创造的追赶优势，甚至还指出，其实匈牙利在2003—2007年外部资源方面是有优势的。
④ 需要补充的是，高预算赤字所制造的通胀环境本身就逼迫货币政策采取限制性（补偿目的）的态度，这帮助了央行完成其价格稳固的职责，并增强了通胀目标追踪体制。

年国际金融危机使国际金融信心大跌的时候，大量的资本投资者退出了国债市场，而且从事制造业的公司也相对收缩了产量。① 国际货币基金组织、世界银行和欧洲央行共同提供的193亿欧元贷款额度，也被提取了143亿欧元。对于匈牙利贷款需求的计算结果过高，而对提款的使用方式则是充满了矛盾和不专业的地方。② 与援助贷款一起到来的，是贷款提供方提出的进一步经济紧缩政策的要求。结果是匈牙利在处理危机时，没能刺激内需③，反而需要紧缩预算，也就是进入一个使经济收缩问题进一步恶化的循环当中。匈牙利GDP在2009年下降了6.6%，这在欧盟国家当中创造了一个负数数据的纪录，同时预算赤字从2008年的3.6%上升到2009—2010年的4.5%。在国际金融危机中，因为加重了首要收入持有人群的税务负担，导致生产量受到了限制，并使预算赤字增加了1.5%。④ 国际金融危机也重创了密切关系到匈牙利经济的出口贸易，以及资本进口的欧盟经济，让经济和货币联盟机构体系的缺陷和弱点及运作上的漏洞浮出水面。⑤ 在

---

① 危机基本上涉及所有的行业。参见伦特奈尔·乔巴《危机的几个国际和金融政策的联系》，《会计税务研究》2009年第51卷第9期，第372—376页（Számvitel Adó Könyvvizsgálat：SZAKMA）。

② 伦特奈尔·乔巴：《在预算当中的公共财政事务》，国家行政和教材出版社2013年版，第268—269页（Közpénzügyek és államháztartástan）。

③ 凯恩斯财政刺激在1929—1933年的危机应对当中获得了成功，并在2008年国际金融危机之后也被发达国家积极采用，然而匈牙利的状况却不允许，也没有期望和授权走向刺激内需的方向。匈牙利央行连降息和实际的危机处理措施都没有采取，甚至还增加了基础利率，以此增加了贷款的价格。

④ 实际上，预算的增幅法在其他国家也没能按照"惯例"来操作。根据早前的计算，财政限制对GDP产生的压抑效果为0.5%，并在国际金融危机之后增加到了1%。相关文献有：Auerbach, J. Alan, Gorodnichenko, Yuriy (2012): Measuring the Output Responses to Fiscal Policy. *American Economic Journal*, *Economic Policy*, Vol. 4, No. 2, p. 27; Baum, Anja, Poplawski, Ribeiro, Marcos, Weber, Anke (2012): Fiscal Multipliers and the State of the Economy, IMF Working Paper, 12/286。

⑤ 洛雄茨·米克罗什：《全球金融危机和欧盟》，匈牙利《金融评论》2010年第4期，第765—780页。

已经席卷全球的危机中,与央行政策①和自由市场原则相违背的国家援助②也得到了新的态度,但由于匈牙利政府的财政和货币体系当中存在着长达数十年的隐患,所以未能充分利用这次机会③,尤其要考虑到匈牙利政府在2年之前还差点破产。以上种种都造成社会为此付出了进一步的代价,匈牙利在危机爆发之后的处理措施上,只能不做处理,或者数年之后再做处理。

市场经济过渡期的经济政策当中,政府在不断减少其所持有的资产并简化对经济的管控,并在各种监管机构的行为上保持克制,但最终还是转变成"在计划经济基础之上的"经济政策。在不良的经济结构对市场经济造成了影响,与国家预算收入水平不对称的"大手大脚"的社会福利体系也经历了几次被削减之后,又因为"政治社会和平"的原因一次次被重新启用;之后匈牙利经济的焦点被迫放在了外国投资上面,并通过各种税率优惠,甚至预算补贴来推动,但加速了国家债务的攀升。已经在起步阶段就遭遇"难产"④的体制改革、经济政策不断制造预算赤字,因为其经济结构和社会政策的关系,只能得到这样的结果,并

---

① 关于被激活的非常规央行工具,以及金融危机在国际层面的效果,参见奈梅尼·尤蒂特《金融危机对央行制度的效果》,匈牙利《竞争和规范》,匈牙利科学院(MTA)的经济学研究所2012年版,第167—209页;按照匈牙利国内的做法,参见奈梅尼·尤蒂特《货币政策在匈牙利应对危机上扮演的角色》,匈牙利《经济学评论》2009年5月,第393—421页(A monetáris politika szerepe Magyarországon a pénzügyi válság kezelésében)。

② 斯塔维茨基·彼得:《为了与金融和经济危机的斗争对金融行业实施的暂时性国家补贴规则》,《国家补贴法》2010年第2期,第3—20页(Staviczky Péter: A pénzügyi és gazdasági válság leküzdése érdekében a pénzügyi ágazatra vonatkozó ideiglenes állami támogatási szabályok Állami támogatások joga);斯塔维茨基·彼得:《为了与金融和经济危机对实体经济采取的暂时国家补贴政策》,6 (2010/2),第59—72页(A pénzügyi és gazdasági válság leküzdése érdekében a reálgazdaságra vonatkozó ideiglenes állami támogatási szabályok Állami támogatások joga)。

③ 博尔夫、加兰伯·索菲亚、卡尼亚希·索菲亚:《匈牙利关于金融和经济危机实行的创造和维护工作岗位的措施的简介》,《国家补贴法》2010年第2期,第77—88页,国家发展部。在出版物中列举的工作岗位补贴机会与问题的严重性相比,可以忽略不计,即便这些补贴是根据欧盟运营协议107条第1款关于国家补贴最需要的情况,以此为根据发放的。

④ 什敦普夫·伊什特万:《强大的国家——宪法限制》,匈牙利Századvég出版社2014年版,第18—24页(Stumpf István: Erős állam – alkotmányos korlátok)。

第五章　市场经济转变期的经济形势

在之后遇到有问题恶化的时候,将由此产生的额外负担推到维权能力相对较小的民众身上。因此,首要收入持有者对改革和加固政策的认同度降到最低,甚至多次遇到社会反弹,最后这个国内收入的持有者群体否定了给他们设置多种限制的国家政策,也否定了推出该政策的匈牙利政府。① 所有建立在紧缩政策之上的危机处理政策都以失败告终,没有达到目标效果。但在建立市场经济的这两个年代中,不可否认的成绩是,匈牙利成功完成了融入欧盟的工作,并且和平完成了市场经济的转型。

因为篇幅限制,本书不详细介绍匈牙利的财政监管②,但需要重点提出的一点是,在哈格马耶·伊斯特万的领导下,1989 年重组的国家审计署获得了基本监控的权限。③ 在市场经济过渡期的几十年里,匈牙利的监控机构一直受其政治方面的影响(从规则中也可以看出这一点),这不仅将财政政策变得较为松散,同时也导致监控检查的结果往往不了了之,没能追诉责任方的法律责任。④ 所以国家审计署所发现的预算、结算、国库管理方面的问题,时任政府往往会表示赞同,但又不

---

① 米哈伊·彼得认为,大多数匈牙利民众会反对任何形式的现代化,因为他们收入的大部分都是通过政府补贴获取,这也是因为扭曲的就业结构造成的。成年人口60%或者是给国家打工,或者其主要收入途径来自政府。参见米哈伊·彼得《在秤上的体制改革 25 年》,匈牙利《经济学评论》2014 年 7—8 月,第 903 页(Mérlegen a rendszerváltás 25 éve)。

② 2010 年之后的做法,参见伦特奈尔·乔巴编《纳税金融学和预算的经营》,2015 年,NKE,6 – 8(Adózási pénzügytan és államháztartási gazdálkodás);伦特奈尔·乔巴:《公共财物管理》,匈牙利 Dialóg Campus 出版社 2017 年版,第 10—12 章(Közpénzügyi Menedzsment);让监管进入历史轨道是一篇现在正在编写当中的科研作品。

③ 《宪法》指出,国家审计署是议会最高财务监察机构,1989 年关于国家审计署的第三十八号法律规范了其运作机制。该机构拥有考究的审查方法论,相关案例参见《国家审计署检查手册》(Az Állami Számvevőszék Ellenőrzési Kézikönyvét)(ÁSZ 2008,第 149 页和其附表);科瓦奇·阿尔巴德:《检查的体制和方法》,匈牙利 Perfekt 出版社 2006 年版,第 320 页(Kovács Árpád: Az ellenőrzés rendszere és módszerei)。

④ 乔波迪·帕尔:《公共款项的法律规范和外部监管的管理学》,博士学位论文,圣·伊什特万大学 2009 年,第 135 页(Csapodi Pál: A közpénzek jogi szabályozása és a külső ellenőrzés gazdaságtana)。

· 207 ·

会对其进行修正。即便国家审计署拥有细致的检查方法论和良好的意图，但由于他们的职责不包括解决其所发现的问题①，所以他们的工作未能对预算过度开支的现象，起到多大的限制作用。②

---

① 塔纳罗·乔波迪·帕尔，前国家审计署秘书长对这种情况进行形象的描述道："狗只叫，不咬人"。
② 科瓦奇·阿尔帕德：《2008—2009年预算管理和价值损失上的错乱，经济危机，IMF贷款和欧盟资源，作为2010年经营上的决定因素》，《匈牙利政治年册》，考文纽斯大学2009年版，第191—194页（Kovács Árpád：A 2008 - 2009. évek költségvetésének gazdálkodása - értékválasztási zavarok, gazdasági válság, IMF hitel és az európai uniós források, mint a 2010. év gazdálkodásának meghatározottságai. Magyarország politikai évkönyve）；科瓦奇·阿尔帕德《革新的、可持续的预算（在审计师眼里）：匈牙利政治年册》，匈牙利考文纽斯大学2007年版，第556—569页 [Megújuló, fenntartható államháztartás（ahogyan a számvevők látják）. Magyarország politikai évkönyve]。另见国家审计署每年向议会提交的预算和年终结算的检查报告。

第六章
2010年以后国家积极的经济管理政策和体系要素

在匈牙利从计划经济向市场经济过渡的时期，国家从对经济的影响、调节和控制的角色退到了幕后。但2010年后，这些功能又断然加强。我在本章里试图对所发生的实际过程进行科学的、系统化的介绍，并且通过能够反映政策和经济管理效率的可测量项目的数据来说明2010年后匈牙利经济管理的实质。其中适度提及有关那个时代的各方面的专业意见，以避免在专业文献中出现带有政治色彩的、源于世界观的（不够清晰的）言论。① 由于本书撰写的时间离所讨论的时期还没有

---

① 只有介绍了最近不到十年的发展，才能介绍匈牙利约两个世纪的经济管理情况，因为如果没有它，这本书可能会失去其时效性，不会引起专业读者的兴趣。这个新管理时间段还很短，所以只能介绍其系统要素、法律动态和经济变化，以及建立在其上的、正在形成的理论性学说。分析制度质量有关的、相互冲突的各种看法尚不能保证科学的深度，所以我也不愿这样做。再说，科学家们通常在一个经济和政治时代过去10—20年后，才可以对其进行深入研究。因此，我试图介绍事实，让读者自行处理和评估。我不想将自己的观点强加给读者。本章可能会引起许多可能相互冲突的、关于财政和货币的方法论和实践的观点。这样，读者（以及可能研究人员也）可以决定是否同意本章内容。

过很长时间，所以不具备几届政府的、数十年的经验（如双元帝国时期或中央计划经济体制），但已可以看到与前几个时代不同的重要系统元素的出现，而且维持和进一步发展这些成果可以奠基独立经济发展的时代。始于 2020 年春天的新冠疫情打破了多项宏观经济指标。这场源于公共卫生的，即非经济源的危机，一方面可以被视为对新经济治理体系的考验，另一方面也可以被看作完善积极的国家运作急性危机管理模式的契机。

1　2010 年后的主要治理步骤和法律依据

1.1　强制轨道

由于经济和社会紧张局势的加剧，从 2006 年开始，匈牙利经济陷入内部危机，而 2008 年国际金融危机对匈牙利的影响使得这个情况进一步加剧。这场危机对公共财政、企业、银行体制和居民等领域都产生了影响。匈牙利面临破产，这可能导致其国民经济的运作无法持续，或者出于国民经济特点原因，可能对以下领域造成负面影响：一是中央预算功能失调；二是社会保障体系，特别是养老保险体系的长期赤字，可能崩溃；三是众多企业破产，不确定的经济环境，基本生产功能下降；四是许多地方政府破产，出现社会矛盾和公共服务功能障碍；五是大规模借外汇信贷的家庭破产，导致社会不安定和不稳定。[①]

[①] 伦特奈尔·乔巴：《减轻公共财政风险的一些可选的法律和经济方法》，*JURA* 2017 年第 23 卷第 2 期，第 109—117 页（Az állampénzügyi kockázatok mérséklésének egyes jogi és gazdasági aspektusai. *JURA*）；伦特奈尔·乔巴：《在预算当中的公共财政事务》，国家行政和教材出版社 2013 年版，第 322—329 页；对主要危机领域的局势和巩固过程我在 2014 年和 2015 年的《金融评论》季刊进行了分析，此外，还在专题著作《外币贷款的大手册》（*Devizahitelezés Nagy Kézikönyve*）中也说明了。参见 Bethlendi, András, Lentner, Csaba (2018): Subnational Fiscal Consolidation: The Hungarian Path from Crisis to Fiscal Sustainability in Light of International Experiences. *Sustainability*, Vol. 10. No. 9. 2978。

第六章　2010年以后国家积极的经济管理政策和体系要素

在2010年以及随后两次的议会选举中获得2/3议会席位，从而获得政治权威的政府首先实施了符合积极国家的运作模式①的经济政策，之后改用建立在社会和政府信任之上的合作性国家运作模式。② 第一组措施旨在避免破产③，其后的措施旨在达到稳定，随后的维持平衡的同时进入增长阶段。④ 为了避免陷入"中等发展"的陷阱⑤，需要以竞争力

---

① 伦特奈尔·乔巴：《公共财政管理》，匈牙利 Dialóg Campus 出版社2017年版，第20—23页。关于国家作用的主要趋势，参见科罗日·帕尔·彼得《公共财政和国家财政》，匈牙利 Dialóg Campus 出版社2017年版，第9—16页（Kolozsi Pál Péter：*Közpénzügyek és államháztartás*）。

② 科罗日·帕尔·彼得：《合作与激励：创造匈牙利一种新公共财政模式》，奥耶尔·亚当·拜尔凯·久洛·乔治·伊什特万·豪佐菲·佐尔坦编《庆祝基什·乔治65岁的纪念册》，匈牙利 Dialóg Campus 出版社2018年版，第519—530页［Kolozsi Pál Péter: Együttműködés és ösztönzés: Egy új közpénzügyi állammodell megalapozása Magyarországon. In: Auer Ádám – Berke Gyula – György István – Hazafi Zoltán（szerk.）: *Ünnepi kötet a 65 éves Kiss György tiszteletére – Liber Amicorum in honorem Georgii Kiss aetatis suae LXV*］；科罗日·帕尔·彼得·伦特奈尔·乔巴·保劳格·比安卡：《匈牙利公共财政改革和国家模式转变》，匈牙利《公民评论》第13卷，2017年第4—6期，第28—51页（Kolozsi Pál Péter – Lentner Csaba – Parragh Bianka: *Közpénzügyi megújulás és állami modellváltás Magyarországon*）。

③ 救助地方政府、外汇债务人（以及通过他们求助银行）和对国民经济重要的公司（如四家肉制品公司）无疑采用的是科尔奈定义的（更确切地说，是批评的）预算软约束综合征。对预算软约束综合征的全面评估（与科尔奈有所不同的意见）参见本书第七章。

④ 对平衡和增长的详细、覆盖几十年的评估，参见毛托尔奇·捷尔吉《平衡与增长——匈牙利的整顿和稳定化（2010—2014年）》，Kairosz 出版社2015年版，第644页（Matolcsy György: *Egyensúly és növekedés – Konszolidáció és stabilizáció Magyarországon, 2010 – 2014*）。

⑤ 关于中等发展陷阱的理论，参见 Felipe, Jesus, Abdon, Arnelyn, Kumar, Utsav: Tracking the Middle, Income Trap: What Is It, Who Is in It, and Why? Levy Economics Institute of Bard College, Working Paper, No. 715；关于匈牙利的局势，参见波德·彼得·阿克什《暂时失去步伐或"中等收入陷阱"——论匈牙利经济发展任务》，匈牙利《经济和金融》2015年第2卷第1期，第2—17页（Átmeneti ütemvesztés vagy a "közepes jövedelem csapdája". Kommentár a magyar gazdaságfejlesztési teendőkhöz. *Gazdaság és Pénzügy*）；论危机后延迟的恢复期，参见欧布拉特·加博尔《经济转型和停滞》，克罗什·道马什·托特·伊什特万编《社会报告》，TÁRKI 匈牙利社会研究所2014年版，第21—50页［Oblath Gábor: Gazdasági átalakulás, nekilendülés és elakadás. In: Kolosi Tamás – Tóth István György（szerk.）: *Társadalmi Riport 2014*］。

的转变①来补充财政、货币和增长的转变。2018年，经济的全面竞争转型和更新成为政府和中央银行政策的重点领域。

本章首先介绍2010年后经济管理的目标方向和所适用的法律动态，特别提到《基本法》《稳定法》和新《公共财政法》等其他主要根本大法。随后介绍财政政策中的变化（税收结构、预算、国债和国民财富的变化），然后是对货币政策转折的阐述（尤其是货币政策转折对恢复贷款流动和减少外部脆弱性的影响）。最后，本章总结近十年积极国家行动的经济成果，并指出匈牙利模式可以解释为一种成功的宏观经济危机管理，其中在没有发生失衡的情况下可以实现经济、工资的大幅度增长，基本生活费用的减少和监控（水电杂费的降低）。本章最后介绍匈牙利竞争力转变所需的条件。

1.2 2010年后经济治理方针和所用法律——《基本法》《稳定法》等根本大法以及其他公共财政有关的法律

为了可持续发展和持久的趋同，需要更新经济治理的法律框架。2010年后，匈牙利在这方面取得了重大进展。在立法方面，《基本法》的通过极为重要。围绕《基本法》的公共财政相关的各项法律共同为公共财政和国家资产的管理确保可控性、绩效测量和有效管理的契机。

节约公共管理资金，创造和长期维持预算平衡以及国债的降低都是如此重要的经济政策目标，以至于实施这些政策的最基本原则在匈牙利《基本法》中得到规定。始终如一的公共财政法规所产生的公共财政稳定也有助于建立和维持持久的经济增长基础。

2011年4月通过并自2012年1月1日起施行的《基本法》是2010

---

① 论竞争力转变的背景，参见保洛陶伊·丹尼尔、维拉格·巴纳巴斯编《竞争力与增长》，匈牙利央行2016年版，第831页［Palotai Dániel – Virág Barnabás（szerk.）：*Versenyképesség és növekedés*］。

年后社会经济转型的最重要、最全面的文件。《基本法》的一个单独章节涉及公共资金、中央预算有关的法律和国家财富。《基本法》的特殊之处在于，与《宪法》相比，有关公共财政的财政类规则更加严格和详细。特别是因为原先的《宪法》没有独立的经济和金融章节，其中很少有金融法相关的直接内容。公共财政章节包括中央银行[①]有关的主要规则。

《基本法》第N条第1款规定，"匈牙利实施稳定、透明和可持续发展的财政预算管理原则"。《基本法》注意到，只有在国家的社会和经济平衡不受到实质性公共财政问题的影响时，其基本权利才能发挥作用，才能充分保证国家的民主和有效运行，以及在匈牙利生活的人民和在这里经营的组织的安全。据此，《基本法》规定预算管理的最主要原则为年度预算原则以及详细、平稳、透明和可持续的预算管理原则。《基本法》规定了平稳、透明和可持续的财政预算管理要求。其中，平稳有助于实现可以想见的国家运作，透明有助于消息灵通的和负责任的公民参与民主的公共生活，而可持续性除了主要的财务目标，还有助于为子孙后代的命运负责。

《宪法》第36—44条构成公共财政章，债务规则是其中的一部分。

（4）议会不得通过可能导致外债超过国内生产总值一半的中央预算案。

（5）当国债多于国内生产总值一半时，议会只允许通过旨在降低国债占国内生产总值比重的中央预算案。

（6）只有在实施特殊法律秩序时，在缓解特殊情况造成的后

[①] 将中央银行有关的内容纳入公共资金的章节中，具有重大意义，因为没有独立中央银行支持的话，有效的治理是不可想象的。地位仍然独立的中央银行支持善治的货币政策，体现在改变的实践、多任务的目标系统和相应定制的手段中。不同于过去的几十年，这一重要法规中规定了央行更广泛的、不损害其基本职能的、支持政府经济政策的运作模式。

果所需要的程度上；或者在国民经济持久和显著下滑的时候，在恢复平衡所需要的程度上可以偏离第（4）款和第（5）款的规定。

为了执行《基本法》的债务规则，匈牙利议会于 2011 年 12 月通过了《稳定法》，以确保国家财政稳定和预算的可持续性。《稳定法》是匈牙利经济政策的一项特别重要的框架法律，也是维系公共财政运作的基本规则。

《稳定法》包括《基本法》规定的债务规则的细则。① 这项法律还包括限制国债发生和增长的规则，并且规定"只有在法律授权条件下才能有效地做导致代表国家承担债务的交易"。《稳定法》严格限制地方政府的借贷条件，未经中央政府同意，地方政府只能借欧盟发展项目所需要的贷款，以及在债务清算程序中用于订立债权协议的重组贷款和流动贷款。未经政府同意，大都市政府和州级城市政府最高只能借贷 1 亿福林，而国家级少数民族自治政府最高可借贷 2000 万福林，其他地方政府只能借贷 1000 万福林以下用于发展的贷款。

在根本大法②当中，首先要提到的是 2011 年批准的《审计署法》③，这是议会通过的第一部根本大法。对国家资产和公共资金的控制基于《基本法》，并呈现在《审计署法》中。这部新法律确认了国家审计署的独立性和审计权力，并且通过明确宣布报告的公开性，大幅提高了审计的透明度。

---

① 债务指数可描述为名义债务或名义 GDP，其中名义 GDP 量是由 GDP 增长率和基于通胀的价格指数确定的。需要强调的是，不仅通过减少分子中的债务量，又可以通过"长出国债"，即通过迅速增长 GDP 来降低这个指数。关于国债计算和稳定的马斯特里赫特标准，参见伦特奈尔·乔巴《公共财政管理》，匈牙利 Dialóg Campus 出版社 2017 年版，第 53—56 页。

② 本章没有详细说明地方政府有关的法规，我在匈牙利 Dialóg Campus 出版社于 2019 年春天出版的《地方政府财务管理和资产管理》专题著作中（第 167 页），详细讨论了这个重要的公共财政子系统的历史、法律和经济条件。

③ 2011 年第六十六号法律关于匈牙利审计署。

在审计署的新审计授权中，准备行动计划，制裁不履行合作义务的行为以及在发现不合规现象时向官方机关发出信号的普遍权力极为重要。① 新《审计署法》还规定，审计署"以基于其审计经验的结论、建议和意见支持国会、其各个委员会和被审计机关的工作，从而协助善治的国家运行"。值得注意的是，在通过根本大法之前，原《审计署法》包含了审计署对地方政府公司进行审计的权力。

匈牙利国家银行是匈牙利的中央银行，该银行按独立根本大法②规定的方式负责货币政策。匈牙利央行（MNB）的首要目标是达到和维持物价的稳定。在不危及其主要目标的前提下，利用可支配的货币政策、手段来支持政府的经济政策。匈牙利央行行长每年向议会报告一次央行的工作情况。匈牙利央行是欧洲中央银行系统（ESCB）的成员。匈牙利央行及其各个单位在履行《中央银行法》规定的职责和义务时应独立行事，不得征求或接受匈牙利政府和（欧洲中央银行除外的）欧盟的任何机构、组织和部门，及其他成员国或任何组织或政党等的指示。

《基本法》赋予了预算理事会强大的权力。③《基本法》第44条规定，财政理事会是支持议会立法职能的机构，监督中央预算是否有依据，通过《中央预算法》是否需要财政理事会事先同意，以便遵守外债规则。所有这些意味着，理事会必须判断《宪法》中关于国债的条件是否得到实现。如果没有，政府必须制定新预算案。根据《基本法》，如果到3月31日，国家议会还没有通过的预算，总统可以解散议会并且举行

---

① 多莫克什·拉斯洛：《在新公共财政法规范围内审计署权利的完善》，匈牙利《金融评论》2016年第3期，第299—319页（Domokos László：Az Állami Számvevőszék jogosítványainak kiteljesedése az új közpénzügyi szabályozás keretében）。

② 2013年第一百三十九号法律关于匈牙利国家银行。

③ 科瓦奇·阿帕德：《匈牙利基本法中的预算理事会——制度发展与欧盟实践概要》，匈牙利《金融评论》2016年第3期，第320—337页（Kovács Árpád：A Költségvetési Tanács a magyar Alaptörvényben. Vázlat az intézményfejlődésről és az európai uniós gyakorlatról）。

新的议会大选。这项规定进一步加强预算理事会的作用，让预算理事会具有否决权。与国际惯例相比，这是一项突出的权力。①

关于实施《基本法》及其规定的 2011 年第一百九十六号法律（以下称《国民财富法》）包含国民财富有关的基本规则。公共财政所得收入确保执行公共任务以及融资公共任务相关支出所需要的资金。但是，执行公共任务不仅需要资金，还需要其他资产（如建筑、构筑物、车辆、机械、设备、精神产品、权利型无形资产、储备等）。基于收支的（动态）预算管理和静态资产管理之间有着密切的联系。《基本法》指出，"国家和地方政府的财产是国民财富。管理和保护国民财富服务于公共利益、满足公共需求、维护自然资源以及考虑到子孙后代的需求"。《基本法》加强了对公共资金和国民财富的保护，并为负责任和透明的管理提供了保障。

国民财富的基本功能是保障公共任务的履行。国民财富有关的法律给公共任务也下了定义。据此，公共任务是指法律规定的、出于公共利益的、根据法律规定和符合法律条件完成的国家或地方政府任务。该任务包括向居民提供的公共服务，国家根据国际协定承担的公益任务以及保障执行该任务所需要的基础设施。国民财富必须负责任和适当地管理。

还有更多法律确保公共财政的持续运作。税收秩序有关法规（2003 年第九十二号法律、2017 年第一百五十号法律和 2017 年第一百五十一号法律）的目的是统一规范纳税人和税务机关的权利和义务，以确保程序的合法性和效率。纳税人和税务机关可以根据税收秩序相关的法律行使其权利并履行其义务。通过这种监管机制，可以实行各项税种有关的

---

① 多莫克什·拉斯洛：《信用和灵活性——匈牙利公共资金框架体系的变更》，匈牙利《金融评论》2011 年第 3 期，第 285—296 页（Domokos László：Hitelesség és rugalmasság. A magyar közpénzügyi keretrendszer változásai）。

法规，也可以发放补贴。因此，公共财政收入和支出的秩序由《税收秩序法》规定。针对每个税种（个人所得税、增值税、企业所得税等）制定了专门法规并提供了详细规则。如前所述，国家税务和海关总署管理运作性财政过程。

公共财政平衡的保障，公共资金的透明、有效和可控制的管理由《公共财政法》规范。新《公共财政法》于 2012 年 1 月 1 日生效。公共财政的结构及其流程基本上是延续原来的制度。但是，不像先前的有四个子系统的《公共财政法》，这项法律只有两个子系统，中央和地方政府子系统。预算外资金和社会保险基金成为中央子系统的一部分。就结算规则而言，新法律仍然基于现金基础和会计原则，也就是说，在入账时须结算收入和支出。

《公共财政法》加强了中期计划及义务的承担和检查是否有足够的基金的规定，以确保在没有预算拨款或足够资金的情况下无法通过任何个别许可承担付款义务。但是，如果议会在《中央预算法》中已批准过某项投资或采购所需的资金，则该投资或采购不需要再办理进一步的许可。

与以前的法规相比，《公共财政法》更加重视预算的规划。特别重视规划的规则。这是一种从上下两个方向塑造的体系。首先确定金额的上限，随后从下到上确定细则（在限额范围内要对哪些具体任务拨款），然后，在二者都确定后，负责执行预算的政府将批准最终规划。

在新《公共财政法》中，值得一提的是，以前经常使用的"合并"的范围缩小了。例如，据原规则，地方自治政府的预算可以"合并"包括地方政府、地方政府合署和相应的地方少数民族自治政府的预算。由于书记官、市长（区长或村主任）和地方政府这三个不同的法人实体没有独立的预算，只能通过检查地方政府内部规程和档案，才可以查出书记官在政府合署的实际运作、市（区、村）长在执行自治政府任务的过程中以及当地少数民族自治政府在其运行的过程中实际花费多少。这种情况不仅降低了透明度，而且还引起了一系列如纳税人身份、账户管理等具体问题。新《公共财政法》大大限制了上述的、以前允许的合并。

新《公共财政法》的许多规定旨在减少不必要的工作负担、支出和官僚主义。例如，取消了凭证的联署实践（立法者认为，验证本身就是适当的检查）。为了监管更加简单和透明，法律将许多法律层面上管理的事项下放到政令级上。这项法律经过了多次修改，主要在加强公共财政的审计、有效行使权利、根据年度预算进行财务管理、收入应当有根据、支出应当有限定性以及公共任务、拨款转拨和公共财政外部审计相关任务等方面做改动。

2011年12月发布了《公共财政法》的实施条例（第368/2011 [Ⅻ.31.] 号政令）。《公共财政法》的实施与公共财政财会的第4/2013 [Ⅰ.11.] 号政令密切相关。① 两个政令都颁布了公共财政管理的实施

---

① 根据欧盟标准，引入了权责发生制会计法。这使得公共部门的管理更加透明和可测。参见希蒙·约瑟夫《公共财政会计基础与公共财政的信息系统》，威科集团2013年版，第291页（Simon József：*Az államháztartási számvitel alapjai és a közpénzügyi információs rendszer*）。所以，对公共财产绩效的评估更接近于基于业务的系统的测量"技术"。参见泽曼·佐尔坦、托特·安陶尔《战略财务控制与管理》，匈牙利科学院出版社2018年版，第211页（Zéman Zoltán - Tóth Antal：*Stratégia pénzügyi controlling és menedzsment*）；泽曼·佐尔坦、托特·安陶尔《地方政府和公共事业公司绩效评定》，伦特奈尔·乔巴主编《税务金融和政府财政》，匈牙利行政和教材出版社2015年版，第829—851页（Zéman Zoltán - Tóth Antal：*Az önkormányzatok és közüzemi vállalatok teljesítményértékelése*）。然而，尽管采用了接近市场的测量技术，但在公共服务中，集权化、国有化、公共物品（CMPG）方法取代了事先的新公共管理（由分权、私有化和管理形成的DPM范式）的经济理念。参见Lentner Csaba（2019）：New Concepts in Public Finance After the 2007 - 2008 Crisis. *Economics and Working Capital*, No. 1 - 4, pp. 2 - 8；伦特奈尔·乔巴《公用事业公司和预算单位业务中的财会原则——论匈牙利和欧洲法律以及思想历史前例》，《税收财政学和公共财政管理》，2015年版，第763—784页（*A vállalkozás folytatása számviteli alapelvének érvényesülése közüzemi szolgáltatóknál és költségvetési rend szerint gazdálkodóknál - magyar, európai jogi és eszmetörténeti vonatkozásokkal*. In：*Adózási Pénzügytan és Államháztartási Gazdálkodás*）。

条例，规定了体制体系（包括公共财政的中央和地方子系统）的规划、实施、报告义务和监管任务的完整性。与以前的监管方法不同，（合同、补贴等有关的）公开义务不再受公共财政法的约束，而受信息自由法（修正案）的约束。

2　财政政策领域的变化

2010年之前，匈牙利公共财政最严重的问题之一，是其税收制度无法有效和成功地支持其经济发展和赶上欧盟。税制不适当导致财政赤字和国债上涨，其原因可能是2011年前的《宪法》没有公共财政有关的章节，也就是说，缺乏强有力的法定授权。在这些领域，变化和财政转变是最紧迫的。

2.1　税收结构的变化

1990—2010年，匈牙利的税制无法使匈牙利经济走上可持续、均衡的道路，无法有效地促进经济增长，不能使其变得更加活跃和可持续，因此改革税制成了2010年后的基本目标。

2010年之后，匈牙利税收制度有了新基础。对劳动和资本加以负担的税费下降了，源于消费税和特别税的收入增加了。旨在公平和公正分担社会负担的特别税在2013年占国内生产总值的2%，而随后开始的逐步淘汰导致其在2016年仅占GDP的1.5%。2010—2012年，在特别税当中，银行税和能源业的所得税占主导地位；而2013年后，则是金融交易税占主导地位。根据匈牙利政府和银行部门达成的共识，银行税自2016年开始降低[①]，而到2019年降低至欧盟的平均水平。实施行业

---

① 例如，自2019年1月1日起，银行税的最高税率在500亿福林税基以上从原来的0.21%下调到0.2%，而对低于2万福林的个人汇款取消了交易税。在2010年危机措施中引入的银行负担稳步下降。

特别税的原因是资本化程度较高的且有效税率较低的行业（如银行业、能源业、零售业）比普通家庭更具承担税负的能力。

更新个人所得税和基于劳动所得的捐税制度是政府关于税收制度的最具标志性的措施之一。这个变更之所以需要，是因为必须以高额税收来支付高额财政支出，而这使得劳动所得的税负较高。这是2010年前匈牙利税收制度的一个主要特征。[①] 税收制度没有促进就业，税收楔子很好地表现了这一事实，税收和捐税负担与就业总成本之比，以国际标准来看也很高，如图6-1和图6-2所示。

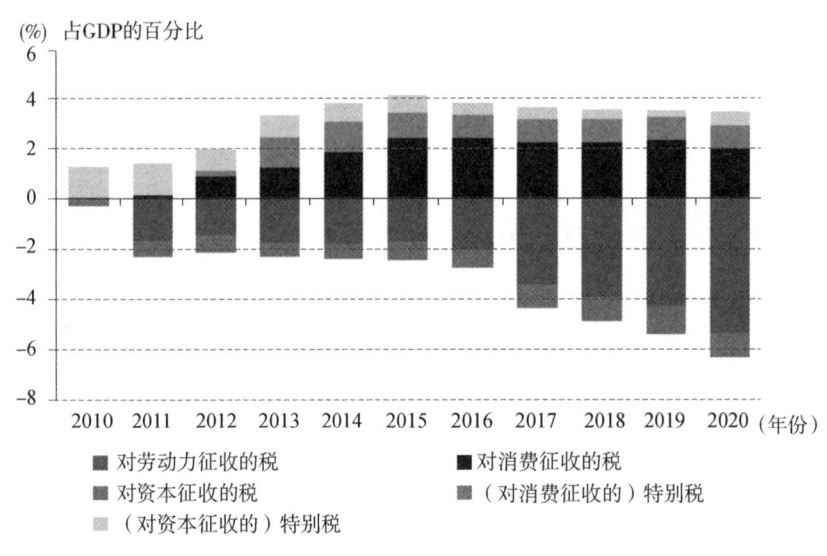

图6-1 2010年后匈牙利对税收制度进行的改革产生的
累计静态预算影响

数据来源：匈牙利央行，保洛陶伊·丹尼尔：《2010—2013年税制改革的积极效果成熟了》，2018年。

---

① 在政治制度转变之后的几十年中，就业人数仅达300万，其中一半领取法定最低工资或与其同等收入水平。他们的税收负担也是相应的，也就是说，从国家的税收角度来看，相当低。然而，收入高于最低工资的人的（较高）税费是公共财政的真正"收入聚宝盆"，这反过来又不促进额外的工作，甚至导致某些收入的隐瞒。改变未融入劳动力市场的人的地位的激励措施也没有取得成果。

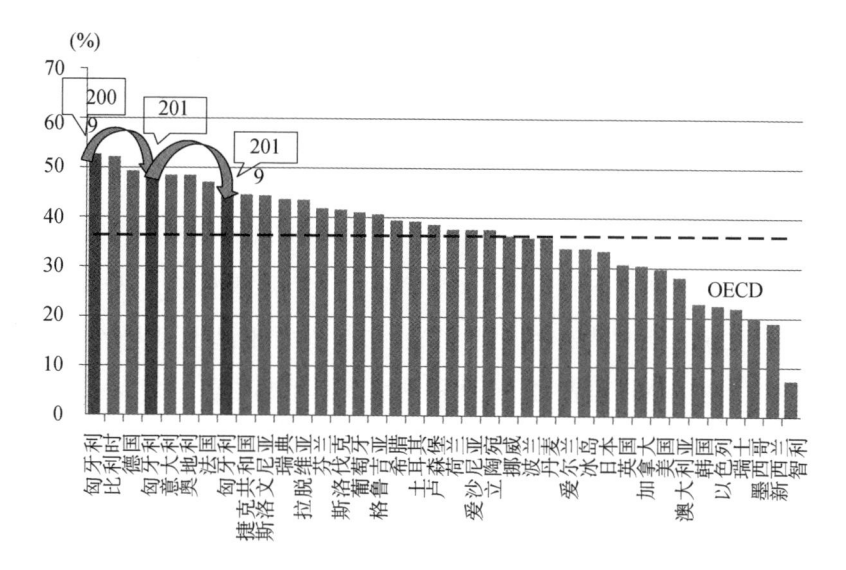

图 6-2　经合组织成员国 2016 年和匈牙利 2009—2019 年的平均税收

数据来源：匈牙利央行，2019 年。

税制改革的最主要步骤是在 2010—2013 年落实的。在更新个人所得税和劳动所得捐税制度方面作出了以下几个重要决定。

"超级毛额推算制度"的淘汰。超级毛额税基是毛工资的 127%，而在有关的税率条件下淘汰这个制度相当于减税。

单梯个人所得税的推行。在推行统一税率的个人所得税制度之前，个人所得税最高税率为 32%；而在"超级毛额推算制度"中，适用最高税率的收入上限为 190 万福林，同时最低税率为 17%。2011 年，推行了 16% 的单梯个人所得税制，2016 年，该税率再降至 15%。

为简化起见，逐步淘汰税收抵免，并扩大可以从个人所得税、员工实物和现金健康保险补贴以及员工养老金保险捐税中可获得的家庭赋税优惠的范围（按此顺序）。

针对性捐税优惠政策（就业保障行动计划）。当雇用新就业者、25 岁以下、55 岁以上、带小孩的或无技能员工或长期求职者时，社会福利捐税（在推行时27%）和职业培训捐税（在推行时1.5%）默认情况下可减免14.5个百分点，而一些特定情况下可享受共28.5个百分点的优惠。

个人所得税收入与税收降低率相比，较小的降低幅度表明，这些措施的效率较高，如图6-3所示。2010年，个人所得税收入占GDP的6.4%，而2017年占5.2%，但从名义上讲，这意味着近2000亿福林的收入增长。这很清楚地表明，公民的纳税态度有所改善。

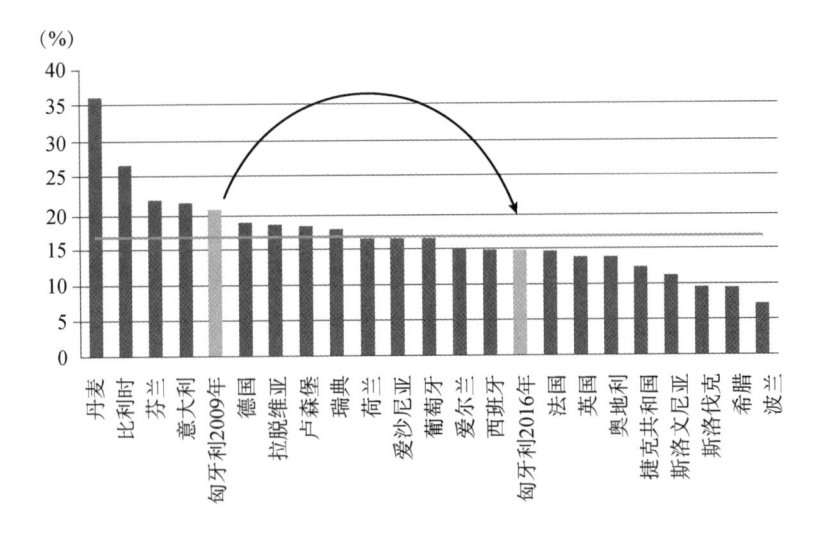

图6-3　从国际角度看匈牙利个人所得税的降低（2016年）

数据来源：毛托尔奇·捷尔吉（Matolcsy, 2017）。

在税收政策转变之前，高昂的就业税率造成的一个后果是匈牙利成为欧盟就业活跃率最低的国家之一，从而使匈牙利在经济增长和经济绩效方面都落后于同地区的竞争对手。所有这一切和经济危机理所当然地导致了匈牙利税收制度的变更，其中最重要的要素之一是降低就业税，同时伴随着课税制度公平性的扩大，推行了产业税，提高了增值税并且采取了其他税收措施。总体而言，2010年之后税制的重点从就业税转

第六章 2010年以后国家积极的经济管理政策和体系要素

变为消费税。

营业税和特殊产业税的变化目的是融资促进就业和增长。一般增值税率从25%上升到27%，这（在降低个人所得税同时）将匈牙利的税收结构大量转向了消费税。为了减少逃税，零售业收银机与税务局系统在线连接，随后适用范围的扩展，以及引入电子货物陆运控制系统（EKÁER）和电子发票系统。①

在对公司税制的修改中，扩大了符合税收优惠条件的中、小企业范围。2010年，适用10%优惠税率的营业额上限从5000万福林提高到5亿福林，其以上的税率为19%。从2017年开始，公司税率从之前的10%和19%统一降至9%。2013年政府引入了两种重要的、有针对性的税收形式，小规模纳税人逐项一次性税（KATA）和小企业税（KIVA）。通过这个措施进一步降低和简化了匈牙利中、小型企业资本收入的税负。

2010年后的税收政策变化集中在两个关键领域。匈牙利为了恢复预算平衡和更加公平的课税，一方面集中针对资本实力较强的，主要是对跨国企业和银行实施更高、更加符合其纳税能力的征税；另一方面，减轻境内居民收入性税收负担（个人所得税、企业所得税），从而增加国内居民的有效需求。与收入类税收相比，通过"境内居民"纳税人需求上升导致"市场吸收"② 易于征收的营业类税，是保障财政收入的更"平顺"、更容易的办法。最早和影响最快的税收政策变化是在2010年后引入的行业税。它们在创造财政平衡中发挥了关键作用。通过它们改善了财政收支状况，因此鼓励了其他资本投资者进行投资，因为国家运作的稳定和围绕着营运资金的人力基础设施（医疗卫生、教育、道路

---

① 同时，简化税制手续及电子手续的开发和引进，也有助于遏制黑色经济。参见奥姆布鲁什·利陶·安娜、塞莱什·茹容娜《电子税务手续的开发与实践》，匈牙利《金融评论》2017年第4期，第462—475页（Ambrus Rita Anna – Széles Zsuzsanna：Az elektronikus adóügyintézés fejlesztése és gyakorlata）。

② 国内消费的增长是2010年后GDP和税收增长的最重要因素之一。

·223·

网络等）的质量也都得到了改善。国家进行了收入重组，其中国民经济的"质量"从跨国公司的资源中得到了改善，并且这些公司也从中受益。他们对匈牙利预算以及对国民经济的更紧密的联系和利益，实际上是本地化的过程导致其对匈牙利的眷恋加强。除了稳定的公共财政条件，对国际营运资金的有利因素还包括，匈牙利具备其生产过程所需的、具备更高素养和健康状况的劳动力，以及国家在制造生产上的根底。换句话说，跨国企业界的"税收投资"创造了保障其继续运作所需要的益处和利润。①

2.2 财政预算、国债和国民财富

2008年国际金融危机爆发时，匈牙利处于脆弱状态。匈牙利经济按照国际标准来看，国债水平、其外币计价以及地方政府、公司和居民的外币债务负担很高，对国际金融市场的冻结和高度动荡特别敏感。

在国际金融危机爆发之前的几年，匈牙利的财政赤字导致国债大幅上涨。2002—2006年，预算平衡中每年赤字占GDP的6%—8%，但2007年赤字还远高于4%。这意味着匈牙利政府年复一年的支出比收入多了6%—8%。缺失的这一金额不得不通过发行国债来筹措，结果赤字居高不下，导致国债大幅度增加。

2004—2013年，匈牙利处于欧盟的过度财政赤字程序之下。国家对财政系统的整理始于2011年。这时候，根据当时有效的欧盟方法（ESA95）计算的余额跃升至GDP的4%（主要是因为养老基金系统的

---

① 参见第五章内容，在国内生产总值中占很大比例的跨国公司和银行的税负薄弱导致了财政的不稳定和赤字，由于已成定局的财政问题，用于劳动力培训、医疗保健、基础设施建设的资金减少，甚至不稳定的财政宏观经济状况也无法为公司提供安全的运营环境，所以最终将威慑较大和长期投资者投资于匈牙利。引入资本实力较强的国际公司更多地参与税收流程，（也就是说，通过它们的本地化）可以产生积极的影响。2010年后的税收方式实践证实了我在20世纪90年代中期创造的本地化理论。

第六章 2010年以后国家积极的经济管理政策和体系要素

改组而产生了一笔一次性预算收入，但无法以其他方式计算的赤字以这种方式显示）。自2012年以来，根据所有与欧盟兼容的指标，预算赤字一直保持在GDP的3%以下。一方面是由于预算对基本（扣除公债利息后的）收支的改善；另一方面也是因为2013年后的净利息支出减少对减少赤字起到了作用，如图6-4所示。

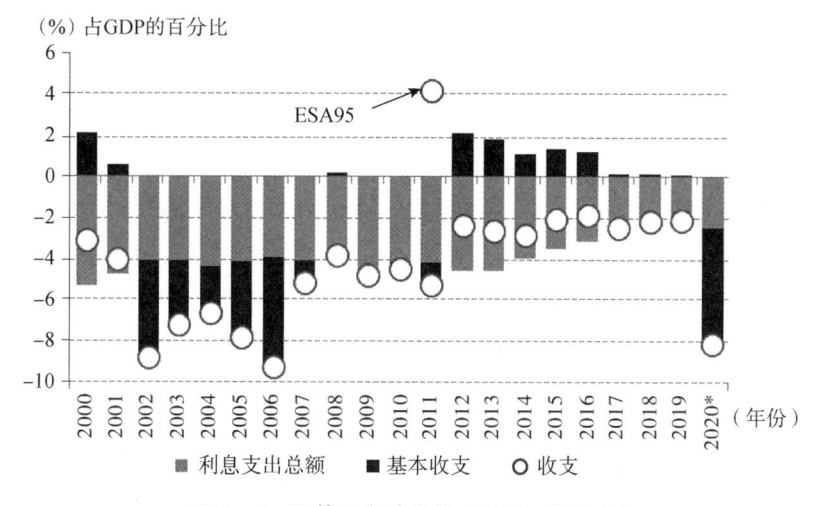

图6-4 预算平衡的趋势（2000—2020年）

数据来源：MNB。

不可持续公共财政轨道的一个标准是国债的增长趋势。2002年匈牙利国债占GDP的55%，2007年上升到65%以上，2010年达到GDP的80%。从匈牙利公共财政的角度来看，在国际金融危机前，不仅国债的绝对值显著增加，而且债务结构也在朝着不利的方向变化。这也是一个严峻的挑战。

2004年，匈牙利勉强超过1/5的国债是以外汇计价的；2008年，这一比例已经达到40%；而到2010年，升至50%以上。2007年至2010年年底，外债总额在GDP中所占比例从30%增加到50%，与此同时，外国投资者在福林政府证券市场中所占的份额也显著提高。2011年匈牙利国债开始下降，国债占GDP的比重从80%以上降至2016年的不到75%，由于债务的"惯性"，这可以看作一项重要的进步。同时，外汇信贷在国债总额中所占比例从50%以上降至25%，这意味着外币债务在5年内减了一半，从而大大降低了外汇敞口和整个匈牙利经济的外部脆弱性。①

2020年春天暴发的新冠疫情打破了公共债务下降趋势，公共债务占GDP的比重又上升到80%以上。然而，这种增长是对意外的、独特的且暂时的公共卫生和经济形势采取了经济政策对策的结果。因此，这将如何影响积极国家经济治理模式的框架，只能根据非凡时期过后几年公共债务轨迹来判断（我将在"结语"章节中更详细地说明这一点），如图6-5所示。

图6-5 国债的变化趋势

数据来源：2020年12月的MNB《通胀报告》。

---

① 甚至根据国家统计局（KSH）的2019年2月快速报告数据，净外债/GDP的比率低于10%，但2010年仍为55%。外部脆弱性的这种减少也决定了国际信用评级机构的债务评级越来越好。例如标准普尔2019年2月15日决定，将匈牙利主权债务由原来的垃圾级上升两级为投资级，前景稳定。

第六章 2010年以后国家积极的经济管理政策和体系要素

除了税制改革和货币政策转变，能够间接减少国债的措施主要有地方自治政府的整顿①、社保制度的改革②，以及通过公共财政纪律的加强以及公共财政控制的更新。③

表6-1 在财政转变的背景下，影响预算的主要财政结构改革

税收制度改革	削减开支	债务处理	其他举措
减少劳动人口的税负 引入单梯税率的个人所得税 家庭优惠 "就业保障行动计划" 提高消费税和营业税 超额利润的征税	制订《塞尔·卡尔曼方案》（Széll Kálmán Terv），残疾养恤金的审查，严加退休年龄以下退休条件，缩短失业救济金覆盖时长	持续降低国债 降低外汇比例、加强国内投资者基础 增加信贷平均期限	20万个公共劳动者岗位 外汇信贷的处理（转换成福林） 私立养老基金制度的改革

数据来源：本书作者编辑，2018年。

---

① 关于整顿和地方行政的新运行规则，参见《自治政府和地方政府财政管理》（第五章），发表于伦特奈尔·乔巴编《税收金融和政府财政》，匈牙利行政和教材出版社2015年版，第611—731页；章节作者参见高什帕利奇·埃梅谢、霍尔瓦特·埃丽考、伦特奈尔·乔巴（第611—656页），贝尔齐克·阿贝尔、霍普考·维多利亚、凯奇凯什·亚当、派莱斯泰基·盖尔盖（第657—676页），贝尔齐克·阿贝尔、海泰伊·维克多、维格久洛（第677—702页）、格莱戈齐·埃泰考（第703—730页）。

② 关于社保制度，尤其是养老制度的整顿，参见诺沃萨特·彼得《社会保险的财务》，2018年毛里求斯罗斯希尔，GlobeEdit，第208页（Novoszáth Péter: A társadalombiztosítás pénzügyei）；诺沃萨特·彼得：《社会保险的财务》，匈牙利行政和教材出版社2014年版，第244页（Novoszáth Péter: A társadalombiztosítás pénzügyei）；养老保险制度内养老保险的"市场化"始于千禧年。通过法律责成新就业者加入私人养老基金，并且通过税收优惠鼓励收入多一些的社会阶层加入私营基金。结果，私营养老基金出现了显著的流动性过剩，而匈牙利国立养老金保险公司产生了赤字，这需要额外的中央预算资金补助，从而使预算状况恶化。在私营养老基金主要用于购买政府证券来为公共部门的赤字筹集利息同时，在国营养老体系中，约300万已退休和将退休的低收入人的未来变得越来越不确定。这个系统表现出不可持续的迹象，所以私营基金的资源被"转移"到匈牙利国立基金。

③ 多莫克什·拉斯洛：《在新公共财政法规范围内审计署权利的完善》，匈牙利《金融评论》2016年第3期，第299—319页（Domokos László: Az Állami Számvevőszék jogosítványainak kiteljesedése az új közpénzügyi szabályozás tükrében）。

除了降低国债趋势可持续性①，极为重要的是，在债务指数下降的同时，国有资产本着积极的国家模式和国家战略考虑。

由于政府回购得以扩大，推动国家财富增长的政府决策涉及的总价值超过1.5万亿福林。在这方面，最重要的决策（根据官方公布）如表6-2所示。

表6-2　　　　　扩大国民财富的主要内容（2011—2017年）

企业	产业	价值(10亿福林)	年份
FHB贸易银行	银行	30	2014
MOL(匈牙利石油公司)	能源	约500	2011
E.On集团燃气产业	能源	281	2013
MMBF天然气供应公司	能源	约100	2013
FŐGÁZ燃气供应公司	能源	约80	2014
AntennaHungária广播电视和电信公司	电信	55.9	2014
MKB匈牙利外贸银行	银行	17.1	2014
AVE匈牙利	废物处理	14	2014
布达佩斯银行	银行	195	2015
ERSTE奥地利第一银行匈牙利分行	银行	38.9	2016
DÉMÁSZ电力供应商	能源	约100	2017

数据来源：本书作者编辑，2018年。

---

① 鲍科绍伊·葛尔盖伊、保洛陶伊·达尼尔、绍洛伊·阿科什：《匈牙利不断下降的公共债务轨迹是可持续的》，MNB专业文章，2016年2月（Baksay Gergely - Palotai Dániel - Szalai Ákos：Fenntartható Magyarország csökkenő államadósság – pályája）。

2.3 匈牙利和欧盟的金融关系

2010年之后，欧盟和匈牙利的关系体系也发生了变化。其中原因包括经济政策，特别是意识形态和价值差异。作为欧盟欠发达成员国，匈牙利获得大量欧盟补贴。2007—2013年，源于欧盟凝聚基金的资助额为249亿欧元，而欧洲农村发展农业基金（EAFRD）还提供了38亿欧元。如果我们只看相对于欧盟预算的支付情况，则匈牙利比前十年处于更有利的位置，这得益于我国政府一贯进行的爱国主义谈判方式取得了成功。

同时，在判断危机管理和国家应发挥的作用方面，双方意见分歧很大。尽管在过去的重大危机后，在欧盟领导机构通常[1]都会实现[2]范式转变，但2008年国际金融危机后并没有采取这方面的措施。在俄罗斯和乌克兰冲突后引入的欧盟限制性措施，既不利于欧盟，更不利于匈牙利经济。

---

[1] 肖莫吉·费伦茨：《骑上虎，即反对全球化的办法》，匈牙利凯洛斯出版社2015年版，第488页（Somogyi Ferenc：*Tigrislovaglás – avagy a globalitás áfiuma ellen való orvosság*）。

[2] 除了肖莫吉·费伦茨，其他人也提到欧盟经济走弱和更新欧洲增长模式的必要性。参见豪尔毛伊·彼得《欧洲增长模式是虎头蛇尾》，匈牙利《经济学评论》2018年第2期，第122—160页（Halmai Péter：*Az európai növekedési modell kifulladása*）；豪尔毛伊·彼得：《欧盟危机与增长：欧洲模式和结构性改革》，匈牙利科学院出版社2014年版，第370页（Halmai Péter：*Krízis és növekedés az Európai Unióban：Európai modell, strukturális reformok*）；Csaba László（2016）：On the Crisis of the EMU：Failed Construction, Failed Implementation or Failed Crisis-Management？In：Dallago, Bruno, Guri, Gert, McGowan, John（eds.）：*Global Perspective on the European Economic Crisis*. London, UK, Routledge, pp. 68 – 78，欧盟及其内货币联盟经济迄今为止存在的问题可能对该地区来的外国直接投资存量和共同预算的分配以及匈牙利的出口机会产生不利影响。

表 6-3　　　　从欧盟预算角度看匈牙利的融资状况趋势

年份	2010	2011	2012	2013	2014	2015	2016	2017
欧盟资助总额（百万欧元）	3650.0	5330.9	4177.1	5909.8	6620.2	5629.1	4546.1	4049.1
成员国缴纳的总额（百万欧元）	955.0	937.4	928.4	1011.1	995.8	1073.6	1111.7	969.8
余额（百万欧元）	2695.0	4393.5	3248.8	4898.7	5624.4	4555.5	3434.4	3079.4
国民总收入百分比中的余额(%)	2.95	4.62	3.47	5.08	5.64	4.38	3.30	2.66

数据来源：欧盟委员会（目前还没有符合这一方法的最新的审计数据，但应强调的是趋势没有变化）。

所有这些都是因国家积极发挥作用和央行积极支持经济政策的理念，而欧盟委员会不赞成这种理念而发生的一系列纠纷。实际上，正是这种实践可能成为既是旧的又是新的理论范式的根源，但是在欧盟各机构的正式沟通中，并没有任何开放立场的迹象。[1] 在这个时期的后半期，双方的关系中，影响社会经济结构深层的基本价值观、身份认同和意识形态的对立较明显。[2] 这主要在判断移民危机和欧盟一体化发展轨迹方面尤其明显。

---

[1] 平泰尔·蒂博尔：《西巴尔干国家的身份认同及加入欧盟》，匈牙利《空间—经济—人》2013 年第 1 期，第 105—117 页（Pintér Tibor: A nyugat - balkáni országok identitása és az Európai Unióhoz való csatlakozásuk. Tér - Gazdaság - Ember）；多博·罗伯特·平泰尔·蒂博尔：《评估欧盟机构体系：通过交流渠道的知名度和权威施加影响》，匈牙利《公民评论》2018 年第 4—6 期（Dobó Róbert - Pintér Tibor: Az EU intézményrendszerének megítélése: befolyásolás a kommunikációs csatornák népszerűsége és hitelessége által）。

[2] 欧尔班·鲍拉日：《发现匈牙利独特发展道路》，2018 年（Orbán Balázs: A sajátos magyar út megtalálásáról）。

通过研究外商直接投资（FDI）流量，也可以判断出匈牙利作为欧盟成员国状况的重要信息。自20世纪90年代初以来，随着加入欧盟谈判的开始，欧盟在资本流入（等）数据中所占的份额也变得很大。2004年正式加入欧盟后，外商在直接投资存量中占60%—80%，其中德国、荷兰和奥地利发挥了关键作用。

外商直接投资存量的数据表明，迄今为止，欧洲和美国在匈牙利发挥了重要作用，而且在这方面，亚洲还没有占主导地位。仅仅从分配比例来看，这方面在2010年以后也没有发生重大变化。① 另外，加入欧盟对外商直接投资没有太大影响，因为自2008年以来，西欧的资本流入一直稳定地"活跃"，如图6-6所示。

图6-6　2008—2017年欧洲、美洲和亚洲在匈牙利营运资本总值中的占比

注：对近年来审计数据的访问还不完全，但应该强调的是趋势不可能有太大的变化。

数据来源：根据MNB数据，由本书作者编辑。

---

① 来自中国的主要开发项目仍处于谈判阶段。如匈塞铁路线改造、复旦大学布达佩斯院校建设等其他基础设施建设项目。这些项目将在作为中国新经济政策（"一带一路"）的欧洲分支在匈牙利实现。他们的影响将在未来几年更加明显。同样"延迟效应"可能会出现在俄罗斯投资的项目上，如保克什（Paks）核电厂扩建项目。深入浅出，在匈牙利的外商直接投资中，新伙伴的比例仍然很低，同时值得突出的是（由于匈牙利的有利经济环境）欧盟对其进行的投资不断地增加。换句话说，尽管来自东方国家的投资在增多，但是来自欧盟地区的流入量更大，所以从分配比率角度来看，在最初的几年里，东方伙伴的外商直接投资量仍然很低。

投资资本的意愿可以源于匈牙利欧洲一体化的成功、良好的资本回报率条件和地缘政治地位。就资本进口比例而言，2010年后奉行的"向东开放"①和"向南开放"的对外经济政策效果暂时较薄弱。这表明，匈牙利经济深入地融入了欧盟，来自欧盟地区的投资力度高以及西方投资者的地位"不可动摇"。换句话说，2010年和2013年之后，匈牙利在财政和货币管理上，非但没有劝退，反而增加了西方对匈牙利的资本投资。

3 央行政策的变化：货币政策转变

各国央行所使用的工具始终符合有关国家的经济政策目标以及经济、市场和体制特征、货币政策规则、传统和法定授权。② 2008年国际金融危机之前，各个国家中央银行的工具组合基本上是相似的，但是危机在这方面也带来了重大变化。

3.1 2008年国际金融危机后世界主要央行政策的新趋势

危机导致货币政策框架发生了实质性的变化。布兰查德（Blanchard）认为，在新货币政策框架中模糊了货币和审慎职能的界限，除价格稳定外，金融稳定也成为央行的重要目标，而且非传统元素

---

① 匈牙利的地理位置和经济条件在亚洲投资中起着关键作用。参见 Müller János, Kovács Levente（2018）：New Chapter in the Financial Cooperation of Asia and Europe – Hungary's Central Role in Building these Relations. *Financial and Economic Review*, Vol. 17, Chinese Issue, pp. 97–102。

② 霍弗曼·米海伊、科洛日·帕尔·彼得：《形成货币政策工具箱的各个观点》，沃纳克·鲍拉日编《现金央行实践》，匈牙利央行2017年版，第151—188页（Hoffmann Mihály - Kolozsi Pál Péter: A monetáris politikai eszköztár kialakításának szempontjai. In: Vonnák Balázs（szerk.）: *Modern jegybanki gyakorlat*）。

也添加到了中央银行工具箱中，从而提高了央行在危机管理中的作用。①

在应对危机时，大多数发达国家的央行很快将基准利率降低到零利率，在许多情况下，甚至进一步降低到了负数范围。然而实践证明，只是降息还不够，所以发达中央银行都越来越多地将重点转移到量化宽松上。在此范围内，美国、欧元区国家、日本、英国和瑞典的央行启动了证券购买计划，其中主要是国债计划。② 一些发达的央行也开始使用各种形式的外汇干预措施（如瑞士、捷克和丹麦等）。

在领先的央行当中，美联储的货币政策最为务实。为了充分融资本市场，在2007—2008年扩展了提供流动性的工具包，而且美联储还给金融机构提供了量身定制的信贷。到2008年年底，基准利率基本上达到了零利率门槛，所以美联储决定进一步采取宽松的措施（灵活应用信贷工具、资产购买计划等）。欧洲中央银行也通过快速降息来应对危

---

① Blanchard, Olivier (2012): Monetary Policy In The Wake of The Crisis. In: Blanchard et al. (ed.): *In the Wake of the Crisis, Leading Economists Reassess Economic Policy*. The MIT Press.

② 通过更详细地提及世界其他国家央行的非常规方法，来回顾一下匈牙利中央银行在2013年之后跟踪国际趋势的举措。参见 Abidi, Nordine, Ixart Miquel, Flores, Ixart (2018): Who Benefits from the Corporate QE? A Regression Discontinuity Design Approach. ECB Working Paper Series, No. 2145/April; Corrado Macchiarelli, Mara Monti (2017): The Corporate Sector Purchase Programme (CSPP): Effectiveness and challenges ahead. European Parliament Working Paper; Arrata, William, Nguyen, Benoit (2017): Price Impact of Bond Supply Shocks: Evidence from the Eurosystem's Asset Purchase Program. Banque de France Working Paper 623, March; Funashima Yoshito (2018): Do the Bank of Japan's Unconventional Monetary Policies Decrease Real Interest Rates under a Zero Lower Bound? *Open Journal of Social Sciences*, Vol. 6, pp. 122 – 130; Foley – Fisher, Nathan, Ramcharan, Rodney, Yu, Edison (2016): The impact of unconventional monetary policy on firm financing constraints: Evidence from the maturity extension program. *Journal of Financial Economics*, Vol. 122, No. 2, pp. 409 – 429; Joyce, A. S. Michael, Lasaosa, Ana, Stevens, Ibrahim, Tong, Matthew (2011): The Financial Market Impact of Quantitative Easing in the United Kingdom. *International Journal of Central Banking*, Vol. 7, No. 3, pp. 113 – 161; Lo Duca, Marco – Nicoletti, Giulio – Martinez, Arriande Vidal (2014): Global Corporate Bond Issuance: What role for US Quantitative Easing? ECB Working Paper, No. 1649/March; Steeley M. James (2015): The Side Effects of Quantitative Easing: Evidence from the UK Bond Market. *Journal of International Money and Finance*, Vol. 51, No. 4, pp. 303 – 336.

机，在 2009 年 5 月首次启动了其债券购买计划，但实质是在使用非常规工具，尤其是在量化宽松计划方面，欧洲中央银行并没有美联储那么坚定。2014 年年中，欧洲央行决定采取一揽子措施，旨在将央行的资产总额提高到 3 万亿欧元。2015 年年初，这个计划以购买国债以及从 2016 年下半年以购买公司债券为由被扩大。①

新兴经济体走了一条与上述不同的道路，很少有国家将利率降低到接近零的水平。在这组国家中，中东欧国家能达到相对较低的利率，而亚洲和南美新兴国家央行的利率则距离零稍微远一些。这些经济体较高的外部脆弱性导致较高的风险溢价，与发达经济体相比，较高的通货膨胀率和更强劲的增长，都在差异中发挥了主要作用。

3.2 匈牙利央行的货币政策转向

在匈牙利，央行可通过实行独立的货币政策使预算和央行政策之间产生建设性合作。② 同时，央行的运作和计划当然是由《中央银行法》规定的。这项法律规定如下。

第 3 条第 1 款规定，匈牙利央行的首要目标是实现和维持物价稳定。

第 2 款规定，匈牙利央行在不危及其首要目标的条件下，协助维护金融中介系统的稳定性，增强其弹性，确保其对经济增长的可持续贡献，并通过现有手段支持政府的经济政策。

---

① Galema, Rients, Lugo, Stefano（2017）：When Central Banks Buy Corporate Bonds：Target Selection and Impact of the European Corporate Sector Purchase Program. U. S. E. Discussion Paper Series, No. 17－16, p. 32.

② 毛托尔奇·捷尔吉、保洛陶伊·丹尼尔：《匈牙利模式：从地中海沿岸国家方法的角度分析匈牙利危机管理》，匈牙利《信贷机构评论》2018 年第 17 卷第 2 期，第 5—42 页（Matolcsy György – Palotai Dániel: A magyar modell：A válságkezelés magyar receptje a mediterrán út tükrében. Hitelintézeti Szemle）。

鉴于上述法定授权和任务分配，2013年之后，匈牙利央行采取了措施并启动了以下计划。第一，降息周期。2012—2016年，将基准利率从7%降至0.9%，从而降低了货币市场的收益率。收益率的下降带来了国家利息支出的显著下降。2013—2018年，节省了相当于GDP的4.5%（1.6万亿福林）的利息支出。

第二，激励信贷。[1] 匈牙利央行于2013年春天宣布"促进增长信贷计划"，这个贷款可以以2.5%的最高溢价提供给中小型企业。2016年，"促进增长信贷计划"被"增长支持计划"取代，这个计划作为企业贷款市场化的过渡。

第三，自筹资金方案。这个方案是匈牙利央行在2014年年中为了减少外部脆弱性而推出的。在此范围内，央行鼓励商业银行将其持有的流动资产改成其他流动工具，主要是证券而不是匈牙利央行存款。各家商业银行通过购买银行政府证券顺应央行步骤，极大地改善了政府债务的融资结构（银行政府证券量的增加，外债和外币债务的减少）。

第四，居民外汇信贷的淘汰。2014年年中，匈牙利央行主动参与了政府和银行联盟的谈判，随后通过给银行业提供必要的外汇流动资金（90亿欧元），从而在家庭外汇贷款成功转换成福林的过程中发挥了积极作用。到2015年年底，匈牙利家庭几乎没有剩余外币贷款，而且这种风险从匈牙利经济中被完全消除。

匈牙利央行自2013年以来实行的货币政策与主要国际中央银行自2008年国际金融危机后的运作有着非常密切的关联。[2] 在以下的小节

---

[1] 匈牙利央行方案的国际比较，参见科罗日·帕尔·彼得、保劳格·比安卡、普洛伊·哲尔吉《央行信贷激励方案的系统化—针对性和力度》，匈牙利《金融评论》2017年第4期，第498—519页（Kolozsi Pál Péter - Parragh Bianka - Pulai György: Jegybanki hitelösztönző programok rendszerezése – célzottság és intenzitás）。

[2] 伦特奈尔·乔巴：《2008—2015年中央银行监管的教训——国际比较分析》，匈牙利《经济学和法学》2018年第3期，第6—11页（A jegybanki szabályozás tanulságai a 2008 – 2015 - ös időszakról. Nemzetközi összehasonlító elemzés. Gazdaság és Jog），另见第37脚注中的参考资料。

中，将以上列出的四个举措和方案分为两部分说明。这里通过整顿贷款环境和对恢复贷款的影响来说明降息，尤其是贷款计划（其逻辑框架说明见图6-7），而通过减少外部脆弱性说明自筹资金和外币贷款转换成福林贷款的过程（参考本章3.4节及其逻辑框架）。

降息周期 → 针对性信贷激励项目 → 良好的信贷力度和结构

图6-7 匈牙利贷款计划的逻辑框架

3.3 货币政策转变和信贷的恢复

2009—2013年，匈牙利企业的信贷余额同比下降了4%—5%。尽管在国际金融危机后的第五年，其他经历了严重金融危机的国家的信贷余额基本上结束了下降的趋势，但匈牙利国内余额组合直到2013年还有所下降。这就表明，匈牙利国内趋势的可持续性有风险。持续的信贷下降可能会带来一些负面后果。第一，可能扭曲公司的生产、投资和融资决定，迫使未获得信贷的公司推迟开发和投资。第二，损害经济的长期增长潜力。第三，国内信贷紧缩加剧经济的二元性和分裂性，因为尽管为出口生产的大型外资企业不会面临任何融资问题，但主要为本地市场生产的匈牙利中小型企业更需要国内银行融资，却处于信贷供应短缺的摆布之下。

在国际金融危机爆发后，匈牙利的企业信贷规模在国际比较中也出现大幅下降。第一，随着近5年的年均5%左右的跌幅，到2013年年初信贷规模收缩到危机前水平的75%，因此在2013年年初中小企业贷款市场持续动荡，其主要原因是信贷供应受限。第二，经济面临了所谓的"信贷紧缩"（Credit Crunch）现象，这加剧了经济衰退，阻碍了从危机中的复苏。

在受到危机冲击后，解决这个信用异常现象成为匈牙利经济政策的主要目标之一。普遍降低利率的主要目的是阻止贷款下跌。与本地区其他国家一样，匈牙利央行于2012年（由于多种原因）启动了减息周期。继第一阶段之后，第二阶段降息周期于2015年3月开始。2016年3月，由于成本环境持续低迷，货币理事会启动了第三阶段的利率下调周期。总体而言，在利率下调周期内，基准利率从7%降低了610基点，降至0.9%的历史低谷。

除了减息，为了恢复货币传导渠道，2013年匈牙利央行也跟随国际趋势推出了一项针对性的计划，以阻止中小企业贷款的下降，这是所谓的"促进增长信贷计划"（NHP）。NHP支持了价格稳定，因为2013年的通胀率较低，而通过NHP降低利率符合中央银行的目标。此外，这个计划还与维持金融稳定、支持增长和支持政府经济政策有关，如图6-8和表6-4所示。

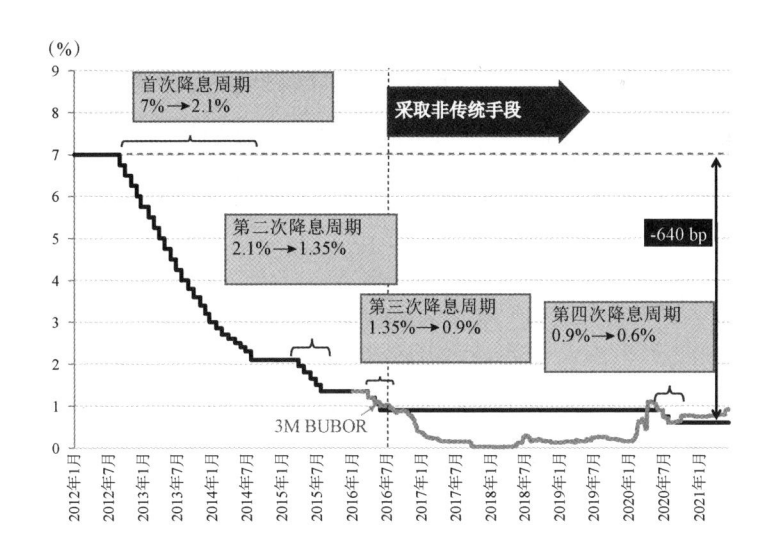

图6-8 匈牙利央行降息周期（2012年1月至2021年6月）

数据来源：MNB，2021年。

表6-4　　　　　　　　　　NHP计划的主要要素

向银行提供零利率再融资贷款	向中小型企业提供的最多2.5%溢价的转贷	低而可预测的利息负担
匈牙利央行为银行提供长期的、0%固定利率再融资福林信贷	信贷机构承诺，以最高2.5%的利差（溢价）将这笔贷款转贷给中小型企业	给中小型企业提供的贷款的最高为2.5%的利率，在（甚至可达10年的）整个还款期内一直保持不变

数据来源：本书作者编辑。

在NHP的第一阶段，银行与约7000家企业签订了总额为701亿福林的贷款合同。在新贷款中，投资贷款占比较高，但债务再融资尤其外币贷款再融资也发挥了重要作用。后者的总额为2290亿福林，占当时约1.8万亿福林外币贷款组合的10%以上。第二阶段从2013年10月持续到2014年年底。这时候，重点已放在新贷款上，尤其是在投资贷款上面。约96%的贷款是新贷款，其60%直接用于为新投资提供融资（债务再融资只能在有限的范围内进行，最多能占所发放贷款总额的10%）。在NHP计划的第二阶段，为2.7万家企业提供了近14020亿福林的融资。在NHP计划的第二阶段中，从规模和数量上来看，规模较小的公司获得的贷款数量最多，其中大部分用于投资。2016年年初，匈牙利央行启动了逐步淘汰NHP的第三个阶段。在NHP的第三个阶段，2016年1月1日至2017年第一季度可以签订贷款和租赁合同。匈牙利央行宣布的NHP第三阶段总预算为6000亿福林。

NHP通过鼓励企业投资为经济增长作出了重大贡献。据匈牙利央行估计，匈牙利央行第一阶段的贷款产生了1373亿福林的投资，而第二阶段的贷款产生了 2106 亿福林的投资。在 NHP 的 2013—2015 年，就业人数增加了 1.7 万人，而这个计划的增长效应达到了 0.4—0.8 个百分点。

NHP 于 2017 年 3 月 31 日结束，匈牙利央行开始在逐步淘汰这个计划的同时，促进恢复市场化的贷款模式。2016 年，匈牙利央行启动了市场信贷计划（PHP），这个计划旨在促进银行业平稳地返回市场化贷款模式，并通过中小企业贷款确保可持续的经济增长。第一，与 NHP 不同，参与该计划的银行没有从中央银行获得再融资，但他们可以使用央行提供的其他价格优惠的央行风险管理方式，而作为利用这些方式的回报，他们承诺在当前的日历年里，将其中小企业贷款组合提高到预定的水平。第二，贷款的期限和利率在计划中没有具体说明，只有数量方面的要求。第三，2016 年，银行承诺中小型企业贷款总额增加 1950 亿福林。最终，参加这个计划的银行将其中小企业贷款增加了 3000 多亿福林，远远超过了所承诺的金额。第四，2017 年，银行的中小企业贷款承诺从 1700 亿福林增加到了 2270 亿福林。所有参与的银行都履行了其增加贷款的承诺。结果，在行业层面，各家银行的业绩同比增长了近 250%。PHP 的承诺在 2018 年仍然有效，但此后，各银行不再受对中央银行的承诺的约束。

持续多年的企业信贷组合急剧下降的趋势在 2013 年后被打破，规避信贷紧缩成为可能。2013 年之前多年来持续下降的中小企业贷款自 2015 年以后稳步增长。2017 年，企业信贷组合增长率为 10%，而包括个体户在内的中小企业贷款组合增长率为 12%。到 2018 年第二季度，年增长率已经达到 15%。据央行预测，中小企业贷款增长可能稳定在匈牙利央行认为可持续经济增长所必要的 5%—10% 范围内，如图 6-9 所示。

(%) ... (%)

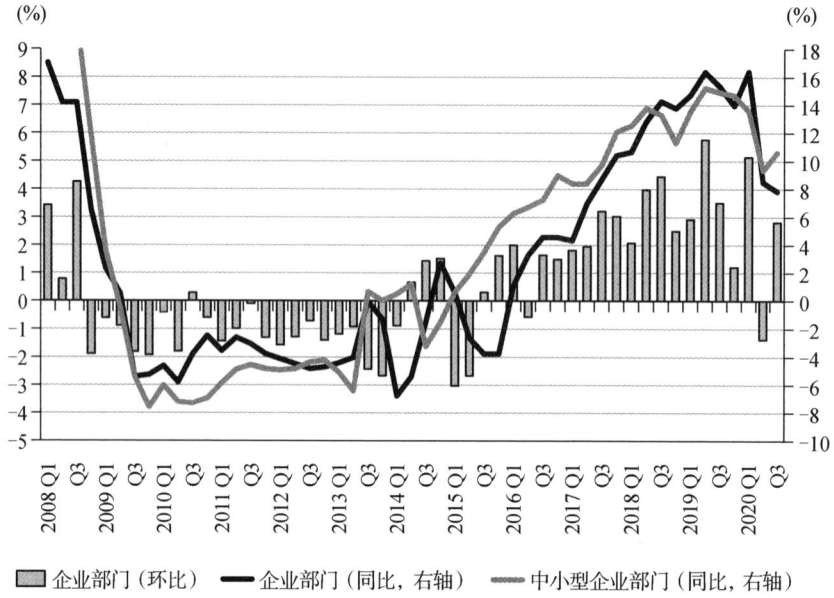

■ 企业部门（环比） ── 企业部门（同比，右轴） ── 中小型企业部门（同比，右轴）

图 6-9　2008 年 1 月至 2020 年第三季度匈牙利央行向中小企业放贷的力度

数据来源：MNB，2021 年。

信贷不仅影响借款人和贷款人，也影响整体经济。一方面，由于连带效应，经济的总体状况也受到影响。另一方面，可能的付款问题也会对银行系统乃至其他经济经营者产生显著影响。因此，注视贷款尤为重要，特别是其影响金融体系稳定的方面。匈牙利能够避免信贷紧缩，但信贷结构仍面临挑战。为了解决这个问题，匈牙利央行于 2018 年推出了"NHP fix"方案。目的是提高中小企业贷款中固定利率的长期贷款比例。①

---

①　匈牙利中央银行推出《固定利率的增长促进计划》的原则以及该计划的主要特点，2018 年 9 月 18 日 [*A Növekedési Hitelprogram fix（NHP Fix）elindításának jegybanki szempontjai és a konstrukció fontosabb jellemzői*]。

3.4 货币政策转变和减少外部脆弱性

2008年国际金融危机爆发时，匈牙利处于脆弱状态。这种情况的主要原因之一是按照国际标准，匈牙利国民经济的外债和外币债务比例非常高，所以投资者和国际组织都认为，匈牙利是一个非常脆弱的国家。高外债和外币债务主要与公共财政有关，因为在危机爆发后，国家依赖外国投资者、2008年后投资匈牙利的国际组织，特别是国际货币基金组织（IMF）的程度很高。2013年货币政策方向转变后，匈牙利央行将减少外部脆弱性视为战略目标（这个流程的逻辑上的框架见图6-10）。

自融资方案 → 居民外汇信贷的逐渐淘汰 → 外部脆弱性降低

图6-10　匈牙利货币政策转变的逻辑框架

从21世纪10年代中期开始，除了居民外汇信贷的兴起外，政府借款也对匈牙利外债的增加发挥了重大作用。配合政府的目标，2014年4月，匈牙利央行决定通过央行手段支持降低外部脆弱性，特别是减少外债总额。[1]从银行业的角度看，匈牙利央行通过降低银行在央行存款的吸引力，实现了对国内银行国债的需求增长。这是通过几个步骤来促进的。例如，从2015年秋季开始，央行不再接收两周定期存款，只接收各家

---

[1] 科罗日·帕尔·彼得、霍弗曼·米海伊：《通过货币政策减少外部脆弱性——更新匈牙利中央银行的央行工具包（2014—2016年）》，匈牙利《金融评论》2016年第1期，第9—34页 [Kolozsi Pál Péter – Hoffmann Mihály：A külső sérülékenység csökkentése monetáris politikai eszközökkel. A Magyar Nemzeti Bank jegybanki eszköztárának megújítása（2014-2016）]；希洛维奇·乔鲍：《论外币借贷对中央预算的影响》，《外币借贷大手册》，2015年，第175—192页（Szilovics Csaba：A devizahitelezés központi költségvetésre gyakorolt hatásairól. *Devizahitelezés Nagy Kézikönyve*）.

银行的三个月定期存款。这意味着银行必须比以前更长时间搁置他们的资金。从银行角度来看,这种做法对其不太有利,因为银行三个月无法使用其资金。银行方面对此合乎逻辑的反应是,宁愿购买公债,因为公债可以随时转换为现款(流动资产),与此相反,三个月的存款只能在到期时兑现。这个方案的其他步骤也遵循了这个逻辑。2016年夏天,匈牙利央行结束了"自筹资金方案"。

在自融资方案推出后,即2014—2016年,由于福林的发行量增加,匈牙利政府通过发行福林偿还了约110亿欧元(3.4万亿福林)的外币债务。2014年4月底到2016年6月底,各家银行持有的国债增加了超2.6万亿福林。随着银行持有的国债量提高,银行在融资中的作用也有所增加。银行在预算的总债务方面的融资份额从2014年年初的约15%到2016年夏季增长到26%。

到2016年,国内银行体系在福林政府证券市场上取代了原来最主要的所有者,即外国投资者。2011—2015年,外国投资者还是最大的市场参与者。信贷机构的份额从30%增加到35%以上,而居民的份额从5%左右增加到20%以上。(政府在2012年制定了一项战略目标,即增加零售政府债券量,因此推出了在收益上有吸引力的居民政府证券。)

中央财政的外债总额在2014年开始下降,并在2015年开始大幅下降。2014—2016年,国家的外债总额从GDP的50%下降到40%左右。国债中的外汇比率从2014年3月的42%到2016年3月下降到30%以下,随后在同年6月再降至27.1%。这基本上相当于2008年国际金融危机前的规模,如图6-11所示。

对居民外汇信贷的淘汰也旨在减少外部脆弱性。在匈牙利,广泛的零售外汇信贷期始于2004年,到2009年,其在这个领域是净借款方。

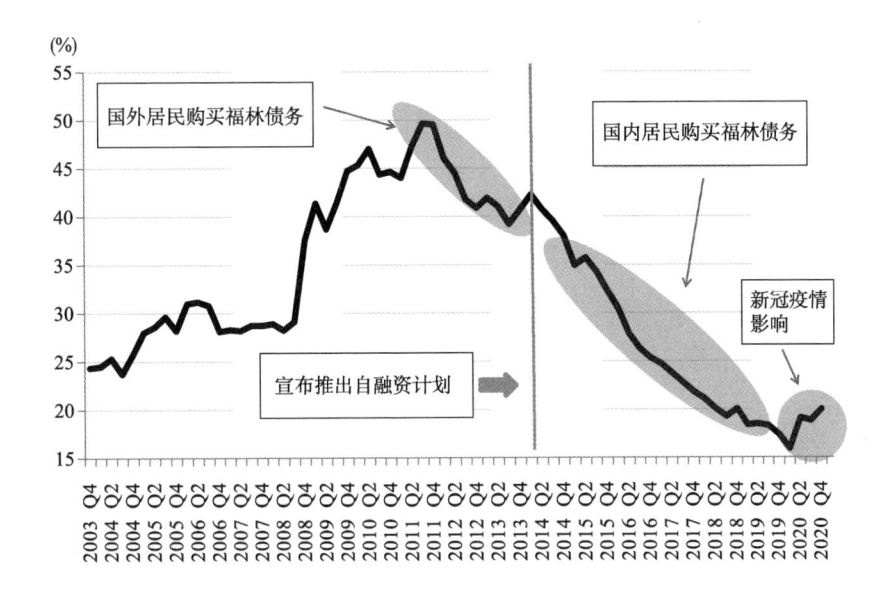

第六章 2010年以后国家积极的经济管理政策和体系要素

图6-11 中央预算债务中的外汇比重

数据来源：MNB。

外汇信贷停止后，2009年和2010年福林的贬值进一步增加了贷款余额，当时外汇贷款余额达到6万亿福林。①

匈牙利的例子生动地表明，在零售外汇信贷风险实现时，会造成多大的宏观经济和社会损害。② 由于家庭收入是以福林为主，只能在有限的程度上应对汇率风险，因此福林汇率的变动尤为重要。2009年3月，

---

① 外汇贷款问题的全面评估，参见伦特奈尔·乔巴《过度贷款的全球化风气在世界和在匈牙利的情况》，《外汇贷款大全》，匈牙利行政和教材出版社2015年版。

② Schepp, Zoltán, Mátrai - Pitz, Monika (2016): Foreign Currency Borrowing in Hungary: The Pricing Behavior of Banks. In: Boubaker, Sabri, Buchanan, Bonnie, Nguyen, Khoung (eds.): *Risk Management in Emerging Markets. Issues, Framework and Modeling.* Bingley, UK, Emerald Group Publishing Ltd., pp. 469 - 504；科罗日·帕尔·彼得、保瑙伊·亚当、沃纳克·鲍拉日《淘汰居民零售外币抵押贷款：定时和框架体系》，匈牙利《信贷机构评论》2015年第14卷第3期，第60—87页（Kolozsi Pál Péter - Banai Ádám - Vonnák Balázs: A lakossági deviza - jelzáloghitelek kivezetése: időzítés és keretrendszer）。

在中东欧地区遭受个别冲击时,2011年下半年,福林兑欧元大幅贬值。此外,2010年夏天开始,之前相当稳定的福林对欧元和瑞士法郎的汇率大幅波动。2008—2011年,匈牙利福林对瑞士法郎的总体贬值达60%—70%,这对国内借款人的影响尤其严重,因为外币债务人主要以瑞士法郎负债,如图6-12所示。

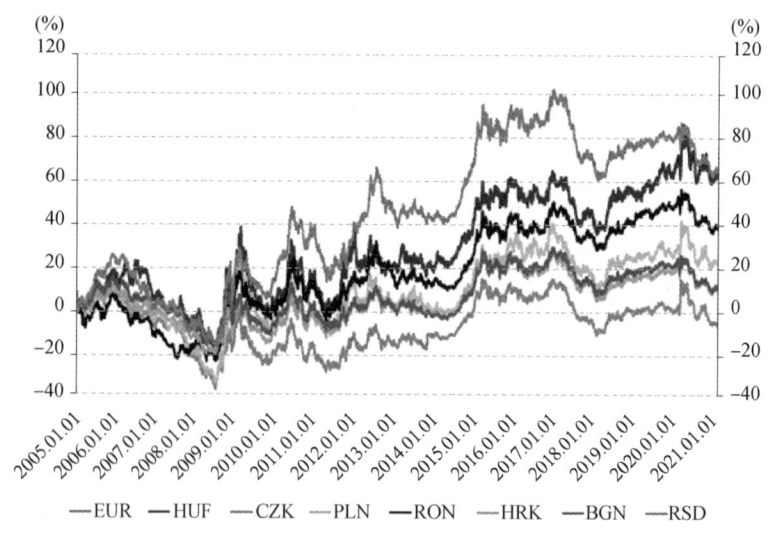

图6-12 中东欧一些国家货币对瑞士法郎的汇率变动

数据来源:本书作者编辑;科罗日·帕尔·彼得:《从国际法院裁决的角度看零售外币贷款的若干问题》2018年《新匈牙利行政管理》第11期,公共财政特刊,第19—26页。

谢普·佐尔坦(Schepp Zoltán)和萨波·佐尔坦(Szabó Zoltán)认为,银行在为抵押贷款定价时,所发生的成本是按比例确定的,或者更确切地说是减轻了。[1] 如果(经常提及的)"不公平银行行为"有存在空间,那这个空间可能与以上提及成本无关,而是表现为初始定价中的优势。这主要是因为银行个体的实力和规模都相对巨大。

---

[1] 外币信贷的普及和外币贷款产品定价,参见谢普·佐尔坦、萨波·佐尔坦《零售瑞士法郎贷款的定价》,匈牙利《经济学评论》2015年第11期,第1140—1157页(Schepp Zoltán – Szabó Zoltán: Lakossági svájcifrank – hitelek árazása – narratíván innen és túl?)。

在中东欧，几乎所有国家对危机的反应都包括一揽子外币贷款措施①，但迄今为止，匈牙利是唯一彻底淘汰居民外汇信贷的国家。在2008年国际金融危机爆发后的危机管理措施和监管改革未能从根本上处理零售外汇贷款问题。② 解决方案可能是全面淘汰零售外币和以外币为基础的抵押贷款。这是在2014年秋季开始的。③ 外币贷款转换成福林的工作在法律上是可行的。在匈牙利，在国家对居民外汇信贷采取全面措施之前，解决了尚未解决的法律问题。这是最高法院在2014年6月宣布的统一法律的决议中创建的，如表6-5所示。④

表6-5 最高法院2014年6月"统一法律的决议"中最重要的内容

汇率风险	单方面加息	汇率差距
如果一般债务人不能理解合同中的汇率风险，那么向债务人转嫁汇率风险是不公平的，从而可使合同无效	如果债务人不清楚和明确地知道，不同条件的变化在多大程度上影响到付款义务，那么单方面加息是不公平和不合法的	在任何情况下和任何条件下，将汇率差距用作费用都是不公平且无效的

数据来源：本书作者编辑。

---

① Dancsik Bálint, Fábián, Gergely, Fellner, Zita, Horváth Gábor, Lang, Péter, Nagy, Gábor, Oláh, Zsolt, Winkler, Sándor（2015）：Comprehensive Analysis of the Nonperforming Household Mortgage Portfolio Using Micro – Level Data. MNB Occasional Papers Special Issue.

② 伦特奈尔·乔巴：《经济危机对全球、欧盟和我国监管环境的影响》，奥耶尔·亚当、巴普·泰克拉编《全球经济危机对匈牙利和欧盟某些机制的影响：跨学科和法学比较分析》，匈牙利行政大学2016年版，第45—84页［A gazdasági válság hatása a globális, uniós és hazai szabályozási környezetre. In: Auer Ádám – Papp Tekla（szerk.）: *A gazdasági világválság hatása egyes jogintézményekre Magyarországon és az Európai Unióban. Interdiszciplináris és jogösszehasonlító elemzés*］。

③ 分类学方面的信息，参见 Lentner Csaba（2015）：The Structural Outline of the Development and Consolidation of Retail Currency Lending. *Public Finance Quarterly*, Vol. 60, No. 3, pp. 297 – 311。

④ 最高法院统一法律的决议作为判例法，后来成为法院和立法者的指南。参见 Kecskés（2015）, András: Inside and Outside the Province of Jurisprudence. *Rechtstheorie*, Vol. 46, No. 4, pp. 465 – 479。

实行外币贷款币种转福林计划的一个重要先决条件是匈牙利央行从 2012 年开始的减息周期。通过这个周期，到 2014 年夏天将基准利率从 7% 降至 2.1%，从而使币种转福林没有导致分期付款数额的增长。

零售外汇信贷逐步淘汰前还需要匈牙利宏观经济稳定达到在不存在重大市场风险的情况下可以实现零售外汇信贷逐步淘汰的水平。2010 年后经济政策和公共财政的整顿、国债的降低、在平衡的条件下实现增长①以及 2013 年启动的货币政策转变等都旨在实现这个目的。

在淘汰外汇贷款的过程中将在银行层面产生外汇需求，但是在市场上购买外汇的情况下，可能会对福林的汇率造成巨大的压力。因此，为实现有序的福林化，匈牙利央行必须拥有银行对冲交易所需规模的外汇，并且还应该确保能提供给各家银行。考虑到 2014 年，由于外汇贷款的禁止、提前清偿和偿还未偿还贷款等原因，需要本币化的外汇抵押贷款量已从之前的 190 亿欧元峰值下降到 90 亿欧元，所以到 2014 年，匈牙利央行的储备充足率达到了可以安全实行福林化的水平。

截至 2014 年 9 月底，银行系统的外币和以外币为基础的个人信贷量为 33350 亿福林（108 亿欧元）。与客户结算后，降至 5000 多亿福林（17 亿欧元）。这意味着福林化涉及 90 亿欧元。银行几乎完全在匈牙利央行的招标基础上支付了已福林化的外汇信贷。

外币信贷的实际福林化在 2015 年春天实现。商业银行通过购买欧元对冲了本币化造成的汇率风险（这对银行业务的持续运营至关重要）。欧元和瑞士法郎的汇率分别规定为 308.97 福林和 256.6 福林。②尽管淘汰外汇信贷时所使用的汇率高于 2002—2008 年的借款汇率，但政府和央行的目标是，除了处理居民外汇信贷问题，还要同时必然地实

---

① 毛托尔奇·哲尔吉、保洛陶伊·丹尼尔：《匈牙利模式：从地中海沿岸国家方法的角度分析匈牙利危机管理》，匈牙利《信贷机构评论》2018 年第 17 卷第 2 期，第 5—42 页。
② 银行必须使用 2014 年 11 月 7 日的央行外汇牌价或最高法院 2014 年 6 月 16 日宣布的平均汇率当中对借款人更有力的汇率来进行外汇信贷本币的福林化。

现银行的财务状况的整顿。也就是实行一项复杂的公共财政治理整顿。这项工作得到了《公平银行法》和银行对不合理的合同修改造成的损害的修复义务的支持。①

2015年夏天产生了一项旨在"挽救"外汇汽车贷款和外汇个人贷款（共有25万个贷款合同）的贷款福林化的决定，而匈牙利央行于2015年8月和9月举行了相关招标。

图6-13 居民外币贷款在国内生产总值中的占比

数据来源：MNB，2018年。

2014年1月15日，瑞士中央银行放弃了对欧元汇率波动的支撑。央行取消汇率波动干预区间上、下限，导致瑞士法郎汇率上涨，欧元，特别是福林大幅贬值。如果几个月前没有进行整顿，这个举措可能对借贷瑞士法郎的家庭造成严重后果。然而，由于居民、企业和地方政府风险敞口②的断绝以及政府和央行的保护，匈牙利大多数经济主体不再受到来自瑞士方面决定的影响。

---

① 因《公平银行法》的不合理或银行单方面修改合同而由贷款持有人提出的补偿，银行负有责任。
② 200亿瑞士法郎贷款组合包括企业的外汇信贷。

危机点明了在国内外更负责任地放贷的重要性。① 除了淘汰居民外汇信贷外，另一个非常重要的措施之一是形成宏观、审慎的权利范围，因为正如危机表明，只关注个别银行的问题和风险的微观审慎干预并不能防止系统性金融动荡。此外，很明显的是，除了积极遏制系统性金融风险，还需要提高金融行为者的抗冲击能力。② 在居民贷款方面，宏观审慎措施当中最主要的是欧盟③，尤其是受居民贷款业务重大影响的中东欧地区普遍存在的债务刹车规则。④ 匈牙利在这方面树立了典范。

4　到了时代边界吗？近十年匈牙利积极行动的经济成就（2010—2019 年）

匈牙利在危机管理的所有关键领域都取得了比（起点与匈牙利相似的）欧元区地中海国家更令人信服的成果，这证明了以国家积极参与为基础的匈牙利模式的可行性和有效性。匈牙利在成功应对宏观经济挑战的同时，工资大幅提高，此外，职工对国内生产总值的贡献比重也显著提高。未来，匈牙利需要在竞争力方面实现转变，以确保其（至少）能够维持迄今取得的成果。

---

① 泽曼·佐尔坦、凯奇凯什·安德拉什：《金融和法律监管控制》，匈牙利佩奇大学2018 年版，第 271 页（Zéman Zoltán – Kecskés András：A pénzügyi és jogi szabályozási kontroll）；Kecskés, András（2017）：The Theory of Economic Law Beyond the Numbers. *Rechtstheorie*, Vol. 48, No. 2, pp. 213 – 233；凯奇凯什·安德拉什：《美国银行体制的法律背景和放宽管制》，匈牙利《法学》2018 年第 3 期，第 138—144 页（A bankrendszer jogi háttere és deregulációja az Amerikai Egyesült Államokban. *Magyar Jog*）。

② 匈牙利中央银行：《今天的稳定—明天的稳定——匈牙利央行的宏观审慎政策战略》，2016 年（Stabilitás ma – Stabilitás holnap. A Magyar Nemzeti Bank makroprudenciális stratégiája）。

③ ESRB（2017）：European Systemic Risk Board：National Measures of Macroprudential Interest in the EU/EEA.

④ 法伊基什·彼得、保利茨·亚历山大、萨卡奇·亚诺什、日戈·马尔通：《匈牙利信贷实践中债务刹车规则的应用经验》，匈牙利《信贷机构评论》2018 年第 17 卷第 1 期，第 34—61 页（Fáykiss Péter – Palicz Alexandr – Szakács János – Zsigó Márton：Az adósságfék - szabályok tapasztalatai a magyarországi lakossági hitelezésben）。

第六章 2010年以后国家积极的经济管理政策和体系要素

建立在适当的先进理论基础上的积极型和强大的国家公共财政关系和透明的公共财政制度是良好国家运作的基本条件。新自由主义国家（过去和现在）都体现出不积极的国家模式，其经济基础为 DPM（分权、私有化、管理）范式。（在本书的范围内）这尤其意味着在公共部门使用市场化管理模式。管理型（实际上是"以利润为导向"）的国家运作（本质上基于新公共管理及其相关的华盛顿共识和哥本哈根标准体系的理论基础）诞生于给市场参与者提供无限的回旋余地的新自由主义经济体系。国家仍然保持被动，既没有影响，又没有监督或充分管制企业的运作。相比之下，正如2010年之后引入的匈牙利模式所示，基于适当和现代理论基础的强有力的、活跃的国家公共财政状况和透明的公共财政和管理体系是国家良好运作的基础。[①]

[①] 有许多研究报告给2010年以后的匈牙利经济模式下过定义。研究者一致认为，这是一个旨在增加其国内有效需求的，扩大公平课税对象范围，首要突出能够支持匈牙利国家政策的中央银行机制工具的方法。参见哲尔吉·拉斯洛、维拉什·约瑟夫《2010年后的匈牙利经济政策模式》，匈牙利《金融评论》2016年第3期，第367—388页（György László – Veress József：A 2010 utáni magyar gazdaságpolitikai modell）；毛托尔奇·捷尔吉《平衡与增长——匈牙利的整顿和稳定化（2010—2014年）》，Kairosz出版社2015年版（Matolcsy György：*Egyensúly és Növekedés*）（有匈牙利模式，而且奏效——毛托尔奇·哲尔吉）；伦特奈尔·乔巴《从法律、经济和国际角度看匈牙利新国家财政》（*Pravni Vjesnik：Casopis Za Pravne I Drustvene Znanosti pravnog Fakulteta Sveucilista Josipa Jurja Strossmayera U Osijeku*）2018年第34卷第2期，第9—25页。其他人则对匈牙利模式的存在和运作的评价更具综合性，他们认为，这个流程的延续性和积极成果不太确定。例如，波德·彼得·阿克什：《匈牙利经济政策前线作战报告》，匈牙利科学院出版社2018年版，第161页（*Magyar gazdaságpolitika tűzközelből*）；乔巴·拉斯洛：《危机、经济、世界——中欧三十年经济史的附加信息（1988—2018年）》，匈牙利Éghajlat出版社2018年版，第255页（*Válság Gazdaság Világ. Adalékok Közép – Európa három évtizedes gazdaságtörténetéhez 1988 – 2018*）。乔巴·拉斯洛强调，要通过更微妙的角度来评估结果，匈牙利表现要注意到中欧背景下研究（第222—248页）。这些批评，尤其是乔巴·拉斯洛的意见，即目前（2018年）需要比8—10年前多75万个员工才能生产（以美元计算的）同样规模的GDP。这表明需要更加关注经济和公共财政的效率。让我们补充一点，近年来，福林汇率的恶化（从平均300福林/欧元贬值到320—330福林/欧元），不能以匈牙利经济的表现为理由。但这必然地导致（外币计算的）表现和效率停滞或恶化。

4.1 成功管理危机的匈牙利模式（2010—2019年）

2008年国际金融危机影响了几乎整个世界，但是有些国家受危机影响更大。受影响最严重的国家包括匈牙利和地中海沿岸国家。地中海沿岸国家，即希腊、葡萄牙和西班牙（"地中海俱乐部"，ClubMed国家）以及匈牙利在2008年国际金融危机期间面临了同样的经济困难。匈牙利和"地中海俱乐部"国家都遭遇了宏观金融失衡和融资困难。南欧国家银行业务系统也面临了显著的困难，特别是在西班牙和希腊出现了大量的房地产泡沫。意大利和希腊为国债最高的欧盟成员国之一，国际收支赤字很高。这在国际金融危机爆发时，也是匈牙利面临的一个严峻问题。匈牙利是欧盟就业率最低的国家之一，同时面临着持续高涨的公共财政和国际收支差额赤字(双赤字)局面。

匈牙利和地中海俱乐部国家在相对相似的不利经济形势下受到了国际金融危机的冲击，而且匈牙利和地中海俱乐部地区的一些国家都被迫申请国际救助计划，也说明了问题。但是，后来采取的措施各有不同。

2010年后，匈牙利采取了有利于其经济增长的预算政策来应对国际金融危机。其出发点是基于紧缩措施的财政政策将扼杀经济增长的机会，特别是在危机时期。2010年之后，匈牙利实施了税收政策和结构改革，并在2013年开始实施了货币政策，随后是增长转变。例如降低了薪资税，建立了更公平的课税制度，引进了统一税率个人所得税。因此，企业部门的负担大大减轻了，工资幅度也开始跟上欧盟其他国家，影子经济也显著萎缩了。匈牙利中央银行在2013年之后也可以通过调整货币政策以适应匈牙利的情况来大力支持上述举措。

地中海沿岸国家试图以传统的紧缩措施巩固财政收支状况，而他们的货币政策是由欧洲中央银行（ECB）制定的。在地中海国家，无论是个人所得税还是公司税都没有减税，税收制度的结构调整也没有实现。在金融危机过后，多税率的累进个人所得税制度依然存在，即使实行了改革，但改革还加剧了该制度的累进性和复杂性，劳动基础上的税收负担也有所增加。① 地中海国家在危机期间没有使用大幅降低公司税率的手段②，也没有进行结构改革，而是试图采纳"传统"的紧缩手段来平衡预算。③ 欧元区成员国的货币政策由欧洲中央银行决定，欧洲央行根据整个欧元区的情况对利息做决定。这也意味着欧元区的统一货币政策实际上不允许在国民经济层面上采取有针对性的央行措施。欧洲央行在危机爆发后采取了降息应对措施，但许多分析报告认为，很多货币政策工具并没有被及时起用。在评估危机管理时，应考虑到增长和平衡的后果。对匈牙利和地中海国家而言，最重要的宏观经济指标如下（直到移民危机加剧和新冠疫情暴发前的几年）。

一是劳务市场。2010—2017年，匈牙利就业人数增加了近20%（从370万增加到440万），就业率从55%上升到68%。而地中海国家尚未达到危机前的就业率，如图6-14所示。④ 二是就业情况的趋势。三是经济增长。自2009年经济衰退后，到2017年，匈牙利生产总值增

---

① 主要是因为引入了特殊税，地中海国家开始实施不同税率（希腊具有10级、意大利具有6级、葡萄牙具有7级以及西班牙具有5级税率）的税收制度。

② 在葡萄牙，危机前的平均26.5%的税率，到危机结束的时候已上升至30%左右。在同一时期，希腊的公司税从25%提高到29%。在西班牙和意大利，尽管企业税率有所下降，但仍然很高（西班牙为25%而意大利为27.8%）。

③ 地中海国家公共部门员工的人数和工资减少了并且决定冻结或降低养恤金、提高所得税、引进财产税等。

④ 根据最新国际统计，2018年年底，匈牙利失业率仅为3.7%，同时欧元区为8.1%、希腊为18.6%、西班牙为14.55%，而意大利为10.6%。

长了近17%①，比国际金融危机爆发前高出约11%。地中海俱乐部国家（西班牙除外）仍然未能恢复到2007年的水平，如图6-15所示。四是预算平衡。2011年之后，匈牙利财政预算赤字与GDP之比长期符合欧盟《马斯特里赫特条约》规定的3%的赤字标准。多数地中海国家只能在2016年达到欧盟的这一赤字标准。截至2017年年底，匈牙利总负债与GDP之比从2011年的历史最高点80.5%降至73.6%。② 2010—2017年，匈牙利取得了欧盟第五大减债成就。与此同时，地中海沿岸国家的主权债务在2008年国际金融危机之后的水平停滞不前，如图6-16所示。五是国债的趋势。

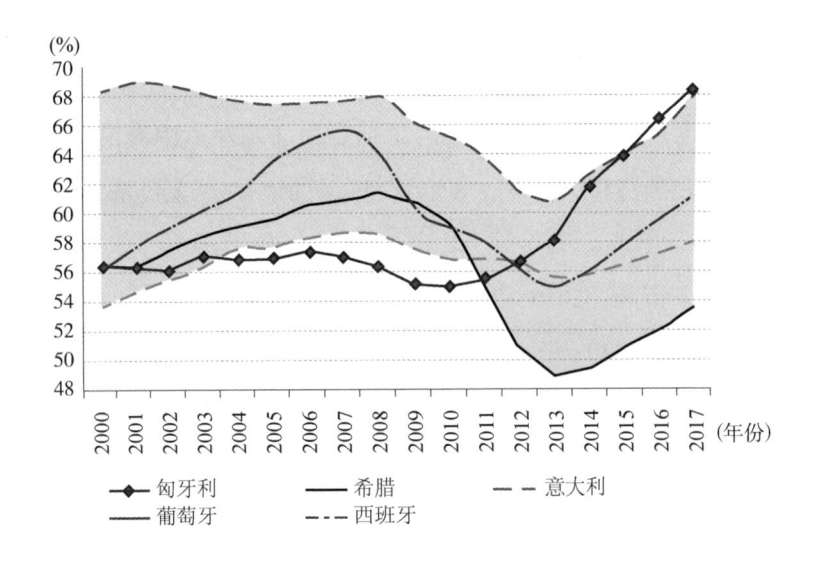

图6-14　就业情况的演变

数据来源：毛托尔奇·哲尔吉［2017年匈牙利经济学家联合会在匈牙利埃格尔（Eger）举行的会议］。

---

① 2018年的GDP增长预计达到4%—5%，因此匈牙利经济（注意到前一段时间）走上了增长之路。

② 截至2019年年底，依据《中央预算法》的规定，债务和GDP之比预计会降至70.3%。因此，在外汇债务比重继续呈下降趋势的条件下，尽管汇率不利，国债进展得仍然顺利。

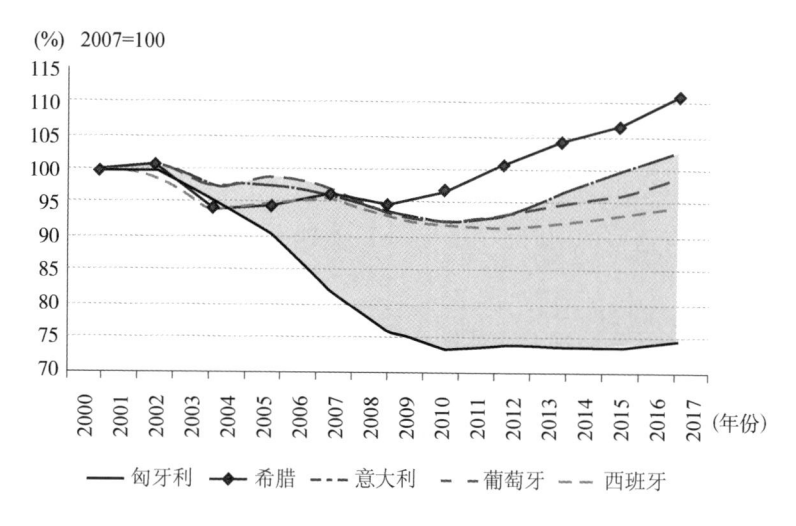

第六章　2010年以后国家积极的经济管理政策和体系要素

图6-15　国内生产总值的增长

数据来源：毛托尔奇·哲尔吉［2017年匈牙利经济学家联合会在匈牙利埃格尔（Eger）举行的会议］。

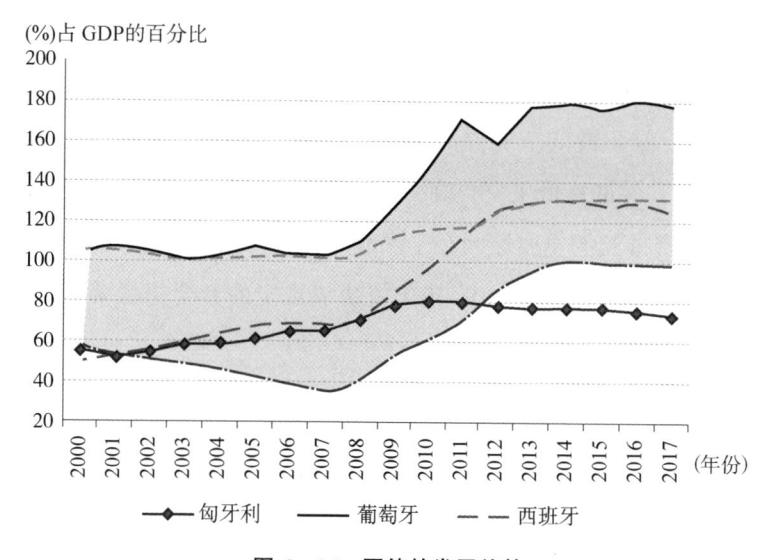

图6-16　国债的发展趋势

数据来源：毛托尔奇·哲尔吉［2017年匈牙利经济学家联合会在匈牙利埃格尔（Eger）举行的会议］。

4.2 匈牙利模式的相关政策

毫无疑问，匈牙利的公共财政体系在2010年之后经历了显著更新，从而导致宏观经济收支状况大幅改善。与此同时，必须强调的是，实现所有这些的同时，匈牙利公民能越来越享受经济增长带来的积极影响。

2017年匈牙利公民人均月收入接近30万匈牙利福林，但在2009年不到20万福林。在8年内实现了约50%的增长，其中大部分是在2015年、2016年和2017年实现的，工资的年增长率分别为4.3%、6.1%和12.9%。由于通胀一直低于其央行3%的目标，自2013年以来其工资得以实际（即排除消费价格上涨的影响）增长。2017年其实际工资增长率超过10%，如表6-6所示。

2009—2018年，最低工资和保证最低工资①几乎翻了一番。最低工资从7.15万福林增加到13.8万福林，保证最低工资从8.7万福林增加到18万福林以上。② 近年来出现了两大增长。一是2012年，最低工资增长了2%，保证最低工资提高15%；二是2017—2018年，最低工资增长了25%，保证最低工资提高40%，如表6-7所示。

名义工资外流的主要原因在于家庭是消费支出的增加，而在企业是工资成本的增加。然而，2016年工资协议规定的社会捐税降低、减轻

---

① 保证最低工资适用于最低学历要求高中毕业的工作。——译者注
② 根据2018年年底达成的工资协议，2019年最低工资提高至14.9万福林，而2020年（再）提高至16.1万福林，增幅为8%。保证最低工资将按相同的百分比变化，2019年为19.5万福林，而2020年为21.06万福林。这些程序符合2016年11月由政府、雇主、工会和工商会达成的为期六年的公共减负降税和加薪协议。同时，社会贡献税自2019年1月1日起从19.5%降至17.5%。这些事件围绕过程塑造了理论框架，并证明，政府的参与成功、有效。参见 Lentner，Csaba，Parragh，Bianka（2017）：Interest Representation, Interest Alignment and the Role of Seeking Consensus in the Renewal Process of Hungarian State Management. *International Public Administration Review*, Vol. 15, No. 1, pp. 71 – 84.

第六章 2010年以后国家积极的经济管理政策和体系要素

表6-6 匈牙利实际工资总额的演变

年份	2009	2010	2011	2012	2013	2014	2015	2016	2017	2018	2019	2020
国民经济中全职雇员的月均收入（福林）	199837	202525	213094	223060	230714	237695	247924	263171	297017	329943	367833	403616
国民经济中全职雇员的月均（动态）收入	100.6	101.3	105.2	104.7	103.4	103	104.3	106.1	112.9	111.3	111.4	109.7
实际收入指数（净值）	97.7	101.8	102.4	96.6	103.1	103.2	104.4	107.4	110.3	108.3	107.7	106.2

数据来源：根据匈牙利统计局（KSH）数据，本书作者编辑。

表6-7 匈牙利最低工资和保证最低工资的演变

单位：福林

年份	2009	2010	2011	2012	2013	2014	2015	2016	2017	2018	2019	2020
最低工资	71500	73500	78000	93000	98000	101500	105000	111000	127500	138000	149000	161000
保证最低工资	87000	89500	94000	108000	114000	118000	122000	129000	161000	180500	195000	210600

数据来源：根据匈牙利统计局（KSH）数据，作者自己编辑。

·255·

了最低工资和保证最低工资增长的工资成本效应。总体而言，在宏观经济层面，劳动力成本并未因政府措施而发生显著变化，这意味着尽管工资上涨，但公司竞争力并没有下降。此外，由于劳动力的自由流动是欧盟的基本权利之一，不同于以前的主流意见，保持尽可能低的工资不再符合匈牙利企业部门的利益，而正好相反，工资要尽可能高，因为这才可以从根本上确保将具备竞争力的素质高的人才留在国内。①

由于工资增长速度快，匈牙利工资占国内生产总值的份额显著提高。这实际上是宏观经济工资总成本（工资和雇主收费）与国内生产总值的比率。②这意味着员工在经济增长中所占的份额有所增加。在经济增长的同时，私营部门的高劳动力需求仍然很高。这支持了其就业率的增长和工资的进一步增长，如图6-17所示。

2010年之后，水电等公用事业费大幅降低导致员工的状况得到了显著的改善。2013年1月和11月，受管制的能源价格两次均下调了10%，2014年，天然气、电力和中央供暖价格进一步下跌。供水、排水，垃圾运输等其他收费也下降了10%，如表6-8所示。③

---

① 匈牙利央行《增长报告》，2018年11月，https：//www.mnb.hu/letoltes/novekedesi-jelentes-2018-digitalis.pdf。
② GDP总额可分为资本收入和劳动收入，即公司的利润率与工资份额可对比。
③ 公用事业费的降低伴随着企业营业额和利润的减少，这突出了企业对持续经营的会计原则的重视。参见伦特奈尔·乔巴《企业持续经营的会计原则》，匈牙利《经济和法学》2014年第3期，第3—8页（A vállalkozás folytatása számviteli alapelvéről）。匈牙利审计署经审计指出了公用事业公司的系统性浪费经营，同时提到，通过消除浪费可能会改善经营的效率从而可以扩大公用事业费降低的基础。关于审计经验，参见多莫克什·拉斯洛、瓦尔帕洛陶伊·维克多尔、雅克瓦茨·考达琳等《更新国家管理》，匈牙利《金融评论》2016年第2期，第244—264页（Domokos，László - Várpalotai，Viktor - Jakovác，Katalin - Németh，Erzsébet - Makkai，Mária - Horváth，Margit：Szempontok az állammenedzsment megújításához）。

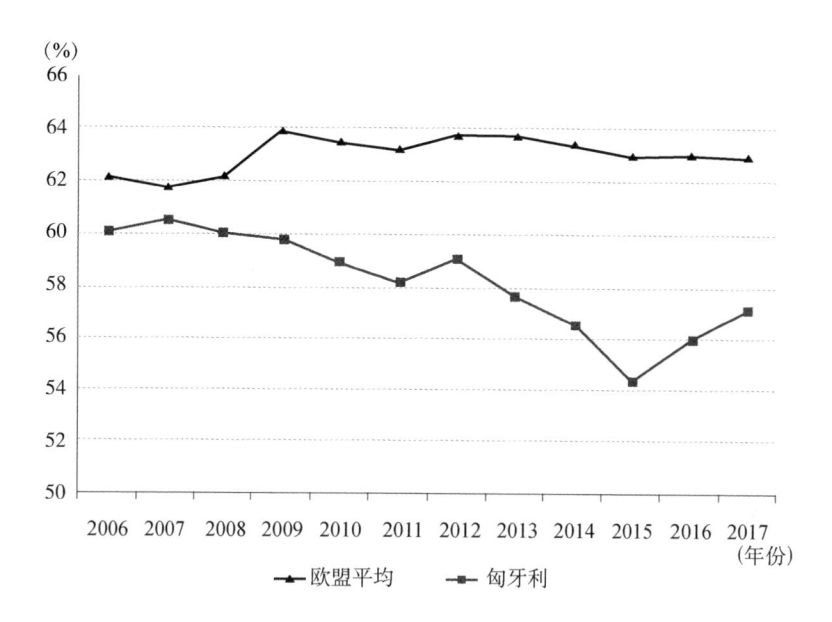

图 6-17　欧盟和匈牙利工资占国内生产总值的份额

数据来源：基于 AMECO 著者自编辑，2018 年。

表 6-8　　　　　　　　　　公共事业费用变化

举　　措	时间	幅度(%)
降低规定的能源(天然气、电力和供暖)价格	2013 年 1 月	-10
降低供水排水、垃圾收运等其他费用	2013 年 7 月	-10
降低规定的能源(天然气、电力和供暖)价格	2013 年 11 月	-10
降低天然气价格	2014 年 4 月	-6.5
降低电价	2014 年 9 月	-5.7
降低供暖价格	2014 年 10 月	-3.3

数据来源：著者根据匈牙利发展部和伦特奈尔·乔巴数据编制。伦特奈尔·乔巴：《公用事业经营的会计原则的成功》，《税收财政学和公共财政管理》，匈牙利行政大学出版社 2015 年版，第 763—784 页。

匈牙利的财政政策没有选择紧缩，反而支持增长，这导致了其就业率的提高、GDP 的增加，外债和财政状况得以改善。因此，公用事业费可以降低，而家庭津贴可以提高。

2010 年后，在政府刺激需求的财政政策和确保价格稳定的央行政策①的影响下，生活水平和生活条件都得到了好转。② 政府行动的一个主要领域是改善不利的人口状况和确保（承接）成立家庭的部分财务条件。为此制定了一项全面的成立住户和家庭补助制度（CSOK）。③ 尽管生育的事项反映了一种情感和价值观，但政府还是通过家庭和儿童有关的税收优惠、社会福利补助、托儿所和幼儿园以及对家庭友好的工作单位对其提供财务支持。④ 与以前（计划经济末期和市场经济过渡期）的几个时期相反，社会福利紧缩政策由积极的国家运作制度体系所取代，这实现了收入的增加，其中还能扩大社会福利补助的范围，主要是在家庭政策领域。然而，必须承认，由于各种补贴，生孩子的愿望明显提高，但重要的是，大幅提高了成立住户所需要的建筑和买房的优惠上限（2019 年开始提高至 1500 万福林），在系统中也造成了一定的矛盾。⑤

---

① 2013—2018 年，通胀率为 0—2.5%，低于 3% 的通胀目标和 4% 的容差带。这对其收入增长、保值（购买力）产生了积极影响。见 20 世纪 90 年代通胀 20%—30% 的增长趋势。

② 指明变革和机遇的逻辑框架的是，财政政策支持的是增长而不是紧缩，就业率提高了，GDP 增加了，外债和财政状况改善了。因此，公用事业费可以降低，而家庭津贴可以提高。

③ Sági, Judit, Tatay, Tibor, Lentner, Csaba, Neumanné Virág Ildikó（2017）: Certain Effects of Family and Home Setup Tax Benefits and Subsidies. *Public Finance Quarterly*, Vol. 62, No. 2, pp. 171 – 187.

④ 伦特奈尔·乔巴、陶陶伊·蒂博尔、莎吉·尤蒂特：《匈牙利家庭补助制度的重点》，《Acta Humana：匈牙利人权出版物中心》（新年份）2017 年第 3 期，第 37—46 页〔Lentner Csaba – Tatay Tibor – Sági Judit: A magyar családtámogatási rendszer prioritásai. *Acta Humana*: Hungarian Centre for Human Rights Publications（Új Évfolyam）〕。

⑤ 2010—2016 年，活产儿数量从 90335 人增加到 93063 人，结婚数量从 35520 对增加到 51805 对，而堕胎数量从 40449 人降低至 30439 人。参见匈牙利人力资源部《对家庭友善转变（2010—2018 年）》，2017 年，第 191 页（*Családbarát fordulat 2010 – 2018*）。

相当大比例的具有大学文凭的年轻人认为,经济补贴只不过是生育孩子的条件之一①,而住房价格的大幅上涨,特别是在就业机会较多的城市,仍然是一个有待解决的问题。家庭住房补助(CSOK)的原因是住房市场的有效需求得以提高,从而住房价格也上涨了。改善了匈牙利单方面的家庭补助制度的公共财政状况,也就是说,国家补助金(按一定比例)投入(或重组于)公共住房投资,可能提高公共资金的使用效率。② 国际研究也表明,影响出生率因素的范围比政府补贴更广泛③,然而,国家补贴是恢复预期人口增殖水平的重要先决条件,尤其是当国家干预不仅影响住房市场的需求侧,又影响供给侧时。我们的研究表明,CSOK 等其他促进生育意愿的补贴形式可以帮助恢复匈牙利所需的增值水平,但先需要为此确保公共预算的可持续

---

① Sági, Judit, Lentner, Csaba, Tatay Tibor (2018): Family Allowance Issues – Hungary in Comparison to Other Countries. *Civic Review*, Vol. 14., Special Issue, pp. 290 – 301; 伦特奈尔·乔巴、诺沃萨特·彼得、莎吉·尤蒂特:《匈牙利制定家庭政策和出生率在人口、社会学和公共财政方面的一些优先领域以及与国际局势对标》,《Pro Publico Bono 匈牙利行政管理》(Lentner Csaba – Novoszáth Péter – Sági Judit:A magyar családpolitika és születésszám alakulásának egyes kiemelt területei demográfiai, szociológiai és állampénzügyi vetületben, nemzetközi kitekintéssel)。

② Sági, Judit, Lentner, Csaba (2018): Certain Aspects of Family Policy Incentives for Childbearing – A Hungarian Study with an International Outlook. *Sustainability*, Vol. 10, No. 11, 3976.

③ Day, Creina (2015): Fertility and Housing. CAMA Working Paper 34/2015, August 2015. Crawford School of Public Policy and Centre for Applied Macroeconomic Analysis (CAMA), Australian National University (ANU); Thévenon, Oliver, Neyer, Gerda (2014): "Chapter 1: Family Policies and Their Influence in Fertility and Labour Market Outcomes". In: Olivier Thévenon – Gerda Neyer (eds.): *Family Policies and Diversity in Europe: The State – of – the – art Regarding Fertility, Work, Care, Leave, Laws and Self – sufficiency*. Families And Societies Working Paper, No. 7, pp. 2 – 13; Rotkirch, Anna, Miettinen, Aneli (2017) Childlessness in Finland. In: Kreyenfeld, M. – Konietzka, D. (eds.): *Childlessness in Europe: Contexts, Causes, and Consequences.*/Demographic Research Monographs. Springer, Cham; Rindfuss, Ronald R., Choe, Minja Kim (eds.) (2016): *Low Fertility, Institutions, and their Policies Variations Across Industrialized Countries*, Springer, p. 188.

性和稳定。①

4.3 匈牙利模式及其可持续性

匈牙利在2010年以及在2013年之后先后实现了财政和货币政策的转变，以及二者的综合效应实现了经济增长的转变。这些转变为平衡的经济增长奠定了基础，从而加强了竞争力因素。② 从国民经济数量竞争力的条件来看，2010年后，匈牙利的情况有了很大的改善，其成果得到了国际组织和大型信用评级机构以及金融和资本市场的认可。③

然而，匈牙利还需要改善资源的质量特征，以便实现更快、更持久的追赶进度。加快追赶进度是必须达成的目标，为此需要进一步的竞争力改革举措。竞争力转变尤其重要，因为趋同不是自动的。在过去40年里，未能脱离发展中国家水平的国家和地区数量多于成功脱离的（如芬兰、奥地利、新加坡、中国香港）。竞争力转变的关键在于国家在整顿后能否在经济方面赶上发达国家，并且在此基础上实现效率和生产力

---

① 陶陶伊·蒂博尔等：《注意到人口目标，研究新型匈牙利家庭和住户建立补助制度对财政预算的一些影响》，匈牙利《统计学评论》2019年第2期，第192—212页（Tatay Tibor - Sági Judit - Lentner Csaba: Az új típusú magyar család és otthonteremtési támogatási rendszer egyes költségvetési hatásainak vizsgálata a demográfiai célok figyelembevételével）。我们评估，2020—2040年，所有家庭补贴的总预算负担每年达1300亿—1400亿福林。与按2017年现价计算的GDP相比，预计期初的补助金支付最高，达GDP的0.39%；而周期末的支付最低，达GDP的0.34%。值得注意，今后的20年（还）有一个问题，这是出于人口原因，进入育龄的妇女人数只能少量增长。因为妇女往往在30—40岁生育第一个孩子，也就是说，生子女时的年龄比以前高10—20年。目前10—20岁的青少年的人数（10—20年之内生孩子的妇女人数）将不会大幅增加，最多能增加每个家庭的子女人数。

② 竞争力转变领域的详细说明，参见毛托尔奇·捷尔吉《平衡与增长——匈牙利的整顿和稳定化（2010—2014年）》，Kairosz出版社2015年版（Matolcsy György: Egyensúly és növekedés）；保洛陶伊·丹尼尔、维拉格·巴纳巴斯：《竞争力与增长》，匈牙利央行，2016年，第831页（Palotai Dániel - Virág Barnabás: *Versenyképesség és növekedés*）。

③ 在2010年政府更迭后，其信用评级有所提升，但匈牙利政府预期的水平仍未达到。尽管如此，信用评级机构对该国的金融稳定状况予以认可。

第六章 2010年以后国家积极的经济管理政策和体系要素

的提高。

经济体的竞争力①取决于若干相互依存的和互补的因素（见图6-18）。例如，国家经济需要开放、宏观经济需要稳定、具有高储蓄和投资率并且需要善政。

```
经济开放        宏观经济稳定
全球市场                          面向未来的精神
引进知识        低通胀                          领导和治理
                预算赤字较少    国内储蓄和
                债务在降低      投资比率高      可信的承诺
                汇率稳定                        务实的决策
                                                明确的传播
                                                效率高的行
                                                政管理
```

图6-18 根据国际经验创造竞争力的条件

数据来源：MNB, Growth Report：Strategies for Sustained Growth and Inclusive Development; World Economic Forum（2017）：The Inclusive Growth and Development Report 2017。

稳定本身不能被看作是一项成就，而是一种能够实现竞争力转变并打破中等发展陷阱的一种局面。因为劳动力和企业部门以及国家和金融体系都必须具有竞争力，所以只有采取相互依存的和相辅相成的措施来增强竞争力的国家才能在这个领域取得成功②，才能使匈牙利走上可持续的赶上发达国家的道路。因此，竞争力转变的目的是保持经济有机增

---

① Cann, O. (2016)：What is Competitiveness? World Economic Forum, September.
② 伦特奈尔·乔巴：《匈牙利经济的新型竞争力》，伦特奈尔·乔巴编《21世纪初的金融政策战略——胡斯蒂·埃尔诺教授博士为金融机构制度、科学和高等教育的贡献——庆祝教授75岁生日之际》，匈牙利科学院出版社2007年版，第271—297页 [A magyar nemzetgazdaság versenyképességének új típusú tényezői. In: Lentner Csaba (szerk.): Pénzügypolitikai stratégiák a XXI. század elején：prof. dr. Huszti Ernő DSc. egyetemi tanár a pénzügyi intézményrendszer, a tudomány és a felsőoktatás szolgálatában：tiszteletkötet 75. születésnapja alkalmából]。

长，通过适当的收入分配，不断提高居民的生活水平以及企业在国内外市场上的地位，如图 6–19 所示。

图 6–19 有机经济增长模式

数据来源：MNB，2018 年。

匈牙利中央银行 2016 年出版的《竞争力与增长》是竞争力转变的关键文件之一。① 该论文提出了提高竞争力的具体建议。央行升级了这些建议，并在 2018 年夏天发布了 180 个有针对性的建议。中央银行评估形势的出发点是，富有竞争力的匈牙利经济包括具有竞争力的劳动力市场及人力资源、有竞争力的企业界、有竞争力的国家，也包括有竞争力的金融和银行制度。② 例如，降低税率，提高最低工资并保障最低工

---

① 匈牙利中央银行：《匈牙利经济可持续追赶的 180 个步骤——专题论文》，2018 年 7 月（180 lépés a magyar gazdaság fenntartható felzárkózásért – műhelymunka）；《匈牙利趋同与竞争力的改革与转变（2019—2030 年）》，央行行长毛托尔奇·哲尔吉在匈牙利工商会于 2019 年 2 月 29 日发表的讲话。

② 绍洛伊·阿科什、科罗日·帕尔·彼得：《我们为更具有竞争力的匈牙利经济需要做什么？论匈牙利中央银行〈竞争力与成长〉专题论文》，匈牙利《公民评论》2016 年第 4—6 期，第 183—195 页（Szalai Ákos – Kolozsi Pál Péter: Mit kell tennünk egy versenyképesebb magyar gazdaságért? Gondolatok a Magyar Nemzeti Bank Versenyképesség és növekedés című monográfiájával kapcsolatban）；科罗日·帕尔·彼得：《如何打破中等发展的陷阱？》，匈牙利《金融评论》2017 年第 1 期，第 71—83 页（Kolozsi Pál Péter: Hogyan törhetünk ki a közepes fejlettség csapdájából?）。

资，重组公益劳动计划以提高效率，加强与私营部门的联系并促进非传统就业形式（如居家就业、兼职工作）等。人力资源竞争力的前提是适当质量的教育和医疗卫生。在教育领域已经采取了积极的措施①，但毫无疑问，仍有改进的余地（如改善配合劳动力市场需要的教材，提高语言技能的水平等）。为匈牙利卫生系统提供额外资源和加强国内卫生防病能力也是其重要目标。②

除了中央银行的构思，还应该强调，如果不大力纠正财政和货币机构的政策，实施有针对性的措施，那么就不可能实现预期的竞争力转变。将初次收入所有者转移并回归市场条件下，成为财政和货币政策的重点。③ 财政政策的更新为含有增长潜力的国民经济巩固了竞争力基础，尤其是提升了目前效率尚且较低的微型和中小型企业部门的竞争力，其中创新、企业合并、投资促进和积极培训员工的税收和津贴等政策可以起到帮助作用，此外，原来只通过金融政策手段才能推动的工资增长逐渐变为主要由效率和绩效提升来驱动。换言之，工资增长不再主要（或完全）基于减税和国家（规范的）工资协议中商议的工资改善，而是通过公司和员工绩效的提升而越来越快和越大幅度上得到改善。在税收政策中，2010 年之后实施的单边（广泛的）收入和有效需求增强措施应改为以绩效为基础。越来越有理由将有利于在危机中"受损"

---

① 特别是推行教师职业道路，并启动双元制职业培训模式。
② 这是旨在利用学校福利协助的方法和手段来改善学龄青年健康的"新国家青年战略"的目标。关于健康员工队伍以及其背景，即"健康"医疗保健体系的竞争力，参见伦特奈尔·乔巴《根据趋同计划论医疗保健体系，作为一种新型的竞争力因素》，匈牙利《医学周刊》2007 年第 2 期，第 71—76 页。(Az egészségügyi ellátórendszer, mint új típusú versenyképességi tényező a konvergencia program tükrében. ORVOSI HETILAP)。
③ 在危机管理过程中突出了一些"有利影响"。用一句恰当的美国俚语来说，央行（美联储）"直升机撒钱"，也就是说，按面值购买了商业银行坏账，集中实施了量化宽松（QE）的政策，而政府则侧重于刺激有效需求（如二手车更换计划）。这种做法也扩散到世界其他中央银行和政府。然而，随着危机的消除和影响的减轻，这些"支持性"进程即将结束。引领市场行为者返回市场是这些包括匈牙利在内的市场经济体的"新兴"任务。

的市场行为者的货币政策缓慢地由传统的中央银行角色取代，及时和适当地将引领市场行为者返回市场条件的货币做法放在首要位置。实际上，这方面的迹象已经可以看到（如匈牙利央行的市场信贷方案），此外美联储加息周期将在包括匈牙利在内的中欧地区引起连锁反应。零利率、接近零（但仍为正）利率，在全球（包括匈牙利在内）改变了客户和商业银行之间的关系以及存款和储蓄之间的传统关系。其后果现在也可以感受到，因为正在增长的居民收入并未完全体现在银行存款和资本市场上[①]，而在（利率较高的）政府证券市场上体现得很明显。因此，要提高经济竞争力的话，需要解决进一步的问题，其中突出的是，优先考虑持续形成储蓄和提高竞争力，并将二者联系起来。[②] 在这方面尚未取得令人满意的成果。这方面的制度体系还没有到位，很可能会拖到下一个十年。

结构适当的高度资本积累对于成功的趋同至关重要，这也是企业保持竞争力的关键之一。支持这一点的是，以前的递增式企业所得税（10%和19%），在2017年降至9%的统一税率，以及从2017年开始简

[①] 关于居民存款不足和现金持有量过多的不利影响，参见胡斯蒂·埃尔诺《"四面体效应"——匈牙利中央银行基本利率、现金存量、居民存款、信贷和铸币税之间的关系》，匈牙利《金融评论》2018年第4期，第441—454页（"Tetraéder - hatás" - a jegybanki alapkamat, a készpénzállomány, a lakossági betétek, a hitelkihelyezés és a seigniorage közötti összefüggések Magyarországon）。

[②] 鉴于人口和劳动力市场问题以及中小企业部门的竞争力弱点不能瞬息之间得到解决，而且（由于政府和欧盟之间的纠纷）应准备好欧盟共同预算的支付被阻止甚至资源减少，所以为了确保匈牙利经济今后的投资势头，最好适当地利用"停放"在居民和银行部门的资源。居民的现金存量从2010年的22400亿福林到2018年增加到49590亿福林，而政府证券存量从104370亿福林增加到216060亿福林。2018年银行业存贷比为70%，而2009年为160%。一方面，银行业不需要外国资源，其流动性仍然很大。通过政府制定新投资目标，而央行通过推进存款、储蓄、贷款和利率政策工具包，需要将这些自由资源引导到经济流通中。注意到2019年3.1%和2020年3%的通胀率目标，不能认为0.9%的央行基准利率能长期维持。目前的低基准利率（0.9%）也根据货币传导来影响存款利率，但以较低的银行存款利率和较高的提款成本本来看，将储蓄存入银行"不划算"，从而使银行和国民经济错失庞大的潜在发展资源。

化和优惠的小型企业税［小纳税人逐项一次性税（KATA）和小企业税（KIVA）］的适用条件有所放宽。就所积累的物质资本的质量而言，公司的研发是一个战略领域。国际经验表明，中等发展的陷阱可通过提高创新能力来避免。与东欧的竞争对手相比，匈牙利在这方面的表现良好，但落后于欧盟的平均水平，所以在这方面进一步的激励措施可能还有余地。

具有竞争力的国家应该建立在小型行政机构和一个高效透明的体制系统的基础上。政府采取了多项措施来解决这个问题（结构调整）。另一个提高效率的重要步骤是，在利用欧盟资源方面，更加突出了经济发展和竞争力的提高，从而确保资源的流入及直接促进可持续增长。尤其重要的是，为了确保国家运作的效率和效力而加强了公共财政监管制度。还需要进一步加快公共行政的速度，改善公共事业以及增加和改善对欧盟资源的使用。

2013年后，匈牙利国家银行采取了多项措施，以提高金融和银行体制的竞争力，以及建立一个健康的、竞争性的银行体制。[1] 在这些措施中，应该强调的是居民外汇信贷的逐渐淘汰[2]，自融资计划的推行、宏观审慎的监管、促进增长的信贷计划和市场信贷计划。除了上述宏观经济影响外，货币政策转变还间接地强化了银行体制本身，从而有助于银行的盈利能力大幅提高。2015年，实现居民外汇信贷相关的结算之后，资产回报率（ROA）和净资产收益率（ROE）都得以显著提高，如图6-20所示。

---

[1] 瑙吉·马尔通、沃纳克·鲍拉日：《瑙吉·马尔通》，匈牙利《中央银行刊物》2014年，（Nagy Márton - Vonnák Balázs: Egy jól működő magyar bankrendszer 10 ismérve）。
[2] 科罗日·帕尔·彼得、保瑙伊·亚当、沃纳克·鲍拉日：《淘汰居民外汇抵押信贷：定时和框架》，匈牙利《金融评论》2015年第13期，第60—87页（Kolozsi Pál Péter - Banai Ádám - Vonnák Balázs: A lakossági deviza - jelzáloghitelek kivezetése: időzítés és keretrendszer. *Hitelintézeti Szemle*）。

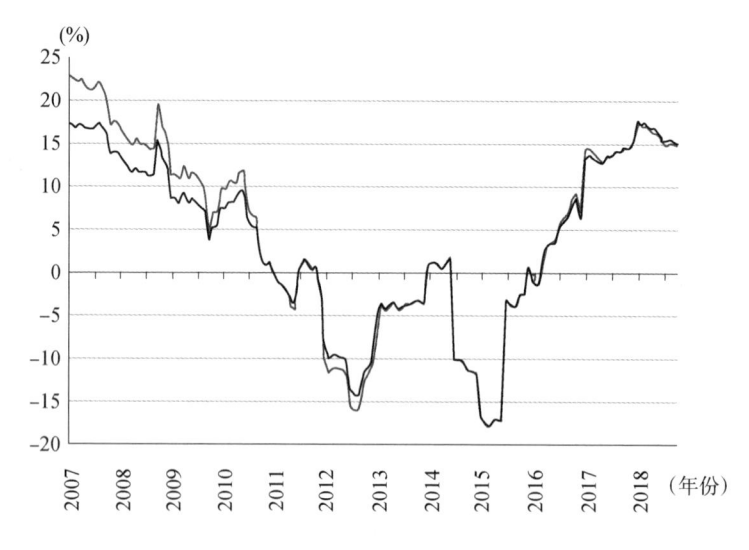

图6-20 信贷机构业的股东权益和资产回报率

注：12个月流动 ROE—12个月流动 ROA。

数据来源：匈牙利央行，2018年。

就整个金融体系的竞争力而言，一个重要步骤是，布达佩斯证券交易所（BSE）于2016年春天启动了证券交易所发展计划，从而将导致资本市场在匈牙利公司融资中的作用增加，进而补充银行贷款，如图6-21所示。①

通过提高对人工智能、机器人技术、新世界经济实力中心的适应能力，以及增强人才竞争，匈牙利可能实现可持续的追赶。2013年后的增长转折是在中央银行增长信贷计划和动员劳动力市场储备力量的推动下形成的。而现在，基本上是通过提高生产力和推动中小企业

---

① 关于与活跃国家模式目标协调的证券交易所监管，参见保劳格·比安卡、维格·理查德《更新的国家—更新的资本市场：刺激经济的新维度》，匈牙利《公民评论》2018年第4—6期（Parragh Bianka - Végh Richárd：Megújuló állam - megújuló tőkepiac. A gazdaságösztönzés új dimenziói）。

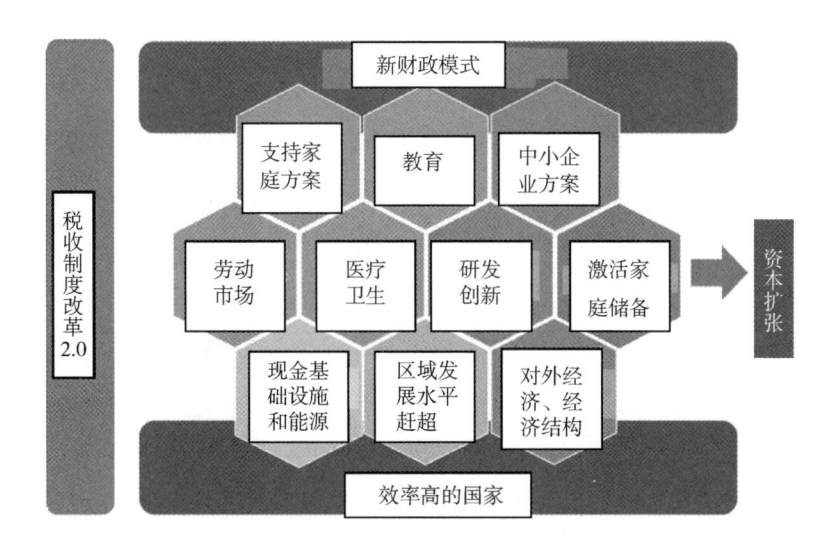

图 6-21 竞争力转变的主要领域

数据来源：匈牙利中央银行：《匈牙利经济可持续追赶的 180 个步骤——考题论文》，2018 年 7 月。

部门潜在储备力量，才有可能实现现在被广泛关注的知识密集型阶段预期带来的竞争力。通过确保更好的资源供应，可以更好地利用规模效率的好处，帮助中小企业进入市场，从而帮助其在生产链中升级。据卡尔多—凡登定律[①]，在经济繁荣上升时期，经济增长和劳动生产率增长往往是相互带动的，其中国内中小企业部门可以发挥决定性作用，因此可以雇用 71.6% 的劳动力，创造 46.5% 的附加值，并将 50.7% 的国民经济用于投资自己。匈牙利国内中小企业部门的另一个特点是，其 94% 与国内所有者相关。这表明，与大型公司相比，其生产效率较低，如图 6-22 所示。

---

① 以美国的案例说明其相互关系的论文，参见 Castiglione, Concetta (2011): Verdoorn-Kaldor's Law: An Empirical Analysis with Time Series Data in the United States. *Advances in Management & Applied Economics*, Vol. 1, No. 3, pp. 135–151。

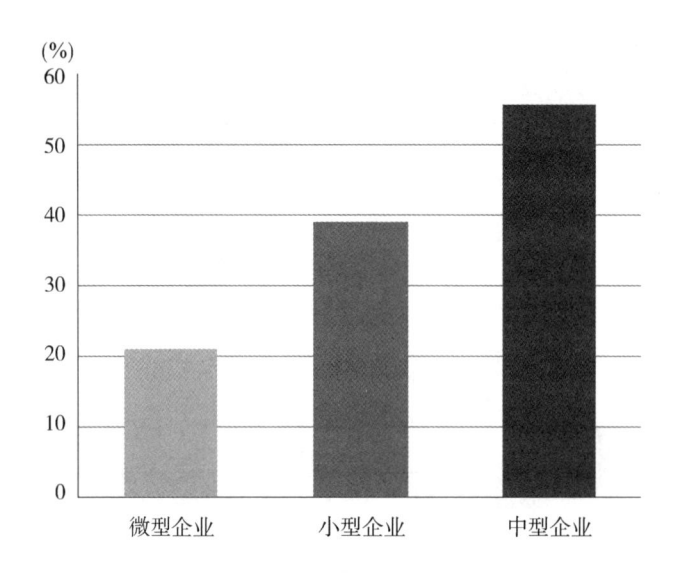

图 6-22 匈牙利微型和中小型企业生产率

数据来源：MNB，2018 年。

较低生产率伴随着较低工资，因此，只有在行业内启动集中化进程，较小企业的工资才能得到改善。随着公司规模的扩大，可以假定生产力和工资都会提高。匈牙利中小企业部门的情况在国际比较中更加不利。这个事实证明，启动这种进程是必要的。向国际市场投放更多产品并经得起国际竞争的可能方法是通过融合兼并提高规模效率，如图 6-23 所示。①

通过全面的财政和货币措施可以克服公司规模带来的效率问题，这将使中小企业部门成为国民经济中主要的、具有竞争力的部门，特别是在中小企业能够提高其总体产出和效率的情况下。

2010 年后的几年中，匈牙利在经济管理方面着重于先后巩固公共

---

① 假设大公司的生产率较高，收入可预测性较强，使他们能够更多地投资于劳动力的培训、企业内的技术创新，从而能维持他们在市场上的地位。当前的匈牙利实践中，跨国公司支付工资很顺利，而在小型企业，最低工资的强制性增加可能会造成问题。

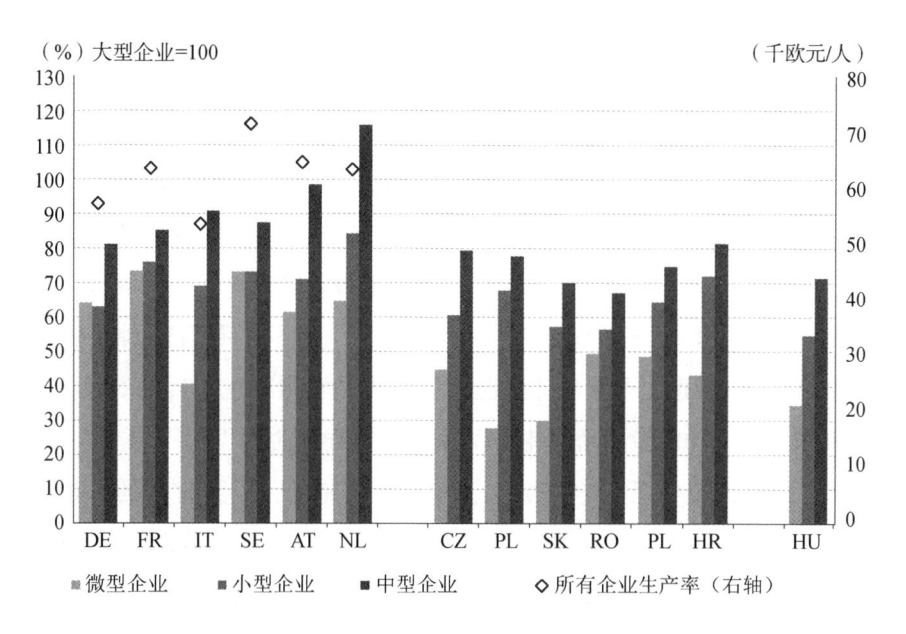

第六章　2010年以后国家积极的经济管理政策和体系要素

图 6-23　中小企业部门在国际比较中的生产率情况

数据来源：EUROSTAT，2015 年。

财政和初次收入所有者，然后是实现经济增长。在维持到 2018 年年底实现的经济增长（4%—5%）和金融稳定的条件下，竞争力转变的成功将是匈牙利经济保持其成就和发展力度的关键因素。2007 年，（除了协调竞争力因素的配套财政和货币机制）我从根本上和经验学角度定义匈牙利竞争力的以下三个因素。[①] 一是具有竞争力的公共财政系统，可提供稳定、可预测性以及发展和收入增长。二是具有竞争力的、健康的、适合融入和不断留在劳动力市场上的、训练有素的劳动力队伍。三是通过优化的医疗保健体系确保具有竞争力的、健康的劳动力能持久地留在劳动力市场上。在政权更迭后的几十年中，这些所有要素匈牙利都

---

① 伦特奈尔·乔巴：《匈牙利国民经济竞争力的新型因素》，《21 世纪初的金融政策战略》，匈牙利科学院出版社 1997 年版，第 271—297 页（A magyar nemzetgazdaság versenyképességének új típusú tényezői. Pénzügypolitikai stratégiák a XXI. század elején）。

缺乏。2010年后，随着公共财政、公司和居民经济状态的整顿，包括公共财政领域在内的金融体系的稳定得以恢复。就如毛托尔奇·哲尔吉表述，"知识和信息是现代经济的动力"①。根据我们的经济发展程度和"传统"，教育和医疗卫生体系的预期状况主要取决于公共资金、预算资源的再分配和目标的正确地确定。劳动力的文化水平和健康状况也影响公共财政，甚至影响整个国民经济的竞争力。通过进一步发展这种基本上是经济性质的（因此依赖于中央预算的）竞争力模式②，除了经济竞争力，我还提出了社会竞争力的要求。"溢出效应"（Spill Over Effect）在经济和社会竞争力领域之间产生或导致协同作用。

因此，2010年后的经济方法论和具体措施中，以更直接的方式体现传统的社会地位，如改善人口状况，提高教育和医疗保健体系的质量，从而改善劳动力的总体健康状况和教育状况。几十年前，经济政策的目标是私有化、放宽管制，更早的时候（在计划经济中）是促进匈牙利褐煤开采的方案、农业的产业化建设等。而当前，经济政策的目标为增加训练有素的人才数量，特别是提高人才质量，增加出口导向型工业战略的知识资本基础，塑造高效的能源组合并建设现代基础设施。这些新的优先事项的有效实施导致了竞争力的转变，也就是说，使得匈牙利具备赶上西方发达市场经济体的能力和机会。

---

① 毛托尔奇·哲尔吉：《冲击多还是少？》，匈牙利布达佩斯凯洛斯出版社1998年版，第49页（Sokk vagy kevés?）。

② 伦特奈尔·乔巴：《民主的财务陷阱》，匈牙利《公民评论》2007年第3卷第2期，第30—44页（A demokrácia pénzügyi csapdája）。在论文中，我将适合减少有效需求的（限制性）政府措施描述为适合降低社会竞争力（创新态度）的负面现象。

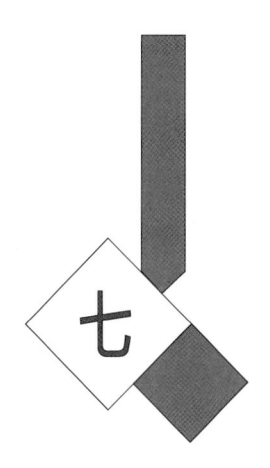

第七章
理论和方法学上的总结

在最后一个章节中，我简要地总结了近一百五十年匈牙利的经济、财政和货币政策之间的关系，同时强调纪律严明的财政预算以及与其有着"原则性合作"的中央银行的实践和制度思维的重要性。本章讨论了匈牙利国家运作与经济关系的一些主要分类和原则问题。可视为匈牙利（国家主导）资本主义摇篮的双元帝国时代的公共财政理论和实践，也要特别提到并且将其作为当前（2010年后）时期的"精神前身"，将其理论标准应用于当前的情况。我不想对比不同时代的经济史或者建立效率排名。鉴于读者可能的兴趣，书后的附录中还提供了更长时间的数据。[①]

[①] 这些长期宏观经济指标基于匈牙利中央统计局的审计数据和作者收集的其他数据，所以与其他研究机构的数据可能有所不同。

1 国家运作的传统经济原理、一般要求、最佳方式以及与国家干预的关系

1.1 从亚当·斯密到约翰·凯恩斯

当前匈牙利公共财政体系建立的情况和科学细节基本上基于三个因素。第一，在积极型国家参与模式同时施行的经济管理的历史传统（它的发展在双元帝国时代加速，并以一种由国家控制的资本主义生产方式的形式取得了成功）。第二，世界上的新的、2008年国际金融危机爆发后几年内出现的、显示出更强大国家角色的财务和预算规则，以及"非常规"的中央银行实践。第三，社会期望，由于市场参与者导致危机的行为，而使匈牙利民众产生了对国家规范市场的期望，限制市场参与者的获利动机，从而规避社会休克。[1] 每个对准点的重点在于国家积极参与，机构思维过程和监管的加强[2]，因此解释国家及其基于市场的运营

---

[1] 需要提到，危机爆发后，美国次级债权人的"抱怨"，美国国会调查委员会的成立，其主要调查结果以及《多德—弗兰克法案》的监管要素，参见伦特奈尔·乔巴《银行学、银行监管体系和框架》，《银行管理—银行制度—金融消费保护》，国家行政和教材出版社2013年版，第27—86页（A bankan, bankszabályozás rendszere, keretei）；伦特奈尔·乔巴：《全球和匈牙利超贷的全球化》，《外币贷款大手册》，2015年，第23—62页（A túlhitelezés globalizálódása a világban és Magyarországon. A devizahitelezés nagy kézikönyve）；在这场危机的影响下，市场机构消费者权益的保护不仅在银行业，而且在更广泛的意义上变得更加重要。参见福泽考什·尤迪特《当前的消费者保护问题》，拜尼什妮·哲尔费·伊洛娜编《第三十四届法学家流动集合》2012年，匈牙利法学家协会，会议论文集，第65—81页（Fazekas Judit: A fogyasztó védelem aktuális kérdései. Harmincnegyedik Jogász Vándorgyűlés. Gyula. Szerk. Benisné Győrffy Ilona）。

[2] 科罗日·帕尔·彼得：《经济学上的更新：历史和制度的意义》，《公共—经济》2018年第4期，第84—92页（Kolozsi Pál Péter: Közgazdaságtani megújulás: a történelem és az intézmények jelentősége. Köz – gazdaság）。

特点的一些关键思想是必要的。①

在西拉吉·彼得（Szilágyi Péter）② 引用赫尔曼·黑勒（Hermann Heller）③ 的重要学术著作时，提到了韦伯（Weber）的观点，将资本主义经济的基本定律定义为，满足需求和支付需求，仅专注于市场机会和赢利能力的可能性。在市场经济中，恐怕最多是在亚当·斯密（Adam Smith）生活的英国世界帝国鼎盛时期才会出现这种"世外桃源状态"。西拉吉认为，必须注意到，"在社会现实中，经济原因会导致政治后果"，但"也有着反向因果关系。然而，最佳赢利能力基本上与地区社会合作法则无关。理所当然的事，国家也必须进行管理。但是，国家的财政不是通过经济力量，而是通过政治力量来实现的。市场理应遵循'do ut des'（互易）的原则，国家通过税收和关税等可以强制实现单方面业绩。所有国家的预算都表明，国民经济非但没有专注于，并且几乎没有将追求最佳盈利能力作为主要目标"④。这个论文中提到的另一个论点也可以接受，政治机构和行为者需要遏制市场功能的影响，而且在必要时还需要予以纠正。"国家利益和经济利益永远是不同的。即使是最高程度上的资本主义国家，由于其必要的功能，也总会仅是为了自身的运作而将经济当作一种工具利用。出于切身利益，所有国家都必须限制经济交换过程，遏制自由竞争。国家出于非经济考虑有对经济进行管

---

① 笔者赞成建立在合理的国家经济影响力基础上（或可以说是国家主义者）的国家模式。因此，由于篇幅所限等原因，本章主要侧重于国家加强参与的某些问题。
② 西拉吉·彼得：《赫尔曼·黑勒国家理论中的国家和经济》，什太格尔·尤迪特编《经济和法学——绍卡齐·伊什特万研究报告选集》，匈牙利罗兰大学2005年版，第126—134页（Szilágyi Péter: Állam és gazdaság Hermann Heller államelméletében. *Gazdaság és jog. Szakács István ünnepi tanulmánykötet*. Szerk. Steiger Judit）。
③ 赫尔曼·黑勒：《国家理论》，1934年，第298页（Hermann Heller: *Staatslehre*）；赫尔曼·黑勒：《当下的政治思想界》，1926年，第273页（*Die politischen Ideenkreise der Gegenwar*）。
④ 西拉吉·彼得：《赫尔曼·黑勒国家理论中的国家和经济》，什太格尔·尤迪特编《经济和法学——绍卡齐·伊什特万研究报告选集》，匈牙利罗兰大学2005年版，第133页。

制的必要性，首先是源于对特定领土的一般国家秩序的必要性……自由经济交换可以建立市场秩序，但永远不会建立法律秩序和法律确定性。"①

但是在资本主义生产方式方面，就最佳国家作用而言，需要分明发达国家和新兴国家。在国民经济的历史和发展中，往往有些国家有着有利的机会，可以走在发展的前沿或者由于其勤奋或组织程度高而获得优势，因此其他国家总感到被迫追赶。尽管这两种国家都可以倾向于相同的经济哲理，但它们不能采用相似的治理机制，因为通过这个治理机制，向上的追求者会在发展中落后。② 发达国家采用的最低国家激励措施（在这里仅看国家影响问题）和监管框架（守夜人角色）对于在经济和社会发展方面想要追赶的国家来说，是不够的。如果没有国家的支持（"国家关注"），发达程度不够的（或欠发达）国家的公司难以与发达国家的生产商竞争。发达的国家生产成本较低，具有更多的市场知识，更好的基础设施、销售系统、价格及优质商品。其机构关系更加顺利，国家"更早开始"为市场流程不受干扰而提供了似乎是"自动的"和有效的条件。因此，欠发达国家应该使用某种"额外的解决方案"。好使用国家影响、贸易保护主义、政府采购、银行风险项目信贷等方案，也就是说，显然是在合理的范围之内使用更严格的管理和控制的流程。与此相关的另一层理由是："自由放任原则只有在自然发展可能的情况下才是合理的……在落后的国家，发展的障碍是如此之大，以至于没有国家的积极参与，就很难消除障碍。通常，我国私营部门并不是很积极主动，但如果受到了激励，也就是说，一旦克服了起步阶段的最初

---

① 西拉吉·彼得：《赫尔曼·黑勒国家理论中的国家和经济》，什太格尔·尤迪特编《经济和法学——绍卡齐·伊什特万研究报告选集》，匈牙利罗兰大学 2005 年版，第 134 页。

② 对发达程度的（"科学"）评价比对经济发达程度的评价更广泛。参见森泰希·道玛什《发展经济学》，匈牙利科学院出版社 2011 年版，第 531 页（*Fejlődés – gazdaságtan*）。

困难，我国企业也成为积极主动的了。"①

同样（根据双元帝国时代匈牙利"资本主义"建设的类比），即使在发生危机或经济衰退的情况下，市场行为者都期望着国家能提供拯救。② 换言之，有助于赶上并且消除市场危机的有效国家影响，除了由国家产生的预算盈余、"有组织的"资源、支持的意愿以及财政机制，还需要产生融资的银行和央行工具。这些工具为遇到困难的（从而可能导致国民经济危机的）市场参与者提供"助推"，可能帮助其克服困难。追赶和脱离危机的国家经济政策的重点在于国家较多地发挥作用。这个作用尽管并不是永恒的，但足够为市场行为者参加竞争而提供初步推动力的作用。③ 李斯特认为："就两个文化水平同样发达的国家而言，只有在两个国家都具有相同程度的工业发展的情况下，'自由竞争'才能对两个国家都产生积极影响……但是工业、贸易和航务欠发达的国家，如果拥有可靠的知识和物质资源，不得不尽全力达到能与较发达国家自由竞争的水平。"④ 李斯特的

---

① 齐奇·耶诺：《献给匈牙利工业发展的回忆录》，1880年，第15—16、32、43页（Gróf Zichy Jenő: *Emlékirat a magyar ipar fejlesztése érdekében*）。

② 新兴市场经济的传统手段（在经典情况下），参见弗里德里希·李斯特《国家政治经济学体系》，斯图加特—图布林根1843年版（List, Friedrich: *Das nationale System der politischen Ökonomie*）[《国家政治经济政策体系》这一书由莎尔瓦利·安陶尔（Sárváry Antal）于1843年，在匈牙利克塞格市翻译成匈牙利文]。

③ 也可以使用外部资源来实施赶上政策或危机管理，例如通过世界银行和国际货币基金组织，但是这些自愿通常削弱了国家的经济政策自主权。此外，近几十年来，这些外部资源受到了许多批评，主要是因为它们过度规范。参见绍克曹伊·乔治《国际货币基金组织和匈牙利政权更迭》，《21世纪科学研究报告》2013年第29期，第79—92页（Szakolczai György: *Az IMF és a magyar rendszerváltozás. XXI. század. Tudományos közlemények*）; Stiglitz, E. Joseph (2004): *Globalization and Discontents*, Penguin Group, p. 288。但是重要的是，一些积极的理由可以为国际金融机构的运作提供帮助，匈牙利的情况也是如此。参见巴盖尔·古斯塔夫《匈牙利融入国际金融机构的过程》，匈牙利科学院出版社2011年版，第320页（Báger Gusztáv: *Magyarország integrációja a nemzetközi pénzügyi intézményekbe*）；恰吉·乔治《关于国际货币基金组织和世界银行你需要知道什么》，匈牙利科树特出版社1988年版，第219页（Csáki György: *Mit kell tudni a Nemzetközi Valutaalapról és a Világbankról*）。

④ 弗里德里希·李斯特：《国家政治经济学体系》，斯图加特—图布林根1843年版，第5页。

观念表明（当前这还是有目共睹的），为了发展新兴市场经济或解决任何的国家危机，在市场体系中，国家援助①只不过是"辅助手段"，因此不能无节制地使用。② 不能增加经济绩效的过度干预是不可取的；反之，合理的、有助于发展并且在必要时促进整顿的干预才是可取的。"国家有责任顾及私营部门范围之外的领域，但也不能用尽手段照顾到所有。"③

尽管亚当·斯密广为引用的《国富论》主要让我们联想到"看不见的手"④的理论，但是亚当·斯密也阐明了国家的经济职能的正面作用。⑤"统治者必须牢记三项义务……第一，保护社会免受其他独立社会的暴力和入侵的责任。第二，保护社会的每一个成员免遭其他社会成员施与的不义或压迫的责任；第三，建立并维持一定量的公共工程和公

---

① 依我的理解，国家援助的独特表现是由科尔奈来定义和批评的，即以上提到的预算软约束综合征。这是在匈牙利计划经济中，主要是在市场社会主义阶段，向市场经济过渡以及在 2010 年之后盛行的。依我看，在赶上或从危机复苏时期，国家在救援破产公司时，只不过是将自己的责任最小化，因为不正确的、选择不当的经济政策是国家的责任，因为在很大程度上，这是导致企业破产的原因。因此，国家在某种程度上是由于其自身不负责任的、不良的决策机制，为了规避企业破产（大规模破产）而进行干预。实际上通过拯救破产公司来让自己规避进一步的困难。从象征意义上来讲，像明希豪森男爵那样提着自己的头发用力向上一拔，就让自己摆脱危机。在这方面，我同意科尔奈，这并不意味着那些因自身过错而不断经营不良的公司和银行应当由国家作为一种趋势予以帮助，我仅表示经济政策的责任和恢复义务。

② 举例说，李斯特生活的德国处于封建分裂状态，其生产力和公司的竞争力落后，但后来赶上了英国公司，因此国家经济也得到了加强。沿着这一逻辑思路来想，在匈牙利从计划经济向市场经济发展的过程中，（在财政和再融资政策，以及在监管方面）国家参与的组织为时过早，因此（等其他原因）国家远远落后于欧盟的发展水平，由于实施了与李斯特的发展理念背道而驰的做法，内部关联公司仍然没有竞争力。

③ 洛尼亚伊·迈尼黑特:《关于我国公共事务：对匈牙利财政状况的看法》，拉特·莫尔出版社 1873 年版，第 16、49 页（Lónyay Menyhért: *Közügyeinkről. Nézetek Magyarország pénzügyi állapotáról*）。

④ 置于更深的科学史背景中，参见毛道拉斯·奥拉达尔《看不见的手：一个暗喻历史的记录》，匈牙利《经济学评论》2014 年 7—8 月，第 801—844 页（Madarász Aladár: A láthatatlan kéz. Szemelvények egy metafora történetéből）。

⑤ 许多人认为，亚当·斯密是"生平只出一本经典的作者"，但他一生的作品以及对时代的透彻了解可以为他所遭受的批评提供答案。例如，有人批评说，他使经济学不适合描述人类的行为，这很难被证明是正确的。请参阅嵌入理论历史环境中的以下报告，John D. Mueller（2010）: *Redeeming Economics. Rediscovering the Missing Element*. ISI Books, p.470。

共机构的责任。其建立和维护永远不会符合一个或多个个人的利益，因为其利润永远不会回报一个人或一小群人的成本。"① 亚当·斯密认为，国防是重要的（民间）经济组织的载体，内部司法也不是国家的"展示角色"，因为这是保证经济结构，从而维持社会秩序、分工制度和不受干扰的生产的功能，就如保证生产的技术和财政基础的所有权也是国家的任务一样。国家还组织公共工程，维持公共机构，但这些项目和因素不管多么有效，只有在组织好的国家手中才能发挥作用。据波德·彼得·阿克什（Bod Péter Ákos），这是为匈牙利国内经济发展而形成的重商主义。② 在亚当·斯密的书中，国家有效应对干扰再生产的条件的能力（国防、行政、公共机构的组织程度），只能源于其预算的稳定性和其货币发行机构的效率。③ 双元帝国时代的思维仍然影响着匈牙利："我国那些认为我们必须在短期以内弥补几个世纪过失的政界元老们，从一开始就明知，仅靠社会是无法做到的，与正常发展的国家相比，在我们这里，国家应该发挥更大的作用。也就是说，国家不仅力争确保合法秩序和社会力量的自由活动空间，而且还积极地参与了经济关系的各个环节。"④

1.2 匈牙利双元帝国时代的状况和国民经济的建设

19世纪的匈牙利在国家政权建设资本主义的过程中，掌握经济生活的最重要的规则同时，也有可能影响竞争局势⑤，甚至还可能创

---

① 亚当·斯密：《国民财富的性质和原因的研究》，1940年，同上，第二册，第203页。
② 波德·彼得·阿克什：《国家财产、国家干预和今天的资本主义经济》，《计划经济公报》1986年第5期，第50—66页。
③ 关于国家干预的效率测量及其文献背景的详细信息，参见韦泰西·拉斯洛《国家干预的权利和效力》，2014年匈牙利行政大学，第194页（Vértesy László: *Az állami beavatkozás joga és hatékonysága*）。
④ 沃尔高·久洛：《匈牙利信贷和信贷机构的历史》，佩斯图书出版社1896年版，第345页。
⑤ 同上。

造一个"在受权力保护的特权阶级中找到妥协"①,从而导致封建农业特征继续存在,也就是说,那样注定将"建立一个基于非真实经济基础的或多或少独立存在的阶层"②。我们必须强调,在社会领域,双元帝国时期的负面因素主要表现在未解决的土地问题上,结果是"我们150万个同胞移民到美国"③。但是,通过强有力的工业补助体系,铁路建设和运营的政府补贴,从封建制度产生了市场条件,并从社会等级制国家开始向君主立宪制发展。海雷尔·福尔考什(Heller Farkas)认为,如果社会依赖于个人的自由,那么基于私有制的经济就必须确保这种活动将始终在必要的程度上安全地满足需求。为了通过私营企业为社会创造经济条件,还要确保个人的活动充分面向所有生产分支。"但这还不够",海雷尔·福尔考什写道,"只有当个体生产者被迫交换所生产的商品时,私营企业才可以成为社会经营的基础,因为这是确保个人能享受另一个人生产的商品的唯一方法"④。由于匈牙利不发达,这种私人财产制度化的"自发教条"几乎是不可能实现的,所以需要国家在其经济生活的所有领域进行干预,这最终造成了半市场的经济状况,并由于地主阶级的"基础精神"而保存了这种状况。⑤ 由于"基础精神"和由此产生的相对有限的资本形成,在

---

① 纳吉·恩德赖:《奥匈帝国时期匈牙利的国家干预》,《经济学和法学》匈牙利科学院第九处公报1977年, XI.,第112—114页。

② 同上。所谓的"非真正经济基础"可以理解为一种马克思主义角度的批评。虽然社会福利和土地相关问题的确没有得到解决,但这种批评试图否认双元帝国时期匈牙利政府的成就。

③ 摘自诗人约瑟夫·奥迪拉的作品《我国》1937年(József Attila:Hazám)。

④ 海雷尔·福尔考什:《私有财产的经济作用问题的更多信息》,《社会科学》1909年,第89—107页、第235—259页(特凯茨基·拉斯洛主编的《匈牙利自由主义》第292页上也提到);海雷尔·福尔考什:《经济学》上册:《理论经济学》第五版,工程师进修学院1945年版,第168页;《应用经济学》第二册,1947年,第333页(Heller Farkas:Közgazdaságtan I.:Elméleti közgazdaságtan;II. Alkalmazott közgazdaságtan,1947)。

⑤ 归根结底,纳吉·恩德赖在不同的基础上,也得出了同样的结论。参见纳吉·恩德赖《奥匈帝国时期匈牙利的国家干预》,《经济学和法学》匈牙利科学院第九处公报1977年, XI.,第85—114页。

第七章　理论和方法学上的总结

从封建生产方式转向市场资本主义的匈牙利经济过程中，国家补贴不可或缺。然而，为了缓解实际问题，以证明所发生的这一进程，拜克希奇·古斯塔夫（Beksics Gusztáv）写道："一个农业国家，除了其他情况，不能筹集到足够用于工业目的的资本。我们从未筹集过，将来也不会，因为筹集资本并不是我们的特长。"[1] 据拜克希奇所言，为了赶上发达国家，一方面，"我们必须竭尽所能，以国家和社会手段发展我们的产业"；另一方面，"外国资本和专业知识须像世界各地一样在匈牙利创造产业"[2]。以上论点对于经济落后的国家来说，至今有效。实践证明，无论是19世纪还是20世纪，"在一个完全自由的经济中没有金融干预"[3]，据此塑造这一体系，并且使其成为经济管理的基础，是一种纯粹的幻想。舒拉尼－乌恩格尔·蒂沃达尔（Surányi – Unger Tivadar）写道："显而易见，我们的大多数公用事业都是出于权力政策、文化政策或者社会政策考虑而建立和维持的。最重要的一般是军事、公共安全、公共卫生和道德方面的考虑。"[4] 这反过来又提供了一个与亚当·斯密的（肯定国家经济角色的）教条以及波德·彼得·阿克什对其进行解释的、定义为国内经济发展实现重商主义的教条非常相似，甚至提供可以作为当前指南针和标准的实践和理论的基础。有效的国家补助对于变化的新兴市场经济至关重要（匈牙利从19世纪就属于这一类）。"提供的优惠通常属于比知识传播更有力的经济政策支持。因为通过简单的教育和说服来刺激，无法满足目标，所以需要提供直

---

[1] 拜克希奇·古斯塔夫：《新时代及其政治纲领》，Athenaeum R. 公司1889年版，第95页。
[2] 同上。
[3] 舒拉尼－乌恩格尔·蒂沃达尔：《匈牙利国民经济和财政》，盖尔盖伊 R. 书店1936年版，第3页（Surányi – Unger Tivadar: *Magyar Nemzetgazdaság és Pénzügy*）。
[4] 同上书，第257页。

接的经济补助。"① 在没有国家干预的情况下，经济会萎缩并保持疲软，"因此，匈牙利的土地财产尽管是一种相当好的资产，但并不是一种无尽的财富。这种财富在国家援助下将加强，但如果国家没有援助反而还施加负担，要么削弱，要么无法解脱当前的状况。从收入、信誉和财务状况的角度来看，匈牙利地主群体与其他中产阶级化国家的地主相比，比较贫穷"②。双元帝国的市场经济发展模式的一些正面和负面要素，可以在2010年后的政治周期中的几个方面中看到。

凯恩斯呼吁，在发生危机时需要国家的"重视"并且提出了维持市场经济的建议。他认为，"在19世纪大亨或美国金融家眼中，国家对投资过程中的干预是个人主义的可怕表现，但实际上，这是保全独资企业（资本主义）秩序的唯一可行方法"③。奥匈折中方案旨在为明确的经济原则提供连贯的解释，并且被证明有持久的效果。在20世纪70年代末之前，从未受到过严重质疑，在2008年国际金融的危机中，也没有受到市场和政治参与者的质疑。除了重新发现凯恩斯主义，其在经济中重新涌现的道德学派也很重要。④

当匈牙利要面对某种"神秘"的外部敌人而捍卫自身时；以及在其国家本着所谓的更高秩序的思想精神，并以其名义，强行从私人所有者那里夺走经济和技术基础，并使其经济管理从属于这种情况时，显然它的功能是不同的。⑤ 本着自愿主义和斯大林主义精神引入的苏联式计

---

① 舒拉尼-乌恩格尔·蒂沃达尔：《匈牙利国民经济和财政》，盖尔盖伊R.书店1936年版，第224页。

② 玛利阿希·贝拉：《关于我国财政》，布达佩斯，由作者出版，1874年，第91页。

③ 波德·彼得·阿克什：《当今资本经济中的创业国家》，匈牙利经济和法律出版社1987年版，第54、117—208页（*A vállalkozó állam a mai tőkés gazdaságban*）。

④ 波德·彼得·阿克什：《国家财产、国家干预和今天的资本经济》，《计划经济公告》1986年第5期。

⑤ 当时看法的例证，在党的团结下为社会主义民主奋斗。格罗·埃尔诺（Gerő Ernő）发言稿和闭幕词。党中央的决议匈牙利劳动人民党中央管理委员会的会议，1956年7月18—21日，西克拉印刷厂，第64页。

划经济，在其初期占主导地位的、拒绝市场运作规律的时期当中，在各领域全面国家干预的20世纪50年代末就开始"融化"，但其"基础"地位直到制度终结为止，困扰了40年。我要强调的是，解决方案并不是全面的国家干预或忽略市场的机制，因为这样做会抑制人们的利益、主动性和创新意愿，甚至导致内部资源的消散，而且在一段时间后，甚至会拆除制度本身。但是正如2008年国际金融危机，又如1929—1933年大萧条都可证明，让经济参与者行使过多自主权并且遏制国家监管功能的实践也显然是有害的。在市场或准市场失败的时候，通过"更大的道德背景"影响经济决策、需求的趋势加强。主要是基于宗教的教条[1]来尝试细化亚当·斯密（"原始市场"）学说，即在以个人利益为主导的制度中，也要考虑到社会利益。[2] 通过社会化（重新分配）在市场上获得的大部分利润，以及通过决策更广泛地实现公共利益的办法，日益强调的社会责任制度[3]尝试在企业，甚至在银行处理"失败的制度"中

---

[1] 尽管作为一名罗马天主教徒，我会想起教会的教学，但我必须指出，新教在发展现代商业精神及随之而来的市场经济方面，（也）发挥了历史性作用。路德教会和加尔文主义的职业道德已强调了工作的重要性，成为发展经济合理性（商业方法）的重要历史先例。在马丁·路德（Martin Luther）的构想中，只有一种方法才可以赢得上帝的喜悦——履行世俗的责任。在其过程中，人如果坚持自己，坚持上帝所定的使命，努力完善自己，通过工作前进，就会正确地行事。路德认为，可以接受民法上的交易；而追求过渡的利润，"不正当的交易"则无法接受。换言之，通过滥用和偷窃牟利的行为，应该杜绝。这是所有欧洲国家的道德要求。

[2] 博托什·考达琳：《道德基础的经济学。在变化中的经济学》，考托瑙·克拉拉主编《市场和国家服务于人：根据天主教的教导研究当前的社会和经济问题》，帕兹马尼出版社2018年版，第49—64页［Botos Katalin：Morális alapú közgazdaságtan. A közgazdaságtudomány változóban. *Piac és az állam az ember szolgálatában*（?）. *Aktuális társadalmi*, *gazdasági kérdések a Katolikus Egyház tanításának tükrében*. Szerk. Katona Klára］。

[3] 关于企业社会责任的分类基础和更新，参见 Caroll, B. Archie（2016）：Caroll's Pyramid of CSR：Taking Another Look. *International Journal of Corporate Social Responsibility*；伦特奈尔·乔巴、陶陶伊·蒂博尔、塞盖蒂·克里斯蒂娜：《中央银行运作中的社会责任——在法律、经济和道德背景下》，*JURA*，第23年第2期，第377—389页（Lentner Csaba – Tatay Tibor – Szegedi Krisztina：Társadalmi felelősségvállalás a központi bankok működésében – jogi, gazdasági, etikai kontextusban）；Lentner, Csaba, Tatay, Tibor, Szegedi, Krisztina：Social Responsibility in the Operation of Central Banks. *Financial and Economic Review*, Vol. 16. No. 2., pp. 64 – 85。

的问题。然而，在危机时期加强企业社会责任（CSR）活动是一个相对的问题。现代企业社会责任技术不仅服务于共同利益，也确保公司的生存（如烟草工厂、银行等），因此留在市场上的企业，采取了建立更好的、更"好卖的"的形象的隐蔽行动。另一个可能起到抚慰作用的思想是数百年资本主义生产方法的替代法，即主要与那不勒斯天主教神父兼经济学家安东尼奥·杰诺韦西（Antonio Genovesi）有关的，但在天主教会最近的著作中也出现的论点，即尽管公民的价值观、价值焦点、社会性、合作性、公共利益和美德等理论上很重要，但数百年来，世界根本不是由这种价值观塑造的。日常的商业实践并没有接受圣经的教义和由圣托马斯·阿奎那（St. Thomas Aquinas）在学术经济学中结合的亚里士多德和圣奥古斯丁理论。18世纪的安东尼奥也没有成为当时（和随后的）的主流思想家。[1] 为了理解安东尼奥对经济生活的观点，我们需要从基本的人类学和伦理学问题开始反思。也就是说，需要反思的不是金钱、人口和奢侈的传统概念，而是信任、互惠和幸福的概念。也许，即使我们目前的情况仍不太适合做这方面的反思，但是可以参考其中的价值。[2] 换句话说，如今要替代原始市场观念的教会经济和公民经济（安东尼奥阐释的）原则的可见复兴成果，仅仅是在危机加剧的社会氛

---

[1] 我对天主教智库的"潮流"和书籍的想法，特别是这些作品本身也可以提供全面的知识。参见伦特奈尔·乔巴针对宣道兄弟会修女鲍利茨·莎洛塔·劳拉《三维经济——能否在道德伦理范式中经营？》写的前言，凯洛斯出版社2016年版，第12—16页（Beköszönő gondolatok Baritz Sarolta Laura OP könyvéhez. *Három dimenziós gazdaság. Lehet gazdálkodni erényetikai paradigmában*）；伦特奈尔·乔巴：《关于天使和史者——对保罗·H. 登宾斯基教授的书的推荐》，KETEG Oikonomia 基金会—Sapientia 神学院2018年版，第7—9页（Angyalokról, hírnökökről. Ajánlás Paul H. Dembinski professzor könyvéhez）。

[2] 按照卡尔·波兰尼（Polányi Károly）的解释，经济是形式上的和实质性的，因为是在微观水平上的一系列理性选择和决定，而（同时）从社会学和人类学角度来看，社会及其环境之间存在着制度化的，旨在尽可能充分地满足社会需求的相互作用。参见 Polanyi, Karl, Arensberg, M. Conrad, Pearson W. Harry (1957): *Trades and Market in Early Empires*。波兰尼和麦泽伊·鲍尔瑙一样，认为经济（公共行政）的本质是通过国家协调机制尽可能充分满足公众的需求。

围中，人们才会提到道德和责任是一种替代方案，并去谴责不可持续的、过度牟利的经济技术。[1]

接近于我们当前状况的重要理论框架是国家所有制，即"以力量为中心"的国家运作。匈牙利国有资产的缩减与西方国家当时的实践并不合拍，因为国有（公有）企业在奥地利、德国、法国和意大利都发挥了（而且现在还发挥着）关键作用。也就是说，就像匈牙利双元帝国时期和两次世界大战之间一样，国有财产被纳入西欧的资本主义商品制造的经济体。显然，国家所有权的幅度和作用职能在历史发展、政治和社会状况以及期望的综合背景下得到解释。同时（根据西方[2]和双元帝国时代[3]的例子），国家所有权和国家积极性对于塑造成熟的资本主义是至关重要的。

卡尔·波兰尼的主要论点是，自主市场经济不能源自"人性"，市场社会和资本主义本身也只能在一定的历史时期内，主要由国家的干预而诞生。对于了解苏联在解体后的变化，了解对"去国有化的国家"的批评（私有化、放松管制），这是一个重要论点。卡尔·波兰尼认为，基于自我调节价格的，或起着边际作用的市场管理都有替代选择，如互惠、再分配和家庭经济。这些作为另类形式的一体化的体制体系，与市场机制一起组织和管理经济生活。卡尔·波兰尼指出，单纯的市场组织是自毁性的，所以社会在每个历史时期都推出了不同的自卫机制。

---

[1] 经济活动以可持续性为基础，这将确保生活质量的提高。请注意以下作品中的独特观点。凯莱凯什·山多尔、希尔毛伊·维克多利亚、塞凯伊·莫泽什：《可持续消费的环境维度研究报告选集》，Aula 出版社 2011 年版，第 405 页（Kerekes Sándor – Szirmai Viktória – Székely Mózes：*A fenntartható fogyasztás környezeti dimenziói. Tanulmánykötet*）。

[2] 沃斯卡·爱娃：《国有制的时刻。经济史和科学史观点》，匈牙利科学院出版社 2018 年版，第 406 页（Voszka Éva：*Az állami tulajdon pillanatai. Gazdaságtörténeti és tudomány történeti nézőpontok*）。

[3] 考图什·拉斯洛：《在双元帝国时期国家工业优惠政策的背景》，劳布·维拉格编《过去和现在的危机时刻——19—21 世纪的金融、经济和政治》，匈牙利彭农尼亚图书出版社 2019 年版，第 151—166 页。

例如福利国家本身就属于这种机制。由于这些见解,卡尔·波兰尼成为新自由主义经济体系的批判文献中被引用最多的作者之一。①

1929—1933年大萧条和2008年国际金融危机之后,监管和国家权力机构之间的集中化问题日益凸显②,在这个背景下,实现了各个国家国民经济的巩固。③ 中央集权主要是一个国家管理的方法问题。国家可以通过集中的经济管理来更有效地执行其任务。这是一种有效的危机管理工具,而且国家"有权利应用"这个工具。"中央集权、整合和统一管理、行政统一直是提高国家管理效率的(从君主专制也继承的)最古老的方法之一。集权和针对一个人或一个机构量身定制的中央管理方法,似乎在任何时候都是消除局部和区域问题的合理对策,有助于反对专业独立主义,实现国家需要高度集中力量的重大任务。"④ 麦泽伊·鲍尔瑙认为,集权是指建立一个中央机构(或加强已有机构的职能),所有下级和联络机构都隶属于该机构,因此该机构对整个行政机构具有

---

① 关于麦莱格·奥蒂拉(Melegh Attila)和塞雷尼·伊万(Szelényi Iván)对卡尔·波兰尼才学的赞扬,参见Polanyi, Kanl (1944): *The Great Transformation: The Political and Economic Origins of Our Time*, Beacon Press, p. 317。

② 比如,通过美国《格拉斯—斯蒂格尔法案》(*Glass - Steagall Act*)、《多德-弗兰克法案》(*Dodd - Frank Act*),以及美联储、欧洲央行和其他主要中央银行的运作中,对遵守马斯特里赫特标准的要求越来越大等。经合组织和二十国集团的建议在加强监管方面也发挥着关键作用。匈牙利的实践符合这些国际趋势。其中,财政监管的更明确的表现,而且中央银行的宏观和微观审慎监管功能的合并,使得守法行为得到加强。

③ 无论政治和经济趋势如何,国家有权利,也应当在行政领域组织公共服务和管理,同时应该适当考虑到当时的很多外部和内部因素。参见瑙吉·玛丽安娜《行政部门对公共权力和公共服务组织活动的责任》,福泽凯什·玛丽安娜主编《行政法》,罗兰大学厄特维什出版社2017年版,第219—229页(Nagy Marianna: A közigazgatás felelősssége a közhatalmi és közszolgáltatás - szervező tevékenységéért. Közigazgatási jog. Általános rész II.: *A közszolgáltatások szervezése*. Szerk. Fazekas Marianna); Horváth M. Tamás (2015): Effects of Western Governance Models in Eastern Europe After the Transition, Enlargement of Crises. In: *Contemporary Governance Models and Practices in Central and Eastern Europe*, NISPAcee, pp. 53 –71。

④ 齐兹毛迪雅·安多尔、马泰·贾博尔、纳吉·恩德赖:《匈牙利行政管理的历史》,匈牙利行政学院1982年版,第70页(Csizmadia Andor - Máthé Gábor - Nagy Endre: *Magyar közigazgatástörténet*)。

处置权。① 换句话说，集权（在经济管理过程中也）可以导致公共事务的管理和执行法律方面在行政上的统一和高效。"集权的方法包括在政府手中集中政权（公共权力的国有化）、行政媒体任命的集中（如任命州长或市长的权利）甚至决策权的集中化。19世纪下半叶，国有化被当作一种方法。"② 历史案例证明，匈牙利在2008年后以及从2010年开始的危机管理方法是合理的，集权并不是目标，仅仅是一个实现巩固的手段，国家增强对经济的影响力和监管也是如此。同样，在"建设资本主义"和消除发展落后的情况中，国家集权和对经济的影响并不是"最终结局"，反而是一种在经济方面"对自己的能力有把握"的过渡性状态。应该补充说明的是，即使在此之后，国家也不能放开市场参与者，仍然需要起到合理的协调作用。

2 财政预算纪律和"优良税收制度"的重要性

2.1 双元帝国时代采用的依旧是标准的公共财政框架

对于本书中研究的五个匈牙利经济发展阶段，在1867年奥匈折中方案后建立起的国家控制的资本主义起着决定性的作用，特别是其关联了当今的情况。由于没有足够和适当的对比基础，我们不考虑两次世界大战之间的时期，当时国家试图利用溃散的资源基础来治愈战争创伤；也不考虑市场条件被严格限制、与整体体系不符的苏联式计划经济体系

---

① 孔恰·哲泽：《政治》下册第一部分，《行政学》，格利尔·卡罗伊出版社1905年版，第199页（Concha Győző: Politika. Második kötet első fele. Közigazgatástan）。关于那个时代的"行政学的客观化""等级"和领导，第431页。

② 麦泽伊·鲍尔瑙：《国有化和自主权——19世纪下半叶的集权化和自治政府》，施特劳斯·彼得、佐卡尔·彼得·克利斯蒂安编《1848—1998年的匈牙利自治情况》，布达佩斯罗兰大学2004年版，第19页。

时期；更不考虑高度依赖于资源基础的、因对新自由主义发展模式不适应而受到影响的市场经济转型时期。双元帝国时代和 2010 年后"发展的"制度的一个共同特点是，国家对经济影响作用较强和广泛的政治共识，也就是说，当今时代与 1867 年后制定的经济发展技术显示出许多相似之处。这个定义可以通过勒林茨·洛约什①提到的一些国际例子的教条证实。他认为，需要修改《宪法》，在各级政府中引起变革的并且这种变革是精心设计的、经过深思熟虑的，并主要是由政治力量支持的、杰出的，尤其是成功的、可以考虑的转型，才可以被视为具有改革价值的方案。1867 年奥匈折中方案和 2011 年通过的《基本法》（特别是其之前的议会选举）都导致了意义深远的政治"折中"②，为经济发展（甚至方法很相似的经济发展）开辟了道路。因此，双元帝国时代的国家经济关系以及建立在其基础上的科学空间，对当今来说，具有根本意义。

"只有在欧洲政权形势长达数十年之久的艰难发展过程结束时，才可能在 1867 年达成基于《国事诏书》和著名政治家兼法学专家戴阿克·费伦茨杰出成就的奥匈折中方案。这一法律教条为分权制度准备了一个所谓的妥协版本。从匈牙利角度来看，这意味着在法律连续性的基础上承认国家的主权，以换取整个帝国的利益，作为共同事务的妥协解决方案。因此通过 1848 年第三号法律、1867 年第十二号法律（这就是关于奥匈折中方案的法律）以及与其相联系的（关于法院权力的）1869 年第四号法律确保了建立基于三权分立的法治国。"③ 尽管通过奥

---

① 勒林茨·洛约什：《行政改革：神话和现实》，匈牙利《行政评论》2007 年第 2 期，第 3 页（Közigazgatási reformok. Mítoszok és realitás. *Közigazgatási Szemle*）。
② 奥匈折中方案的政治共识和 2010 年的大选，再加上两次政治权力授权（2/3 多数国会席位），为经济体系的根本转型提供了坚实的基础。在计划经济中，一开始就没有自由选举，在 1990—2010 年也没有发生类似的"系列"。
③ 马泰·贾博尔：《圣皇冠—思想—释义》，麦泽伊·鲍尔瑙主编《埃克哈特·费伦茨纪念特刊》，Gondolat 出版社 2004 年版，第 287 页。

第七章 理论和方法学上的总结

匈折中方案产生的政治共识，和法律一致的独特的解释，也就是说，尽管合同存在"一些细节的，从法律角度来看，非规范的性质"①，（尽管有一些矛盾）匈牙利经济开始蓬勃发展。与国家主导的经济活动关系密切的、越来越强的公共财政和发行银行职能的发展，影响了公共财政科学框架的完善。双元帝国时代的经济运作科学由考茨·久洛、毛特莱克维奇·山多尔、玛利什卡·维尔莫什（Mariska Vilmos）②等深入探讨过。③ 他们制定了公共财政体系根本上的定义，并延续至今。④ 全面定义公共财政中的术语发生在市场经济生活发展的时期，因此需要建立现代公共财政和更能适应需求的中央银行业务。⑤

毛特莱克维奇·山多尔写道："国民经济是国家各个经济体的统一和有机的整体。之所以是统一和有机的，因为不是国家领土上的每个经济体的一种偶然的集合，而是一种相互依赖和补全的体系。""国民经济学是系统地和全面地讨论国民经济发展的定律和促进公共财富繁荣的思想。"⑥ 为国民经济的运作提供公共财政的框架，也就是说，说明了公共财政体系的要素、公共支出、收入和税收的理论基础。甚至还介绍了政府贷款制度。⑦ "为了实现国家的这一目标，而获得、维持和应用

---

① 齐兹毛迪雅·安多尔、马泰·贾博尔、纳吉·恩德赖：《匈牙利行政管理的历史》第二册第三章，BCE – KIK2009 年版，第 61 页（Csizmadia Andor – Máthé Gábor – Nagy Endre: *Magyar közigazgatástörténet*）。

② 关于双元帝国，参见伦特奈尔·乔巴《匈牙利公共财政监管体系摘抄——其机构和国家历史背景》，卡尔曼·安德拉什主编《国家—危机—财政事务》，Gondolat 出版社 2017 年版，第 15—42 页（Szemelvények a regnáló magyar közpénzügyi rendszerről – intézményi és nemzeti történeti háttérrel. *Állam – Válság – Pénzügyek*. Szerk. Kálmán András）。

③ 另请参阅本书第一章和第二章。

④ 除了向当时的公共财政学者表示敬意，需要指出，与 150 年之前的和当前的（运行近十年并且具有很相似的基本理念的）经济管理体系的科学框架一样，"基础还在建设中"并且同样受到激烈争议。本书要成为对历史时代概述的基本作品之一。

⑤ 关于将共同中央银行转变为"双元化"银行的信息，请参阅本书第二章。

⑥ 毛特莱克维奇·山多尔：《国民经济学》，Eggenberger 出版社 1874 年版，第 2、3 页。

⑦ 毛特莱克维奇·山多尔：《财政学》，弗兰克林出版社 1876 年版。

资产。国家的这种活动称为国家管理或公共财政。"① 上段引文中，毛特莱克维奇描述的公共财政和财政学的内容一致，也就是说，它们的本质是相同的。

"金融学又称公共财政学，是国家管理活动的一套原则和规则系统化的框架。其对象是国家的经济活动，任务是解释协助国家获取、维持和应用实现其目标的最理想的财政方法的原则和规则。"②

考茨·久洛对国家经济概念的定义如下，"组成国家的民族为公共目的而组织和授权的经济力量"，"用共同的经济力量满足社会的共同需求"③。双元帝国时代著名的公共财政学者为理论基础还制定了技术框架，他本质上将"公共财政的密切形式"作为相关术语与公共经济的概念挂钩。考茨写道："在更发达的国家，作为公共权力，特别是政府的最佳职能之一，我们确实能发现这种管理模式。其中在一套行政细节和规则的总体基础上产生的特定公共财政体系，我们称之为金融或国家经济（公共财政）。""财政形成一种更高级、更普遍的管理制度，其中国家为公共目标所需要的机构、服务和机关在其所拥有的或者公民（以税费名义）为其提供的财富和资产基础上建立……而国家发挥着一种巨大经营者的作用，在满足公共需求的过程中，担任各单位之间的总体协调和各单位（及其财富）的代理作用。"考茨将国家经济的对象与公共权力的运作联系起来，认为国家通过经济条件确保其运作，掌握实现公共目标所需的经济手段，甚至组织个人财产条件，并且调整公共财政以适应于国家的职能。公共财政通过其活动创造和管理国家财富和国

---

① 毛特莱克维奇·山多尔：《财政学》，弗兰克林出版社1876年版，第1页。
② 同上书，第2页。
③ 考茨·久洛：《国家经济或金融学》1885年，富兰克林协会，Aula出版社2004年再版，第41页导言（Kautz Gyula：Államgazdaság vagy pénzügytan）。

民收入。① 换言之，国家经济对象是"公共权力可利用的财富和经济价值（金钱，资本和资产）。这些财富和价值是满足公共需求的手段，而且它们要么是由国家直接拥有的，从而构成实际的国有资产，要么由从公民的财产和收入中产生的收入组成。"根据考茨的论点，国家经济是公共财政的一种综合形式，所以"分析和解释其领域现象的科学被称为国家经济或财政学"②。

公共金融和公共财政是当今仍然适用的概念，在匈牙利国家资格"恢复"后，开始形成了新的、持续到现在的发展方向，即从工业贸易发展开始，从19世纪初的中产阶级发展改革开始得到了较大的发展空间③，并且在双元帝国时代制度化。1867年第十二号法律宣告匈牙利国家恢复了预算独立："虽然根据《国事诏书》，统治者是共同的，也就是说，尽管匈牙利和其他国家的统治者是同一位，但即便如此，也没有必要共同确定宫廷的费用。《国事诏书》中设定的目标并不要求达成这样一项联合协议。匈牙利议会根据匈牙利相关部门的法案对匈牙利宫廷的费用进行单独表决，因此，议会通过和支付宫廷费用、不能视为一项共同的事务"。然而，尽管不断进行了起到稳定作用的公共财政改革，匈牙利的财政和专家们仍然面临了一个又一个挑战。1917年克鲁格·埃米尔（Klug Emil）和肖尔泰斯·阿道夫（Soltész Adolf）写道："……公

---

① 根据考茨·久洛的著作编制的学理，他们证实双元帝国时代的公共财政，相似于当今运作的基本原理。
② 考茨·久洛：《国家经济或金融学》1885年，富兰克林协会，Aula出版社2004年再版。
③ 参见赛切尼·伊什特万《信贷》（1830年）、《世界》（1831年）和《发展阶段》（1833年）（Hitel, Világ, Stádium）；拜泽维齐·盖尔盖《匈牙利工商业》1797年，《政治公共经济学》1818年（Berzeviczy Gergely：De Commercio et Industria Hungariae, Oeconomica Publico Politica）；戴热费·埃米尔《匈牙利大平原写来的信》（1839—1842）；《匈牙利海关和贸易事务以及其最终管理方法》（1947年）（Dessewffy Emil：Alföldi levelek, A magyar vám – és kereskedési ügy és annak végeligazítási módja）；洛尼亚伊·迈尼黑特《我国金融利益》，1847年（Lónyai Menyhért：Hazánk anyagi érdekei）；考尔沃什·阿戈什通《简明大众国民经济学》1861年（Népszerű nemzetgazdaságtan）；海雷尔·福尔考什《经济学》上下册，1919—1920年，《金融学》1920年（Heller Farkas：Közgazdaságtan I – II., Pénzügytan）。

共支出超出战争之前的水平。即使战争结束，公共支出仍然持续超过战前水平。公共需求的增加意味着所有领域的国家税收都需要增加，连在直接税领域也是如此。因此，纳税人的税负会比以前重很多，而且其中根据过时原则设立的旧税种与最近施行的现代原则并不完全一致。上述情况的自然后果是，现行立法状态中的措施变得过于复杂和烦琐，以至于公众难以摸透。"①

19 世纪下半叶，封建等级制社会后，匈牙利也开始建设资产阶级国家。随之而来的是国家运作经济条件、规范和实践的发展。奥匈折中方案所带来的整顿促进了经济复苏，基本上是一种新的发展阶段和公共财政的现代化。但是匈牙利国家主导的模式也蕴含了与土地有关的、源于对土地渴望的内部紧张局势。② 这最终影响了工业政策，因为在组织的工人阶级认为，（尽管在世纪之交的经济变革中，大地主阶级没有失败，但是失去了一定的影响力）行使政治权利的障碍在于仍把持国家领导权的大地主阶级。"然而，造成这种情况的根本原因不是所谓的重商主义（工业游说团体）阵营的权力过大，而是未能在农业现代化过程中，达成至关重要的态度和结构改变。所有这一切都取决于农业阵营的弱点和自封，农业阵营想保留一种在当时欧洲已过时的经济方式。"③ 持续数十年未解决的农业（土地）问题，第二次世界大战后的暴力集体化，以及在利用这些冤屈的政权更迭后的、缺乏理性的报复性农业政策方式，导致到 20 世纪和 21 世纪之交，农业在国民经济中的作用（发生了不可逆转的）退化。几个世纪以来，处于经济

---

① 克鲁格·埃米尔、肖尔泰斯·阿道夫：《匈牙利的直接税》，匈牙利书籍印刷厂 1917 年版，第 12 页（Klug Emil – Soltész Adolf：A magyar egyenes adók）。
② 凯莱门·约瑟夫：《匈牙利信贷历史到现在》，1938 年，第 33 页。
③ 希波什·佩泰尔：《前言》，兰格·佩泰尔主编《农业派阵营及其对工业发展和国防力量的态度：双元帝国时代经济和军事史的附加信息》，兹里尼国防大学 2000 年版，第 5 页（Sipos Péter：Előszó. Láng Péter：Az agrárizmus és viszonya az iparfejlődéshez, a véderőhöz. Gazdasági és hadtörténeti adalékok a dualizmus korához）。

政策前沿的农业的经济作用，如今已成为匈牙利经济发展的阴影。

2.2 税收历史的一些独特细节

在本书所研究的五个历史时代，通过税收制度产生的国家收入（都）是国家运作的基本来源。纳税人的信任、顺服、缺乏向国家政权履行义务的意愿、征税能力水平、控制做法不力或其监管缺陷以及可能出现的浪费性国家管理等，都影响着纳税人的行为。然而，怎么掌握良好税收制度的结构和效力是一个复杂的问题。这方面的一个良好例子是，在土耳其征服时期，其征服地区（位于多瑙河和蒂萨河之间的）瑙吉克勒什（Nagykőrös）市的税收制度和实践。1663—1661年的城市会计账簿显示，尽管政治和军事环境充满敌意，但还是形成了纪律严明、表现良好甚至为多个国家纳税的税务实践。[1] 在此期间，奥斯曼帝国经历了重大变化。自1656年以来，施行勒科普鲁律·穆罕默德帕夏权臣严格的税收政策，这促使帝国解除普遍危机，公共财政恢

---

[1] 关于土耳其征服地区、城市的税务管理，参见海吉·克拉拉《在一个世界帝国的不毛之地》，贡多拉特出版社1976年版，第291页（Hegyi Klára: *Egy világbirodalom végvidékén*）；希拉迪·阿隆、希拉吉·山多尔：《土耳其政府地区历史档案，上册瑙吉克勒什、采葛莱德镇、德姆舍德镇、塞格德市和豪劳什镇档案馆资料》〔（Szilády Áron – Szilágyi Sándor: *Okmánytár a hódoltság történetéhez Magyarországon I.* (*Nagykőrös, Czegléd, Dömsöd, Szeged, Halas levéltáraiból*)〕，1863年，第121—122、144、282—284页；齐兹毛迪雅·安多尔：《匈牙利城镇法律》，1941年（Csizmadia Andor: *A magyar városi jog*）；毛伊拉特·尤兰：《一座大平原城镇的形成——瑙吉克勒什镇从形成至18世纪末的经济和社会发展》，1943年（Majlát Jolán: *Egy alföldi civis – város kialakulása. Nagykőrös gazdaság - és társadalomtörténete a megtelepedéstől a XVIII. század végéig*），第133—148页；什瓦布·玛丽亚《土耳其征服时期在大平原地区城镇中的司法发展》，1939年（Schwáb Mária: *Az igazságszolgáltatás fejlődése a török hódoltság idején az alföldi városokban*），绍卡伊·费伦茨：《在土耳其征服时期的匈牙利机构》，1997年（Szakály Ferenc: *Magyar intézmények a török hódoltságban*）；佐尔陶伊·洛约什：《土耳其统治末期的德布勒森：城市的财政（1662—1692）》，匈牙利《经济学评论》1903年，第289—425页（Zoltai Lajos: *Debrecen a török uralom végén. A város háztartása. 1662 - 1692. Gazdaságtörténeti Szemle*）；《瑙吉克勒什镇会计账簿（1661—1663年）》，城镇会计账簿（档案局文献）第33册（1663年）（*Nagykőrösi, 1661 - 1663*）。

复平衡，省级行政恢复秩序，军队得到加强。在这座位于帝国北部边界的设防城镇"对城市财政的所有收入和支出都做了严谨的记录"①。这座城镇向土耳其和奥地利哈布斯堡皇朝两方面都缴纳了国税。"送给土耳其国家机关的礼物是金钱和实物。尽管没有法律要求，但所有城镇都根据可影响官员们的程度支付了钱或赠送了礼物。"②虽然这座城市远离匈牙利国家行政当局和土耳其征服地区的中心，但不仅土耳其当局，匈牙利行政部门也需要市政官的行政活动。"由于土耳其允许地方当局运作，直接征税和地方治安的各种问题都转予地方市政官员了。因此，公众选举的地方当局基本上是一种执行机构。这些机构必须履行土耳其或匈牙利上级机关赋予他们的一切职责，所以也可以将他们视为土耳其行政管理的最低一级政府。"③此外，在匈牙利，一方面市民直接向地主缴纳了土地使用税；另一方面市政府缴付了地主缴纳的军事税基础上的城市税。此外，从匈牙利地主那里租借草原的基础上缴纳了租金，以及向瓦茨（Vác）教区缴纳了什一税。

这种做法的有趣之处在于，尽管匈牙利行政管理机关也与瑙吉克勒什镇保持联系，但与其他土耳其征服的匈牙利城镇一样，在城市里既没有土耳其，又没有匈牙利政府机关代表机构。可以得出的结论是，如果（地方）税收管理部门熟悉纳税人的活动并"接近他们"，则无论是纳税人自愿或者被迫守纪律，都更容易实现根据征税能力纳税（即使必须支付给不同的公共管理机构，也是如此）。另外，纳税带来的安心也符合纳税人的利益，因为盈利的情况下，更容易确保贸易和经营不受干扰。因

---

① 瓦莎尔·西尔维亚：《匈牙利大平原城镇的行政管理，尤其是瑙吉克勒什镇的财政管理》，《我国城镇在 18—19 世纪的司法生活》，波洛伊·埃莱梅尔图书馆 2010 年版，第 37 页 (Vásár Szilvia: Alföldi mezővárosok igazgatása, különös tekintettel Nagykőrös pénzügyi igazgatására. Mezővárosaink jogélete a 18–19. században)。

② 同上书，第 138 页。

③ 同上。

此，如果纳税人在政治上忠于要求纳税的税收管理部门，或者其经济和生活水平的保障在很大程度上依赖于税收管理部门，那么逃税现象不会少见。然而（作为提醒，也作为与第二章的对照），在新专制主义时代，"1859 年，实际缴纳的税款中有 42.4% 只能以威胁强制执行来征收，44.5%以军事力量强制执行，并且只有 13% 才能免暴力行动征收。1859 年，特兰西瓦尼亚一半以上的家庭受到了强制执行或其他惩罚，但即使这样，也只能征收 63% 的拖欠税款。在全帝国，73% 因欠税而扣押的地产都在匈牙利各省。在匈牙利抵抗的高峰期，1860—1861 年，据其财政部部长称，匈牙利的避税率超过 90%"①。新专制主义社会高避税率现象背后的主要原因是纳税人认为，税收管理很陌生，没有意义，而且他们缴纳的税费用于不当目的（甚至为敌对国家政权的利益利用）。因此，一方面，需要确保纳税人的政治忠诚和合作，以履行其义务；另一方面，对使用税收的国家运作的信任也是必不可少的。同时，重要的是，在新专制主义时期，随着奥地利先进税务管理的引进，1850—1864 年仅 14 年间征收的税款增加了三倍②，其中政治和经济整顿、放弃消极抵抗、征税能力的改善，特别是高效税务管理都发挥了作用。因此，税收管理的"严密性"可能是将税收提升到一定水平的（一个）适当手段。③

---

① 伊隆卡·玛丽亚：《19 世纪下半叶的现代税收制度：匈牙利 1849—1880 年的税收制度》，匈牙利 BDO 出版社 2013 年版，第 20—21 页。

② 同上书，第 22 页。参见 2010 年后的匈牙利税收政策，特别是第 6 章内容。该系统非常相似并且有效。

③ 提到土耳其征服时代或新专制主义并不是多余。我们想理解目前匈牙利的税收政策及其之前几十年来一直严重，到现在已缓解的腐败和逃税原因，那么我们要注意到匈牙利的历史。亚洲的过去、土耳其征服时期与奥地利财警冲突的匈牙利叛逆时期的情况，匈牙利央行毛托尔奇·哲尔吉所说的（在计划经济时期）从税务机关"害羞隐藏"，对其"自然谨慎"，等等。这些都藏在我们匈牙利人的根源、基因和税收文化中。换言之，当前匈牙利的方法不同于伊斯兰国家（在那里给税务员付的消费税发挥了重要作用），特别不同于阿富汗、普什图部落的纳税道德，也不同于瑞典的纳税状况。良好税收制度的标准在空间和时间上都有差异。参见毛托尔奇·哲尔吉《匈牙利资本积累》，匈牙利《现实》1991 年第 1 期，第 1—13 页（Magyar tőkefelhalmozás）。

2.3 回顾双元帝国初期良好的国家运作和税收体制

在匈牙利国家控制的资本主义形成时期,当时的学者正确地界定了税收和税收制度有关的要件。为了理解正面实践案例,让我们从国家资格的核心意义及其经济职能开始,首先是以玛利阿希·贝拉为基础。"国家资格的基本条件是国家自立、物质福祉、人身和财产安全以及比例较高的知识分子。只有财政有序的国家才有这四大支柱。"① 玛利什卡·维尔莫什为国家的生存还加上社会支持和经济保障这两个条件的"延伸"。"无论何时何地……只有源于国家的存在可获得的真正的物质和精神利益,可以为大多数人所感知,即某种利益可获得的情况下,国家才能存在。只有这样才能证实存在的必要性、存在的基础。"② 据玛利阿希所言,顺利和负责任地管理税收制度至关重要:"在财政事务上,承担责任是不可避免的。从税收管理角度看有三个原因:国家靠税收支付其需求,税收的无序处理会引起国家的混乱,所以准确性是必不可少的条件。事实上,只有因粗鄙行为而受到惩罚的制度才是准确的。税务处理是一件诱惑人的工作。拖延使纳税人受益,因此惩罚应该像达摩克利斯之剑悬在税务处理人头上,从而避免损失。征税是非常不得人心的,因此必须向公众推广责任。如果民众知道法官、书记官、行政官员等因其疏忽而以职务,甚至以财产来负责,如果知道通过贿赂、友谊或权力无法逃脱,仇恨就会停止,并将能尽最大的努力支付他的债务。"③

自几个世纪以来,税收制度的征税实力的形成在很大程度上没有适应纳税人的实际纳税能力,而是适应计划的公共支出水平,因此界定国家支出的要求,(如今也)并不是无关紧要的。这是财政管理的一个非

---

① 玛利阿希·贝拉:《关于我国财政》,布达佩斯,由作者出版,1874年,第1页。
② 玛利什卡·维尔莫什:《财政学,特别提到一些主要国家的公共财政》,派特利克·盖佐1871年版,第12页。
③ 玛利阿希·贝拉:《关于我国财政》,布达佩斯,由作者出版,1874年,第194页。

常重要的领域。考茨·久洛关于"国家需求"以及满足这个需求的一般规则写道:"由于国家可用的物质资源的范围和国家的普遍看法……这种普遍适用于所有民族和国家的规则难以确定。但有些规则可能被称为普遍重要,体现在以下三个方面。第一,确保国家作为道德政治整体的存在和发展能力……公共需求的程度要根据国家的经济实力来决定。只有源于真正公共利益的需求才能被计算在内,而且其前提是公共支出的水平不会导致公民无法满足的私人经济需要。第二,据此,总有一些非常需要满足的需求,但无法纳入支出当中,因为它们所需的成本超出国家的经济实力。因此主要任务始终是,正确权衡国家实力和需求。第三,此外,公共支出的总额还必须与国民收入(其规模)成比例。"[①]

在我们细讲当时税收有关的要求之前,提一提考茨·久洛支付"国家需求"规则的措辞。第一,以尽可能少的投入和经济上的牺牲或成本获得最大可能的结果和影响。第二,紧缩不能成为公共支出的绝对指导原则。也就是说,必须能够根据目标的价值确定支出水平。第三,形式上的细节包括以下四点:一是公共财政细节;二是以同等数额可取得更大的成果,而以较小的数额可能达到同样的结果;三是就公共需求和成本应该在认真、公道、热心和爱国的人民代表的参与下,以严格的宪法立法方式达成一致,财政管理等须受到其控制,而且国家对政府的所谓宪法预算权应该得到充分保障;四是金融统计作为重要的手段。[②]

同样重要的是,要规避各国之间在税收和确定国家需求方面的规范化概括,正如玛利什卡·维尔莫什所提到的:"……国家需求的大小因国家而异,主要取决于国家的文化状况、经济状况、国家的状况以及国

[①] 考茨·久洛:《国家经济或金融学》1885年,富兰克林协会,Aula 出版社 2004年再版,第29—30页。
[②] 同上书,第32页。考茨在他的著作中,还详细讨论了国家收入和国家贷款的问题。

家在其他国家当中的权力地位。"①

在税金和征税方面（根据双元帝国的看法），税负数额的确定、社会阶层之间的税收划分（公平课税）以及确定课税和税款的征收时间是永久性的。"纳税能力是指，纳税人在不损害其私营经济的条件下，能够在其具备的税源基础上支付多少税金。"② 课税不应超过迫使纳税人放弃生产的水平。"如果农民背负着公共或地方税收的负担，以至于他们几乎没有劳动成果来维持他们的简单生活，那么当然，随之而来的是，他们不会付出太多努力，他们会生产维持生命所必需的东西。因为即使是最愚蠢的人也可以意识到，不能让社会的农民陷入饥荒的边缘，不能对除了基本必备品之外一无所有的人提出任何要求。因此，如果要农业兴旺，对农民的税收应该是适度的，以至于对勤奋的农民的辛勤工作有足够的奖励来激发他们对未来的努力。"③ 按公平税比例，即根据社会各个阶层，根据收入所有者的纳税能力，甚至根据收入所有者群体（按比例）调整税收同样非常重要："而要使税收适度，就必须使公共负担不应该仅仅落在农民阶级的肩上，而是所有土地都应该一视同仁地征税，并且所有人都应该按照规定为公共负担作出贡献。对所有土地征收适度的税，会促进勤劳和耕作，因为这样每个地主都被迫耕作土地，以免对没有产生任何收入的土地征税。如果所有土地都纳税，任何社会阶层的人都没有比另一类阶层享受更优惠的待遇。但是如果对某些阶层的人免税，那么其他不享有这种免税的人的产品价格与他们无法竞争。"④ 此外，对根据所产生的价值按比例征税的要求和征税方法也下

---

① 玛利什卡·维尔莫什：《财政学，特别提到一些主要国家的公共财政》，派特利克·盖佐1871年版，第16页。

② 同上书，第140页。

③ 考尔沃什·阿戈什通：《系统地研究政治科学—第二册—包括国家经济和金融科学》扩展再版，1847年出版于匈牙利杰尔市，第37—38页（第34条，税负和税收制度的漏洞）。

④ 同上书，第140页。

了定义："仅根据农产品的数量而不考虑土地的肥沃程度来征税的税收制度，对农业也有同样的不利影响。根据这样的税收制度，勤劳的农民受到惩罚，懒惰的人因懈怠而得到肯定。"① 课税和征税时间应根据营业额和备用情况、实现情况来确定。其当时（负面的）表述为："所有税收都同时征收的情况，对农业也是非常有害的，因为农民被迫出售播种用的种子或必要的牲畜。"②

将税收调整到最佳税收能力，平衡各个经营者和社会群体之间比例，并且根据确保金融安全征税，会长期促进私人和企业收入的产生，改善国家的运作。"此外，对于个人而言，其目标的实现在很大程度上取决于对外部商品的拥有。国家的繁荣能否上升到更高的水平，也取决于其财富多寡：国家财富越多，财富在公民之间的分配越好，国家的税收能力就越强，警察和司法措施就越成功，各类教育的工具就越多，以及保护和维护国家独立和自治以抵御外部攻击的能力越强。因此，公民的良好财富是社会向其目标靠拢的必要条件。然而，既然人民的任何愿望都无法克服他们致富之前的所有障碍和困难，就必须让政府和法律直接关心人民的财富，而政府和法律的这种关心才是经济学的主题。"③

玛利什卡·维尔莫什指出，在安排税收和国家支出的过程中，不应损害一般真理、道德、智力和物质公益，而且经济应在所有方面坚持合理的节俭原则。④ "良好的税收制度"和与其一致的公共支出结构可以为稳定的国家运作奠定基础。玛利什卡引用财政部部长洛尼亚伊·迈尼黑特（Lónyay Menyhért）的观点并指出："没有什么比组织良好的财政更能

---

① 考尔沃什·阿戈什通：《系统地研究政治科学—第二册—包括国家经济和金融科学》扩展再版，1847年出版于匈牙利杰尔市，第140页。
② 同上书，第143页。
③ 同上书，第145页。
④ 玛利什卡·维尔莫什：《财政学，特别提到一些主要国家的公共财政》，派特利克·盖佐1871年版，第9页。

保证经济的繁荣、人民的满意、内部的和平与合宪的巩固。管理良好的财政，在不妨碍经济力量发展的情况下，需要按照平等和公平的原则，以适当的和减轻纳税人负担的方式来征收必要的款项并且以节约管理的方式来满足公共需求。除了保持公共财政的适当平衡外，财政还应提供必要的资金来推动国家的智力和经济发展。"[1] 预算收入和支出缺乏协调时出现的赤字可能是暂时的，也可能是长期的，但以玛利阿希·贝拉的措辞来说，"真正危险的国家赤字是当国家无法支付其正常成本，税收已达最高水平，所有种类的税都已适用而无法再提高税收，新税也不能推行的时候。公民并不是出于政治原因不缴税，而是因为无力缴税，而且国家的信誉由于不良管理而被动摇，预算赤字持久存在，并持续数年"[2]。他认为，"赤字是一个危险的把戏，因此必须尽早消除"[3]，其方法是"改变主流精神和方向""消除赤字的起因"以及"提高国家收入，以适当的方式分配负担"[4]。他的思想在21世纪也具备权威性，就如双元帝国时代的国家财政学教条、原则和一套定义那样，这就是为什么在本书里这么多次被引用。

2.4 论守序建设性税收的亚当·斯密派和新、旧派系维度[5]

经典税收原则是在亚当·斯密1776年公布的著作[6]中表述的。自那时以来一直是政府的通用原则，所以该分章强调这些原则的有效性以及

---

[1] 玛利什卡·维尔莫什：《财政学，特别提到一些主要国家的公共财政》，派特利克·盖佐1871年版，第3页。
[2] 玛利阿希·贝拉：《关于我国财政》，布达佩斯，由作者出版，1874年，第98页。
[3] 同上书，第290页。
[4] 同上书，第290—291页。
[5] 伦特奈尔·乔巴：《税收制度和公共财政的一些理论、法规和实际关系》，匈牙利《欧盟法律——欧洲法学院的专刊》2018年第18期，第30—36页（Az adórendszer és a közpénzügyek egyes elméleti, jogszabályi és gyakorlati összefüggései. Európai Jog. Az Európai Jogakadémia folyóirata）。
[6] 亚当·斯密：《国民财富的性质和原因的研究》。

可追溯性。根据第一个（也许是最重要的）原则，纳税人应该以其能力和收入为维持公共财政而作出相称的贡献。亚当·斯密将这个原则称为税收平等原则。其能力是指承担税收负担的和财富的能力，这可以被定义为分摊税负的一种衡量标准。这项原则的重点在于西欧在18世纪末开始普及的公平课税。

亚当·斯密的第二个原则（可预测性）规定，税收应始终明确定义。税收法律，即纳税人税赋条件应简单而准确。税收不应随意确定，要力求减少纳税人经济状况的不确定性。

亚当·斯密第三个原则是"便利性"。纳税义务的确定和征税方式必须尽可能少地对纳税人造成"不便"，并且规避履行的导致流动性或撤资问题。为了履行纳税义务，必须为纳税人创造最合适的条件。亚当·斯密根据这个原则支持对消费征税。他认为，纳税人的消费模式是他们财富状况的一个很好的指标。

亚当·斯密第四个原则是"低成本税务管理机构"。在确保税收时，应努力尽量减少纳税人的税收负担，并将行政负担降至所必要的最低水平。税金和纳税本身（履行纳税义务[①]）不应成为对绩效的抑制因素。要鼓励纳税人提高经济表现，从而增加税收基础。与此相关的是，税务制裁不应使纳税人的工作更加困难，也不应无理由地限制他们的业务，因为整个国民经济都需要他们工作和从他们的业绩中的受益。与此相关的还有，税务管理调查不应该不必要地骚扰纳税人，任何可能的处罚都应该与过失或故意不当行为的严重程度相称，甚至让他们有机会回归到正常纳税人范围内。现代税收原则的界定已经是一个比较有争议的问题，其重点是国家提供的免税待遇以及最低收入及该收入的免税。

[①] 除了缴纳税，这还包括税收相关的申报、财会等，以及税收秩序有关的法律规定的其他义务的范围。

税收负担过重、课税不公平、宽松的税收管理、"漏洞百出的"法规以及历史和社会条件都在"促使"偷税漏税和迟交税款，而这些损害了遵守规范的纳税人的纳税道德。隐藏经济[①]和腐败[②]是相互激发且共存的现象。"所有社会都存在腐败。腐败事件的发生频率、严重程度和形式等受多种因素的影响。"[③] 在政权更迭后的前二十年，2420亿美元的资本被抽逃到世界各地的各种避税地。[④] 其中大部分是未上税收入。匈牙利因国家控制效率低下，以及由于纵容无限吸收资金的离岸现象而遭受了与其规模相比巨大的损失。在政治制度转变后的二十五年内，匈牙利国债总额的2.5倍被存入离岸账户。

　　在发达国家，主要的经济政策目标包括抑制避税和隐藏经济[⑤]，因为它们会对国民经济产生负面影响，甚至对合法运行的企业造成竞争劣势；还会减少财政收入，导致税收负担更加集中于从事合法业务的那些人身上；此外，还会扭曲经济统计数据，从而使决策更加困难。[⑥] 同时，"经济的漂白与减轻税收负担的过程密切相关。在漂白过程中，应

[①] 拜尤·帕尔：《隐藏经济的本质》，Saldo 出版社 2008 年版（Belyó Pál：*A rejtett gazdaság természetrajza*）；班菲·陶马什《纳税的雇主和纳税的员工在没有腐败的经济中》，匈牙利布达佩斯科文纽斯大学金融系 2010 年（Bánfi Tamás：*Az adózó munkaadók és az adózó munkavállalók a korrupciómentes gazdaságban*）。

[②] 关于腐败的来源和打击腐败的重要性，国内和国际组织及其规则，参见巴盖尔·古斯塔夫《腐败》，科学院出版社 2012 年版，第 343 页（Báger Gusztáv：*Korrupció*）。

[③] 科尔奈·雅诺什：《对资本主义的思考》，科学院出版社 2011 年版，第 152 页（*Gondolatok a kapitalizmusról*）。

[④] 据税务正义网络（Tax Justice Network）的信息，2013 年。

[⑤] 霍尔瓦特 M. 陶马什·鲍尔陶·伊迪克·博尔达什·佩泰尔等：《从哪里到哪里发展——关于公款的保护》，匈牙利德布勒森大学行政和法学院 2017 年（Horváth M. Tamás - Bartha Ildikó - Bordás Péter - Madai Sándor - Varga Judit：*Honnan hová. A közpénzek védelméről*），第 481 页。作者的初始立场是，政府的战略制定和决策必须早在公款产生的时候受到计划和控制。通过这种方式，可以预测（而并不是简单的被动跟踪）、界定社区对公款的使用目的，在"胚芽"状态中遏制黑色经济。

[⑥] 乔莫什·鲍拉日、克莱斯妮·胡达克·埃迈谢：《减少匈牙利隐藏经济的规模》，匈牙利国家银行工作文件 2015 年（Csomós Balázs - Kreiszné Hudák Emese：*A rejtett gazdaság mértékének csökkentése Magyarországon*）。

税收收入或资产增加，从而经济政策有了降低税率的可能"①。

但是，公共监管的过度增强②可能会激发参与隐藏经济的动机，因为与隐藏经济相比，正规经济的运营成本更高。此外，国家的运行效率也影响着逃税的程度。低质量的公共服务和严重的腐败损害所付税款的预期效用价值和"实用感"，从而激发逃税的动机。③ 带有许多行政负担的复杂的税收制度是一个限制竞争力的因素。然而，对考虑投资的企业而言，税率水平并不是首要考虑的因素。"在税收竞争中，税收规则的可预测性、一贯性和稳定性与当前的税率同样重要。如果东道国较高的企业税负与强大而发达的基础设施、现代公共服务体系和具有竞争力的劳动力相搭配，那么不仅会威慑，反而会像磁铁一样吸引投资者。这是因为低税负不能抵消普遍疲软、不稳定和欠发达的经济环境。税收只是影响资本流入的一系列因素之一，而税收负担的减轻不能弥补欠发达的公共服务、不完善和落后的基础设施、有限的进入市场机会以及投资条件差等诸多问题。"④

自2010年以来，匈牙利企业的公共财政和税收关系发生了根本性变化，其大方向是国家寻求与公民、企业部门和银行业建立合作性关系。⑤ 合作型国家通过其行为塑造规则以促使伙伴的合作，甚至将离经

---

① 沃尔高·约瑟夫：《2010年后匈牙利减少税负和漂白经济的轨道》，匈牙利《金融评论》2017年第1期，第7—20页（Varga József：Az adóteher – csökkentés és a gazdaság kifehérítésének pályája Magyarországon 2010 után）。

② 例如，所得税申报表的过度监管和复杂性。

③ 鲍洛格·亚当《匈牙利的逃税和隐藏经济》，匈牙利《公共—经济》关于税收政策的特辑，2014年第4期，第16—30页（Balog Ádám：Adóelkerülés és rejtett gazdaság Magyarországon. Köz – Gazdaság）。

④ 瑞吉·拉斯洛：《税收制度对企业竞争力和资本流入的影响》，匈牙利《金融评论》2017年第1期，第21—26页（Nagy László：Az adórendszer hatása a vállalati versenyképességre és a tőkebeáramlásra）。

⑤ 科罗日·帕尔·彼得、伦特奈尔·乔巴、保劳格·比安卡：《公共财政改革和国家模式转变》，匈牙利《公民评论》2017年第4—6期，第28—51页（Kolozsi Péter Pál – Lentner Csaba – Parragh Bianka：Közpénzügyi megújulás és állami modellváltás）。

叛道的纳税人带回遵守规范的范围。这种模式建立在国家和利益相关者互惠互利的基础上，从而引导私营经济走向持久合作，使公司和公民在认同国家目标的同时，提高对政府举措成功的期待。合作型国家对好的纳税人实行优惠，减少其纳税义务，甚至税务机关还可以充当导师。建立在合作基础上的税收模式，减少对税务机关的不信任，减少不断的审查，因为遵行规则的纳税人的数量增加，从而国家可以（相对顺利）获得必要的收入。

2010年之前的匈牙利税收制度在劳动力税方面是本地区负担最重的和实现累进的税收制度。结果高逃税率和"规模化"非就业人口的问题，导致匈牙利劳动力市场的就业活动率成为欧盟最低。

然而自2010年以来，实行了导致经济复苏和刺激就业的税制改革。这导致了财政的转折，确保了公共财政的平衡，启动了经济增长，并且改善了就业数据。通过行业税扩大纳税人的范围[1]，以及减轻境内纳税人的税收负担和降低劳动税的一系列举措，都带来了积极的变化。有效需求提高了，可用于消费和投资的资金也增加了。由于这些变化，税收制度朝着合作的方向发展，其中国家指定和实施更具社会可接受性的规则，从而产生尽可能多的可用于预算中公共支出的税收。[2] 从法律角度上讲，国家可以通过税收制度的规则和税收管理实践这两个因素产生积极影响，但更重要的是，必须确保社会尽可能广泛地接收税收政策方

---

[1] 科瓦奇·莱文特：《欧盟内适用的银行特别税》，匈牙利《金融评论》2012年第3期，第355—367页（Kovács Levente：Banki különadók az Európai Unióban）；科瓦奇·莱文特：《银行税的变化》，博日克·山多尔编《金融—财会—统计》下册，匈牙利米什科尔茨2016年版，第38—51页［Kovács Levente：A bankadó változásai. In：Bozsik Sándor（szerk.）：Pénzügy - számvitel - statisztikai füzetek II］。

[2] 行为规则的掌握也会导致态度的改变，因为合作方不会仅仅一次接收和遵守规则，而其行为、态度和思维都会发生持久的变化。请参阅有关这个主题的以下论文，保劳格·比安卡、保洛陶伊·丹尼尔：《匈牙利税制和税务管理改革》，匈牙利《金融评论》2018年第2期，第201—220页（Parragh Bianka - Palotai Dániel：Az adórendszer és az adóigazgatás reformja Magyarországon）。

法，以实现更公平的课税。

2010年后，重点从劳动转向消费税，这促进了就业，降低了税制对经济增长的抑制程度。政府非常重视提高工资，并通过其提高有效需求，这在预算收入项目中提高了营业税的价值。通过危机税显著改善了负担分摊，并且通过与税务局连接的在线收银机、公路货运控制系统和在线发票等措施，使经济漂白进程朝着积极的方向发展。

扩大实际纳税人的范围，并对某些征税过度的阶层降低税率，减少了黑灰经济的份额。[①] 除了通过法律加强国家审计署的活动和审计方法的改进，国家税务和海关总署（NAV）的运作模式也发生了转变。目标是成为以合作、服务、协助为对外宗旨，公平对待当事人的组织来取代之前以判罚为主旨的税务机关。在税收管理改革的背景下，改善纳税纪律变得更加重要，这通过以当事人为中心的税务机关更容易实现。

纳税人行为中一个不可避免的伴随现象，是在负担超过纳税能力的情况下，逃税或加入黑色经济。在研究纳税人行为的理论模型中，由阿林汉姆和桑德莫[②]提出的版本可能是发展贝克尔模型的最全面模型。[③] 科尔琼的模型说明了经济主体的共存标准、征税国家的行为和试图逃避义务的公民的行为。[④] 埃利希的模型说明的是不规则路径和直线路径之间选择的可能性。[⑤] 据此，合法活动提供稳定性和持久性，但非法活动

[①] 根据审计署的计算，2010年之前，黑灰经济所占份额为GDP的25%，而2017年为20%。份额的降低对国家财政收入来说，意味着5000亿—6000亿福林额外收入，而且还有可能有助于进一步减税。

[②] Allingham, G. Michael, Sandmo, Agnar (1972): Income Tax Evasion: A Theoretical Analysis. *Journal of Public Economics*, pp. 323 – 338.

[③] Becker, S. Gary (1968): Crime and Punishment: An Economic Approach, University of Chicago and National Bureau of Economic Research. *Journal of Political Economy*, Vol. 76, No. 2., pp. 169 – 217.

[④] Corchon, C. Luis (1992): Tax Evasion and the Underground Economy. *European Journal of Political Economy*, Vol. 8, pp. 445 – 454.

[⑤] Ehrlich, Isaac (1973): Participation in Illegitimate Activities. *Journal of Political Economy*, Vol. 81, May/June, pp. 521 – 575.

在没有披露的情况下，会产生更高的收入。这些研究表明，减轻税收负担本身并不会缩小隐藏经济的规模。① 从长远来看，只有提高纳税人的自主权和积极性，才能产生持久的效果。土耳其占领时期、双元帝国时代以及当前活跃的国家模式事态都证明了这点。但无疑，减轻税负是迈向良好税制的第一步。

财政政策的长期目标是（通过塑造最佳收入状态）促进国民经济、企业和家庭收入的增长，确保国家的金融稳定，然后将公共部门稳定带来的"利润"逐渐返还给原始收入持有者。根据马斯特里赫特的趋同标准，财政政策集中和再分配收入与 GDP 之比及其差值不应高于国内生产总值的 3%。无论欧盟的规范如何，这个比率是公共财政稳定运作、预算纪律成功以及国家可持续运作的重要保障。② 税收影响经营条

---

① Alm, James, Torgler, Benno（2005）: Culture differences and tax morale in the United States and in Europe. *Journal of Economics Psychology*; Cummings, G. Ronald, Martinez, Vazquez, Jorge, McKee, Michael, Torgler, Benno（2004）: Effects of Culture on Tax Compliance: A Cross Check of Experimental and Survey Evidence. CREMA, Working Paper, No. 13. Political Economy; Fleming, H. Matthew, Roman, John, Farrel Graham: The Shadow Economy. *Journal of International Affairs*, No. 53, pp. 64 – 89; 拜尤·帕尔:《由于新的经济政策实践，隐性经济的发展》,《21世纪——科学通告》2012 年第 27 期, 第 25—46 页（Belyó, Pál: A rejtett gazdaság előretörése az új gazdaságpolitikai gyakorlat következtében. *XXI. Század – Tudományos Közlemények*）; Frey, S. Bruno – Feld, P. Lars（2002）: Deterrence and Morale in Taxation: An Empirical Analysis. CESifo Working Paper, No. 760, Schneider, F.（1997）: The Shadow Economies of Western Europe. *Journal of The Institute of Economic Affairs*, Vol. 17. No. 3., pp. 42 – 48; 桑托·佐尔坦、托特·伊什特万·亚诺什:《影子经济和打击影子经济的因素》, 匈牙利《经济学评论》2001 年第 3 期, 第 203—218 页（Szántó Zoltán – Tóth István János. A rejtett gazdaság és az ellene való fellépés tényezői）; 谢姆杨·安德拉什:《纳税人行为的各种解释》, 匈牙利《经济学评论》2017 年第 64 期 2 月, 第 140—184 页（Semjén András: Az adózói magatartás különféle magyarázatai）。

② 分析可持续预算管理与《基本法》"债务刹车"关系, 参见凯彻·加博尔《共财政中的债务刹车: 严格控制的财政政策》, 福泽考什·玛丽安娜编《法学研究报告——布达佩斯罗兰大学行政博士学院的第三届会议》, 布达佩斯罗兰大学法学院 2021 年版, 第 417—429 页（Kecső Gábor: Adósságfékek az államháztartásban: költségvetési politika rövid pórázon. In: Fazekas Marianna（szerk.）: *Jogi Tanulmányok. Az Eötvös Loránd Tudományegyetem Állam – és Jogtudományi Doktori Iskoláinak III. konferenciája*）。

件、企业部门的竞争力①和环境②，更广泛地说，也影响国民经济整体的竞争力。③ 优化形成的税收制度具有内部凝聚力、经济和社会组织能力，因此通过它可以实现经济政策的目标。

在经济衰退中，如果政府减税，政府会给收入持有人留下更多（更高）的收入，从而帮助他们有更大的回旋空间，但其前提是商业部门不会减少他们的再生产过程和供应组合规模，甚至可能产生增产效应。较低的税率条件下，企业的生产规模有可能增加，从而在营业税率不变或降低的条件下，国家预算仍可以获得更多收入。④ 然而，国家还必须根据凯恩斯的方法，着重于提高有效需求（开展所得税减免、就业支持计划、工资增长的协调活动），从而有可能在市场实现超额供给。⑤

如果要通过提高税收来克服危机，也就是说，只关注增加预算的收入，那么政府很难取得成果。特别是在危机时期，增加收入和削减支出的联合财政手段，也取得了更多的成功。⑥ 如果政府将税率提到高于一定征税能力或容忍水平，那么企业、家庭将采取措施减少生产、收入或

---

① 瑞吉·拉斯洛：《税收制度对企业竞争力和资本流入的影响》，匈牙利《金融评论》2017年第1期，第21—26页。

② Nagy Zoltán, Gergely Beáta（2017）：The Hungarian Regulation the Emission Trading System, *Lex Ex Scientia*, Vol. XXIV, pp. 70–78.

③ 科罗日·帕尔·彼得：《如何打破中等发展的陷阱？》，匈牙利《金融评论》2017年第1期，第71—83页（Kolozsi Pál Péter：Hogyan törhetünk ki a közepes fejlettség csapdájából？）。

④ 事实上，这就是凯恩斯危机管理机制的精髓所在。让我们补充一点，还需要一些军工制造能力，这将带来就业和有效需求的增加。20世纪，凯恩斯没有过多考虑货币政策对危机管理的作用。

⑤ 凯恩斯认为，让公共劳工建设金字塔，或者用钞票填满空的威士忌瓶，将其埋掉，然后又挖掘出，并为此付工资，是提高就业和有效需求的手段。

⑥ 2006年收敛轨迹调整的失败，参见伦特奈尔·乔巴《民主的财务陷阱》，匈牙利《公民评论》2017年第3卷第2期，第30—44页（A demokrácia pénzügyi csapdája）。1995年推行经济政策调整方案时，也出现了同样的情况。产量下降，失业率上升，有效需求大幅下降。尽管预算和国际收支状况暂时有所改善，但是为增长作出的牺牲超过了金融平衡改善对宏观经济的积极影响。

隐藏收入和所得，使税收的预期增长无法实现①，从而导致财政整顿不太可能实现。"高税率在一定水平以上对实体经济和预算都会变得特别不利。"②

在危机时期，减税③或对非纳税人及没有按纳税能力纳税的人开始实行新税种，或两者组合使用④，同时合理调整公共支出，减少并行的公共服务等是推动金融稳定和增长的财政政策方法。⑤ 在双元帝国时代⑥以及在 2010 年后的税收政策⑦中，提高间接的营业税税种和

---

① 这也可以用拉费尔曲线来证明，其本质是将税率提高到一定水平以上，不再带来额外的预算收入。参见瑞吉·山多尔《拉费尔曲线和经济平衡》，《经济和社会》2007 年第 2 期，第 7—15 页（Nagy Sándor：A Laffer – görbe és a gazdasági egyensúly. *Gazdaság és Társadalom*）；毛托尔奇·捷尔吉、保洛陶伊·丹尼尔：《从地中海沿岸国家方法的角度分析匈牙利危机管理方法》，匈牙利《信贷机构评论》2018 年第 17 卷第 2 期，第 5—42 页，详细介绍当前条件下拉费尔曲线的意义。

② 这也可以用拉费尔曲线来证明，其本质是将税率提高到一定水平以上，不再带来额外的预算收入。参见瑞吉·山多尔《拉费尔曲线和经济平衡》，《经济和社会》2007 年第 2 期，第 12 页。

③ 参见匈牙利政府自 2010 年夏季起采取的措施。同时与地中海沿岸国家危机管理方法相比较。

④ 2010 年匈牙利政府对国内收入持有者进行了减税，个人所得税税率从之前的 36%—40% 先后降低至 16% 和 15%。在正税基（positive tax base）5 亿福林以下部分，企业所得税税率为 10%，（《企业所得税法》第 19 条第 2 款，这在匈牙利通常不是适用于跨国公司规模的税基）。5 亿福林正税基以上，公司所得税税率为 19%。目前，企业所得税统一税率为 9%，小型企业税税率为 13%。

⑤ 这个主题的更多信息，经济危机对税收政策的总体影响以及自 2008 年危机以来意大利、德国和匈牙利税收政策的一些变化总结，参见凯彻·加博尔《国际比较税法会议：经济危机和不平等加剧时期的税收政策》，《新匈牙利行政管理》2011 年第 12 期，第 54—61 页（Kecső Gábor：Nemzetközi összehasonlító adójogi konferencia：Adópolitika a gazdasági válság és az egyenlőtlenségek növekedése idején. *Új Magyar Közigazgatás*）。

⑥ 具体参见维凯勒·山多尔担任财政部部长和总理时期的税务措施。费尔奈尔·弗里杰什：《匈牙利直接税的改革》第 1 册，匈牙利《税收评论》1914 年第 3 卷第 4 期，第 210—222 页；毛特莱克维奇·山多尔：《匈牙利公共财政历史（1867—1893 年）》，匈牙利皇家书店出版社 1894 年版。

⑦ 毛托尔奇·捷尔吉：《平衡与增长——匈牙利的整顿和稳定化（2010—2014 年）》，Kairosz 出版社 2015 年版，第 644 页（Matolcsy György：Egyensúly és növekedés）；伦特奈尔·乔巴：《信匈牙利公共财政体系，及其历史、制度和科学背景》，匈牙利《金融评论》2015 年第 4 期，第 458—472 页（Az új magyar állampénzügyi rendszer – történeti, intézményi és tudományos összefüggésekben）。

第七章 理论和方法学上的总结

"遏制"所得类税收的作用是一种典型的手段。[①] 其影响机制的本质是通过增加就业、创造就业机会、刺激生产活动和"协调"工资增长的治理[②]，导致有效需求的增加。这种方法对收入征税是最看似合理的。换句话说，可以产生可预测的财政收入，而且对于在营业阶段纳税的、工资增长的人来说，这是很容易"忍受"的。激发"内部动力"的财政政策通过鼓励企业和员工发挥触发作用，其结果（税金）很容易在消费阶段"征收"。对企业和员工的财政激励都同时有助于公司生产的收入（利润）以及居民工资的增长，而中央银行则因其主要政治任务防止工资和收入的通胀。

这是一个在危机时期通常使用的工具，它侧重于准备增长，在预算法中低估通货膨胀[③]，保留盈余收入，随后将其用于开发和投资[④]，同时保持原有公共支出水平和受益人。[⑤] 财政政策最好能促进生产和更现代的技术投资，特别是生产新价值，尤其是适销对路的商品和服务。[⑥]

[①] 这种比较，两个时代的并列，是随意的，符合笔者的研究兴趣。尽管国际案例，国外作者（如凯恩斯、亚当·斯密等）都认为，间接税发挥着极为突出的作用。

[②] 伦特奈尔·乔巴、保劳格·比安卡：《利益协调、寻求共识以及员工参与》，巴伯希克·玛丽亚编《服务于公益的领导：公共财政管理和行政》，匈牙利审计署 Typotex 2017 年版，第 515—555 页 [Lentner Csaba – Parragh Bianka: Érdekegyeztetés, konszenzuskeresés, participáció. In: Bábosik Mária (szerk.): Vezetés a közjó szolgálatában: Közpénzügyi gazdálkodás és menedzsment]。

[③] 就如 2001—2002 年《金融法》。

[④] 设立所谓的主权财富基金以储备政府超额收入是国外公认的手段。匈牙利没有具体的主权财富基金，但凯奇凯什·安德拉什（Kecskés András）认为，其设立是值得考虑的。参见凯奇凯什·安德拉什《主权财富基金的法律背景和其在国民经济中的作用》，*Pro Futuro* 2016 年第 2 期，第 151—169 页（A szuverén alapok jogi háttere és nemzetgazdasági szerepvállalása）。

[⑤] 见塞切尼国家发展计划（Széchenyi Nemzeti Fejlesztési Terv）的逻辑。伦特奈尔·乔巴《体制改革和金融政策》，匈牙利 Akadémiai 出版社 2005 年版，第 13—17 章。投资的另一个手段是发行有国家担保的 MFB（国家开发银行）债券。这种债券发行（暂时）没有增加当年的预算支出。

[⑥] 从长远来看，有利于建造凯恩斯金字塔和把空威士忌瓶埋进地里，随后又挖出的徒劳交易的公共融资是不可持续的。同样，如果匈牙利的临时性公益劳动计划不能更大程度上转向生产部门，那么在就业和国民经济产出方面可能会出现效率低下的问题。

在货币政策的帮助下，通过加息可以减少货币供应量，而通过降息可将其增加。这是经济景气期的典型工具，在2008年国际金融危机后很普遍。[①] 在经济繁荣时期，通过财政政策可以实现快速有效的经济干预，而通过货币政策可以实现较慢但稳定的经济干预。然而，在2008年国际金融危机后被证明，单靠财政政策无法克服危机，需要扩大中央银行的工具箱，使用与促进经济增长目标相关的工具。最佳的是财政政策和货币政策得到协调。

税收制度针对的是一组（主要是一定的政府周期内的）具有相同基本理念的税费。基于经济历史和社会基础，同时满足当前的要求。反映着有关国家的国情。在建立机制时，注意到国际一体化进程，而且由于国界开放，还应考虑到其他国家的税收制度。良好的税收制度的主要要求是可遵守和可让人遵守。必须是简单的、透明的，并且就其必要性而言，应该是易懂的。其具体方式取决于政府的目标、内部财政的独立、《宪法》的原则和经济合理化的考虑。同样取决于有关社会的纳税道德感。在废除贵族免税待遇之后，1980年底后匈牙利税收制度又经历了多次改革。[②] 税收制度是衡量国家竞争力的重要指标。[③] 就其结构而言，匈牙利税制主要是中央税制，但也包括地方税。近几十年来，税收制度优先考虑的事项常常发生变化，由于频繁变化带来的不确定性和不可预测性，通过税收制度可以实现的经营稳定并没有实现。仍然强劲的黑色经济限制着匈牙利税收制度，阻碍其公共财政收入达到

[①] 低利率对企业借贷发挥了激励作用，这有助于刺激经济增长，此外，较低的中央银行利率也使政府债务融资更加容易。

[②] 伦特奈尔·乔巴主编：《税收财政和公共财政管理》（税收制度有关的章节），匈牙利行政大学2015年版；《税法》（Adó – kódex）专刊。

[③] 比蒂·佐尔坦：《公平课税系统运行的理论和实践问题》，手稿，匈牙利布达佩斯科文纽斯大学图书馆2009年版，第78页（Pitti Zoltán: *A közteherviselési rendszerek működésének elméleti és gyakorlati kérdései*）。

最佳水平。① 良好的税收制度无论是在纳税人还是在公共财政层面，都发挥着激励增长、开发、运营可持续性以及尽可能全额缴纳所征收税款的作用，而且在出现偏差时，可以在税务机关的权限范围内实现税款的征收。

税收制度是财政政策的一个技术性细节，主要属于法律技术范围内。能影响、产生并维持经济稳定。然而，在税务机制的执行方面，基本规范和标准不是各项税种有关的法律②，也不是确保纳税秩序的各种法规规定，而是匈牙利《基本法》③，尤其是其公共财政章节的条款。由于政权更迭的"天生缺陷"，以及以前确立的"《宪法》和政府模式积累了内部紧张，导致了严重的运行问题以及多个政治周期未解决的问题重叠"，以至于2006—2010年无法管理国债问题。④《基本法》、与其一致的金融根本大法（《审计署法》《中央银行法》《地方政府和稳定法》《公共财政法》）以及给税务机关赋予适当权利的税收秩序法消除了预算的无序作风，明确了经济政策的意图。综上所述，一致的公共财政管理和改进纳税纪律是稳定匈牙利公共财政的主要因素。

近几十年来，匈牙利公共财政的运作基本上是基于财政压力的，其中国家大部分收入源于原始收入持有者和贸易商群体的可界定的部分以

---

① 在线收银机、公路货运控制系统、电子发票、扩大税务和海关总署（NAV）的稽查权利范围以及国家审计署的反腐败行动，都有助于巩固局势。漂白经济产生的（征收的）收入有助于稳定公共财政和加强纳税守法行为。

② 例如，《个人所得税法》也对个体户的征税进行了规定，而增值税法规定了开具发票的详细规则。《企业所得税法》包含折旧标准。

③ 匈牙利《基本法》（2011年4月25日）现行法规汇编；Stumpf István（2017）：Reinventing Government. Constitutional Changes in Hungary, Gondolat），p. 212。

④ 什敦普夫·伊什特万：《强大的国家——宪法的约束》，世纪末出版社2014年版，第17、18页（Stumpf István: *Erős állam - alkotmányos korlátok*）。

及对其经济活动的征税。① 大多数国家②未能通过收入覆盖公共支出，而且注意到马斯特里赫特预算赤字标准（等）也要尽量确保收入和支出之间的差额不超过国内生产总值的3%。③ 因此，从公共财政的角度来看，在赤字预算的国家④，强调税收压力，即所谓的财政压力。其中国家主要不是根据纳税人的承受能力调整税率和征税方式，而是根据计划的预算支出的规模，也就是说，尽可能用税收来弥补预算支出。一方面，由于国家税务规则宽松，一些潜在的纳税人，主要是跨国企业和银行，没有根据其经济条件和纳税能力缴税和参与税费负担分摊，这导致匈牙利当时的局势变得更加复杂。⑤ 另一方面，能力低下的税收稽查部门几十年来未能充分解决逃税、避税问题。结果从财政角度可以看到，在税收方面目可以增加负担的"稳健"⑥的公司，也被迫替不交税的人承担责任，所以他们的税收负担远远超过了他们的纳税实力。

最佳制度（良好的税收制度）基本上是一个理论范畴。没有一个制度能完全适用于纳税人和根据所征收的税费制定的预算。但是，预计税收制度不应该将纳税人的道德感及其对维持生产的兴趣，推入难以管理的范围，而是应该协助生产要素资源优化分配，同时不要消除对维持生产的兴趣。确保衍生收入所有者（国家）和原始收入持有者

---

① 在20世纪90年代至21世纪初还产生了私有化收入。
② 赤字是超支发达市场经济体和提前成熟的福利国家的主要特征。
③ 就趋同标准和过度赤字时应当适用的程序，参见邱勒什·加博丽埃拉《欧盟财政——从金融法角度分析欧洲一体化的发展》，HVG－ORAC 出版社 2015 年版，第 189—196、231—251 页（Csűrös Gabriella：*Uniós pénzügyek. Az európai integráció fejlődésének pénzügyi jogi vizsgálata*）。
④ 在匈牙利，（不断增长的）预算赤字成为向市场经济转型二十年的一个特定的制度因素。除此之外，还有国际收支逆差，因此两个亏损的宏观经济状况，使得双赤字现象成为2010年之前政策的一个特点。
⑤ 行业税和银行税是危机管理的手段。但是，随着危机的缓解应该降低它们的作用，从而提高纳税人的生产率和借贷的意愿。这已经是下一阶段经济政策的要点。
⑥ 向税务机关申报的收入高于最低工资的员工主要来自国内企业。

（个人、企业）之间的一致性以及其共同运行和维护系统的意愿，是税收制度的关键。财政压力，即旨在尽可能和不惜一切代价支付预算支出的强制征税，在政治制度变革后的二十年里，导致避税行为蔓延。财政压力产生的原因一方面是将（主要具有外资所有权背景的）资本密集型纳税人引进纳税人范围内的程度不足，财政政策为他们提供了过多的税收优惠；另一方面，对具有一定纳税能力的国内纳税人有着"过度征税意图"。由于对国内居民的税率高，从而"合乎逻辑地"导致逃税加剧，以及认为促进劳动力市场一体化不是其首要任务的经济政策，即提供社会福利而不是就业机会的做法等，都造成了有机税收关系（纳税人和国家公共财政）的道德和财政损失。使情况更加复杂的是，国家援助申请者（如失业者、亏损企业）的援助申请以及处理组织不力的政府部门因运行不健全所带来的财政负担，迫使国家和税收机关对实际纳税人施加日益加重的道德和经济负担。征税时不考虑实际纳税人的纳税能力变得司空见惯，造成了匈牙利长期的财政压力。

3 危机后的新央行政策以及制度思维的复兴

3.1 迫使变革的危机

1929—1933年大萧条以及2008年国际金融危机，从根本上改变了国家的财政实践。就其影响而言，19世纪末匈牙利经济学家兼政治家弗尔戴什·贝拉（Földes Béla）的想法仍然正确合理："危机都产生非常悲惨的后果。它们摧毁个人和物质的价值，消除经济生活的基本条件，即信任，剥夺社会上许多人的收入来源，造成贫困和艰难困苦，扰乱人民的生活，并且经常危及人民的道德力量，造成许多道德伤害（犯罪、自杀）。但危机也有一些有益的影响，在大多数情况下，这是经济活动恢复正确比例和正确方向的唯一途径。"① 在这两次全球危机中，可以称为有益影响的是提升国家的经济影响力，注重机构思维，以及中央银行和金融监管获得的新的（制裁方面的）职权。由于危机通常对新兴市场经济体的影响较敏感和持久，在货币政策领域对过去金融实践的批评也开始被提出。

根据匈牙利（等国家）的情况的成熟的意见，在新兴市场经济中货币管理方法必须有所不同，因为其经济和社会条件比发达市场经济更低级（因为那些发达国家的金融和社会条件在几个世纪以来至少相对于匈牙利的发展状况更为"平静"）。这两类国家不能实行同样的货币政策，也不能为其强加发达市场经济体的货币政策（特别是欧洲央行基准），在一体化中，不能忽略内部生产要素的资本贫乏和创业知识的缺乏，以及原计划经济带来的公共财政弱点。2013年后，匈牙利对中央银行的职能和公法地位做了新（实质性）的解释，这在《基本法》和关于中央银行的根本大法中有所体现。

1969年，匈牙利经济学家哈格玛耶尔·伊什特万并不认为唯一银行的构思（一级银行体制）是不正确的，但他认为，问题的所在是一家银行同时履行其中央银行和信贷银行的职能，而这两个职能的分工和建立关系的工作尚未完成。因此，在这种双重职能的制度化关系没有产生的条件下，再加上不合理的专业化，过去的匈牙利央行只能被视为非常有限意义上的中央银行。它可以被描述为一个看似无所不能，实际上在其贷款活动中没有制度节制和商业考虑的信贷银行。② 从1987年开始，在两级银行制度恢复后的条件下，（通过管理和所有权）受政府较大影响的商业银行开始与遵守政府需求的中央银行联合经营。因此，当

---

① 弗尔戴什·贝拉：《国民经济学和财政学手册》第二修订版，齐诺希·莎姆尔印刷厂1885年版，第320页。

② 哈格玛耶尔·伊什特万：《银行体制及其职能》，《信贷和货币》，1969年，第165页（Hagelmayer István：A bankrendszer és feladatai. Hitel és pénzforgalom）。

时的央行和商业银行运行在典型（西方）意义上的经营也表现出不少缺点。在新的结构中，匈牙利中央银行具有双重角色特性。一是逐渐脱离了实体经济和主权债务再融资职能，以及从本质上讲，脱离了凯恩斯主义的观点，即名义领域可以对实体经济产生影响，主要是通过利率和投资（投资贷款）的提高或抑制，并通过塑造投资需求（利率和开放信贷渠道）影响国民经济的整体表现。二是货币学派（芝加哥学派）认为，从长远来看，实体部门无法影响经济，而短期内影响有限。在这种新自由主义理论（和实践）中，市场行为者能够自我纠正和避免危机，而经济的稳定源于物价稳定，而保障价格稳定是中央银行的主要任务。到1990年底，这种新自由主义实践使匈牙利国家银行发展实体经济和为主权债务融资的职能完全黯然失色。雪上加霜的是，财政政策不愿意或者对结构性改革保有超然的态度，而且还进一步增加了从计划经济中结转的公共债务。为了处理这个问题，央行采取了有限的中和（补偿）行动，但退出了最重要的领域，即放弃了对国内居民和政府债务交易的有效支持，换句话说，系统层面上退出了再融资。最终，在市场经济转型的二十多年中，实施了宽松的财政政策和或多或少紧缩的货币政策。希蒙·亚诺什（Simon János）开门见山地通过提出问题表明了实践中的不当，"是否有可能在一个国家实施两种非单向经济政策"[①]。他还认为，分配关系问题也是一个重要问题。"中央银行罗宾汉式地捍卫了固定收入人群（领取抚恤金者、公务员、员工、社会福利领取者）和匈牙利游客、进口商以及因高利率而投资福林的人的利益。同时，为实现通胀目标所做的努力并不能限制财政赤字的增长，这是国家通过维持以福林计价的债务的极高利率融资的，或者由于福林非常坚挺，对外币

---

① 希蒙·亚诺什：《中央银行在公法上的地位：以中央银行法最新修正为例对经济与法律关系的思考》，匈牙利《经济和法学》2005年，第103页（Simon János：A jegybank közjogi jogállása：gondolatok a gazdaság és a jog kapcsolatáról a jegybanktörvény legutóbbi módosítása ürügyén）。

计价的债务承担了重大汇率风险。"几十年后，回顾所有这些进程可以说，以"绿林好汉"身份自居的匈牙利央行最终未能充分相抵财政政策的宽松，央行的效率也下降了，甚至央行还驰援了 21 世纪前十年日益失灵的政府政策，更确切地说，其帮助的是政策的受害者。通过其汇率和利率政策以及其"应声虫"式的监管作风，使家庭和地方政府有可能背上过多外币计价的债务。政府未能创造大量新的就业机会，工资和收入没有达到目标群体预期的增长，因此由于"央行批准"导致商业银行资源满足了消费和投资的需求。这从 2008 年国际金融危机初期以来，给地方政府和家庭带来了严重的流动性和业务维持上的困难。此外，中央银行"独立于"国债的部分再融资的实践，本着央行与欧盟趋同的精神，使国债可由市场"吸收"，由外部资源持有者大量采购，并没有减少预算赤字。① 希蒙·亚诺什 2005 年的定理是对笔者观点的"初步论证"，即经济政策的两个领域（公共财政部门）的经济哲理理应是近似的。也就是说，既不是"相抵的"，也不是"激进的"，又不是"守旧的"，而是同步的关系。换言之，在建立和要求有纪律的财政管理的同时，也给拥有多重任务目标的系统和实现此目标的央行提供了发挥空间。这意味着高效的央行必须在宏观经济层面和社会背景下开展活动。就如制度化思维那样，这种看法也是因危机而得到加强。本书的主要论点之一是，银行应该在国家财政系统中作为机构扮演其角色，保持自身独立地位。世界许多领先央行（包括匈牙利央行在内）为此都树立了良好的榜样。② 因此，金融管理局是国家财政系统的一个机构行

---

① 关于中央银行和预算（不正确）的互动，参见伦特奈尔·乔巴《银行业监管的科学体系与发展历程》，《银行管理—银行制度—金融消费保护》，国家行政和教材出版社 2013 年版，第 27—86 页。

② 新型央行政策的详细说明，参见沃纳克·鲍拉日编《现金央行实践》，匈牙利央行 2017 年版，第 496 页（Vonnák Balázs：*Modern jegybanki gyakorlat*）。

为者，是国家行政部门（公共治理科学）范围内的一个领域①，也是一个为实现共同经济政策目的而与财政政策合作的机构，如图 7-1 所示。② 等待国家救济（甚至将其视为常态）的商业银行也接受国家来加强监管和管制，甚至将其纳入自己的经营方针，以避免破产并维持运作，这已然成为一种国际现象。

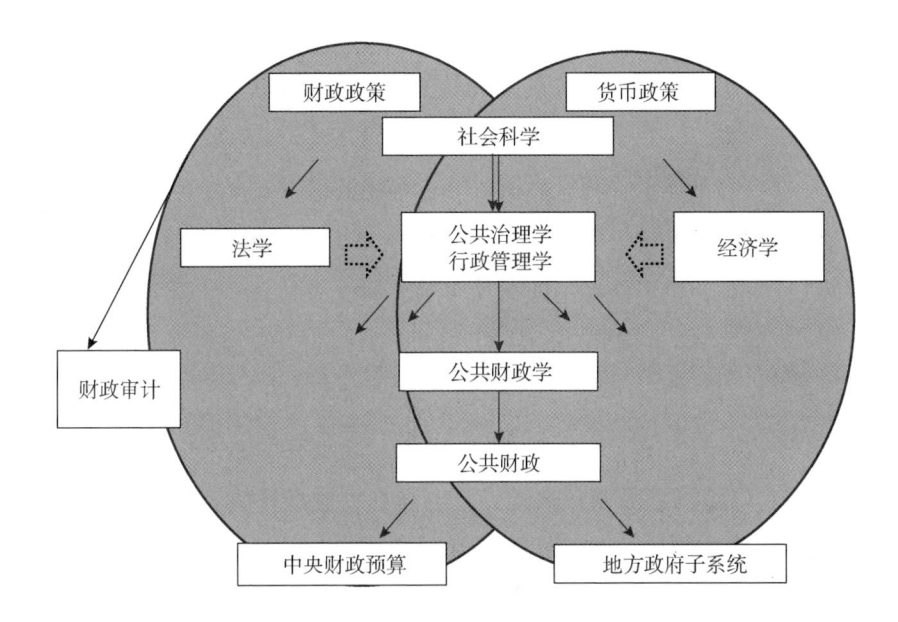

图 7-1　以匈牙利为例，危机后公共治理科学和国家财政形成的实证框架

数据来源：本书作者编辑，2019 年。

3.2　制度化思维的复兴和央行作用的增值③

2008 年爆发的国际金融危机及其后的危机管理也为经济和金融思

---

① 在匈牙利行政大学及其前身，以及在前匈牙利行政学院，财政和预算管理一直是政府官员考试的独立学科。曾经央行的金融监管以及最近十多年央行的监管活动也是如此。
② 参见前面所述的法学和经济学跨学科领域上形成的公共治理科学。
③ 本章节大量借鉴了我以前的著作，Lentner Csaba (2017): New Concepts in Public Finance After the 2007-2008 Crisis. *Economics and Working Capital*, No. 1-4, pp. 2-8.

维带来了新的内容。在世界各地，国家经济影响力以及国家控制和监管的增强，正朝着（科学学科正在形成的）活跃国家模式的方向发展。在欧洲大陆流行数十年的一些任务分配的货币政策实践也得到了修正，因此，在美联储、英格兰银行、匈牙利以及欧洲央行都出现了缓和通胀，及促进金融稳定和经济增长的央行政策。这些央行政策拥有丰富的实践和理论资源。

在列举制度性思维的主要代表人物时，需要指出的是，在两个多世纪的经济学史上，几乎所有的杰出人物都研究过公共财政问题，但仅仅在约一百年前出现了一种有意识地寻求将经济进程融入社会政治现实的方法。制度性思维今天尤其受关注，2008年爆发的国际金融危机表明，不能放任市场，也不能在不理睬其广泛影响的情况下解释经济问题。罗纳德·科斯（Ronald Coase）认为，经济学长期以来忽视了体制问题，只关心对亚当·斯密1776年（无疑发起革命性变化的）《国富论》中所描述的内容进行补充和形式化。[1] 因此，既没有足够关注组织内部发生的事情（这是科斯研究的对象），也没有关注经济决策在什么样的社会、政治、环境背景下产生以及发挥作用。

道格拉斯·诺思（Douglass North）切入了正题："机构很重要"（Institutions matter）。[2] 按照制度经济学派托斯丹·邦德·凡勃伦（Thorstein Veblen）[3]、华尔顿·汉密尔顿（Walton Hamilton）[4] 和约

---

[1] Ronald Coase (1991): The Institutional Structure of Production. Lecture to the Memory of Alfred Nobel, December 9; Ronald Coase (1937): The Nature of the Firm. Economica, *New Series*, Vol. 4, No. 16, pp. 386 – 405.

[2] Douglass C. North (1994): The Historical Evolution of Polities. *International Review of Law and Economics*, Vol. 14. No. 4, pp. 381 – 391; Douglass C. North (1993): *The New Institutional Economics and Development*. Washington University, St. Louis.

[3] 托托斯丹·邦德·凡勃伦：《有闲阶级论》，匈牙利KJK出版社1975年版，第399页。

[4] Hamilton, H. Walton (1919): The Institutional Approach to Economic Theory. *The American Economic Review*, Vol. 9, No. 1, pp. 309 – 318.

翰·康芒斯（John R. Commons）①的传统，他认为，制度是影响经济决策的主要因素，包括正式因素，即法律和其他国家规则；以及非正式因素，即文化甚至宗教背景。今天难以相信，但事实是，长期以来经济学家几乎对日常现实漠不关心，没有考虑到人们在不同的法律和文化背景下，对一些经济和公共财政过程和决策反应的不同。匈牙利政治制度转变后的二十年经历表明，这是一个非常重要的问题，因为较发达的市场经济体和民主程度较高的国家的方法不太适合新兴国家的具体情况，而且常常导致失败。事实证明，采用与国内形势无关的、进口的经济政策，不可能长期确保经济增长和金融稳定。

随着20世纪30年代凯恩斯定理②的兴起，强调规则和标准重要性的体制派在一定程度上退居二线。除了已提到的科斯和诺斯，随着科斯的学生奥利弗·威廉姆森（Oliver Williamson）③（2009年诺贝尔奖得主）的影响日益增加，20世纪八九十年代，制度主义者又成为经济思维的一部分。然而，得到支持的理论似乎没有渗透到日常实践中。为此，不得不一直等到2008年国际金融危机。长期以来，宣传市场机制学派的垄断并未能打破，只有一连串的经济崩溃才能让世界意识到，没有自愈的市场，没有无限的理性，没有无规则的高效公共财政体系。

当然，在公共财政方面也必须特别考虑到经济和金融交易都有成本，而经济治理的关键任务之一是降低这些成本，更准确地说是优化这些成本。因此，应当建立减少交易成本的机构、规则和法律。假如我们

---

① Commons R. John (1936): Institutional Economics. *The American Economic Review*, Vol. 26. No. 1. Supplement, Papers and Proceedings of the Forty – eighth Annual Meeting of the American Economic Association, pp. 237 – 249.

② Keynes, M. John (1936): *The General Theory of Employment, Interest and Money*.

③ Williamson, E. Oliver (2000): The New Institutional Economics: Taking Stocks and Looking Ahead. *Journal of Economic Literature*, Vol. 38. No. 3, pp. 595 – 613.

认可这些成本主要源于不确定性和风险这一点，那么国家将能将其目标定为创造良好的环境，进而控制和减轻市场的不确定性。因此，机构思维的一个主要研究方向是需要什么监管模式，来建立一个运转良好的经济体和国家。根据丹尼·罗德里克（Dani Rodrik）的分类，可以区分对经济和社会发展至关重要的四个制度类别。① 第一类是保障财产所有权的制度和规则（Market Creating Institutions），没有这些制度和规则的话，就无法在市场经济体系中设想经济发展以及构成发展基本条件的财产所有权的保护和保障。第二类是市场监管机构（Market Regulating Institutions），传统经济学也承认，有一些市场的失败事件需要加以解决，包括外部效应、信息不对称和规模经济限制竞争的后果。第三类是稳定制度（Market Stabilizing Institutions），包括所有旨在确保稳定经济环境的机构，其中包括价格稳定、减少宏观经济波动和避免金融危机（中央银行、汇率制度、财政和货币监管等）。第四类是市场合法化制度（Market Legitimizing Institutions），因为市场经济的"优越性"不足以在教科书和杂志上证明，还必须为社会所接受。因为社会需要能够应对市场波动和负面影响，以及建立和保护社会信任（社会保障、处理失业、控制社会福利、养老金制度和公共财政等）的制度。在这个机构模型中，各个组织应该是一致的和具有韧性的。换句话说，在经济政策周期中，它们应该在"内容和意识形态"方面相互一致，并能灵活应对负面影响。

公共财政系统的制度方法的重要领域是中央银行监管，这是危机后进行重大更新的首要领域，并且因此可以期望经济政策（总体）效率的提高。根据罗德里克的模型，央行是经济中最重要的稳定制度之一；根据传统方法，这意味着确保价格稳定，但如今央行对宏观经济

---

① Dani Rodrik（2000）：*Trade Policy Reform as Institutional Reform*；Dani Rodrik, Arvind Subramanian（2003）：The Primacy of Institutions. *Finance and Development*.

总体稳定以及可能对社会稳定的责任也变得越来越重要。金融危机杜绝了以前关于货币政策的共识,并重视其再分配的影响。因此,对于中央银行决策的模型和透明度,开发一个解释框架变得至关重要,其中,货币政策决定可以在复合的宏观经济和社会背景下得到解释并发挥作用。

在危机前的几十年,对央行政策的看法一直很单一,巴罗和戈登[1]以及基德兰德和普雷斯科特[2]关于央行独立性的研究报告,从根本上定义了思维框架。尽管约翰·伍利（John Woolley）[3] 早在1983年分类了可能影响央行决策的政府因素和非政府因素以及结构性因素和非嵌入性因素,更注意到现实的、更综合性的看法,直到最近才成熟。

根据危机前的简化共识（主要在欧洲大陆）,"建议"各国央行在"一个目标一个手段"框架内运行。这意味着它们必须主要考虑通货膨胀（一个目标）,而且如果它们为了纠正通货膨胀过程而进行干预,那么就会通过短期利率来达成（一个手段）。然而,危机推翻了这一范式[4],各国中央银行现在使用多样的工具箱,而且除了仍然是主要目标的通胀目标外,还关注其他目标,如金融稳定、信贷刺激、经济增长和对政府经济政策的支持。危机后的共识表明,经济的可持续长期增长的一个必要的,但不完全的条件是价格的稳定,也就是说,央行的潜在工具应着眼于实现宏观经济的稳定。但是,这方面的深层理论

---

[1] Barro, J. Robert, David, B. Gordon (1983): A Positive Theory of Monetary Policy in a Natural Rate Model. *Journal of Political Economy*, Vol. 91, No. 4, pp. 589 – 610.

[2] Kydland, E. Finn – Prescott, C. Edward (1977): Rules Rather than Discretion: the Inconsistency of Optimal Plans. Journal of Political Economy, Vol. 85. No. 3, pp. 473 – 392.

[3] Woolley, T. John (1983): Political Factors in monetary Policy. In: Hodgman, R. Donald (ed.): The Political Economy of Monetary Policy: *National and International Aspects*. Conference Series, 26.

[4] Blanchard, J. Olivier – Romer, David, Spence, Michael, Stiglitz, E. Joseph (eds.) (2012): *In the Wake of the Crisis Leading Economists Reassess Economic Policy*, MIT Press, Cambridge, Massachusetts, p. 174.

基础还没有形成，央行只不过是朝着这个方向发展，并处于维持价格稳定目标的优先等级。

危机前的简化（央行只要应对通胀）主要源于所谓的"古典二分法"，这意味着不能通过名义变量长期影响实体经济，也不值得这样做。这可以从货币政策和货币长期中立的角度来解释。根据这个理论，尽管货币政策可以在短期内影响经济增长（刺激或减少需求），但其对实际变量（就业、增长等）的影响将消失。后者的平衡主要取决于供应过程，如现有技术、人口结构情况或经济从业者的偏好。

根据危机前的专业概念，货币政策对实体经济的刺激作用是暂时的，即从长远来看，价格水平的上涨抵消了需求的短期增长。一方面，央行有能力短期刺激或抑制经济，也就是能够缓和经济波动；另一方面，不能给实体经济过程引发持久的变化，它的举措最终体现在价格水平的变化。

国际竞争力也只能通过货币政策手段，例如通过货币汇率贬值暂时刺激发展。所有国内价格和成本都会在或多或少的时间内适应名义汇率的变化，所以货币政策无法实现持久的实际经济影响。潜在增长取决于供应面因素的增加（技术发展、可用资本和劳动力的增加等）。货币政策只能通过维持价格稳定来对此提供支持。

因此，在危机前主流理论的基本观点可以这样概括。如果央行追求增长和就业目标，则将失去公信力，如果央行没有公信力，则其货币政策、措施的效果就会降低。[①] 因此，未来实现价格稳定的成本可能会大幅增加。芬恩·基德兰德和爱德华·普雷斯科特因其理论基础的创

[①] 就美联储而言，在危机之前或之后都不是这种情况，因为通胀目标只是许多货币政策目标中的一个。美联储的主要目的是保持健康的就业状况。然而，欧洲大陆地区的中央银行将缓和通货膨胀作为其主要目标，但它们还采纳了一些工具来支持经济和加强金融稳定。

造而于 2004 年获得诺贝尔经济学奖。①

托马斯·萨金特（Thomas J. Sargent）和尼尔·华莱士（Neil Wallace）在 1975 年提出了新古典理论。② 据其，由于理性的期望，货币政策无法持久地影响产出和就业，因为理性的行为者预测货币政策的刺激，工资和价格会立即上涨。然而，这种新经济范式是"高压经济"的构思。③ 最近的一些综合实证研究表明，在 2/3 的情况下，经济衰退会导致 GDP 水平的持久下降。这种现象被称为滞后现象。此外，在剩下 1/3 的情况下，衰退造成的 GDP 下降程度并不是固定的程度，而是会随着时间的推移不断加重。目前，对这个现象的解释还没有完全一致的看法，但据经验越来越多地认为，长期来看，经济的可持续增长趋势不独立于经济周期。滞后现象极大地提高了逆周期经济政策的意义，因为财政和货币政策不仅会在趋势线附近稳定经济，还会对 GDP 的长期水平产生重大影响。

如果经济衰退抑制长期增长趋势，那么高压力的经济有望帮助经济回到危机前的轨道。在经济学中，高压经济的概念是在 20 世纪 70 年代初出现的。根据这个概念，如果经济政策使经济承受能力高于平均的需求压力，就可以长期实现较高的 GDP。在经济中出现持续以及可预测的需求压力时，公司就会增加对生产要素、机械和设备以及劳动力的需求，以此可预期它们的市场将不断增长。随着就业和收入可预测性的提升，消费者对产品的需求也会稳步增长。

对高压经济概念的普遍异议在于通货膨胀方面的风险。然而，最近

---

① Kydland, E. Finn, Prescott, C. Edward (1977): Rules Rather than Discretion: the Inconsistency of Optimal Plans. *Journal of Political Economy*, June.

② Sargent, Thomas, Wallace, Neil (1976): "RationaL" Expectations, the Optimal Monetary Instrument, and the Optimal Money Supply Rule. *Journal of Political Economy*, Vol. 83. No. 2, pp. 241–254.

③ 根据匈牙利央行 2016 年 12 月的《增长报告》。

由于两种原因，通货膨胀动态发生了重大变化，从而降低了高压经济的潜在成本。一方面，通胀预期较低且锚定良好；另一方面，连接实体经济和通胀的菲利普斯曲线近期趋于平缓。这一过程导致产出增加对通胀的影响会越来越小。这个学派主要涉及财政政策，但也可以适用于货币政策。高压经济的概念是由奥肯在1973年提出的。[①] 法塔斯（Fatás）和萨默斯（Summers）2016年的研究也证实了这个概念。[②] 在发达经济体，2010—2011年财政限制导致的GDP下降的每一个百分比，都导致潜在产出下降1%。

海泰尼·伊什特万（Hetényi István）认为，经济政策只不过是一种适合影响经济从业者的工具，在经典意义上，有四个层面。[③] 通过其手段促进经济增长、财政和对外贸易差额的平衡，将通货膨胀限制或维持在可接受的适度水平，国民经济现代化进程、社会成员的创造力以及对生产和公共事务的创新态度。根据海泰尼的看法，促进经济增长不仅要涉及国民经济，而且要涵盖公司、行业，甚至家庭，所有这些都将为经济增长提供潜力。如果在某些领域金融平衡失调，经济增长也会在一段时间后停滞不前。过多的外国贷款，其利息负担从吸收投资，外延扩大至再生产过程指标和福利支出（增长）的资源，而且偿还贷款本金期限在管理中造成一种压力，对规划其他目标也没有很好的影响。不稳定的对外经济地位会冲击汇率并且导致收入过度地外流。预算赤字居高不下，甚至不断增加、激发通胀效应。根据传统的看法，抑制通货膨胀是央行的任务，但实际上并不仅仅如此。改善财政平衡的财政政策对

[①] Okun, A. (1973): Upward Mobility in a High Pressure Economy. *Brookings Papers on Economic Activity*, Spring, pp. 207–253.

[②] Fatás, Antonio, Summers H. Lawrence (2016): The Permanent Effects of Fiscal Consolidations. NBER Working Paper, No. 22374. Issued in June 2016. Revised in August 2016. NBER Program (s): EFG.

[③] 1980—1986年海泰尼·伊什特万担任匈牙利财政部部长。对他思想的概括基于他1986—1989年在布达佩斯经济大学的讲座。

于降低价格水平也是不可或缺的，否则不断增长的赤字本身将引发通货膨胀效应。同时，正如匈牙利在 2010 年之后实行的官方价格管制和增值税下调显示，通过财政管制下调的公共事业费和增值税可以显著抑制通胀率。单靠财政政策不可能实现经济政策的目标。单靠货币政策也不合适，但两者都朝着同一个方向共同努力才是正确的。因此，海泰尼对经济政策目标的分类实际上指出，财政和货币政策需要合作。

如果有增长，增长背后有财政平衡，以及企业和员工也抱有扩大再生产的兴趣，则经济政策就会取得成功。然而，成功并不是永远持续的。作为世界经济的一部分，国民经济以及其中的公司每天都在国外市场中参与竞争。国有企业生产的产品也在内部市场被考验，特别是在一个从对外贸易角度（也）开放的自由化国家。整个经济政策，其中心的公共财政系统必须不断更新和现代化，以有效应对不断出现的挑战。当国民经济的公共财政条件，即其税收制度、补贴政策和货币事务，能够适应世界经济不断发生的变化，从而能保证经济和居民生活稳定甚至增长的可能性时，国民经济才具有竞争力。所以仅靠财政政策解决金融危机是行不通的。此外，2008 年国际金融危机后，各国央行首次推出了量化宽松、资产采购、投资刺激方案和低基准利率的政策，将自己定位为有效的危机管理机构。

因此，为了实现经济政策目标体系的四个层面，需要财政和货币领域单向、连贯的运作。2008 年国际金融危机初期后的危机管理证实，经济增长不仅取决于税收制度和财政监管，而且还至少同样程度上依靠中央银行投资支持方案、低央行基准利率及其通过货币政策传导机制引发的更廉价的商业银行贷款。

预算和对外经济平衡不仅取决于政府税收和补贴政策的有效性、出口导向的公司结构的发展，还取决于影响国债融资的央行基准利率、到期国债有关的直接和间接央行手段、汇率政策以及保持本国货币对其他货币的稳定。缓和通胀是传统的中央银行手段；但在危机发生后的几年中，实施官价监管和减少间接税，也能够在短期内促使价格水平大幅下降。实现国民经济现代化的要求，也是央行保障政府积极货币和资产政策的工具、支持国家运行的资源、收入和储蓄的价值稳定以及为投资提供未失去价值的资源的共同结果。2008年国际金融危机后，变得显而易见的是，不能单独在政府财政政策的框架内对财政政策和经济政策作出解释。政府的财政机关试图实现的四个目标（增长、平衡、温和的通胀和再创造能力），2008年国际金融危机后的几年中，只有在中央银行的大力参与下才能实现。中央银行机制虽然不产生公共资金，也不重新分配公共资金，但已经成为公共财政体系整体的不可或缺的、支持性的组成部分。[①] 中央银行在2007年后危机管理中采取的更有力的干预措施，也促进了公共治理科学的认可，从而使其除了在有纪律的财政管理，还在货币和资本市场发挥着监管、监督的作用，还在货币政策中发挥更有力的作用。事实证明，通过清晰、透明、高效的公共财政子系统以及与其"单向"合作的货币政策可以解脱危机。在这个过程中，国家以其手段塑造法律框架，要求并强制执行有纪律的管理并且保证检查。然而，在新的、巩固的形势下，央行需要确定其他货币目标和采纳其他手段，即推广基于市场条件的贷款。通过央行工具箱创造其条件，并且保持金融稳定以及可缓和的通货膨胀率。

比博·伊什特万（Bibó István）想法可以总结本书，也可以作为本书的座右铭。他曾经提到，如果我们要将在特定时间内针对特定情况的

[①] 参见美联储量化宽松政策（Quantitative Easing）、英格兰银行融资换贷款计划（Funding for Lending）、欧洲央行资产收购方案，以及匈牙利中央银行的增长贷款计划（Növekedési Hitelprogram）和自融资（国债融资）计划。

第七章 理论和方法学上的总结

正确解决方案（后来）转变为一般真理，则解决方案很容易成为教条。当我们尝试将以前创建的公式适用于不同的结构的情况时，这将给特定任务带来沉重负担。① 所以不变地应用旧方法可能是有害的，可能损害其有效性，甚至引发新危机或加深当前的危机。因此，更新2008年国际金融危机前的理论和实践工具箱势在必行。② 研究人员可以通过提出新的方法，将事实、过程和解决方案置于新的背景下，来证明其社会效用③——这是我希望通过这本书实现的目标。

---

① 比博·伊什特万：《国家权力机关权力分立的过去和现在》，胡萨尔·蒂博尔编《作品选集》下册，匈牙利Magvető出版社1986年版，第378—379页（Bibó István：Az államhatalmi ágak elválasztása egykor és most. u ő：*Válogatott tanulmányok*. II. kötet. Szerk. Huszár Tibor）。

② 我的老师巴奇考伊·道马什、胡斯蒂·埃尔诺和西蒙·彼得妮（Simon Péterné）的毕生之作为我做出了榜样。在他们共同撰写的《货币》专论中（匈牙利科树特出版社，1974年，第310页），中央银行在1929—1933年大萧条时期采取的危机措施，被鉴定为适当的方法（第197—229页）。然而，约半个世纪后（2019年），胡斯蒂·埃尔诺讨论了2013年后货币政策的进一步发展，即需要以"建设性"的方式在经济中投入更多资金，这些资金来自财政和货币政策产生的稳定价值的货币储蓄。因此，并不满足于对2013年后的货币问题已有解决办法，或者将20世纪初危机管理实践保留为一般真理，甚至21世纪初的危机管理"偏爱"，却在新形势下提出了新的解决方案。

③ 参见丹尼·罗德里克的机构矩阵，其框架内对流程的解释可以帮助理解经济时代中的情况；Rodrik Dani（2015）：*Economic Rules. The Rights and Wrongs of the Dismal Science*, W. W. Norton Company Inc, p. 253。

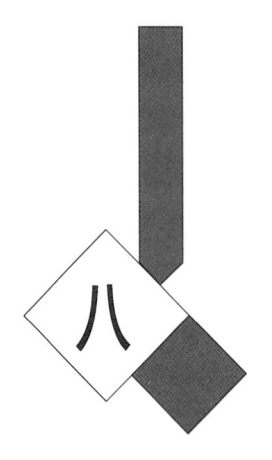

第八章
结　语[①]

1　潜藏的问题和挑战

从经济角度来看，2010—2019 年是匈牙利近一百年最成功的十年。在这段时期首先实现了财政预算转变。之后（即欧盟结束了对匈牙利的过度赤字程序），从 2013 年开始的货币转变带来了彻底的经济政策模式的变化。在越来越活跃的经济背景下，失业率从 21 世纪 20 年代初的 10%—11% 的不利水平降至 3% 左右。对比同为维谢格拉德四国集团（V-4）[②] 的其他国家降幅更显著，不到欧元区国家 2019 年失业率的一半（7%—8%）。匈牙利央行在加速经济、降低债务比

[①] 本书第一章至第七章是在 2019 年完成的，并在 2020 年初出版了英文版。在中文和法文版本出版之前，需要在第六章中纠正之前时期的一些统计数字，尤其是要简要评估新冠疫情危机对公共财政可能产生的影响，并就 2010 年后匈牙利经济政策的未来发表意见。所以结语与其说是一个总结，不如说是一个补充章，纵观未来机会，引人思考未来。

[②] 维谢格拉德四国集团成员国包括波兰、捷克、斯洛伐克和匈牙利。

第八章 结语

率、通过再融资和间接监管手段促进公司信贷，以及基于较低央行基准利率降低国债利率支付负担方面发挥了关键作用。毫无疑问，近十年来，匈牙利国民经济的特点是经济保持增长并同时维持财政平衡。①在过去十年中，连续三届议会周期（10—12年）都呈现出具有经济史意义的发展，并施行了统一的经济政策，但是这些成果遭遇了2020年初暴发的新冠疫情造成的经济衰退②。我们认为，2020—2021年所发生的事件似乎是对匈牙利2010年以来制定的经济政策进行压力测试。评估第六章中详细说明的财务和预算模式的韧性的能力非常重要。然而，尽管规模较小，但问题已经出现。

在研究2010—2019年的良好宏观经济、行业和家庭数据时，需特别提到，尽管匈牙利在过去十年取得了成功，但这个成功主要是相对于匈牙利以前的成就取得的。③虽然在过去十年里，匈牙利的危机管理比欧元区内的地中海国家更加成功，但作为苏联式计划经济体和一个新的新兴市场经济，与处于类似地位的中东欧国家相比，匈牙利在赶上欧洲水平方面的速度较慢。匈牙利赶上欧洲的力度落后于本地区的其他国家（见表8-1）。

---

① 关于过去十年的经济发展道路及其与前几十年的比较的全面描述，参见维拉格·巴纳巴斯编《十乘十年的数据〈特里亚农条约〉后的一百年——匈牙利近一百年的经济史》，匈牙利央行2020年版，第336页［Virág Barnabás（szerk.）：Tízszer tíz év számokban（Trianon 100）- Magyarország elmúlt 100 évének gazdaságtörténete］。

② Czeczeli, Vivien, Kolozsi, Pál Péter, Kutasi, Gábor, Marton, Ádám（2020）：Economic Exposure and Crisis Resilience in Exogenous Shock：The Short-Term Economic Impact of the Covid-19 Pandemic in the EU. *Public Finance Quarterly*, 65：3 pp. 321-347.

③ 与匈牙利过去相比，国民经济管理的确更有效，因为在过去的几十年中，国债（特别是在外债）一直在增加，而且经济发展速度也经常踌躇不前或下跌。参见最近的政权更迭期间的转型危机（科尔奈）和我引进的定义，即政权更迭的危机，以及21世纪前十年的财政超支和次贷危机导致的临近崩溃的状态。我定义涉及的时限（从20世纪80年代后期到21世纪第一个十年）长于科尔奈的（从20世纪80年代到90年代中期）。

表 8-1　按购买力平价计算的人均 GDP 占欧盟 28 国的百分比　　　单位:%

国家	2010 年	2019 年	改善(赶上)的程度
爱沙尼亚	65.3	83.3	18
拉脱维亚	52.9	68.6	15.7
立陶宛	60.3	83.0	22.7
匈牙利	65.1	72.7	7.6
波兰	62.4	72.4	10
罗马尼亚	50.9	69.2	18.3
斯洛伐克	69.7	75	5.3

数据来源:2020 年欧统局。

根据趋同数据,虽然匈牙利的表现非常显著,但与本地区的其他国家相比,追赶力度显著落后。主要原因是匈牙利尽管成功完成了有效的财政和货币整顿,甚至"向上发展"也已开始,但其来源主要体现在广泛的资源和非常措施上。产生了一些加强财政和纳税纪律的法律,国家监管的活动范围扩大了,中央银行通过提供再融资(实际上是"直升机撒钱"),努力促进财政平衡和经济发展势头。在一个约有 1000 万人口的国家,75.9 万—80.8 万人重新进入了劳动力市场[①],还有很多人(约 10 万人)也通过公共工程项目有了就业机会。政府奉行了广泛的投资和收入刺激政策,而中央银行开始在企业部门和国债管理方面进行再融资。根据匈牙利的情况,由于国家的特点,持久赶上欧洲的下一个阶段需提升国内中小企业的竞争力和出口市场渗透率,为此目的改善知识和健康产业的服务质量,从而创造技能更高的、更健康的劳动力,保证持续生产优质产品来获得市场份额,尤其是在中小企业部门。中小企

---

① 除了在国外工作的人和夏季季节性工人外,创造了 64.4 万个新岗位。这项重大业绩是在 2010 年 3 月至 2019 年 5 月取得的。

业雇用了市场员工的75%，而仅占GDP的40%（这本身就表明效率较低），在国民经济投资当中只享受25%—40%的资源（欧盟自主和国家的其他资源）。他们的投资潜力受到自有资本的极大限制。他们的资本和流动水平比跨国公司低，而且生产力指数也低得多。例如，微型企业的生产力仅为中型企业的一半，是跨国公司的一小部分。根据2021年3月31日的统计调查，匈牙利共有101824家员工不超过5人的企业。如此，众多企业的创新潜力有限，甚至不断上升的最低工资标准和公共负担也往往成了问题。① 他们只能在一个依赖于中央预算及其规模的支持性宏观经济生态系统中营业。需要强调的是，在过去的三十多年，匈牙利中小企业部门，一方面一直处于一种"之"字形（没有全面协调的，每一届政府有所改变）的宏观经济监管手段形成的环境中；另一方面特别是最近十年，他们的发展变得高度依赖于资助，而在准补贴（较长的偿债时间、较低利率的债务和不需要偿还的资源）的体制也没有鼓励企业改用更有效的生产结构的动力。此外，提高规模效率，促进和鼓励横向兼并，从而改善经营水平，根本就不是中小企业的经营特征（而且利益代表机构匈牙利工商会也没有特别鼓励）。

早在前十年的后半期，匈牙利中小企业的效率问题就开始显现。② 而且由于跨国公司期待匈牙利有比西欧较低的工资成本，并提供了大量

---

① 2021年6月，匈牙利最低工资标准为16.74万福林，即按350福林的汇率折算为483欧元。在欧盟，这方面只超过保加利亚（332欧元）。斯洛文尼亚为1100欧元、捷克为575欧元、斯洛伐克为600欧元、罗马尼亚为472欧元，但卢森堡为2200欧元。据计划，匈牙利最低工资标准将提高到20万福林，即578欧元。然而，在没有匈牙利政府税收优惠的情况下，微型和小型企业按这个标准支付工资不切实际。

② 匈牙利央行一再强调要注意这个潜在问题。2017年，匈央行制订了包含具体任务、影响计算和资源的330点全面竞争力方案，但是没有得到一些政治，尤其是商会利益代表机构的全面支持。有关需要完成的任务和竞争力方案，参见毛托尔奇·哲尔吉《平衡与增长（2010—2019年）》，匈牙利中央银行2020年版（Egyensúly és növekedés 2010 – 2019）；Matolcsy György (2020): Quo vadis Hungaria – Facing a New World. *Civic Review*. 16。

入驻的补贴①，都会成为将匈牙利经济困在中等发展陷阱的因素②，这些问题在新冠疫情危机中体现得（在国家和中央银行支持框架紧缩的情况下）更加明显。换言之，如果向知识型经济的过渡，不管出于什么原因出现延误，匈牙利陷入中等发展陷阱的可能就会成倍增加。

"中等收入陷阱"，最早是由吉尔（Gill）和哈拉斯（Kharas）对东亚国家20世纪90年代危机后增长模式进行分析时提出的概念（2007年）。③ 他们的分析表明，最早快速增长并达到中等水平，但无法从此向高收入、发达的市场经济体迈进的国家陷入了中等收入陷阱。他们的研究扩展到了其他国家，并在探索问题时还引进了新因素。④ 大野健一（Ohno）⑤ 的结论是，风险最大的国家在从产品发明到市场销售的价值链中是无法向上提升的，因为他们仍然期待通过新落户的国际公司的组装工厂和中低等技能制造来实现增长。⑥ 匈牙利长期以来（从本质上讲，在本书中分析的一个半世纪中一直）也面临着这个问题，这体现为政治和经济局势导致的缺乏创新能力和建设性生态系统。跨国公司只能

---

① 国际公司显著改变了匈牙利的技术水平，但真正的研发阶段和生产高附加值的工作阶段，一般都不在匈牙利。从政权更迭开始，情况就是如此。

② Kolozsi, Pál Péter (2017): How Can We Escape the Middle Income Trap? *Publec Finance Quarterly*, Vol. 62: pp. 74 – 87.

③ Gill, Indermit, Kharas, Homi (2007): An East Asian Renaissance: Ideas for Economic Growth. The World Bank, Washington, p. 383.

④ Gill, Indermit, Kharas, Homi: (2015) The Middle – Income Trap Turns Ten. World Bank. Policy Research Working Paper, 7403 August 2015. Washington。此外，一些研究越来越明确表明，全球化将世界经济分解为快速增长的强者和落后的弱者，而"中间"可能会成为空虚的，也就是说，目前暂时处于中间的国家可能会处于停滞不前的状态，而这反过来又可能导致它们在长期内沦落。参见 Garrett, Geoffrey (2004): Globalization's Missing Middle. Foreign Affairs 83. pp. 84 – 96。

⑤ Ohno, Kenichi (2010): Avoiding the Middle Income Trap: Renovating Industrial Policy Formulation in Vietnam. *ASEAN Economic Bulletin*, 26 (1): pp. 25 – 43.

⑥ 对中等发展陷阱的分析应该谨慎，因为指标本身并不一定反映真实情况。基于GDP的指数，充其量只能显示经济增长的情况。然而，正如已经指出的，国内生产总值指标存在严重缺陷，因此连其实际经济增长也无法准确测量。参见 Sen, Amartya, Fitoussi, Jean, Stiglitz Josepf (2010): *Mismeasuring our Lives. Why GDP doesn't add up*. The New Press。

对国内中小企业部门的一部分产生催化创新作用，正如已经指出的那样，这些国际公司并不总是代表高科技标准。在本书研究的19—21世纪，进一步的进展将取决于能否建立一个具竞争力的经济结构，在这个结构中，为了促进出口业和市场自由化，应逐渐提升匈牙利经济在国内消费的商品和服务中创造的附加值，为此需要在生产和服务的价值链上实现升级。此外，在外国（进口的、入驻的）价值链上和营运资本中心内将自己定位得更高，同时利用国内资源在国内企业构建创新体系也变得越来越重要。如果匈牙利除了西方跨国公司，还在大型东方和远东公司的价值链流程中取得更强大的地位，那也算是向前迈出的一步。换言之，匈牙利不要片面地与西方企业联系，应同时加强与亚洲高科技企业的关系，也就是说，需要缓和匈牙利对西欧和北美公司的过度联系。[1]

在脱离欧盟过度财政赤字程序（2013年）后，匈牙利错过了进一步可能有利的财政政策决定，因此，降低了企业和居民有效需求的增加速度，从而消费和投资能力的增长不及预期。[2] 问题的背景是，在2013年解除欧盟过度财政赤字程序之后以及同时开始的增长道路塑造后，2010年开始的（20%）个人所得税减税被停止了。个人所得税没有成为一位数的机会。一位数的个人所得税本来可以给居民确保额外的收入，同时也不减少中央预算的税收，因为进一步减少个人所得税所产生的有效需求增加，（将）可能导致更大的购买意愿。从而通过（间接税如）增值税和消费税，国家可不断和充分弥补"缺失"的个人和公司所

---

[1] 这本质上是匈牙利政府从2010年开始对外经济多元化的目标，其中推行了向东方开放和向南方开放的经济政策，并由此加固了与中国和俄罗斯等国家的经济关系。

[2] 领导财政政策体制变革的部长毛托尔奇·捷尔吉在2013年成为匈牙利央行行长，并塑造和指挥了这个货币部门的过度活跃。不幸的是，由于在2013年之后减速的财政政策，在当前的疫情危机期间需要更多资金用于没有足够资本的处境不利的中小企业和支持民众，因为尽管2010—2019年以本国货币计算的净工资和毛工资按名义价值增长了一倍以上，但减税并没有使他们的收入达到预期的水平。

得税收入。

　　企业所得税下降流程也停止了，这使得企业的自有投资能力变小，而且储备也达不到预期水平。因此，在疫情造成的紧缩的经济形势下，投资和开发几乎可以完全来自国家资源或额外资源（援助）。另外，在中小企业部门基本上是国内股东所有的情况下，规模效率带来的竞争优势没有得到发展，也就是说，没有鼓励小型企业的横向兼并，没有为此形成直接和间接的政府、商会和利益代表方面的支持或者启动这方面的专业对话。在疫情期间，中小型企业面临的不再是竞争力问题，而是维持经营和为此获得国家援助的能力问题。推迟的措施现在加剧了匈牙利经济、社会和中小企业部门危机带来的困难。这场危机的教训是，建设新经济道路不仅需要使财政和货币机制朝着同一个方向趋同[1]（这是在2013—2019年实现的），而且还需要使各界有相同的步伐。以前影响商业部门和民众的问题包括本国货币的不断贬值。在许多情况下，这个贬值可以归咎于国际货币基金组织、欧盟以及其背后的商业利益圈的原则、立场与匈牙利经济政策之间的矛盾。[2]

　　2010—2019年改革和减税的减速，无疑投射出被困住的中等发展陷阱的轮廓。我们对这类陷阱局势所带来风险提出了警示，更详细地说，与发达国家相比，处于劣势的国家的经济在一段时间内能够迅速追赶，但到了一定程度时，发展停止，势头放缓。从经济角度来看，匈牙利仍然只是"中等发达"，而且无法解脱这种局面。用于增长的、在此之前大量的资源储备（如可吸引进入劳动力市场的自由劳动力、由更严格的金融监管所创造的经营纪律、"社会热忱"和所谓的自由原始资源）开始枯竭，而向知识和技术驱动的经济结构的转移滞后。尽管在过

---

[1] Matolcsy György, Palotai Dániel (2016): The Interaction Between Fiscal and Monetary Policy in Hungary Over the Past Decade and a Half. *Financial and Economic Review*, Vol. 15 Issue 2, pp. 5–32.

[2] 在过去十年，匈牙利福林兑欧元的汇率波动幅度相当大（269—370福林，匈牙利央行中间汇率）。这对可预测性、购买力平价的发展、国债水平和还本付息带来了负面影响，（尽管如此）宏观经济和国际收支指标仍在不断改善。

第八章 结语

去的五六十年里有着经济成功赶上的案例，如亚洲的日本和韩国、欧洲的芬兰，但这些模型只能部分适用于匈牙利经济。在其他地方成功的经济政策在另一种亚文化中不一定成功。换言之，在考虑引进他国经济政策时必须用保守和谨慎的态度酌情采纳。

只有在所产生的内部储蓄和欧盟资源的帮助下，成功转为可持续的、以资本和知识为基础的经济，匈牙利才能（尤其是由于疫情危机的背景下）成功加入发达国家的行列。在 2020 年已减弱的平衡指标应该在 2021 年，特别是从 2022 年开始一年比一年改善。没有做到的话，2022 年后的又一个平衡转变是难以实现的。如果不这样做，就可能持久失衡，丧失通过"均衡与增长"经济政策模式获得的胜机，这将使在 2020 年及其后几十年内的趋同机会面临风险。

匈牙利经济的巩固基本上无法通过恢复（在危机前本来就呈现一些问题的）旧经济结构、企业规模和生产标准来实现①，而需要迈向 21 世纪 20 年代新技术革命，为此需要效率更高的企业。挑战不仅是重新启动增长和趋同②，而是通过塑造一个具竞争力的企业界来建设一条可持续追赶的发展道路。这些财政资源可能源于国家和欧盟预算以及减少支持但将在未来增加市场竞争态势的央行③政策。

---

① 以汽车为例，如果发动机有密封故障，燃烧室产生的部分能量将"散发"，功率会降低。尽管我们努力获得更大的功率，但我们无法达到最佳的转数和功率传输。此外，如果我们的油箱也有漏洞，那么在启动汽车之前，很大一部分输入就被浪费了。因此，尽管有额外的投入，但是单位燃料的功率下降更为惊人。所以如果我们不修阀门，不排除漏气，不堵住油箱上的洞，就难以达到预期的效果。

② 有充足的资源可以重启经济，甚至可用于投资的资源丰富得可导致经济过热。因此，迎接这个挑战并不取决于金钱，而取决于合理和有效地利用资源。

③ 世界各地的央行政策正在发生根本性的变化。量化宽松（QE）的举措很可能减少。估计匈牙利也会这样做。事实上，2008 年国际金融危机后的整顿技术使各国央行发挥了突出作用，他们的再融资资产基本上减少了，流入市场的资金过多，而且通胀率也飙升了。也许匈牙利货币政策转变的第一步是匈牙利央行在 10 年后提高了基本利率。2021 年 6 月 22 日，将基准利率从 0.6% 提高到 0.9%，从而使商业银行贷款和国债参考收益率（利率）更高。

根据经验，在安全可持续的追赶过程中，75%的增长可以来自生产率的提高，25%的增长可以来自就业增长。根据匈牙利央行的计算，后者在匈牙利几乎比本来就不容易提高的生产力更困难，尤其是在中小企业部门层面。尽管失业率仍为3%，但自由的潜在劳动力在市场上的活动相当薄弱，而且技能水平较低，生活在封闭的地区性职业夹层中。与此同时，因西方工资较高，导致移民国外的人数较高。也就是说，这项任务错综复杂，具有较高附加值的国际公司较受欢迎。这些公司更好地向国内中小企业传播他们的知识资本，更多地吸引生产流程。同时，有必要改善中小企业部门的"碎片化"、能力有限和效率低下的情况。

如果将这两个部分（集约型和粗放型）结合起来，将会导致年均4%—4.5%的GDP增长。如果这个增长能长期以约2%超过欧盟的平均经济增长，而且生产力和来自扩大就业对增长的贡献各占约一半，则陷入中等收入陷阱是可以规避的。2020年后十年取得成功的关键在于增加人均总增加值的实际价值，特别是以美元或欧元计价的购买力平价增加，因此提高有效生产力至关重要。

2 "上坡超车"的经济政策——新冠疫情危机后的新开端

在（无论是由于外部因素还是内部因素造成的）经济危机时，要脱离或避免中等收入发展陷阱，比景气时期要困难得多，往往好的发展机遇又要等好几年才会到来。

2020年初开始，处于增长道路顶峰的匈牙利是被新冠疫情及其经济负面影响所阻碍，限制和减少了劳动力的就业，从而降低了生产和收入，尽管对大多数产品和服务的需求不如经济繁荣时期那么高。基于服务业（如旅游、酒店、餐饮业）和不断增长的有效需求的国民经济活动正在大幅下降。① 需要强调的是，外部的、不可预见的原因，而不是政府或中央银行的政策导致匈牙利的失业率上升②，及财政赤字（但愿）暂时的提高。因此，情况与 2008 年不同，前几届政府在公共、企业和家庭层面上造成了债务陷阱，而由于 2008 年汇率大幅贬值，从家庭到公共财政的所有从国外和外币融资的部门都面临了陷入破产的状态。

当前的危机和复苏的可能性可以用不同的字母来描述，这些概念主导着专业舆论。可以用"V"形来描述"反弹"现象。也就是说，经济只会在很短的时间内承受危机的负面影响，而且到了低谷后，几乎立即恢复到接近疫情前的状态。2020 年初，这个概念在官方政策中维持了几个月，但是很显然，这是一种过于乐观的看法。"W 理论"是指，随着每一波疫情的暴发，会出现经济形势像过山车一样的波动。这种危机理论很好地反映了 2020 年春秋和 2021 年上半年的进程。"L 理论"预设一个持久遭受危机的，对我们来说是发人深省的前景。这个理论，与"K 理论"（一种假设"各种影响"的危机）一样贴近事实。这个理论不是汇总在宏观经济层面的结局，而主要关注的是危机对某些社会群体、地理区域和某些部门和行业的决定性影响。这意味着，可能会有一些行业在多年后才能恢复原状。

2021 年 6 月，这是一场在不同程度上影响到国民经济和社会各阶层的长期危机。在这个背景下，匈牙利的财政平衡状况（财政收支平

---

① 2020 年和 2021 年上半年，传统上主要由小型企业组成的基于旅游和酒店饮食的行业成绩下降了 85%—90%。2020 年，国内生产总值下降了 5.1%。总负债与 GDP 之比在一年以内增加了 15%，但（有利的是）在此期间福林兑欧元的汇率呈现出向好发展的态势（约 350 福林）。如果福林兑欧元汇率保持在 370 福林左右，国债与 GDP 的比值将会超过 2009—2010 年的水平，增至 85% 以上。

② 以及暂时靠国家资助方式收到工资补助的单位数量，人为地避免有效失业，滑入失业类别。

衡、国债、通胀等）和国内生产总值都经历了负面影响，但政府和央行预期有恢复平衡的可能性，见表8-2。同样，外国专家也认为将有"好转"，见表8-3。诚然，如果到2022年底，匈牙利经济达到低迷前的，即2019年秋季之前的状态，那将是一个很好的结果。[①]

表8-2　　　　　　　　2019—2023年宏观经济事实和预测

年份	2019	2020	2021	2022	2023
(年均)通货膨胀率[1]					
核心通货膨胀	3.8	4.2	3.8—4.0	2.9—3.0	3.0
剔除间接税对物价影响的核心通货膨胀	3.4	3.7	2.8—3.0	2.7—2.8	3.0
通货膨胀	3.4	3.4	3.5—3.6	2.9—3.0	3.0
经济增长率					
家庭消费支出	4.6	-4.1— -3.7	2.4—4.9	4.6—5.0	3.0—3.3
政府最终消费支出[6]	3.5	0.9—1.2	1.0—1.7	2.1—2.2	1.3—1.8
固定资本形成总额	12.2	-13.7— -11.8	6.4—8.8	6.8—8.6	3.0—3.5
国内支出	6.0	-4.6— -4.0	2.9—5.1	4.7—5.1	2.7—2.9
出口	5.8	-9.7— -9.3	6.1—8.8	6.6—7.7	4.0—4.9
进口	7.5	-7.5— -7.0	5.3—7.9	6.2—7.1	3.7—4.3
国内生产总值	4.6	-6.5— -6.0	3.5—6.0	5.0—5.5	3.0—3.5
劳动生产率[5]	3.3	-3.2— -3.0	4.2—5.8	3.3—4.5	2.4—3.2

[①] 看着表格中的GDP增长数据时，我们不要忘记，它们是从较弱的基数开始的。

续 表

年份	2019	2020	2021	2022	2023
外部平衡[2]					
国际收支差额	-0.2	-0.7— -0.6	-0.4— -0.2	-0.3— -0.1	-0.2— -0.1
外部融资能力	1.5	1.7—1.8	2.0—2.1	1.8—1.9	2.3—2.6
国家财政					
ESA 平衡	-2.1	-8.5	-6.3	-3.5	-3.0
国债	65.4	80.0	78.9	76.9	75.7
外汇债务占国债比率	17.3	20.0	17.6	16.0	14.1
劳动市场					
国民经济中的平均总收入[3]	11.4	9.4—9.6	6.6—7.3	6.9—7.4	6.6—7.2
国民经济中的就业率	1.0	-1.5— -1.3	-1.1— -0.2	0.9—1.5	0.4—0.7
私营部门平均总收入[3]	11.6	8.9—9.2	5.6—6.5	6.2—6.9	7.0—7.8
私营部门就业率	1.4	-1.3— -1.0	-1.3— -0.2	1.2—2.0	0.4—0.7
失业率	3.4	4.3—4.5	4.6—5.4	3.9—4.3	3.5—3.6
私营部门名义单位劳动力成本	6.7	10.9—11.0	-1.0— -0.3	0.6—1.4	3.2—3.4
家庭实际收入[4]	4.2	-2.7— -2.2	3.2—5.0	3.9—4.3	3.0—3.3

注：1. 根据季节性构调整的数据。2. 部分基于预测的，占 GDP 比重的数据。3. 全职员工。4. 匈牙利央行估数。5. 根据国民经济，国民账户数据。6. 包括协同消费以及政府和非营利机构的政府转移支付。7. 2019 年为事实数据，2020—2023 年为预测数据。

数据来源：匈牙利中央银行，2021 年 6 月。

表8-3　外国机构、委员会对匈牙利经济的预测（2020—2023年）

年份	2020	2021	2022	2023
消费物价指数(年均增长率,%)				
匈牙利央行(2020年12月)	3.4	3.5—3.6	2.9—3.0	3.0
Consensus Economics(2020年11月)[1]	3.2—3.4—3.6	0.8—3.0—3.8	—	—
欧盟委员会(2020年11月)	3.4	3.3	3.0	—
国际货币基金组织(2020年10月)	3.7	3.4	3.0	3.0
经济合作与发展组织(2020年12月)	3.5	3.3	3.6	—
路透社调查(2020年12月)[1]	3.0—3.3—3.7	2.8—3.2—3.8	3.0—3.2—3.5	3.0—3.2—3.5
国内生产总值(年增长率,%)				
匈牙利央行(2020年12月)	-6.5— -6.0	3.5—6.0	5.0—5.5	3.0—3.5
Consensus Economics(2020年11月)[1]	-6.9— -6.0— -4.1	3.0—4.7—7.2	—	—
欧盟委员会(2020年11月)	-6.4	4.0	4.5	—
国际货币基金组织(2020年10月)	-6.1	3.9	4.0	3.8
经济合作与发展组织(2020年12月)	-5.7	2.6	3.4	—

续 表

年份	2020	2021	2022	2023
路透社调查（2020年12月）[1]	-6.6—-5.9—-4.5	3.5—4.5—7.1	3.6—4.7—6.0	3.0—3.6—4.0
国际收支差额[3]				
匈牙利央行（2020年12月）	-0.7—-0.6	-0.4—-0.2	-0.3—-0.1	-0.2—0.1
欧盟委员会（2020年11月）	-1.1	-0.3	-0.3	—
国际货币基金组织（2020年10月）	-1.6	-0.9	-0.6	-0.5
经济合作与发展组织（2020年12月）	-2.5	-2.0	-1.3	—
公共财政余额(据ESA 2010)[3]				
匈牙利央行（2020年12月）	-9.0—-8.0	-6.5—-6.0	-4.0—-3.0	-3.5—-2.5
Consensus Economics（2020年11月）[1]	-9.0—-7.6—-5.1	-6.5—-4.5—-3.0	—	—
欧盟委员会（2020年11月）	-8.4	-5.4	-4.3	—
国际货币基金组织（2020年10月）	-8.3	-3.9	-2.3	-1.3
经济合作与发展组织（2020年12月）	-8.0	-7.5	-6.0	—

续表

年份	2020	2021	2022	2023
路透社调查(2020年12月)[1]	−9.0——8.2——5.9	−7.0——5.2——3.8	−4.5——3.3——1.5	−3.0——2.6——1.5

对外贸易伙伴的GDP增长预测(年增长率%)					
匈牙利央行(2020年12月)	−6.5——6.0	2.8—5.7	3.7—4.8	1.3—1.6
欧洲央行(2020年12月)	−7.6——7.3——7.2	0.4-3.9—6.0	3.0-4.2—4.3	2.1—2.9
Consensus Economics(2020年11月)[2]	−6.0	4.0	—	—
欧盟委员会(2020年11月)[2]	−6.4	3.9	3.1	—
国际货币基金组织(2020年10月)[2]	−6.2	4.6	3.2	2.4
经济合作与发展组织(2020年12月)[2]	−6.3	3.1	3.3	—

注：1. 在路透社和共识经济（Consensus Economics）的调查中，除了分析师回答的平均值外，我们还标明了他们的最小值和最大值，以反映分布情况。2. 由匈牙利央行计算的数值。这些机构对各个国家的预测我们是按匈牙利央行用于推导出自己外部需求指标的加权系统采纳的。一些机构并没有对所有伙伴国家制作预测报告。3. 按GDP的比重。

数据来源：共识经济、欧洲央行、欧盟委员会、货币基金组织、经合组织、路透社调查、匈央行。

在澄清有效危机管理的理论背景时，重要的是考虑各种可能性并且找到实现最佳效果的工具和方法。在目前的危机时期，经济主体正在面临有效需求的下降。生产在下降，公共财政的平衡在动摇，经济和工资以及收入都在下降。因此，应通过反周期性经济政策改善经济运行的状况。然而，21 世纪第一个十年末发生的国内外危机表明，单靠政府财政手段不足以阻止衰退，有必要让中央银行进入危机管理模式，特别是在促进经济增长和实现财政平衡方面。在当前的危机管理中，还产生了一些效率问题，如究竟能否有效地应对本次危机。换言之，在多大程度上可以由单位政府（纳税人）或中央银行发行再融资资金实现积极影响。各国政府和中央银行须适当谨慎，以减轻危机的负面影响，促进复兴。延迟意识到危机或延迟采取危机管理措施，本身就有可能造成问题，也许是比无效的危机管理措施更严重的问题。

感受到疫情对经济的影响，21 世纪的新挑战，区域化，即逆全球化的趋势变得更加突出。数字化，货币革命，其传统角色和外观模式的改变，对环境更友好的绿色经济的增长，消费者和社会习惯的改变，生活习惯，也许是出现的社会老龄化以及放弃生育的数量增加，等等，这些要求和挑战都给匈牙利带来了压力。政府也被迫采取措施，因为除了避免增长陷阱，匈牙利经济和社会政策需要应对疫情后世界新秩序的新挑战，才能保持对社会、对外部竞争对手的竞争力并走向成功。

为了维持匈牙利经济的运行基础，甚至取得进步，融资条件已多样化。为了国家预算框架的利益，对 2021 年《预算法》进行了修订，其中 2021 年和 2022 年的赤字指标分别为 7.5% 和 5.9%。这些赤字值比 2013—2019 年的要不利得多，而国债指标也是如此。匈牙利连续十年来削减的国债水平在短短一年内回升。然而，重要的是，增加的赤字及其背后的更高支出是维持有效需求和融资投资的公共支出。为了应对这场危机，匈牙利政府和匈牙利国家银行做出了为国内生产总值 20%—25% 的投入。

除了国家预算融资，匈牙利经济复兴在短期内还将得到来自中国的

1万亿福林投资贷款和3万亿俄罗斯投资贷款的推动。这与匈牙利约50万亿福林的GDP相比，算是很大的资源。①

进一步的可能性是，我们可以期待欧盟在2021—2027年预算周期内无条件地提供大量补助金。2021年欧盟的正常预算补助净值达匈牙利GDP的2.7%，约15万亿福林。此外，还有欧盟的复苏基金，（最初）为25万亿福林。匈牙利政府已经提交了该方案的申请。合计这些外部投资资源，再加上匈牙利2021—2022年中央预算提供的投资框架，巨大投资热潮的条件正在形成。这相当于匈牙利35%—40%的年度GDP，约为200万亿福林资金可以快速用于投资。

但是，应该指出，匈牙利的投资率近年来也一直达到其GDP的30%，其中公共投资约为其GDP的10%。以上两项的投资活跃度分别在欧盟排在第一位和第二位。在这个基础上，还要进一步投入200万亿福林的投资基金。这可能会对匈牙利的经济状况产生很大的影响。资金重组导致公共和企业投资率继续急剧上涨，从而使公共消费和居民消费增加，这可能导致经济过热，进而增加通胀压力。可以看到，这是一个严重的风险，因为平均货币贬值率已经在4%—5%。此外，飙升的投资活动需要增加进口量，其可能的附带效应是对外经济和国际收支状况恶化。这就是投资乘数效应的作用，强劲的投资活动产生这种附加效应。匈牙利政府需要选择折中的方法，因此，（暂时）不再需要额外的投资来源，即相当于3.4万亿福林（原则上可自由提取）的欧盟贷款。

然而，投资来源的上升会带来进一步的挑战，理想的选择是将资源投资于真正确保竞争力的部门，特别是医疗卫生、可再生能源、交通部门、循环经济和大学教育的发展，以及能够创新和合并的中小企业也应

---

① 2021年6月，匈牙利福林兑欧元汇率波动接近350福林，比以前的最大值少约20福林。中俄贷款的发展目标是扩建匈牙利帕克什核电站，实现匈牙利—塞尔维亚铁路线的现代化。

该得到资源。因此，在批准投资资源之前，需要根据一套比以前更复杂的标准来检查企业背景。

为了避免（或摆脱）中等收入陷阱，匈牙利经济在接下来的十年里需要在"强劲上坡"中实现强劲的趋同，也可以说，必须上坡超车，切换到超车所需的较高挡位，才能提高追赶的"转速"。在稳定的财政和增长道路上才刚刚达到初始阶段的竞争力预期，现在可以在危机和危机后时期、在不断变化的财政和货币环境中、在不断变化的条件下实现。预算赤字和国债（在欧盟后者）的演变显然是处理当前问题的一个融资来源，但国债和通胀的急剧上涨可能促使包括匈牙利央行在内的各国央行对其近十年的扩张性货币政策进行审查。重点将放在财政政策潜力、可能的自制，甚至是遏制可能的赤字减免，以及财政理事会的纪律处分权。而货币政策必须争取价格和货币稳定（而不是直升机撒钱），从而（典型地）服务于可持续发展。中央银行须整顿和抵消政府赤字的通货膨胀影响，避免因财政纪律不严谨的政府预算赤字导致的通胀效应。与此同时，财政政策必须着眼于经济增长和经济结构的适当性。然而，实现克劳迪奥·波利欧（Claudio Borio）和皮蒂·迪斯亚塔（Piti Disyatat）在 2021 年提出的"联合常态化"[1]，尽管是有利的，但隐含着许多挑战和新问题。也就是说，在新冠疫情期间，整顿中的财政和货币目标可能已经有所不同。在匈牙利，在复苏和实现可持续趋同的过程中，通过预算对财政政策进行质量调整来创建具有竞争力的税收结构，通过它来创建具有竞争力的企业结构看起来是合理的，而不是通过将更多的钱"塞进"现有过时的公司结构来进一步增加赤字。而央行

---

[1] Claudio Borio, Piti Disyatat（2021）：Monetary and Fiscal Policy：Privileged Powers, Entwined Responsibilities, SUERF Policy Note Issue, No 238, May 2021, p. 12. 面对前所未有的经济崩溃，新冠疫情危机凸显了货币政策和财政政策之间的联系。货币和财政机关以统一的方式采取行动稳定市场。迄今为止，两种政策的合作较为顺利。然而，有人质疑，危机过后和可能的紧张局势的后果产生时，是否会继续如此。

在保持其独立的同时，必须将赤字和相关的通胀控制在一定的范围内，使我们接近可持续发展。"我们必须避免经济中出现新冠疫情的后遗症"，匈牙利央行行长毛托尔奇·捷尔吉在 2021 年夏天的演讲和所发表的论文中都指出了这一点。① 可以预设，已开始的新十年的经济进程将取决于国家两个金融部门的相互依存关系，取决于共同标准化机制（非相互损害的）的效率。

对匈牙利来说，财政和货币现代化进程面临着一个挑战，就是在疫情危机的大趋势（构造板块）② 下能够恰当地改变经济结构，以及是否可以制定促进这个过程的，效应方向一致的货币和财政政策。换句话说，朝着现代化和效率方向移动的"地壳构造板块"。在今后的十年中，跟随"绿色、数字化和智能化"的大趋势才能胜利。③ 鉴于此，2021 年 8 月生效的匈牙利《中央银行法修正案》，使匈牙利央行成为欧洲第一家获得环境可持续性（"绿色"）授权的央行，这是重要的一步。而且匈牙利央行还声明，我们需要朝着与技术革命同步的社会转型迈进，接受而不是抵抗正在发生的货币革命。

摆脱当前的疫情危机，再避开中等收入发展的陷阱。在这方面，2019 年形成的稳定的公共财政基础很重要（也就是说，我们是从顶部开始向下滑动，并不是陷入更深的谷底）。另一个"便利"是把重点放在内源性因素

---

① 参见匈牙利央行行长毛托尔奇·捷尔吉《重新启动和复兴》发言稿（"匈牙利复兴"经济政策峰会，2021 年 6 月 9 日）和毛托尔奇·捷尔吉《第四次战役》《匈牙利民族报》在线版，2021 年 6 月 21 日。

② 稍微夸张地讲，我们正面临着（类似）地壳成型规模的变化。在 500 万年前，小匈牙利平原边缘出现了绍莫罗山（Somló hegy）和莎戈山（Ság hegy）两座火山。事实上，是在史前浅海，即潘诺尼亚海的位置。穿行于已经灭绝了数千年的火山口，令人深省的是，随着某些地球板块的运动，一些动植物物种消失，而另一些却幸存了下来。在一两千年前，喀尔巴阡盆地的人口迁移时，也出现了类似的情况。有一些民族，王国消失了（如游牧民族阿瓦尔族、匈奴族），还有一些生存下来了（如匈牙利族）。因此，深入研究和把握并抓紧（向上）推动的社会，以确保生存、可持续性，这就是世界和社会生存的本质。

③ 匈牙利央行行长毛托尔奇·捷尔吉《重新启动和复兴》发言稿，"匈牙利复兴"经济政策峰会，2021 年 6 月 9 日。

的发展，而其方法已熟悉。然而，重新加强自2017年以来一直停滞不前的竞争力道路将构成困难，特别是在一种新型国际和可能发生变化的国内金融环境中。不能排除，2021年以后的主要问题暂时是失业、国债和通货膨胀，而（尽管实际业绩会有所下降，但）国内生产总值不太可能会大幅停滞，因为对匈牙利国内生产总值贡献最多的国际公司都具有抵抗危机的能力，拥有充足的财力，创新潜力和应对战略。而且，解决方案可能是，在匈牙利经济政策监管环境的鼓励下，将由西方和亚洲跨国公司把代表着更高附加值的、在价值链方面需要更高素质员工的技术引进匈牙利，并可能更进一步地使国内的中小企业参与其中，帮助他们提升自身价值链的水平。

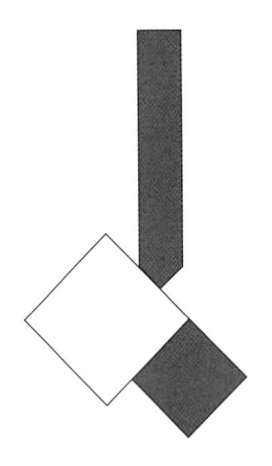

附　　录

从奥匈帝国时期至今的宏观经济数据，聚焦于对外经济、通货膨胀、国债和国民生产（根据匈牙利统计局数据库进行的资料研究）。[①]

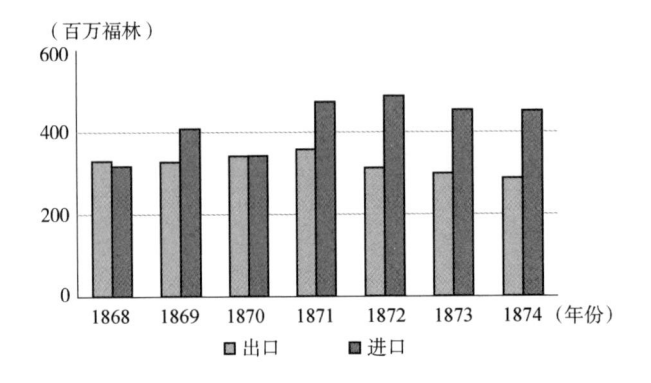

附图 1　1868—1874 年匈牙利对外贸易额

数据来源：BARSI, 1874; TINÓDI VARGA, 1888。

[①] 本附录数据与各个章节正文内容可能有所不同，因为正文所载数据来自研究中心（所提到的研究者）。编制本附录的目的是匈牙利中央统计局基本上经过审核的数据库数据（中央统计局书面资料），研究者将这些数据能作为比较和分析工作的基础。但是值得一提的是，各章节和本附录数据之间没有显著的差异。中央统计局（KSH）根据情况，有时会采用不同的方法来修正某些历史数据。

附表1　　　　　　　　1868—1874年匈牙利对外贸易额　　　　　（百万克朗）

年份	进口	出口
1868	319.7	330.0
1869	409.0	329.7
1870	344.1	342.9
1871	472.3	357.6
1872	488.1	313.1
1873	456.8	300.1
1874	452.4	288.9

数据来源：BARSI, 1874; TINÓDI VARGA, 1888。

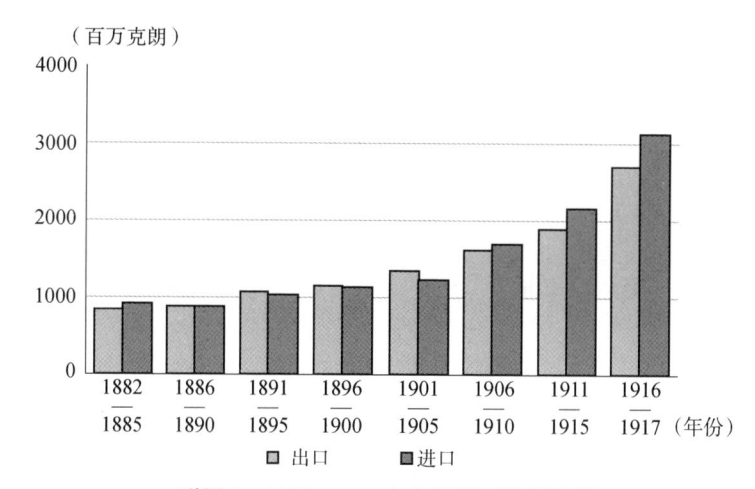

附图2　1882—1917年匈牙利对外贸易额

数据来源：SZŐNYI, 1923。

附表2　　　　　　　　1882—1917年匈牙利对外贸易额　　　　　（百万克朗）

年份	进口	出口
1882—1885	920.3	843.0
1886—1890	897.0	902.2

续 表

年份	进口	出口
1891—1895	1050.5	1058.7
1896—1900	1141.5	1160.6
1901—1905	1242.8	1339.0
1906—1910	1685.7	1625.6
1911—1915	2147.3	1900.7
1916—1917	3131.7	2700.2

数据来源：SZŐNYI，1923。

（百万克朗）

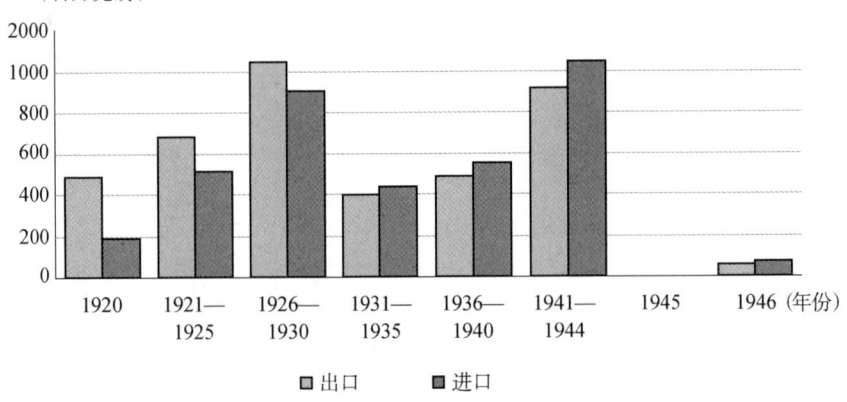

附图3　1920—1946年匈牙利对外贸易额

数据来源：SZABÓKY，1923a；MESZLÉNYI，1931；SZŐLŐSSY，1932；PAP 1938。

附表3　　　　匈牙利在1920—1946年的对外贸易额　　　（百万帕戈）

年份	进口	出口
1920	484.1	190.6
1921—1925	680.0	516.9
1926—1930	1044.3	892.1

续 表

年份	进口	出口
1931—1935	385.6	430.4
1936—1940	484.6	546.7
1941—1944	910.5	1045.9
1945	2.4	1.4
1946	65.4	76.7

数据来源：SZABÓKY，1923a；MESZLÉNYI，1931；SZŐLLŐSY，1932；PAP，1938。

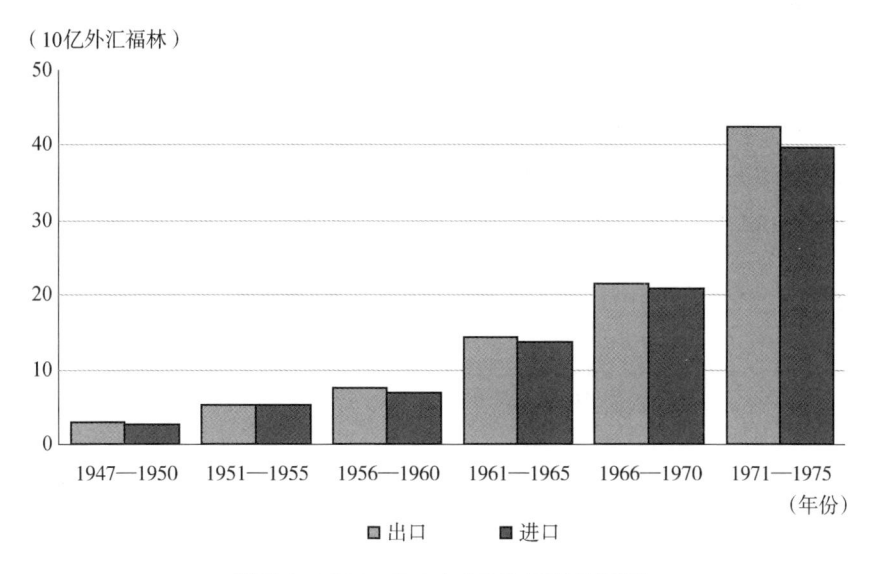

附图4　1947—1975年匈牙利对外贸易额

数据来源：Gyarmati – Püski – Barta，2000。

附表4　　　　　　　1947—1975年匈牙利对外贸易额　　　　　百万外汇福林

年份	进口	出口
1947—1950	2629.5	2531.3
1951—1955	5159.2	5193.0

续　表

年份	进口	出口
1956—1960	7770.4	7158.4
1961—1965	14356.2	13654.0
1966—1970	21148.8	20931.2
1971—1975	42230.6	39592.4

数据来源：GYARMATI‐PÜSKI‐BARTA，2000。

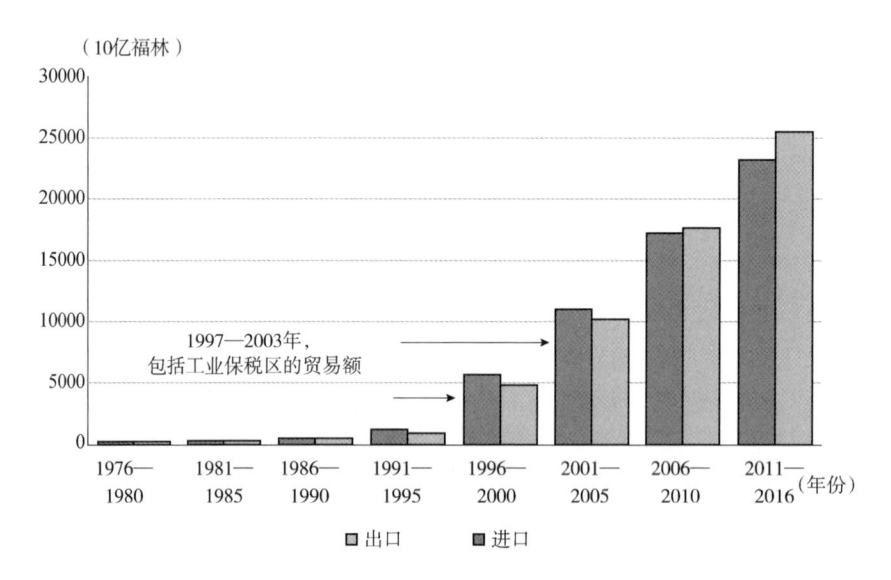

附图5　1976—2016年匈牙利对外贸易额

数据来源：KSH，2010；GYARMATI‐PÜSKI‐BARTA，2000。

附表5　　　　　1976—2016年匈牙利对外贸易额　　　　（10亿福林）

年份	进口	出口
1976—1980	268.0	235.5
1981—1985	335.2	342.8
1986—1990	479.7	501.2

续 表

年份	进口	出口
1991—1995	1274.0	1035.7
1996—2000	5589.2	4955.0
2001—2005	11085.8	10184.7
2006—2010	17158.9	17528.0
2011—2016	23184.3	25443.1

数据来源：KSH，2010；Gyarmati – Püski – Barta，2000。

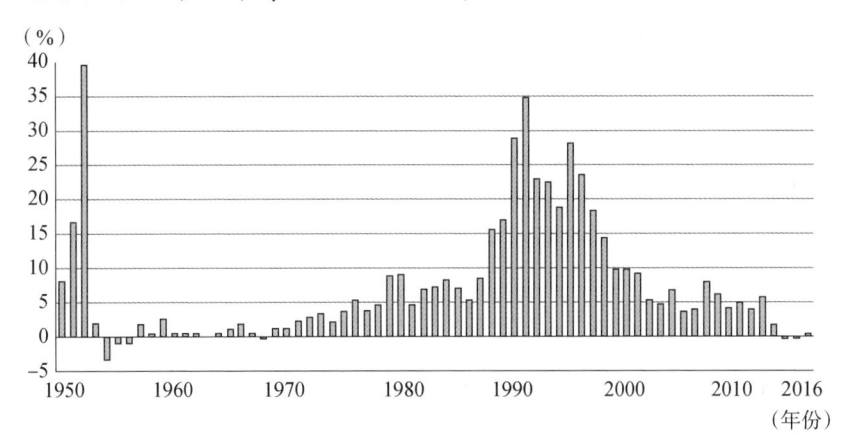

附图6　1950—2016年匈牙利消费价格同比增长率

数据来源：MARTON，2012a，2012b；匈牙利中央统计局数据库。

附表6　　　1950—2016年匈牙利通货膨胀同比增长率　　　　（％）

年份	百分比	年份	百分比
1950	8.1	1954	-3.3
1951	16.7	1955	-0.9
1952	39.6694215	1956	-0.9
1953	2.1	1957	1.89873418

续 表

年份	百分比	年份	百分比
1958	0.62111801	1980	9.1
1959	2.6	1981	4.6
1960	0.625	1982	6.9
1961	0.62111801	1983	7.3
1962	0.61728395	1984	8.3
1963	-0.61349693	1985	7
1964	0.61728395	1986	5.3
1965	1.22699387	1987	8.6
1966	1.81818182	1988	15.5
1967	0.5952381	1989	17
1968	-0.3	1990	28.9
1969	1.18343195	1991	35
1970	1.16959064	1992	23
1971	2.31213873	1993	22.5
1972	2.82485876	1994	18.8
1973	3.2967033	1995	28.2
1974	2.12765957	1996	23.6
1975	3.64583333	1997	18.3
1976	5.02512563	1998	14.3
1977	3.8277512	1999	10
1978	4.60829493	2000	9.8
1979	8.9	2001	9.2

续 表

年份	百分比	年份	百分比
2002	5.3	2010	4.9
2003	4.7	2011	3.9
2004	6.8	2012	5.7
2005	3.6	2013	1.7
2006	3.9	2014	-0.2
2007	8	2015	-0.1
2008	6.1	2016	0.4
2009	4.2		

数据来源：MARTON，2012a，2012b；匈牙利统计局数据库。

附表 7　第一次世界大战前后时期的国债（按当时货币克朗计算）

战前	8817415.697
战后	1878821.552

数据来源：SZABÓKY，1923b。

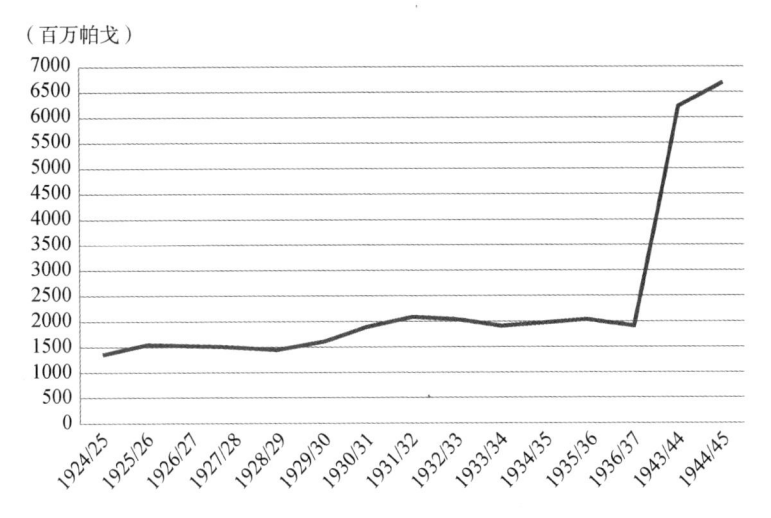

附图 7　两次世界大战之间以及第二次世界大战后的国债演变

数据来源：SZŐNYI，1938；CSIKÓS – NAGY，1996。

附表 8　　两次世界大战之间以及第二次世界大战后的国债演变　　（百万帕戈）

时间	国债	时间	国债
1924/25	1375.3	1932/33	2016.8
1925/26	1508.3	1933/34	1898.5
1926/27	1505.1	1934/35	1958.5
1927/28	1489.4	1935/36	2012.2
1928/29	1487.7	1936/37	1885.9
1929/30	1595.2	1943/44	6170.6
1930/31	1894.4	1944/45	6634.6
1931/32	2064.4		

数据来源：SZŐNYI, 1938；CSIKÓS – NAGY, 1996。

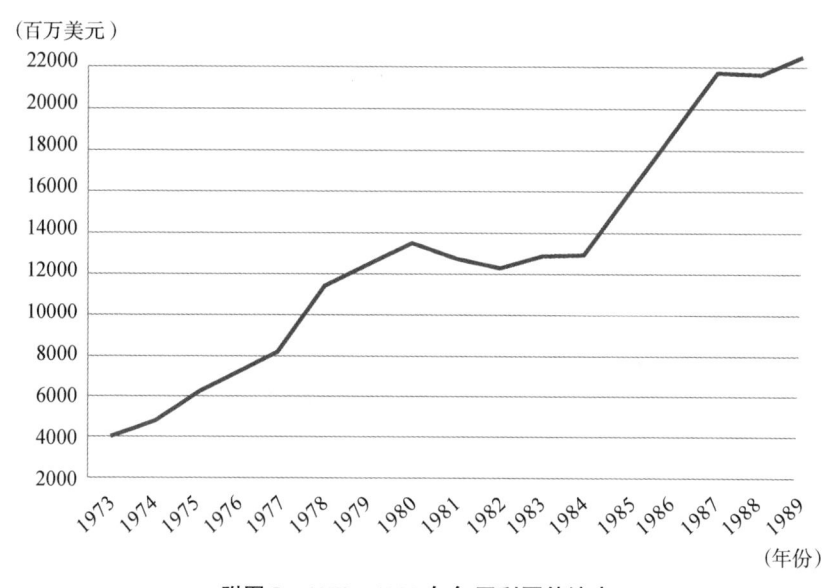

附图 8　1973—1989 年匈牙利国债演变

数据来源：MNB, 1993。

附表9　　　　　　1973—1989年匈牙利国债演变　　　　　（百万美元）

时间	国债	时间	国债
1973	2.118	1982	10.216
1974	2.861	1983	10.745
1975	4.199	1984	10.983
1976	5.214	1985	13.955
1977	6.253	1986	16.907
1978	9.468	1987	19.584
1979	10.507	1988	19.602
1980	11.455	1989	20.390
1981	10.740		

数据来源：MNB，1993。

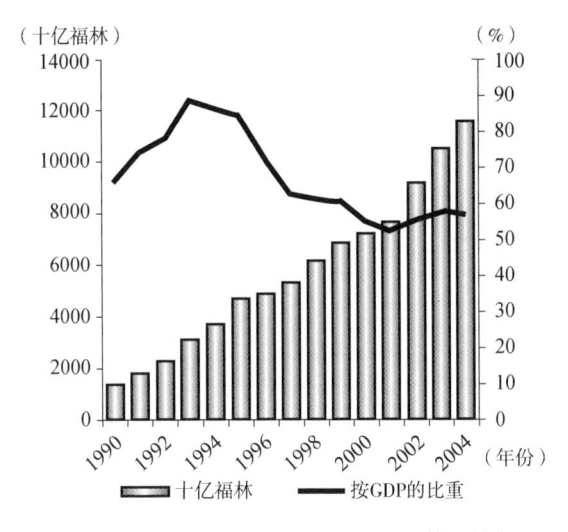

附图9　1990—2004年匈牙利中央预算总债务

数据来源：KSH，2010。

附表10　　　　　1990—2004年匈牙利中央预算总债务

年份	总债务(10亿福林)	按GDP的比重(%)
1990	1386.2	66.4
1991	1850	74.1
1992	2305.1	78.3
1993	3147.5	88.7
1994	3751.6	86
1995	4733.5	84.3
1996	4932.3	71.6
1997	5370.7	62.9
1998	6165.8	61.1
1999	6886.4	60.4
2000	7226.2	54.9
2001	7719.5	52
2002	9224.2	55.1
2003	10587.7	57.5
2004	11592.4	57

数据来源：KSH，2010。

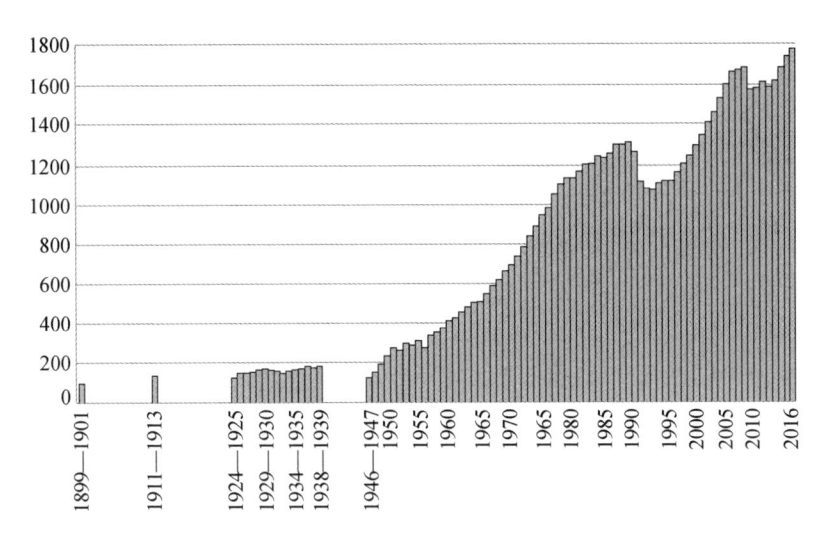

附图10　1899—2016年匈牙利国民生产的演变

注：国民生产的变化（数量指数基于净国民生产值，国民收入和国内生产总值）1899—1901年的平均量=100。

数据来源：KSH，2017。

附表11　　　　　1899—2016年匈牙利国民生产的演变　　　　　（%）

年份	百分比	年份	百分比	年份	百分比
1899—1901	100	1931—1932	157.7	1947—1948	153.5
1911—1913	139.2	1932—1933	150.2	1948—1949	192.5
1924—1925	125.1	1933—1934	163.4	1950	233.6
1925—1926	149.8	1934—1935	164.9	1951	272.1
1926—1927	147.6	1935—1936	172.2	1952	265.6
1927—1928	156.9	1936—1937	182.7	1953	298.5
1928—1929	167.5	1937—1938	178.7	1954	285.2
1929—1930	169.7	1938—1939	186.9	1955	308.8
1930—1931	166.6	1946—1947	117.0	1956	273.8

续 表

年份	百分比	年份	百分比	年份	百分比
1957	336.2	1977	1051	1997	1156.5
1958	354.6	1978	1097.2	1998	1205.3
1959	377.3	1979	1126.7	1999	1243.9
1960	413.5	1980	1129	2000	1296.2
1961	432.9	1981	1161.7	2001	1345.1
1962	459.3	1982	1194.2	2002	1405.6
1963	485.4	1983	1202.6	2003	1459.5
1964	508.3	1984	1235	2004	1532.5
1965	513.5	1985	1231.3	2005	1599.7
1966	551.3	1986	1249.8	2006	1661.4
1967	592.6	1987	1301.2	2007	1668.8
1968	621.8	1988	1299.8	2008	1683.6
1969	664.6	1989	1308.9	2009	1573.1
1970	695.9	1990	1263.1	2010	1583.8
1971	739.1	1991	1112.9	2011	1611.3
1972	784.2	1992	1078.3	2012	1585.5
1973	838.2	1993	1071.8	2013	1619.1
1974	887.7	1994	1102.8	2014	1684.6
1975	942.8	1995	1119.4	2015	1737.6
1976	976.7	1996	1119.5	2016	1772.4

注：基年 = 1899 – 1901 年的平均。

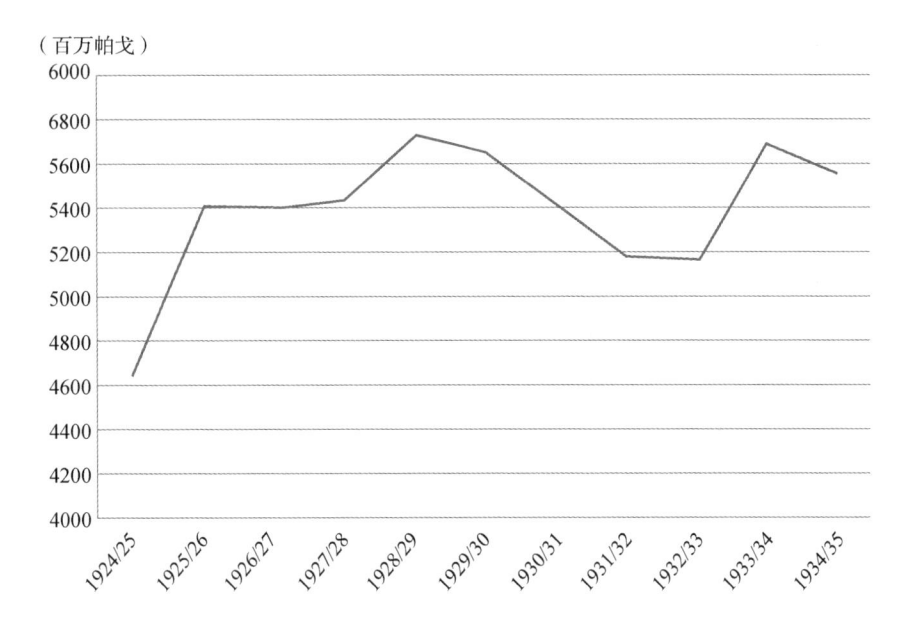

附图 11　1924—1934 年匈牙利国民收入

数据来源：SZIGETI，1938。

附表 12　　　　　　　　1924—1934 年匈牙利国民收入　　　　　　　（百万帕戈）

时间	国民收入	时间	国民收入
1924/25	4631.2	1930/31	5404.9
1925/26	5400.3	1931/32	5183.3
1926/27	5401.9	1932/33	5167.6
1927/28	5433	1933/34	5682.9
1928/29	5728.3	1934/35	5559.2
1929/30	5655.5		

数据来源：SZIGETI，1938。

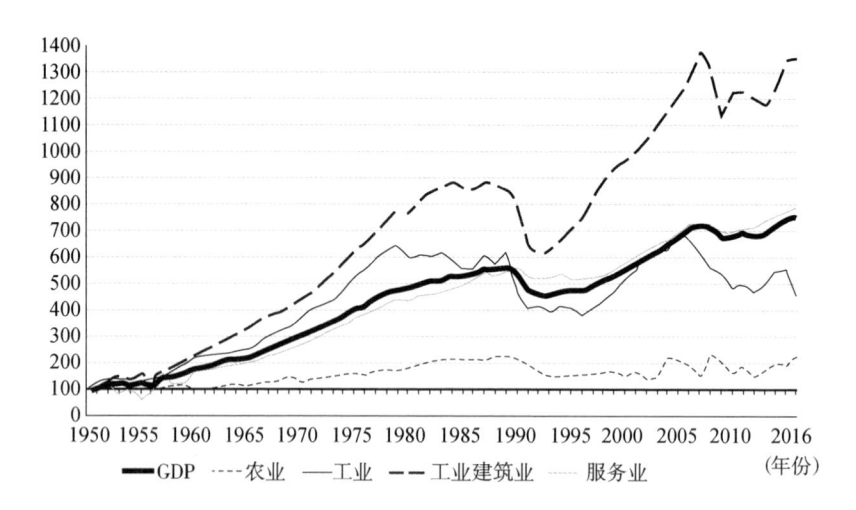

附图 12　1950—2016 年匈牙利国内生产总值

注：1950 = 100。

数据来源：匈牙利中央统计局的数据库《几个世纪的通缉专刊》（Századok statisztikája kiadvány）2017 年。

附表 13　　　　　　1950—2016 年匈牙利国内生产总值

年份	GDP	农业	工业	建筑业	服务业
1951	116.5	118.7	117.0	136.1	86.5
1952	113.7	74.1	137.4	145.8	124.4
1953	127.8	102.8	151.8	155.5	83.8
1954	122.1	98.0	146.3	120.8	101.4
1955	132.2	112.9	162.1	136.1	60.8
1956	117.2	94.5	137.0	138.8	90.5
1957	143.9	111.1	164.7	155.4	160.7
1958	151.8	113.9	183.9	172.1	125.7
1959	161.5	118.4	197.7	192.9	125.7

续 表

年份	GDP	农业	工业	建筑业	服务业
1960	177.0	106.1	227.8	223.6	166.3
1961	185.3	100.8	251.5	227.4	174.9
1962	196.6	107.6	269.8	232.6	182.2
1963	207.8	114.4	285.2	236.8	189.5
1964	217.6	119.3	308.3	245.3	197.1
1965	219.8	111.0	320.6	252.2	201.2
1966	236.0	123.7	347.2	268.1	209.7
1967	253.7	126.9	375.7	303.2	225.4
1968	266.2	131.0	393.0	321.7	240.5
1969	284.5	148.1	409.1	339.7	253.0
1970	297.9	130.8	437.8	368.2	274.0
1971	316.4	139.4	464.9	404.0	289.9
1972	335.7	143.2	497.9	419.3	308.2
1973	358.8	151.1	539.7	440.7	329.8
1974	380.0	155.6	584.0	479.0	347.6
1975	403.6	159.2	621.9	525.5	371.9
1976	418.1	152.6	657.4	556.0	386.4
1977	449.9	174.0	702.1	594.9	407.7
1978	469.7	174.4	740.7	621.1	426.9
1979	482.3	171.0	776.3	639.1	438.9
1980	483.3	179.3	768.5	599.5	440.7
1981	497.3	185.9	805.4	606.7	457.4
1982	511.2	208.7	842.4	602.4	461.5

续　表

年份	GDP	农业	工业	建筑业	服务业
1983	514.8	209.0	858.5	619.3	470.3
1984	528.7	217.9	879.9	587.1	484.4
1985	527.1	208.6	862.3	560.1	498.0
1986	535.0	216.5	859.7	560.6	512.9
1987	557.0	209.4	887.2	604.4	543.2
1988	556.4	226.5	873.9	571.1	530.2
1989	560.3	223.6	856.5	618.5	542.9
1990	540.7	213.3	791.4	483.1	562.4
1991	476.4	196.0	650.5	410.6	530.9
1992	461.6	163.7	606.9	418.4	524.5
1993	458.8	150.7	625.1	395.4	528.2
1994	472.1	150.1	662.6	414.0	536.7
1995	479.2	154.1	715.6	408.6	521.3
1996	479.2	161.7	747.8	380.0	521.8
1997	495.0	155.2	832.3	407.4	525.5
1998	515.8	162.0	891.4	440.4	538.1
1999	532.3	167.2	939.5	470.3	547.8
2000	554.7	150.5	964.0	517.4	578.4
2001	575.7	169.9	993.9	555.1	596.4
2002	601.7	142.5	1051.5	625.1	627.4
2003	624.5	147.1	1104.1	621.3	652.5
2004	655.7	220.9	1162.6	631.9	665.5
2005	684.6	208.3	1206.8	699.5	698.1

续 表

年份	GDP	农业	工业	建筑业	服务业
2006	711.3	194.6	1280.4	672.9	728.9
2007	714.1	152.8	1375.1	623.8	725.2
2008	720.6	237.7	1313.2	560.8	727.4
2009	673.0	210.6	1132.0	539.5	699.8
2010	677.7	164.1	1220.3	486.6	700.5
2011	689.2	189.3	1225.2	500.2	712.4
2012	678.2	149.8	1199.5	468.2	713.1
2013	692.5	171.8	1168.3	496.8	740.9
2014	720.2	201.0	1237.2	548.9	757.9
2015	742.5	190.7	1338.7	557.2	770.8
2016	757.3	222.8	1349.4	457.4	793.9

注：1950 = 100。

数据来源：匈牙利中央统计局的数据库，《几个世纪的统计专刊》2017 年。

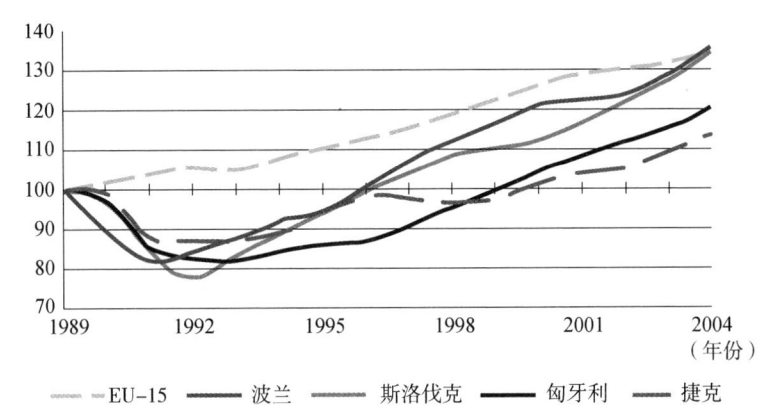

附图 13　1989—2004 年维谢格拉德四国集团成员国和欧盟 15 国的国内生产总值

注：1989 = 100。

数据来源：KSH，2005 年。

附表 14　　1990—2004 年维谢格拉德四国集团成员国和欧盟 15 国的国内生产总值

年份	1990	1991	1992	1993	1994	1995	1996	1997	1998	1999	2000	2001	2002	2003	2004
EU-15	102.5	103.935	105.286	104.865	107.801	110.496	112.374	115.296	118.755	122.199	126.720	129.001	130.420	131.594	134.489
波兰	88.40	82.212	84.3495	87.5547	91.9325	94.4147	100.079	106.885	112.015	116.608	121.272	122.485	124.2	128.919	135.752
斯洛伐克	97.50	83.265	77.8771	83.4581	88.6325	93.7732	99.4934	104.070	108.441	110.067	112.269	116.535	121.895	127.381	134.387
匈牙利	96.70	85.1927	81.8717	82.0564	84.4360	85.7025	86.8167	90.8103	95.26	99.2609	104.422	108.390	112.184	115.437	120.285
捷克	98.80	87.3392	86.9025	86.9894	88.9031	94.1484	98.1027	97.4159	96.3444	97.5005	101.303	103.936	105.496	109.399	113.665

注：1989 = 100。

数据来源：KSH，2005。

参考文献

CSIKÓS – NAGY, Béla (1996)：*A XX. század magyar gazdaságpolitikája. Tanulságok az ezredforduló küszöbén.* Budapest, Akadémiai Kiadó, p. 105.

GYARMATI György – PÜSKI Levente – BARTA Róbert (2000)：*Magyarország a XX. században.* Babits Kiadó, Vol. Ⅱ, pp. 641 – 649.

MARTON Ádám (2012)：Infláció, fogyasztói árak Magyarországon a második világháború után Ⅰ. (1945 – 1968). *Statisztikai Szemle*, 90. évf. 5. sz, pp. 373 – 393.

MARTON Ádám (2012)：Infláció, fogyasztói árak Magyarországon a második világháború után Ⅱ. (1968 – 2011). *Statisztikai Szemle*, 90. évf. 6. sz, pp. 489 – 520.

MESZLÉNYI Emil (1931)：Magyarország külkereskedelmi forgalma az 1930. évben. *Statisztikai Szemle*, 9. évf. 2. sz, pp. 135 – 144.

MNB, Dr. Nyers Rezső (szerk.) (1993)：*Külső eladósodás és adósságkezelés Magyarországon.*

PAP László (1938)：Magyarország Trianontól napjainkig. Külkereskedelmi forgalom. *Statisztikai Szemle*, 16. évf. 4. sz, pp. 464 – 475.

SZABÓKY Alajos (1923)：Magyarország külkereskedelmi forgalma 1922 – ben. *Statisztikai Szemle*, 1. évf. 3 – 4. sz, pp. 100 – 115.

SZABÓKY Alajos (1938)：A háború előtti magyar államadósságok. *Statisztikai Szemle*, 1. évf., 1 – 2. sz, pp. 44 – 54.

SZIGETI Gyula (1938)：Nemzeti jövedelem, nemzeti vagyon és fizetési mérleg, *Statisztikai Szemle*, 16. évf. 4. sz, p. 494.

SZŐLLŐSY Zoltán (1932): Nemzetközi külkereskedelmi forgalom. *Statisztikai Szemle*, 10. évf. 4. sz, pp. 278 – 282.

SZŐNYI Gyula (1923): Magyarország külkereskedelmi forgalma az 1882 – 1913. években. *Statisztikai Szemle*, 1. évf. 1 – 2. sz, pp. 38 – 42.

SZŐNYI Gyula (1938): Állami pénzügyek. *Statisztikai Szemle*, 16. évf. 4. sz, pp. 500 – 505.

Az 1872. évi áruforgalom összehasonlítva a megelőző négy év forgalmával. *Hivatalos Statistikai Közlemények*, 7. évf. 1874. 4. füz., Országos Magyar Királyi Statistikai Hivatal, Barsi József (szerk.), Keleti Károly (előszó), Párniczky Ede. Budapest, 1874, pp. 290 – 293.

Magyarország öt évi áruforgalmának eredményei. *Hivatalos Statistikai Közlemények*, 23. évf. 1888. Országos Magyar Királyi Statistikai Hivatal, Tinódi Varga Sándor (összeáll). Budapest, 1888, pp. 1042 – 1043.

KSH (2005): *Az átmenet évei, az átmenet tényei. Magyarország 1990 – 2004.* Budapest.

KSH (2010): *Magyarország 1989 – 2009. A változások tükrében.* Budapest.

KSH (2017): *Századok statisztikája. Statisztikai érdekességek a magyar történelemből.* Központi Statisztikai Hivatal, Kátainé Marosi Angéla, Rózsa Dávid (szerk.).